Demografie und Immobilien

von
Prof. Dr. Tobias Just
IRE|BS Immobilienakademie

2., überarbeitete Auflage

Oldenbourg Verlag München

Bibliografische Information der Deutschen Nationalbibliothek

Die Deutsche Nationalbibliothek verzeichnet diese Publikation in der Deutschen Nationalbibliografie; detaillierte bibliografische Daten sind im Internet über http://dnb.d-nb.de abrufbar.

© 2013 Oldenbourg Wissenschaftsverlag GmbH
Rosenheimer Straße 143, D-81671 München
Telefon: (089) 45051-0
www.oldenbourg-verlag.de

Lektorat: Dr. Stefan Giesen
Herstellung: Tina Bonertz
Titelbild: Grafikdesign Apetrei, München
Einbandgestaltung: hauser lacour
Gesamtherstellung: Grafik & Druck GmbH, München

Dieses Papier ist alterungsbeständig nach DIN/ISO 9706.

ISBN   978-3-486-71364-0
eISBN 978-3-486-71915-4

Danksagung

Wissenschaftliche Publikationen stellen immer Zwischenergebnisse dar. Auch wenn dieses Buch nun in der zweiten Auflage erscheint, sind auch diese Ergebnisse bestenfalls nur Zwischenergebnisse. Dies wird nicht zuletzt dadurch deutlich, dass bereits vier Jahre nach der ersten Auflage eine Neuauflage notwendig erscheint: Es gibt neue Daten, das Bundesamt hat neue Vorausberechnungen für die Bevölkerung in Deutschland publiziert, und vor allem gibt es neue Erkenntnisse aus zahlreichen Studien. Tatsächlich habe ich den Eindruck, dass sich in den letzten Jahren insbesondere in Deutschland mehr Forscher dem Themenfeld „Demografie und Immobilien" zugewandt haben. Das ist eine sehr gute Nachricht, denn das Forschungsfeld ist groß und wichtig. Immerhin geht es darum wie wir in den nächsten Jahrzehnten wohnen, arbeiten und einkaufen werden.

In dieser zweiten Auflage wurden (nahezu) alle Prognoserechnungen auf die jüngste Bevölkerungsvorausberechnung bis 2060 angepasst. Auch für die ausländischen Märkte konnten neue Vorausberechnungen der UN Population Division verwendet werden. Nur in den Fällen, wo die Arbeiten von anderen Forschern dargestellt werden, wird natürlich das jeweilige Datenmaterial belassen. Darüber hinaus wurde ein neuer Abschnitt zur Asset-Meltdown-Hypothese eingefügt. Hier konnten insbesondere neuere Studien berücksichtigt werden, inwiefern die künftigen Entwicklungen bereits in den aktuellen Preisen und Renditen abgebildet werden. Auch für das Kapitel Einzelhandel wurde ein Teil zur regionalen Dimension der Entwicklung neu aufgenommen. Außerdem gibt es nun innerhalb des Schlusskapitels einen längeren Abschnitt zu den Management-Implikationen der demografischen Entwicklungen. Schließlich gibt es viele kleine Anpassungen, Ergänzungen und zusätzliche Analysen, sodass das Buch insgesamt um ein Viertel länger geworden ist als die erste Auflage.

In vielen Fällen bestätigen die neuen Daten die Analysen der ersten Auflage. Was auf jeden Fall auch dieses Mal gilt, ist meine Dankbarkeit für wertvolle Unterstützung und Diskussionen mit anderen Forschern und Praktikern. Ich möchte mich bei all diesen Helfern herzlich bedanken, insbesondere bei den folgenden Personen.

Für die erste Auflage waren insbesondere meine ehemaligen Kollegen bei Deutsche Bank Research wichtig. Der leider viel zu früh verstorbene Prof. Norbert Walter war ein früher Ideengeber und hatte mir die Arbeit überhaupt erst ermöglicht. Er war ein wichtiger Impulsgeber und Vordenker – auch bei diesem Thema. Daneben möchte ich ganz besonders Dr. Bernhard Gräf danken, mit dem ich viele Fachfragen diskutieren konnte, der Teile des Buches kritisch las und mich auch bei der zweiten Auflage unterstützte. Auch die Expertise von Dipl.-Vw. Stefan Schneider und Dr. Ingo Rollwagen sowie die meines früheren Vorgesetzten Dr. Hans-Joachim Frank war hilfreich. Und Wolfgang Reinhard sowie Dipl.-Inf. Franz Stevens ersparten mir manche schlaflose Nacht, da sie immer eine Lösung für meine Probleme mit Office 2007 hatten.

Darüber hinaus konnte ich Forschungsergebnisse u.a. an den Hochschulen von Cambridge, St. Gallen, Wuppertal, der TU Berlin, und natürlich der Universität Regensburg sowie in zahlreichen Konferenzen und professionellen Tagungen präsentieren. Besonders hilfreich waren auch die Anregungen, die ich in Gesprächen mit Dr. Peter Hettenbach vom Institut innovatives Bauen und Prof. Erich Ruppert von der Hochschule Aschaffenburg, Prof. Guido Spars von der Universität Wuppertal, Prof. Dietrich Henckel von der TU Berlin und Prof. Dr. Michael Voigtländer vom IW Köln erhalten habe. Für einzelne Kapitel unterstützten mich zudem die Sinus Sociovision GmbH, das Institut für Vermögensaufbau AG und Prof. Ulrich van Suntum von der Universität Münster durch den Zugang zu Teilen ihrer Daten oder Grafiken.

Für die zweite Auflage konnte ich auf die Unterstützung meiner wissenschaftlichen Mitarbeiter Frau Dipl.-Vw. Nicole Braun, Herrn Dipl.-Kfm. Philipp Ebeling, Herrn Dipl.-Wirtsch.-Ing. (FH) Andreas Oeckl und insbesondere Herrn Mark Maurin M. Litt. vertrauen. Insbesondere Herr Maurin leistete bei der Aktualisierung von Grafiken und dem Dechiffrieren meiner Reisehandschrift, die leider nötig wurde als der unberechenbare Konflikt diverser unterschiedlicher Office-Programmversionen zur schmerzhaften Buchsabotage führten, unschätzbare Dienste. Dr. Stefan Giesen vom Oldenbourg-Verlag zeigte zum Glück Verständnis für die dadurch eingetretene Verzögerung und war zu jeder Zeit ein gewissenhafter und partnerschaftlicher Lektor.

Abschließend möchte ich mich besonders bei meiner Familie und meinen Freunden bedanken, die mir bei beiden Auflagen eine unschätzbare moralische Unterstützung waren.

Die zweite Auflage widme ich meinen Eltern, Frau Christine Just und Herrn Hans Günter Just. Ohne Ihre Liebe und Unterstützung wäre nicht nur dieses Buch unmöglich gewesen.

Inhalt

1   Einleitung

Es gibt wenige Themen, die einen ähnlich starken Bedeutungsgewinn erlebt haben, wie die demografischen Entwicklungen und v.a. die damit verbundenen Auswirkungen. Gibt man in Google das Wort „Demografie" ein, erhält man rd. 3,2 Mio. Treffer (Stand November 2012 und Anführungszeichen in der Suchzeile geschrieben). Auch in der Politik steht das Thema hoch im Kurs: Im Jahr 2002 veröffentlichte die Enquete-Kommission des Deutschen Bundestags ihren umfangreichen Abschlussbericht zu den Auswirkungen des demografischen Wandels. Darin wurden viele gesellschaftspolitische Aspekte wie die Beziehungen zwischen den Generationen, drohende Probleme auf den Arbeitsmärkten sowie die Herausforderungen für die Sozialversicherungssysteme thematisiert. Dieser Abschlussbericht könnte bereits als Bestätigung für das Bonmot des kanadischen Ökonomieprofessors David Foot (1996) „*Demographics explains two thirds of everything*" gelesen werden; und tatsächlich wurden seit dem Bericht der Kommission zahlreiche Reformen nicht zuletzt mit dem Hinweis auf die unumkehrbaren demografischen Trends begründet (z.B. Einführung des Nachhaltigkeitsfaktors in der Rentenformel, im Jahr 2005, Erhöhen des Renteneintrittsalters, Einführung der Riester-Rente, Streichen der Eigenheimzulage 2007). Dies spiegelt sich auch in den Bibliotheken: Der GVR-Gesamtkatalog weist über 340 Titel aus, die das Wort „Demografie" im Titel tragen und über 1.600 mit der Schreibweise „Demographie" (GVK, 2012).

Und dennoch wäre es verfrüht, den Abschlussbericht der Enquete-Kommission auch dahingehend als abschließend zu verstehen, dass alle Auswirkungen der demografischen Veränderungen beschrieben und alle Lösungswege skizziert worden wären. Denn einige wichtige Aspekte fehlen darin, oder sie werden nur gestreift. Die Auswirkungen auf die Immobiliennachfrage sowie die eng damit verknüpfte Infrastrukturversorgung zählen zu dieser Gruppe der ausgesparten Themen. In dem 304 Seiten starken Bericht wird nur ein einziges Mal das Wort „Immobilie" erwähnt – in einer Fußnote auf Seite 149, in der die Förderung der kapitalgedeckten Altersvorsorge mit der damals noch existenten Eigenheimzulage verglichen wird. Dieses Fehlen mag verwundern, denn natürlich gehören demografische Trends zu den zentralen Bestimmungsfaktoren der Immobiliennachfrage. Das Fehlen ließe sich allenfalls damit erklären, dass die Kommission in der zur Verfügung stehenden Bearbeitungszeit nicht alle Aspekte des demografischen Wandels bearbeiten konnte. Eine gute Rechtfertigung ist das nicht, denn die demografischen Trends in Deutschland kommen keineswegs überraschend, wie das folgende Zitat belegt:

> „*Bei gleichmäßig wachsender Bevölkerung ergibt die Altersgliederung graphisch dargestellt die Form einer Pyramide; bes. infolge des Geburtenrückganges und der steigenden Lebenserwartung in den Industrieländern wird daraus [Altersaufbau der Gesellschaft] eine Glocke und schließlich eine Zwiebel.*"

Dieses Zitat ist entnommen aus Der Neue Brockhaus, wohlgemerkt jenem von 1978 (Erster Band, S. 70). Das heißt, bereits vor über 30 Jahren wurden die demografischen Trends als sehr sicher eingestuft.

Immerhin in dem 2011 verfassten Demografiebericht des Bundesinnenministeriums ist ein 3-seitiges Kapitel zu Wohnen & Bauen enthalten. Auch zur Stadtentwicklung und zur Flächeninanspruchnahme finden sich in diesem 252-Seiten starken Bericht Ausführungen (Bd. I, 2011).

Mit dem vorliegenden Buch sollen vier Dinge veranschaulicht werden:

1. Die Zusammenhänge zwischen der demografischen Entwicklung und der Immobiliennachfrage sind sehr wichtig. Immobilien sind keine quantité négligeable.

2. Die meisten Immobilienklassen werden durch die demografischen Trends belastet.

3. Allerdings lohnt genaues Hinsehen, denn einfache Schlussfolgerungen erweisen sich sehr häufig als unzureichend.

4. Rechtzeitiges strategisches Gegensteuern kann größere Probleme für Investoren und Stadtentwickler mildern oder sogar verhindern. Daher müssen Entscheidungen, die auf Immobilien und Immobilienmärkte wirken, die demografischen Trends bereits heute berücksichtigen.

Um diese vier Punkte zu veranschaulichen, werden die Auswirkungen der demografischen Trends auf die Märkte für Wohnungen, Büroflächen, Einzelhandelsflächen sowie für Pflegeimmobilien in Deutschland dargestellt. Wegen der besonderen Bedeutung der infrastrukturellen Anbindung für Immobilien werden auch die Auswirkungen der Bevölkerungstrends auf mehrere Infrastrukturbereiche skizziert. Bei all diesen Punkten stehen nicht nur die Aufbereitung und das Strukturieren bestehenden Wissens im Vordergrund, sondern gerade auch die Verbindung der Auswirkungen der einzelnen Immobilienklassen sowie zahlreiche, bisher unveröffentlichte Ergebnisse. Im achten Kapitel wird gezeigt, dass die demografischen Trends für viele außereuropäische – aber selbst für einige europäische – Märkte starke Wachstumschancen bedeuten. In dem Kapitel 9 werden Strategien für Unternehmen präsentiert, wie sie den demografischen Entwicklungen strukturiert begegnen können. Schließlich werden in diesem Kapitel auch wohnungspolitische Implikationen skizziert. Nach jedem Kapitel werden die Kernbotschaften für eilige Leser in kurzen, thesenartigen Sätzen zusammengefasst.

1.1   Immobilien: Die größte reale Vermögensklasse

Immobilien prägen unser Leben: Die Menschen in Deutschland bewohnen im Jahr 2011 gut 40 Mio. Wohneinheiten mit einer gesamten Wohnfläche von über 3,5 Mrd. m². Das sind rechnerisch fast 43 m² pro Einwohner. Hinzu kommen über 400 Mio. m² Büroflächen und 120 Mio. m² Einzelhandelsflächen sowie rd. eine Mrd. m² industrielle Nutzflächen. Kein Wunder, dass diese riesigen Flächen den größten Teil des Anlagevermögens in Deutschland stellen: Vom gesamten Nettoanlagevermögen (zu Wiederverkaufspreisen) entfielen Ende 2012 über die Hälfte auf Wohnimmobilien und über ein Drittel auf Nichtwohnbauten. Zu diesem Drittel zählen Nichtwohngebäude wie Büros, Fabriken, Kulturstätten etc. sowie die Tiefbauten.

Darüber hinaus genießen Investitionen in Immobilien in Deutschland einen guten Ruf. Sie gelten als wenig riskant und somit als gute Altersvorsorge sowie als relativ guter Schutz vor langfristigen Inflationsrisiken. Dies kommt regelmäßig bei Meinungsumfragen zur Eignung von unterschiedlichen Anlageklassen für die Altersvorsorge zum Ausdruck. Zum Beispiel sagten in einer repräsentativen Umfrage von infratest (2006) 80% der Befragten, dass die Immobilie eine gute bis sehr gute Anlageform für das Alter wäre. In einer aktuellen Umfrage des IVD sagten 58% der Befragten, dass die Immobilien eine größere Rolle bei der Alters-vorsorge spielen werden – nur 8% sagten, Immobilien würden eine kleinere Rolle spielen. Die Verunsicherungen im Zuge der europäischen Staatsschuldenkrise hat den guten Ruf also eher verstärkt. Diese Einschätzung spiegelt die persönliche Erfahrung vieler Menschen aus der Vergangenheit in die Zukunft. Wenn also sehr viele Menschen Immobilieninvestitionen für risikoarm und für ein günstiges Instrument für die Altersvorsorge halten, muss die Frage, ob dies auch angesichts demografischer Verwerfungen noch gilt, große Bedeutung haben. Es geht dann nämlich nicht nur um sehr viel Geld, sondern auch um die damit verbundenen Lebenspläne.

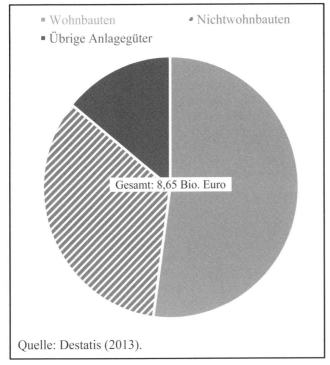

Abbildung 1: Nettoanlagevermögen zu Wiederverkaufspreisen in Deutschland, 2012

Die demografischen Trends haben deswegen eine besondere Bedeutung für Immobilienin-vestoren, weil Immobilien per Definition ortsgebunden sind und Immobilien üblicherweise sehr lange stehen bleiben. Über die Hälfte aller Wohnungen in Deutschland sind mindestens 40 Jahre alt; über 5 Mio. Wohneinheiten in Deutschland sind sogar älter als 90 Jahre. Auch gewerbliche Immobilien werden für Jahrzehnte gebaut; zwei Drittel aller Büros in Deutsch-land sind älter als 20 Jahre. Offensichtlich sind die langsam ablaufenden, langfristig angeleg-ten demografischen Veränderungen aufgrund dieser zwei Besonderheiten gerade für Immo-bilieninvestments entscheidend. Ein Hauseigentümer kann seine Immobilie nicht rasch von

einem bedrohten Standort in einen begünstigten Standort verlagern. Ein langfristig orientier-
ter Investor in Bürogebäude kann nicht umhin, sich Gedanken darüber zu machen, ob es im
Jahr 2030 noch hinreichend Nachfrage für das geplante Objekt gibt.

Verstärkend wirkt, dass Immobilieninvestitionen als Direktanlage sehr großvolumig sind.
Für die Finanzierung einer selbst genutzten Wohnimmobilie reicht in den meisten Fällen das
Eigenkapital nicht. Viele Menschen binden also für sehr viele Jahre einen großen Teil ihres
Kapitals. Die sinnvolle Streuung im Anlageportfolio zum Vermeiden von Klumpenrisiken
wird durch das große Anlagevolumen in der Regel bei direkten Immobilieninvestitionen
deutlich erschwert. Private Akteure haben zwar die Börsenweisheit häufig verinnerlicht, dass
man nicht alle Eier in einen Korb legen soll, sprich nicht sein gesamtes Kapital in eine Aktie
investieren sollte. Beim Hauskauf legen sie aber – um in dem Bild zu bleiben – zumindest
sehr viele Eier in ein einziges Haus. Auch deswegen sind die möglichen Auswirkungen der
demografischen Entwicklung für die Immobilienmärkte nicht nur für Marktakteure, sondern
auch für die Wirtschaftspolitik wichtig.

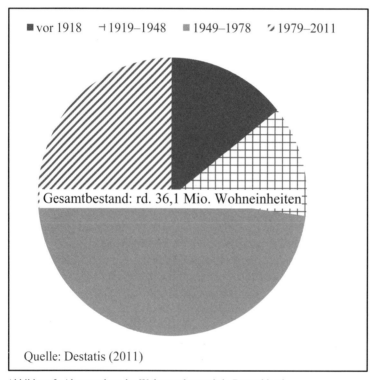

Abbildung 2: Altersstruktur des Wohnungsbestands in Deutschland

Schließlich ziehen moderne Gebäude einen großen Teil ihres Funktionswertes letztlich aus
ihrer infrastrukturellen Anbindung: Ein architektonisch gelungenes Wohnobjekt ist kaum
verkäuflich, wenn es nicht an das Wasser- und Abwasserleitungssystem angeschlossen ist,
wenn es nicht über Straßen oder mit dem öffentlichen Personennahverkehr erreichbar ist.
Eine Einzelhandelsimmobilie, die kaum von Kunden besucht werden kann, ist nahezu wertlos und ein noch so schöner Büroturm erfüllt kaum seinen Zweck, wenn er nicht den Einsatz

moderner Informations- und Kommunikationstechnik ermöglicht. All diesen Infrastrukturen ist gemeinsam, dass auch sie eine lange Planungs- und Lebenszeit haben. Zudem werden sie zu einem großen Teil durch öffentliche Mittel finanziert. Die Analyse der demografischen Auswirkungen auf die Immobiliennachfrage ist also auch deswegen wichtig, weil sie die Planung der Infrastruktur und somit einen großen Teil der öffentlichen Ausgaben bestimmt.

1.2 Werden die Hauspreise um 50% sinken?

Im Dezember 1988 veröffentlichten die beiden US-Ökonomen Gregory Mankiw und David Weil ein Arbeitspapier für das National Bureau of Economic Research, den wichtigsten ökonomischen Think Tank in den USA. In ihrer Studie bewirkt der Übergang von sehr hohen zu deutlich niedrigeren Geburtenraten (von Baby Boom zu Baby Bust) einen realen Preisverfall bei US-Wohnimmobilien von fast 50% innerhalb von 20 Jahren. Mankiw und Weil unterstellen noch nicht einmal einen Bevölkerungsrückgang innerhalb des Prognosehorizonts. Seit ihrer Studie wurde nicht nur mit Blick auf die Immobilien, sondern für sehr viele Anlageinstrumente die Vermutung publiziert, dass die demografischen Trends in Industrienationen zu einem regelrechten Asset Meltdown, sozusagen zu einer Kernschmelze bei Vermögenstiteln, führen könnten.

Mankiw und Weil formulieren eine Wohnungsnachfragefunktion D für einen Haushalt, die ausschließlich von der Altersstruktur der Haushaltsmitglieder der mittleren Wohnflächennutzung je Jahrgang abhängt. Die gesamte Nachfrage des Haushalts nach Wohnraum setzt sich dann additiv aus der individuellen und altersabhängigen Nachfrage D_j der einzelnen Haushaltsmitglieder zusammen:

$$D = \alpha_0 \sum_{j=1} Dummy0_j + \alpha_1 \sum_{j=1} Dummy1_j + \cdots + \alpha_{99} \sum_{j=1} Dummy99_j$$

Die einzelnen Parameter α_i sind dann nichts anderes als die Wohnflächennachfrage eines durchschnittlichen Haushaltsmitglieds im Alter i, wobei D den Wohnwert misst, nicht die Wohnfläche. Die α_i-Parameter wurden auf der Basis des US-Census von 1970 ermittelt und mit Census-Daten von 1980 neu geschätzt. Insbesondere für die Altersgruppe zwischen 20 und 40 Jahren wurde ein starker Anstieg der Wohnungsnachfrage ausgewiesen. Darüber hinaus fallen die Parameterwerte jenseits der 40 deutlich ab.

Für die Prognose wurden die altersspezifischen Wohnflächenparameter konstant gehalten, sodass die Nachfrageprognose allein den demografischen Effekt abbildet. Dann ist es freilich klar, dass der Übergang von sehr starken Geburtsjahrgängen zu weniger starken Geburtsjahrgängen mit einer Wirkungsverzögerung von etwa 20 Jahren im Modell zu starken Verwerfungen führen muss. In ihrer anschließenden Regressionsanalyse finden Mankiw und Weil einen sehr engen Zusammenhang zwischen der Entwicklung ihrer Nachfragevariable und der Entwicklung der realen Hauspreise. Gemäß ihrer Schätzung muss die Nachfrage um etwa 1,5% pro Jahr zunehmen, um konstante (reale) Hauspreise zu sichern. Dieser Wert würde wegen der rückläufigen Geburtenzahlen und der damit verbundenen negativen Echoeffekte in den besonders nachfrageintensiven Jahrgängen zwischen 20 und 40 Jahren dauerhaft unterschritten. Die Hauspreise würden deutlich zurückgehen.

Doch die Realität hielt sich nicht an die Prognose von Mankiw und Weil. Zwischen 1987 und 2007 hätten die realen Hauspreise um fast 50% sinken müssen, damit das Gleichgewicht gemäß der Berechnungen der beiden Ökonomen erhalten bliebe.

> *„Even if the fall in housing prices is only one-half what our equation predicts, it will likely be one of the major economic events of the next decades."*
>
> *(Mankiw und Weil, 1988, S. 14).*

Damit haben Mankiw und Weil zweifelsfrei Recht, gleichwohl zeugt dieses Zitat auch davon, dass den beiden Autoren ihre Schätzergebnisse nicht ganz geheuer gewesen sein dürften. Tatsächlich bewegten sich die Hauspreise in die entgegen gesetzte Richtung und zwar mit einer unerhörten Dynamik. Statt um 50% zu fallen, legten die realen Hauspreise in den USA zwischen 1987 und 2007 um 70% zu; die nominalen Hauspreise kletterten sogar um 170%. Richtig ist sicherlich, dass bei dieser Dynamik auch Übertreibungen eine große Rolle gespielt haben. Die seit 2006 beobachteten heftigen Korrekturen sowohl bei den Baufertigstellungen als auch bei den Hauspreisen sind ein klarer Ausdruck dafür. Dennoch, dass die Hauspreise in den nächsten Jahren tatsächlich um 65% (real) sinken werden, gilt als ausgeschlossen, immerhin haben sich die US-Hauspreise 2012 wieder stabilisiert.

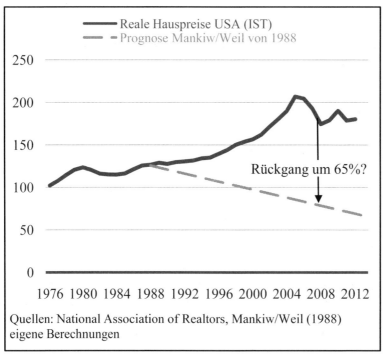

Abbildung 3: Reale Hauspreisentwicklung in den USA, 1975=100

Können wir also die Überlegungen von Mankiw und Weil getrost ad acta legen und schließen, Demografie spielt offenbar keine dominierende Rolle bei der Entwicklung der Wohnimmobilienpreise? Natürlich nicht! Aus drei Gründen dürfen wir uns diesen Luxus gerade in Deutschland nicht erlauben: Erstens sind die demografischen Trends in Deutschland in den nächsten Jahrzehnten viel gravierender als die Entwicklung in den USA seit Ende der 1980er

Jahre. In Deutschland geht es nicht nur um eine Verschiebung in der Altersstruktur, sondern auch um rückläufige Einwohnerzahlen. Und natürlich fragen ceteris paribus, also unter sonst gleichen Bedingungen, weniger Menschen auch weniger Wohnraum nach. Zweitens machen auch Mankiw und Weil in ihrer Analyse deutlich, dass sie eine Partialanalyse durchführen. Leider wird dies in ihrer Analyse nicht immer so deutlich wie am Anfang des Artikels; die Ausführungen bieten viel Interpretationsspielraum. Tatsächlich isolieren sie nur den reinen Demografieeffekt. Dieser Effekt wird gegebenenfalls durch andere Effekte überkompensiert, jedoch dadurch nicht bedeutungslos. Drittens provozierte die Studie zahlreiche Folgearbeiten von anderen Wissenschaftlern, die auf Unzulänglichkeiten hinwiesen und das Modell weiterentwickelten. Die Modelle wurden dadurch nicht einfacher, sie sind jedoch besser mit der Dynamik der letzten Jahrzehnte vereinbar.

1.3 Was fehlte in der Studie von Mankiw und Weil?

In der Schätzgleichung von Mankiw und Weil spielte eine Trendvariable eine wichtige Rolle. Der Koeffizient dieser Trendvariablen ist negativ und bedeutet, dass die realen Hauspreise selbst bei konstanter Nachfrage um knapp 8% pro Jahr sinken (vgl. Hendershott, 1991). Dies wäre allenfalls dann plausibel, wenn der Wohnungsbestand stetig erweitert würde und somit ein wachsendes Ungleichgewicht auf die Preise drücken würde, oder sie könnte eine Abschreibungskomponente enthalten. Zwar ist die Wohnungsangebotsseite nicht völlig elastisch, d.h. Preisänderungen führen nicht sofort zu starken Änderungen im Bestand. Völlig unbeeinflusst bleibt die Angebotsseite von Preisentwicklungen jedoch nicht. So brachen die Baubeginne in den USA im Zuge der Subprime-Krise innerhalb eines Jahres (von Januar 2006 bis Januar 2007) um 40% ein. Im April 2008 lagen die Baubeginne um über 60% unterhalb des Höchstwertes. Auch die Baukosten dürfen bei der Preisbildung nicht vernachlässigt werden (Swan, 1995). Es ist also unzureichend, davon auszugehen, dass das Angebot trotz demografischen Veränderungen einfach weiter wächst.

Der wichtigste Einwand ist, dass die Analyse von Mankiw und Weil implizit davon ausgeht, dass sich das Nachfrageverhalten von Menschen zwar in ihrem Lebenszyklus verändert, nicht jedoch zwischen den Generationen. Die Wohnungsnachfrage eines 80-Jährigen heute ist im Modell von Mankiw und Weil genauso hoch wie jene eines 80-Jährigen vor 20 Jahren. Dies gilt jedoch nur dann, wenn die Einkommen und Vermögen in dieser Altersgruppe real unverändert geblieben sind oder wenn die Nachfrage nach Wohnraum tatsächlich einkommensunelastisch wäre und alle relativen Preise sich nachfrageunwirksam verändert hätten. Dies lässt sich jedoch nicht bestätigen: Green und Hendershott (1996) zeigen für die USA, dass die geringere Zahlungsbereitschaft und damit verbunden auch die geringere Wohnungsnachfrage von älteren Menschen in erster Linie an deren Einkommen und Ausbildungsniveaus liegt und nicht am Alter per se. Auch aufgebaute Vermögen und veränderte relative Preise von alternativen Ausgabeposten können dazu führen, dass die Wohnungsnachfrage von älteren Menschen in der Zukunft deutlich höher ausfallen könnte als von älteren Menschen heute. Daher misst die Variable von Mankiw und Weil wohl nur einen Partialeffekt der demografischen Entwicklung (Swan, 1995). Börsch-Supan (1993) betont zusätzlich, dass dieser Partialeffekt noch nicht einmal den gesamten demografischen Effekt misst, denn das Phänomen sinkender Haushaltsgrößen bleibt unberücksichtigt.

Bevor ein belastbares Modell für die Wohnungsnachfrage in Deutschland präsentiert wird, müssen die demografischen Trends skizziert werden. Hierbei geht es im Wesentlichen um zwei Punkte: Erstens wird begründet, mit welchen Grundannahmen im weiteren Verlauf des Buches gearbeitet wird. Dies ist wichtig, denn natürlich können mit unterschiedlichen Annahmen bei der Bevölkerungsentwicklung auch andere Effekte für die Immobilienmärkte erzielt werden. Es geht also um die Diskussion plausibler Bevölkerungsszenarien. Zweitens wird veranschaulicht, welche Aspekte des demografischen Wandels größere Wahrscheinlichkeit haben und welche mit größerer Prognoseunsicherheit behaftet sind. Dies ist dann für Immobilieninvestoren wichtig, wenn einzelne Immobilienklassen systematisch von den wahrscheinlicheren demografischen Trends betroffen sind. Wenn beispielsweise die Alterung als wahrscheinlichere Entwicklung gilt als die Bevölkerungsschrumpfung, so brauchen wir mit höherer Wahrscheinlichkeit mehr Pflegeeinrichtungen als weniger Familienwohnungen. Bei geringer Unsicherheit gibt es dann auch weniger unternehmerischen Prägespielraum und die demografiebedingten Risikoprämien eines Investments können geringer ausfallen.

2   Demografische Trends in Deutschland

2.1   Bevölkerungsentwicklung bis heute

In Deutschland lebten Ende 2011 knapp 81,8 Mio. Menschen und damit rd. 12 Mio. Menschen mehr als in den frühen 1950er Jahren. Die Entwicklung in den letzten 60 Jahren verlief jedoch keineswegs stetig. Das gilt weder für die zeitliche noch für die räumliche Dimension. Für Deutschland insgesamt lässt sich die Entwicklung in vier Phasen unterteilen. In der ersten Phase, die bis zur ersten Ölkrise 1974 anhielt, expandierte insbesondere die Bevölkerung im früheren Bundesgebiet. In Westdeutschland nahm die Zahl der Einwohner zwischen 1950 und 1973 um 11 Mio. Personen zu. Die erste Ölkrise markierte dann eine scharfe Zäsur. Das westdeutsche Bruttoinlandsprodukt expandierte 1972 und 1973 noch um real rd. 4,5%, 1974 schon nur noch um 0,9% und 1975 folgte sogar ein Jahr spürbar rückläufiger Wirtschaftstätigkeit. Der Anwerbestopp für Gastarbeiter, der 1973 beschlossen wurde, kam also zu einer Zeit, in der Deutschland an Attraktivität verlor.

In den fünf folgenden Jahren nahm die Zahl der Einwohner in Deutschland um fast eine Million ab. Auch die nächste Rezession in den frühen 1980er Jahren ging mit einem deutlichen Bevölkerungsverlust in Westdeutschland einher. Diese zwei Perioden rückläufiger Bevölkerungszahlen bilden die zweite Phase der Entwicklung.

Die Transformation in Ost-Europa in den späten 1980er und frühen 1990er Jahren sorgte durch einen starken Anstieg der Spätaussiedlerzahlen für ein Ende des Bevölkerungsrückgangs. Dies kennzeichnet die dritte Entwicklungsphase. Die Zahl der Einwohner in Deutschland kletterte binnen zehn Jahren um fast 4,5 Mio. Das Kriegsfolgenbereinigungsgesetz von 1992 und insbesondere in seiner Verschärfung von 1999 setzte dann Grenzen für die Zuwanderung von Spätaussiedlern. Seitdem nahmen die Wachstumsimpulse für die Bevölkerung deutlich ab.

Im Jahr 2002 wurde der Höchststand der Bevölkerung in Deutschland mit gut 82,5 Mio. überschritten, die vierte Phase hatte begonnen Danach ging die Zahl der Einwohner zurück. Bis zum Ende 2010 hatte sich der Rückgang auf mehr als 500.000 Personen kumuliert. Die Entwicklung verlief also deutlich langsamer als in den 1970er und 1980er Jahren. Anders als damals handelte es sich jedoch bis 2010 eher um ein strukturelles und weniger um ein konjunkturelles Phänomen. Diese vierte Phase wurde 2011 unterbrochen. Es kamen fast 280.000 Nettozuwanderer nach Deutschland – deutlich mehr als in den Jahren zuvor, 2012 dürften es sogar 340.000 Personen gewesen sein. Die Gründe für diese Entwicklung sind vielschichtig: Erstens sorgt die Staatsschuldenkrise in Südeuropa für eine hohe Arbeitslosenquote und damit für eine starke Motivation zur Auswanderung. Zweitens lief die Ausnahmeregelung für die Arbeitsfreizügigkeit vieler junger osteuropäischer EU-Staaten für einige Branchen wie die Baubranche aus. Polen oder Rumänen nutzen diese Freizügigkeit. Drittens stieg auch die Zahl der Asylsuchenden wieder an. 2008 belief sich die Zahl der Asylsuchenden auf gut

28.000 Personen. 2011 lag dieser Wert bei gut 53.000 Menschen und bis September 2012 waren es bereits 50.000 Personen. Ob hier aber bereits eine neue Phase 5 eingesetzt hat, ist unwahrscheinlich, denn einige Effekte dürften transitorisch sein. Dann überwiegt wieder der Effekt der geringen Geburtenzahlen. Wahrscheinlich ist aber auch, dass die Staatsschuldenkrise in Europa die demographischen Trends zum Teil abfedern wird. Dies gilt jedoch vor allem für die Entwicklung der Einwohnerzahl insgesamt, nicht für die gesellschaftliche Alterung.

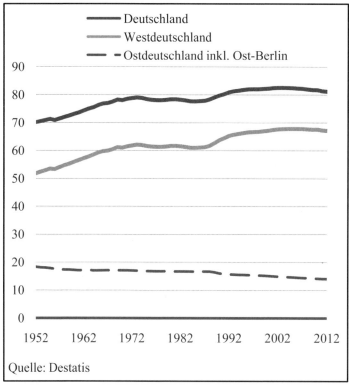

Abbildung 4: Bevölkerungsentwicklung in Deutschland seit 1952

Anmerkung zu Abbildung 4: Seit 2001 wird die Bevölkerungsstatistik für Berlin nicht mehr nach Ost- und West-Berlin getrennt. Um eine Sprungstelle in den Daten zu vermeiden, wurde der Anteil der Menschen in Ost- und West-Berlin nach 2001 konstant gehalten.

Wichtig ist auch, dass die Bevölkerungsentwicklung bereits in den letzten 50 Jahren für Ost- und Westdeutschland sehr unterschiedlich verlief. In den neuen Ländern (inklusive Ost-Berlin) leben heute rd. 4 Mio. Menschen weniger als 1950; das entspricht einem Rückgang um über 20%. Tatsächlich nahm die Zahl der Einwohner in den neuen Ländern nur in sieben der letzten 60 Jahre zu.

2.2 Definitorische Gleichung für die Bevölkerungsentwicklung

Bevölkerungsprognosen, bzw. Bevölkerungsvorausberechnungen, wie sie vom Statistischen Bundesamt (Destatis) erstellt werden, zählen zu den vergleichsweise einfachen und verlässlichen Prognosen. Sie sind einfach, weil sich die Ergebnisse mit den Grundrechenarten ermitteln lassen. Sie sind zudem verlässlich, weil entscheidende Stellgrößen sehr weit in die Zukunft reichen. Die Einwohnerzahl B_t in einer Region am Ende des Jahres t entspricht immer der Einwohnerzahl am Ende des Vorjahres (B_{t-1}) zuzüglich der Geburten und der Zuwanderung in die Region im Verlauf des Jahres t und abzüglich der Sterbefälle und Fortzüge aus der Region im Verlauf des Jahres t.

$$B_t = B_{t-1} + Geburten_t - Sterbefälle_t + Zuzüge_t - Fortzüge_t$$

Die Differenz aus Geburten und Sterbefällen wird natürlicher Bevölkerungssaldo genannt; den Saldo aus Zu- und Fortzügen nennt man Nettozuwanderung. Für eine Bevölkerungsvorausberechnung benötigt man plausible Annahmen hinsichtlich der vier Stellgrößen Geburten, Sterbefälle, Zuzüge und Fortzüge. Dabei gilt, dass ohne nennenswerte Schocks wie Seuchen, Kriege oder Naturkatastrophen, die jährliche Differenz aus Geburten und Sterbefällen in Relation zur Bevölkerung klein ist. 2011 sind rd. 190.000 mehr Menschen gestorben als geboren wurden. Der natürliche Bevölkerungssaldo macht also gerade 0,2% der Einwohnerzahl aus. Bevölkerungsprognosen mit einem kurzen Prognosehorizont (1 bis 5 Jahre) sind daher unspektakulär; die Einwohnerzahl im Jahr 2011 entspricht in etwa jener des Vorjahres. Nur mit einem hinreichend großen Prognosefenster (1 bis 2 Generationen) lohnen Bevölkerungsprognosen, denn dann machen sich kleine Veränderungen der Annahmen bemerkbar.

Eine wichtige Randnotiz darf jedoch nicht unterbleiben: Die aktuellen Bevölkerungsbestandsdaten sind Fortschreibungsdaten. Die Zahlen der jüngsten Volkszählung fließen hier noch nicht ein. Die letzte Volkszählung davor liegt 25 Jahre zurück. Seitdem muss man sich darauf verlassen, dass wir Zu- und Fortzüge zumindest einigermaßen verlässlich erfassen. Dies muss natürlich nicht so sein; Menschen können das Land verlassen, ohne sich förmlich abzumelden, und natürlich gibt es für einige Zuwanderer gute Gründe, sich nicht gleich bei der Ausländerbehörde zu melden. Auch bei innerdeutschen Umzügen können sich Menschen in der neuen Stadt anmelden, ohne sich in ihrer alten Stadt abgemeldet zu haben. Sie werden dann bei einer Fortschreibung doppelt gezählt. Das Statistische Bundesamt (Destatis) gab am 22. Juli 2008 eine Pressemitteilung heraus, die mit dem sprachlichen Kleinod begann:

„Die Bevölkerungszahl für Deutschland (82,2 Millionen am 31.12.2007) ist vermutlich – wie seit längerem bekannt – etwas höher als die tatsächliche Bevölkerungszahl."(Destatis, 2008)

Insgesamt sei die Zahl der Menschen, die tatsächlich damals in Deutschland lebten, um 1,3 Mio. Menschen geringer als die offizielle, aus Fortschreibungen gewonnene Bevölkerungszahl. Hieran ist nicht nur bemerkenswert, dass es neben der offiziellen eine tatsächliche Bevölkerungszahl gibt, sondern auch, dass Bevölkerungsforscher eher überrascht waren, dass dieser Fortschreibungsfehler „nur" 1,3 Mio. Menschen betrug. Genaueres wird man erst mit den jüngsten Daten der Volkszählung im Jahr 2011 wissen. Bis dahin wird die offizielle Zahl die Fortschreibungszahl bleiben. Diese liegen auch allen weiteren Analysen zugrunde. Wie wichtig gerade auch für wohnungswirtschaftliche Fragestellungen Volkszählungen sind, veranschaulicht die Erfahrung mit der letzten Zählung von 1987. Damals musste die Zahl der Wohnungen um eine Million nach unten korrigiert werden (Würzberger und Wedel, 1988).

Die Entwicklungen auf den Wohnungsmärkten, v.a. die Entwicklungen der Mieten und Wohnungspreise, bieten hier einen zusätzlichen Indikator dafür, dass wir wahrscheinlich den Bevölkerungsbestand im Jahr 2010 nicht gravierend unterschätzt haben, denn ansonsten hätte es angesichts eines deutlichen Rückgangs bei den Wohnungsfertigstellungen eine stärkere Verknappung des Wohnraumangebots und damit auch stärker steigende Mieten als in den letzten Jahren geben müssen. Der jüngste Miet- und Wohnungspreisanstieg in den Jahren 2010 bis 2012 hat mehrere Gründe, die aber alle damit vereinbar sind, dass die Daten der Vorjahre hinlänglich belastbar zusammen passen. Mehr zu den aktuellen Preisentwicklungen auf den Wohnungsmärkten findet sich zum Beispiel bei Just (2011).

2.3   Weiterer Geburtenrückgang ist programmiert

Die Zahl der künftig in einem Land zu erwartenden Geburten hängt im Wesentlichen von zwei Faktoren ab: Erstens von der Zahl der Frauen im gebärfähigen Alter, also von den potenziellen Müttern (in der Statistik üblicherweise die Frauen zwischen 15 und 49 Jahren) und zweitens von der Zahl der Kinder, die jede Frau im Durchschnitt zur Welt bringen wird. Als mittelbar dritter Faktor spielt auch noch das mittlere Alter, bei dem eine Frau ihr erstes Kind zur Welt bringt eine gewisse Rolle, um den zweiten Faktor zu bestimmen.

Im Jahr 2011 wurden in Deutschland ungefähr 663.000 Kinder geboren, 15.000 weniger als im Vorjahr. Den letzten Geburtenanstieg konnten wir 2007 verzeichnen, und davor im Jahr 1996. Damit wurden 2011 nur halb so viele Kinder geboren wie Mitte der 1960er Jahre, als über 1,3 Mio. Kinder pro Jahr geboren wurden. Der dramatische Rückgang der Geburtenhäufigkeit seit den 1960er Jahren lässt sich natürlich auf die stärkere Verbreitung der Anti-Babypille als Verhütungsmittel zurückführen. Allerdings hat die Pille einen säkularen Trend, der seit über 140 Jahren anhält, lediglich verstärkt: Im Jahr 1860 kamen in Deutschland je Frau noch rd. 5 Kinder zur Welt – mehr als heute in Indien. In den nachfolgenden drei Generationen sank die Geburtenrate auf 2 Kinder. Für diese Entwicklung kann offensichtlich nicht die „Pille" verantwortlich gemacht werden. Es muss wichtigere Einflussfaktoren geben. Der wichtigste Faktor wird in der wirtschaftlichen Entwicklung und den damit steigenden Einkommen erkannt. Es ließe sich zwar argumentieren, dass höhere Einkommen den Unterhalt von mehreren Kindern erleichtern müssten. Es gäbe folglich einen Einkommenseffekt. Diesem steht aber der Substitutionseffekt entgegen. Kinder bedeuten Opportunitätskosten. Opportunitätskosten sind quasi der Preis, den man dafür zahlt, dass man als Folge einer Entscheidung etwas anderes nicht genießen oder tun kann. Die Opportunitätskosten von Kindern sind dann bei mangelhaftem Betreuungsangebot die entgangenen Einkommen des betreuenden Familienmitglieds, üblicherweise der Frau. Steigen die Einkommen, nehmen also auch die Opportunitätskosten für die familiäre Kindererziehung zu. Es wird relativ teurer, Kinder zu haben und alle Dinge, die relativ teurer werden, werden auch relativ seltener nachgefragt. Da Kinder bis zur Einführung der gesetzlichen Sozialversicherung immer auch eine familiäre „Versicherung" bedeuteten, waren die Einführung der Kranken- und v.a. der Rentenversicherung in den Jahren 1883 und 1889, sowie das im Zuge steigender Einkommen deutlich gesenkte Risiko von Säuglingssterblichkeit Ursachen für die rückläufigen Geburtenraten bis

1960. Die sinkende Geburtenhäufigkeit ist also in erster Linie ein Ausdruck der steigenden Einkommen in Deutschland, in zweiter Linie das Ergebnis davon, dass man es sehr lange versäumt hat, Betreuungsalternativen zu schaffen, drittens den besseren Verhütungsmethoden geschuldet und viertens Ausdruck verbesserter finanzieller Absicherung im Alter.

Die mikroökonomische Theorie der Fertilität geht auf den Nobelpreisträger Gary S. Becker zurück (1960, 1981). Kinder bringen Freude, sie sind also nutzenstiftend. Insofern lassen sie sich in der mikroökonomischen Theorie mit einem Konsumgut vergleichen. Dementsprechend lässt sich eine einfache Konsumfunktion für Kinder aufstellen (Todaro, 1989):

$$C_d = f(Y, P_c, P_x, t_x) \qquad x = 1, \ldots, n$$

Wobei gilt:

C_d „Nachfrage" nach Kindern als abhängige Variable

Y Haushaltseinkommen

P_c „Nettokosten" von Kindern (Differenz der erwarteten Kosten, hauptsächlich der Opportunitätskosten der Kindererziehung und möglichen Einkommen, z.B. in Form von Pflege im Alter)

P_x Preise für alle anderen Güter

t_x Relative Präferenzen des Haushalts für Kinder respektive andere Konsumgüter

Unter mikroökonomischen Normalbedingungen gilt für die partiellen Einflüsse:

$\dfrac{\partial C_d}{\partial Y} > 0;$ ein höheres Einkommen erhöht die Nachfrage nach Kindern (Einkommenseffekt)

$\dfrac{\partial C_d}{\partial P_c} < 0;$ je höher die Nettokosten für Kinder, desto geringer ist die Nachfrage (Substitutionseffekt)

$\dfrac{\partial C_d}{\partial P_x} > 0;$ je höher die Preise für alle anderen Güter sind, desto höher ist die Nachfrage nach Kindern (ein zweiter Substitutionseffekt)

$\dfrac{\partial C_d}{\partial t_x} < 0;$ stärkere Präferenzen für andere Güter senken natürlich auch die Nachfrage nach Kindern, und umgekehrt: selbst dieses einfache Modell lässt zu, dass es die Liebe zu Kindern gibt und dass sie unterschiedlich stark ausgeprägt sein kann.

Offensichtlich kann es zwischen dem Verhalten einzelner Haushalte je nach verfügbaren Haushaltseinkommen, dem Warenkorb der ansonsten nachgefragten Güter, den Opportunitätskosten der Erziehung und den eigenen Präferenzen starke Unterschiede in ihrer „Nachfrage nach Kinder" geben. Wie stark die einzelnen Faktoren die Zahl der Kinder bestimmen, bleibt eine empirische Frage.

Bereits Gary Becker (1960) hat allerdings darauf hingewiesen, dass es neben der Kinderzahl eine weitere wichtige Entscheidung für Eltern zu treffen gilt, nämlich die Entscheidung bezüglich des angestrebten Ausbildungsniveaus ihrer Kinder. Dieser „Qualitätsaspekt" bedeutet, dass Eltern in die Ausbildung ihrer Kinder investieren können; entweder durch finanzielles oder durch zeitliches Engagement.

Dann könnten steigende Einkommen nicht die quantitative Nachfrage nach Kindern, sondern vornehmlich die qualitative Komponente der Kindernachfrage erhöhen. Becker vermutete, dass sich für die Kindererziehung eine Analogie zum Kauf von langlebigen Konsumgütern ziehen lässt: die Elastizität der qualitativen Nachfrage ist höher als jene der quantitativen Nachfrage. Das heißt, bei steigenden Einkommen kaufen die meisten Menschen eher ein besseres Auto als ein zweites. Auf die Kindererziehung übertragen hieße dies, dass die meisten Menschen bei steigenden Einkommen auch eher in eine bessere Ausbildung ihrer Kinder investieren als in weitere Kinder.

Die Geburtenrate geht also tendenziell zurück, wenn:

a) Ausbildungs- und Einkommensmöglichkeiten von Frauen (bzw. von dem Elternteil, der üblicherweise die Kindererziehung übernimmt) steigen,

b) eine stärkere gesetzliche Renten- und Pflegeversicherung die Notwendigkeit von familiärer Versorgung im Alter unwichtiger werden lässt,

c) die Kosten der Kindererziehung und Kinderbetreuung stärker steigen als die Kosten für andere Güter,

d) gesellschaftlicher Wandel die Präferenz für Kinder senkt,

e) Eltern bei steigenden Einkommen eher in eine bessere Ausbildung ihrer Kinder investieren als in zusätzliche Kinder.

Gleichzeitig gilt freilich, dass die Geburtenrate nicht zwangsläufig immer weiter sinken wird, wenn die Einkommen steigen. Die Präferenzen für Kinder sowie die Kosten für alle anderen Güter setzen dem Rückgang der Geburtenhäufigkeit Grenzen. Diese Grenzen sind kulturell wahrscheinlich sehr unterschiedlich und auch im Zeitablauf nicht stabil. Offenbar liegen sie jedoch ohne Förderung in Deutschland sehr niedrig. Tatsächlich liegt die Geburtenrate hierzulande nun seit über 40 Jahren unter dem Schwellenwert von 2,1 Kindern je Frau, ab dem eine Gesellschaft ohne Zuwanderung und ohne einen Anstieg der Lebenserwartung keine rückläufigen Einwohnerzahlen zu fürchten hat. Seit über 40 Jahren ist Deutschland also auf Zuwanderung angewiesen, um das wachsende Geburtendefizit auszugleichen.

Bevor jedoch die Zuwanderungstrends in Deutschland skizziert werden, ist es sinnvoll, einen kurzen Blick auf die tatsächliche Entwicklung der Geburtenrate in Deutschland zu werfen.

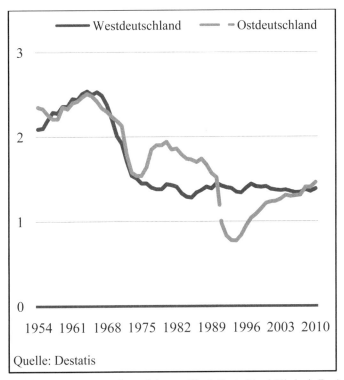

Abbildung 5: Zusammengefasste Geburtenziffer in Deutschland (Kinder je Frau)

Vier Dinge sind hierbei bemerkenswert:

a) Die Entwicklung in Ost- und Westdeutschland verlief zunächst sehr ähnlich. In den 1970er Jahren stieg die Geburtenrate in Ostdeutschland jedoch deutlich an, weil sehr umfangreiche Anreizsysteme geschaffen wurden. Die Entwicklung in Ostdeutschland ist ein deutlicher Beleg dafür, dass das Opportunitätskostenmodell zwar sicherlich die Realität stark vereinfacht, doch erheblichen analytischen Gehalt besitzt. Dass es sich hierbei nicht allein um monetäre Anreize handeln muss, darf ebenfalls nicht vergessen werden. Bereits in den 1980er Jahren ließ deren Wirkung jedoch nach. Dagegen blieben die familienpolitischen Maßnahmen in Westdeutschland in den gesamten letzten 35 Jahren im Endeffekt wirkungslos; d.h. die Geburtenrate stieg nicht an. Die Opportunitätskosten in Westdeutschland sind also in etwa genauso schnell gestiegen wie die Anreize – die relativen Preise bleiben nahezu unverändert.

b) Im Zuge der Wiedervereinigung sackte die Geburtenhäufigkeit in den neuen Bundesländern deutlich ab, zeitweilig auf unter 1 Kind je Frau. Eine ähnliche Entwicklung haben viele osteuropäische Transformationsländer durchlaufen. Eine Mischung aus spürbar steigenden Opportunitätskosten und höheren Unsicherheiten dürfte für dieses „Unterschießen" verantwortlich sein.

c) In den letzten Jahren nähert sich die Geburtenhäufigkeit in Ostdeutschland jener in Westdeutschland von unten an; zuletzt lag die Geburtenrate in den neuen Ländern sogar etwas oberhalb jener für die alten Länder.

d)   Verstärkt wird diese Entwicklung schließlich dadurch, dass das Durchschnittsalter jun-
     ger Frauen bei der Geburt ihres ersten Kindes in den letzten 30 Jahren in Westdeutsch-
     land gestiegen ist. In Ostdeutschland hat sich das Alter der Mütter seit der Wiederverei-
     nigung deutlich erhöht und nahezu auf den westdeutschen Wert angeglichen. Die amtli-
     che Statistik erfasst freilich nur die ehelichen Geburten. Der gesellschaftliche Wandel zu
     mehr Geburten außerhalb von Ehen führt also zu systematischen Verzerrungen in dieser
     Statistik. Tatsächlich hat sich der Anteil nichtehelicher Kinder seit 1990 auf rd. 30%
     mehr als verdoppelt. In Ostdeutschland werden seit einigen Jahren sogar mehr Kinder
     außerehelich geboren als in Ehen (vgl. Destatis, 2007a).

Eine neue Studie des Max-Planck-Instituts für demografische Forschung deutet an, dass die
zusammengefasste Geburtenhäufigkeit des Statistischen Bundesamtes von rund 1,4 Kindern
je Frau die Realität in Deutschland unterschätzt. Wenn das Alter von Frauen bei der Geburt
steigt und der medizinische Fortschrittes ermöglicht, das Gebärverhalten von Müttern zeitlich nach hinten zu schieben, dann könnte die gesamte Zahl der Kinder je Frau dann unterschätzt werden, wenn zweite Kinder immer häufiger jenseits der „Abschneidegrenze" zur
Ermittlung der zusammengefassten Geburtenrate kommen. Goldstein und Kreyenfeld weisen
für Deutschland eine Geburtenrate von 1,6 Kindern je Frau aus und rechnen sogar mit einem
Anstieg (Goldstein/Kreyenfeld, 2011). Da jedoch das Statistische Bundesamt zwischen der
zusammengefassten Geburtenrate und der endgültigen Zahl der Kinder einer Alterskohorte
unterscheidet, werden im Folgenden die Szenarien des Bundesamtes als valide bewertet (vgl.
hierzu Destatis, 2012).

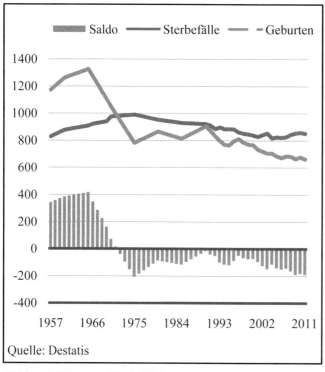

Abbildung 6: Geburten und Sterbefälle in Deutschland, in '000

Die anhaltend niedrige Geburtenhäufigkeit bedeutet, dass mittlerweile die erste Generation der geburtenschwachen Jahrgänge ebenfalls zu wenige Kinder bekommt. Dadurch wird die Entwicklung beschleunigt. Für die kommenden Jahre ist also ein weiterer Rückgang der Geburtenzahlen programmiert. Gleichzeitig wird die Zahl der Sterbefälle weiter steigen; dies ist Ausdruck davon, dass die Zahl der Einwohner in Deutschland in zurückliegenden Jahrzehnten bis in die 1980er Jahre (nahezu) stetig zunahm. Die Babyboomer-Generation, also die geburtenstarken Jahrgänge der 1950er und 1960er Jahre in Deutschland sorgte für einen rasanten Anstieg der Einwohnerzahl und wird nach ihrem Lebensende für einen ebenso deutlichen Rückgang sorgen.

2011 standen den rd. 663.000 Geburten etwa 852.000 Sterbefälle gegenüber. Das Geburtendefizit belief sich also auf ungefähr 190.000 Menschen. Damit die Zahl der Einwohner konstant bliebe, hätten 2011 exakt so viele Menschen mehr (netto) zuwandern müssen. Tatsächlich belief sich der Nettowanderungssaldo auf etwa 278.000 Menschen – die Zahl der Einwohner stieg damit 2011 erstmals seit 2002 wieder leicht an. Seit 1972 gab es in Deutschland kein einziges Jahr mehr, in dem die Zahl der Geburten die Zahl der Sterbefälle überstieg. Für die kommenden Jahre ist ebenfalls nicht damit zu rechnen, denn wenn sich an der Geburtenhäufigkeit und auch an den Migrationstrends nichts Gravierendes ändert, wird das Geburtendefizit kontinuierlich anwachsen. Je nach Zuwanderungsszenario (dazu unten mehr), wird sich das Geburtendefizit im Jahr 2030 auf 404.000 bis 434.000 Menschen und im Jahr 2050 auf 566.000 bis 602.000 Menschen belaufen. Das heißt, um die Zahl der Einwohner in Deutschland konstant zu halten, müsste die Zahl der Nettozuwanderer auf jährlich über eine halbe Million ansteigen.

In einem späteren Abschnitt zu den Wanderungstrends wird also zu diskutieren sein, ob sich solch hohe Zuwanderung auch für die nächsten Jahre und die kommenden Jahrzehnte erreichen lässt.

2.4 Alterung der Gesellschaft nicht aufzuhalten

Neben dem starken Rückgang der Geburtenhäufigkeit ist der zweite zentrale und seit mindestens 130 Jahren anhaltende Trend der spürbare Anstieg der Lebenserwartung in Deutschland. Die Lebenserwartung misst hierbei die wahrscheinlich restliche Lebenszeit eines Menschen zu einem bestimmten Zeitpunkt – meistens bei Geburt. Diese mittlere Lebenserwartung wird aus Sterbetafeln berechnet, also auf der Grundlage von tatsächlichen Sterbehäufigkeiten einer Altersgruppe und auf der Grundlage von Annahmen zur zukünftigen Entwicklung. Die Lebenserwartung bei Geburt zeigt hierbei die durchschnittliche Zahl der Jahre, die ein Neugeborenes noch zu erwarten hat, falls alle Parameter, die seine Sterbewahrscheinlichkeit betreffen, auf dem Stand bei seiner Geburt konstant blieben.

Zu dem deutlichen Anstieg der Lebenserwartung hat eine Vielzahl von Faktoren beigetragen: umfangreiche und bessere medizinische Versorgung genauso wie eine bessere Hygiene, menschenwürdigere Arbeitsbedingungen sowie der anhaltende Strukturwandel zu weniger gefahrvollen Tätigkeiten. Zudem brachte der rapide wirtschaftliche Aufschwung stark steigende Einkommen, und diese ermöglichten nicht nur eine höherwertige und reichlichere Ernährung, sondern auch bessere Wohnungen. Wichtige gesellschaftliche Institutionen wie die gesetzlichen Sozialversicherungen, effektive Trinkwasser- und Nahrungsmittelkontrollen oder höhere Sicherheitsanforderungen bei technischen Geräten oder im Straßenverkehr taten ein Übriges. Es war also eine Mischung aus medizinisch-technischen Errungenschaften sowie ökonomischen und gesellschaftlichen Veränderungen, die ermöglichten, dass Krankheiten behandelt werden konnten oder überhaupt seltener auftraten.

Insbesondere haben heute Säuglinge und Kleinkinder spürbar größere Chancen zu überleben als noch vor 130 Jahren. In den ersten Jahren des Deutschen Reiches 1871/1881 sind noch rd. ein Viertel aller Neugeborenen in ihrem ersten Lebensjahr gestorben, nach der Gründung der Bundesrepublik Deutschland 1949 lag die Säuglingssterblichkeit bei nur noch 6%, und heute sterben von 1.000 Neugeborenen nur noch etwa 4 Kinder im ersten Jahr.

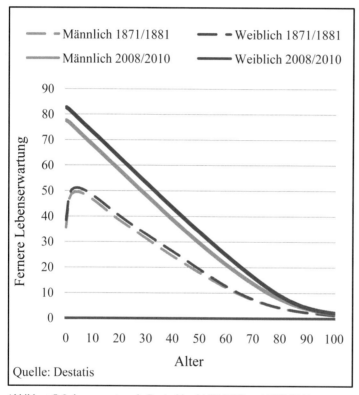

Abbildung 7: Lebenserwartung in Deutschland 1871/1881 und 2008/2010

Auch die Lebenserwartung älterer Menschen hat sich in den letzten Jahrzehnten stetig erhöht. 1871/1881 hatte ein 60-jähriger Mensch noch gut 12 Jahre vor sich (die Unterschiede zwischen Männern und Frauen waren damals nicht sehr stark ausgeprägt), heute sind es über 21 Jahre für einen Mann und sogar über 25 Jahre für eine Frau.

Die Lebenserwartung (bei Geburt) spiegelt diese beiden Entwicklungen, wobei natürlich der starke Rückgang der Säuglingssterblichkeit wichtiger für den Anstieg ist: Die statistische Lebenserwartung eines Jungen lag bei seiner Geburt 1871/1881 bei lediglich 35,6 Jahren und für ein Mädchen bei nur 38,4 Jahren. Heute hat ein Junge bei Geburt statistische 77,7 Jahre vor sich, ein Mädchen sogar über 82 Jahre (vgl. Destatis, 2012). Die Erfolge bei der Reduktion der Säuglingssterblichkeit lassen angesichts der erreichten sehr niedrigen Zahlen für die nächsten Jahre offenbar weniger Spielraum für eine verlängerte Lebenserwartung. Tatsächlich hat sich in den letzten 100 Jahren die Entwicklung zu höherer Lebenserwartung abgeschwächt: So liegt die Lebenserwartung bei Geburt eines Jungen heute zwar um gut 12 Jahre über dem Wert vor 50 Jahren. In den ersten 50 Jahren des letzten Jahrhunderts nahm die Lebenserwartung von Jungen jedoch um rd. 20 Jahre zu. Die Zuwächse nehmen also ab.

Der schwächere Anstieg der Lebenserwartung bei Jungen wird u.a. auch damit begründet, dass in den empirischen Sterbewahrscheinlichkeiten noch gesundheitliche Schäden durch den 2. Weltkrieg nachwirken dürften. Dieser Effekt wird dann in Zukunft an Bedeutung verlieren.

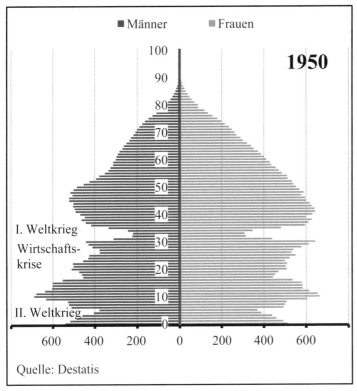

Abbildung 8: Altersaufbau in Deutschland 1950

Zusammen mit der sinkenden Geburtenhäufigkeit führt die längere Lebenserwartung seit Jahrzehnten zu einer Alterung der Gesellschaft – sowohl das Durchschnitts- als auch das Medianalter nehmen seit Jahren zu. Das Medianalter, also das Alter, das die Bevölkerung in zwei Hälften teilt, eine die jünger ist als das Medianalter und eine, die älter ist – ist in den letzten 30 Jahren bereits um 7 Jahre gestiegen; 50% aller in Deutschland lebenden Menschen sind bereits heute älter als 42 Jahre, Tendenz natürlich weiter steigend. Offensichtlich wird sich die Alterung sogar noch verstärken, denn mit den Baby-Boomern erreicht in den nächsten 20 Jahren die stärkste Alterskohorte (eine Alterskohorte ist ein Geburtsjahrgang oder eine Gruppe von Geburtsjahrgängen, die etwas Verbindendes haben) das Rentenalter und die Zahl der jüngeren Menschen wird in den kommenden Jahren wegen der geringen Geburtenzahlen weiter abnehmen. Die klassische *Alterspyramide*, die um 1900 noch die Altersstruktur sehr gut abbildete, war 1950 noch in Ansätzen bei den über 40-Jährigen zu erkennen. 1950 sind aber neben den Resten der Pyramiden v.a. die zwei Weltkriege und die Weltwirtschaftskrise der frühen 1930er Jahre abzulesen. Heute beschreibt das Statistische Bundesamt den Bevölkerungsaufbau mit dem Begriff der „zerzausten Wettertanne" (Destatis, 2006).

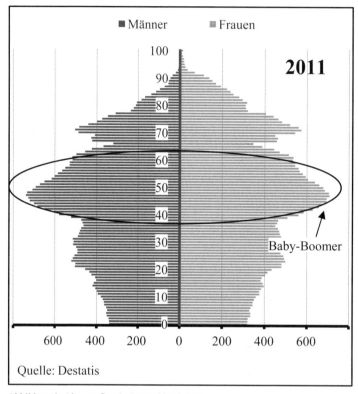

Abbildung 9: Altersaufbau in Deutschland, 2011

2.5   Außenwanderung für Prognosen sehr wichtig

2.5.1   Migrationstheorie

Es wurde gezeigt, dass die Zahl der Einwohner in Deutschland in den letzten Jahrzehnten nur dann wachsen konnte, wenn hinreichend viele Menschen nach Deutschland zuwanderten. Wird der Wanderungssaldo in Zukunft ausreichen, um das wachsende Geburtendefizit auszugleichen? Um dies abschätzen zu können, bedarf es einer Prognose zukünftiger Nettozuwanderung. Dies ist keineswegs eine leichte Aufgabe, denn die Entscheidung für oder gegen einen Umzug in ein anderes Land wird von sehr vielen Faktoren bestimmt. Zunächst spielt die Möglichkeit, Einkommen zu erzielen, eine große Rolle.

Einkommen im Zielland	Einkommen im Herkunftsland

- Erwerbseinkommen
- Transfereinkommen
- Zusätzl. Bildungsmöglichkeiten
- Beschäftigungs-
  wahrscheinlichkeit
 	
- Sonstige Nutzen
	- Erwerbseinkommen
	- Transfereinkommen
	- Vermögen
	- Beschäftigungs-
	  wahrscheinlichkeit
	
	- Sonstige Nutzen

Nettoerträge eines Umzugs

Kosten des Umzugs

- Kosten der Lebenshaltung
- Direkte Umzugskosten
- Kosten der Umstellung (auch psychische Lasten)

Erwarteter Gegenwartswert des Umzugs
(diskontierte Einnahmendifferenzen abzüglich diskontierte Kosten)

Unsicherheit – Informationsdefizite
Abhängig von Entfernung, informellen Netzwerken im Ziel- und
Herkunftsland, Güte der Informationen im Herkunftsland

**Wahrgenommener Wert
des Umzugs**
(für Entscheidung relevant)

Quellen: in Anlehnung an Byerlee (1974), Todaro (1989)

Abbildung 10: Ein ökonomisches Modell der Migration

Hierbei werden die möglichen Einkommen im Zielland mit jenen im Herkunftsland verglichen. Mögliche Transfereinkommen oder Vermögen im Herkunftsland sowie die Wahrscheinlichkeit, die Erwerbseinkommen auch tatsächlich zu realisieren, sind ebenso wichtige
Stellgrößen wie die mögliche Entwicklung der Einkommen in der Zukunft. Letztlich werden
also diskontierte Einnahmenströme verglichen (Straubhaar, 1988 und Todaro, 1989). Bei
diesen Einnahmen müssen nicht-monetäre Nutzen zusätzlich bewertet werden.

Diese diskontierte Einnahmendifferenz zwischen Herkunfts- und Zielland wird mit den erwarteten Kosten saldiert. Hier geht es um mehr als nur die Reisekosten. Es geht um die gesamten Integrationskosten, Unterschiede in der Lebenshaltung und mögliche soziale oder
psychische Kosten. Ist die Einnahmendifferenz größer als die diskontierten Kosten, ist ein
Umzug sinnvoll; vorausgesetzt die Informationen, die man für die Entscheidung verwendet
hat, sind verlässlich. Diese Unsicherheit hängt offenbar von der Güte der Informationsquel-
len ab; von Medien, Bildungsstand, Entfernung und möglichen Netzwerken im Zielland. Ein
Umzug in ein fremdes Land ist zwar immer eine Entscheidung unter Unsicherheit, die Entscheidungsfindung lässt sich aber in den meisten Fällen durch das rationale Entscheidungs-
modell beschreiben. Der Umzug zu einem Lebenspartner wird hierbei als rationale Entscheidung natürlich mit erfasst, denn es handelt sich zweifelsohne um einen nicht-monetären
Nutzen, den Partner häufiger zu sehen. Für den Durchschnitt gibt das ökonomische Migrationsmodell eine gute Näherung: Demnach ziehen Menschen umso eher um je:

a)   größer die Einkommensdifferenz zwischen Zielland und Herkunftsland ist,
b)   größer die Beschäftigungswahrscheinlichkeit im Zielland ist,
c)   geringer die Reisekosten (Entfernung) zum Zielland sind,
d)   größer die Integrationsbemühungen im Zielland sind,
e)   dichter ein Netzwerk aus früheren Migranten im Zielland besteht,
f)   besser die Weiterqualifizierungsmöglichkeiten im Zielland sind.

Dieses einfache Modell erklärt auch, warum insbesondere jüngere Menschen wesentlich
häufiger umziehen als ältere (für Deutschland entfällt rd. jeder zweite Zu- bzw. Fortzug von
Ausländern auf Menschen zwischen 19 und 29 Jahren): Für jüngere Menschen sind die möglichen Einkommensdifferenzen wegen des längeren Erwerbshorizonts höher und ihre Umzugskosten sind in der Regel geringer. Bei den Zu- und Fortzügen von Deutschen – nach und
von Deutschland – ist die Konzentration auf junge Menschen weniger stark ausgeprägt, weil
viele ältere Deutsche im Alter die Sonne des Südens suchen. Diese Logik dürfte für Migranten nach Deutschland mit einer Suche nach „Kühle des Nordens" kaum umzudrehen sein.
Abbildung 10 zeigt schematisch den ökonomischen Entscheidungsprozess eines Migranten.

2.5.2   Zuwanderung nach Deutschland

2011 kamen insgesamt über 958.000 Menschen nach Deutschland, 12,1% davon waren
Deutsche. Gleichzeitig verließen 679.000 Menschen das Land; 140.000 davon waren
Deutsche. Hieraus lassen sich zwei wichtige Dinge erkennen, die auch für die Wohnungsmärkte relevant sind: Erstens wird durch den Nettozuwanderungssaldo (2011: 279.000) nur
ein Teil des gesamten Migrationsphänomens abgebildet, denn 2011 kamen offenbar nicht
279.000 neue Wohnungssuchende, sondern fast 1 Million Menschen nach Deutschland.
Zweitens wird der überwiegende Teil der Zuwanderung durch Ausländer bestimmt. Dies gilt
insbesondere seit die Zuwanderung von Spätaussiedlern stark beschränkt wurde.

Ein großer Teil der Zuwanderung nach Deutschland lässt sich mit Hilfe des ökonomischen Migrationsmodells erklären. Bereits die Entwicklung des Bruttoinlandsprodukts (BIP) gibt Aufschlüsse: Für Deutschland ist v.a. für die Jahre zwischen 1960 und 1990 ein sehr enger Zusammenhang zwischen der Entwicklung des realen BIP und des Nettozuwanderungssaldos zu erkennen: In Aufschwungphasen kamen in der Vergangenheit besonders viele Zuwanderer nach Deutschland (in Relation zu den Fortzügen). Allerdings laufen die beiden Datenreihen keineswegs völlig synchron, denn einschneidende Gesetze wie das Rückkehrhilfegesetz von 1983 oder das Asylverfahrensgesetz von 1993 sowie das Beenden von Anwerbemaßnahmen von 1973 veränderten das Kalkül für Zuwanderer erheblich: Im Rahmen des ökonomischen Modells bedeuten diese gesetzgeberischen Maßnahmen ein deutliches Senken der Vorteile der Zuwanderung (gegebenenfalls in die Illegalität mit weniger Einkommensmöglichkeiten) oder ein spürbares Anheben der Zuwanderungskosten (Umgehungstatbestände, Informationen werden teurer). Durch die starke deutsche Wirtschaft während der Staatsschuldenkrise in Europa steigen nun wieder die Vorteile der Zuwanderung und die Zuwanderungskosten sinken (weil viele Firmen sich aktiv um Mitarbeiter bemühen). Dies ist auch in den aktuellen Zuwanderungszahlen zuerkennen. 2011 war der Nettowanderungssaldo zwischen Deutschland und Spanien 12-mal höher als 2009 – davor war der Saldo sogar negativ.

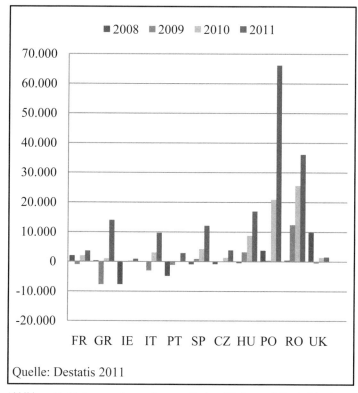

Abbildung 11: Nettozuwanderung der europäischen Länder mach Deutschland

Doch nicht nur diese politischen Maßnahmen haben in den 1990er Jahren die Nettozuwanderung gesenkt. In vielen europäischen Herkunftsländern expandierte die Wirtschaft deutlich schneller als in Deutschland: In den zehn Jahren zwischen 1996 und 2006 wuchs die spanische Wirtschaft (das reale BIP) beispielsweise um jährlich 2,3%-Punkte schneller als die deutsche; die griechische Wirtschaft wuchs um 2,6%-Punkte und die osteuropäischen Volkswirtschaften (inklusive Türkei) wuchsen sogar um knapp 3%-Punkte schneller als die deutsche Volkswirtschaft. Dadurch hat sich das wichtigste Migrationsmotiv, das Einkommensgefälle zwischen Deutschland und den Herkunftsländern, sukzessiv verringert. Eine Trendwende ergab sich jedoch durch die Euro-Krise. Da Deutschland sich schneller als viele südeuropäische Länder von der Rezession 2009 erholte. Dies erklärt auch den Nettowanderungsverlust von griechischen Staatsangehörigen im Jahr 2008 (–7.000 Menschen) und den folgenden Nettowanderungsgewinn 2011 (+14.000 Menschen).

Mit dem Blick nach vorne stellt sich dann die Frage: Können wir aus der Vergangenheit auf eine wahrscheinliche Nettozuwanderung in der Zukunft schließen? Häufig werden hierfür einfache Mittelwerte historischer Nettozuwanderungssalden gebildet. Dieses Vorgehen ist zwar aufschlussreich, doch nicht unproblematisch, da solche Mittelwerte je nach gewähltem Zeitraum stark schwanken können. Für die letzten 50 Jahre lag die durchschnittliche Nettozuwanderung bei rd. 200.000 Personen pro Jahr, für die letzten 25 Jahre sogar bei nahezu 300.000 Menschen. Diese Werte sind jedoch nur dann ein guter Indikator für die kommenden Jahrzehnte, wenn ähnlich massive Gastarbeiteranwerbeprogramme oder permissive Spätaussiedlerregelungen wie in den 1960er respektive frühen 1990er Jahren zu erwarten sind – oder ähnlich stark wirkende Maßnahmen beschlossen werden. Da in diesen beiden Phasen insbesondere gering qualifizierte Arbeitnehmer nach Deutschland kamen, wäre ein Nettozuwanderungssaldo zwischen 200.000 und 300.000 Personen pro Jahr wohl nur dann zu erwarten, wenn sich die Zuwanderungsgesetzgebung in Deutschland ganz entschieden zu Gunsten der Geringqualifizierten in der ganzen Welt öffnen würde.

Dies scheint derzeit unwahrscheinlich, da es zumindest noch in den nächsten Jahren keine Knappheiten bei Geringqualifizierten, sondern allenfalls bei Hochqualifizierten gibt. Dann dürften die Mittelwerte über sehr lange Zeiträume jedoch das falsche Bild in die Zukunft projizieren. Korrigiert man die Mittelwertsberechnung für die letzten 50 Jahren um die „Ausreißerjahre" 1969–1971 und 1989–1993, also nicht einmal um die gesamte Phase der wirksamen Sondereffekte, erhält man einen langfristig durchschnittlichen Nettozuwanderungssaldo von lediglich 125.000 Personen pro Jahr. Dies entspricht auch ungefähr dem Mittelwert der letzten zehn Jahre (knapp 130.000 Personen, [ohne 2011]). In den fünf Jahren von 2006–2010 wanderten sogar nur noch etwa 80.000 Personen pro Jahr mehr nach Deutschland als das Land verließen – trotz der sehr guten Wirtschaftsjahre 2006 und 2007. Die Staatsschuldenkrise wird in den nächsten Jahren sicherlich höhere Nettozuwanderungssalden für Deutschland bewirken, eine dauerhafte Trendumkehr ist jedoch unwahrscheinlich.

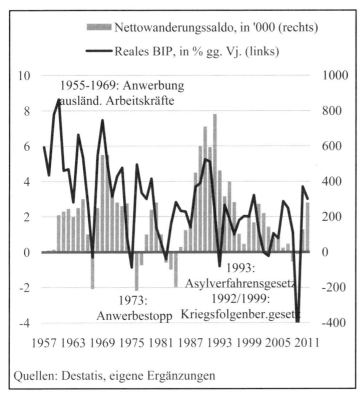

Abbildung 12: Nettozuwanderung und Wirtschaftsentwicklung in Deutschland

Weil Bevölkerungsprognosen nicht für morgen oder übermorgen, sondern für die nächsten Jahrzehnte angefertigt werden, können solche kleinen Unterschiede in den Annahmen zur Zuwanderung große Wirkung entfalten: Bei einer Nettozuwanderung von jährlich 200.000 Personen kommen bis zum Jahr 2050 offensichtlich insgesamt knapp 4 Mio. mehr Menschen nach Deutschland als in einem Szenario mit nur 100.000 Nettozuwanderern – und die hier geborenen Kinder der Migranten sind noch nicht einmal eingerechnet.

Damit sind wir sozusagen schon mitten in der Bevölkerungsvorausberechnung. In den letzten Abschnitten wurden alle zentralen Parameter für eine Bevölkerungsvorausberechnung skizziert. Im Folgenden werden diese Parameter zusammengeführt und zu einer Vorausberechnung verdichtet.

2.6   Bevölkerungsprognosen für Deutschland

Bevölkerungsvorausberechnungen sind immer bedingte Prognosen. Die Ergebnisse hängen stark von den Annahmen ab. Hierbei kann es nicht um richtige oder falsche, sondern allenfalls um plausible oder nicht plausible Annahmen gehen. Die wohl berühmteste „Bevölkerungsfehlprognose" in Deutschland kommt von Konrad Adenauer, der auf den Vorschlag Wilfrid Schreibers, neben der umlagefinanzierten Altersrente auch eine Kinder- und Jugendrente einzuführen, antwortete: „Kinder kriegen die Menschen sowieso." Das war 1957, und die Fertilitätsrate lag bei knapp 2,4 Kindern je Frau. Zwanzig Jahre später war die Fertilitäts-rate bei nur noch 1,4 Kindern je Frau, und seitdem ist sie in etwa auf diesem Niveau geblie-ben. Richtig, auch heute kriegen die Menschen noch Kinder, aber eben deutlich weniger als in den 1950er Jahren. Auch die starken Zuwanderungsströme im Zuge der Wiedervereini-gung wurden bei keiner früheren Bevölkerungsvorausberechnung richtig antizipiert. Eine gute Übersicht über die Treffsicherheit von Bevölkerungsprognosen bietet Bretz (2001).

Dennoch wäre es falsch, den Wert von Bevölkerungsprognosen nur deshalb gering zu schät-zen, weil man in der Vergangenheit nicht alle Entwicklungen korrekt erahnt hatte. Das gilt in einer Welt voller Unsicherheiten immer. Für Investoren und Unternehmen hilft eine Progno-se, diese Unsicherheit zu reduzieren, auch wenn sie nur mit einer subjektiv bewerteten Ein-trittswahrscheinlichkeit behaftet ist. Würde man keine Bevölkerungsprognosen erstellen, stünden Investoren, Stadtplaner, Politiker und Konsumenten dennoch vor denselben Ent-scheidungssituationen. Ihre Entscheidungen würden dann auf Heuristiken basieren, denen letztlich auch einfache implizite Bevölkerungsprognosen zugrunde liegen. Dann ist aber eine professionell erstellte Vorausberechnung vorzuziehen, weil sie eher Konsistenz sicherstellen kann. Investoren können dann leichter einschätzen, wie diese Berechnung zustande kam und ein eigenes Szenario leichter konzipieren. Systematische Fehler werden vermieden. Außer-dem sollte nicht vergessen werden, dass es bei den grundsätzlichen Aussagen der Bevölke-rungsvorausberechnungen seit Jahrzehnten keine Änderung in der Kernbotschaft gab: Wir werden immer älter und immer weniger. Es sei nur an das eingangs verwendete Zitat aus dem Brockhaus des Jahres 1978 erinnert.

Ein interessierter Leser hat es zudem leicht, in dem reichen Angebot an Bevölkerungsprog-nosen auszuwählen: Allein in der 12. koordinierten Bevölkerungsvorausberechnung des Statistischen Bundesamts werden 12 unterschiedliche Szenarien präsentiert. Auch in den daneben vielfach beachteten Vorausberechnungen werden zahlreiche Szenarien vorgestellt. Das DIW in Berlin präsentiert sechs Szenarien (Schulz und Hannemann, 2007) auf der Web-site von Herwig Birg (2008) finden sich sogar 40 unterschiedliche Szenarien. Einen guten Einblick bietet auch Birg (2003).

Im Folgenden wird im Wesentlichen mit den Szenarien des Statistischen Bundesamtes gear-beitet; nicht dass diese Prognosen quasi von Amtswegen als besser eingeschätzt werden als andere, sie finden derzeit in Deutschland jedoch wohl am häufigsten Verwendung und stellen damit eine übliche Referenz dar.

2.6.1   Die Basisprognosen

Für die Vorausberechnung sind drei Parameter entscheidend: Die Geburtenhäufigkeit, die weitere Entwicklung der Lebenserwartung und der Nettowanderungssaldo. Für die Lebens-erwartung ist ein weiterer Anstieg sehr wahrscheinlich. Gleichzeitig ist zu erwarten, dass ein zusätzlicher Gewinn von Lebenszeit teurer und damit schwieriger wird als in der Vergan-genheit. Vor allem aber fallen in Zukunft wie geschildert die positiven Effekte der reduzier-ten Säuglingssterblichkeit viel kleiner aus als in der Vergangenheit, da wir bereits ein sehr niedriges Niveau erreicht haben. Zudem ist es noch offen, wie sehr der zum Teil dramatisch veränderte Lebenswandel vieler Menschen in Deutschland zu einem weiteren Anstieg von so genannten Zivilisationskrankheiten (z.B. Diabetes, Allergien) führen wird und ob sich da-durch zumindest die Zugewinne an Lebenszeit reduzieren werden. Daher wird im Folgenden mit der Basisannahme eines moderaten Anstiegs der Lebenserwartung gearbeitet. Für männliche Neugeborene erhöht sich die Lebenserwartung (bei Geburt) um rd. 8,5 Jahre auf 85 Jahre im Jahr 2060 gegenüber dem Jahr 2010. Neu geborene Mädchen haben dann sogar eine mittlere Lebenserwartung von 89,2 Jahren, das wären rd. sieben Jahre mehr als heute.

Mit Blick auf die Geburtenhäufigkeit wird in dem Basisszenario Konstanz auf dem heutigen Niveau von rd. 1,4 Kindern je Frau unterstellt. Die Maßnahmen zur Erhöhung der Geburtenzahlen (z.B. höheres Kindergeld, Einführung des Elterngeldes, bessere Betreuungsangebote für Kleinkinder) sind deswegen nicht wirkungslos, sie wären jedoch nur geeignet, den weiteren Anstieg der Opportunitätskosten in etwa auszugleichen. Der weitere Anstieg der Opportunitätskosten ist gerade für Hochqualifizierte sehr wahrscheinlich, da deren Arbeitskraft knapper wird, und dies dürfte lohnerhöhend wirken.

Tabelle 1: Übersicht über die verwendeten Szenarien

	Geringere Zuwanderung (Variante 1-W1)	Höhere Zuwanderung (Variante 1-W2)	Geringe Zuwanderung höhere Geburtenhäufigkeit (Variante 3-W1)
Geburten-häufigkeit	Etwa 1,4 Kinder je Frau	Etwa 1,4 Kinder je Frau	Etwa 1,6 Kinder je Frau
Lebens-erwartung Neugeborener 2060	Männlich: 85 Jahre Weiblich: 89,20 Jahre	Männlich: 85 Jahre Weiblich: 89,2 Jahre	Männlich: 85 Jahre Weiblich: 89,2 Jahre
Nettozu-wanderung p.a.	Rd. 100.000 Menschen	Rd. 200.000 Menschen	Rd. 100.000 Menschen

Quelle: Destatis (2009)

Die im Folgenden vor allem verwendeten Szenarien unterscheiden sich ausschließlich durch die unterstellte Zuwanderung. In der Variante 1-W1 des Bundesamts werden jährlich rd. 100.000 Nettozuwanderer bis 2060 angenommen; in der Variante 1-W2 hingegen 200.000 Menschen. Im Weiteren wird die Variante 1-W1 zur sprachlichen Vereinfachung als die Variante mit geringerer Zuwanderung bezeichnet, die Variante 1-W2 als Variante mit höherer Zuwanderung. Beide Szenarien lassen sich durch die Entwicklung in der Vergangenheit begründen: das Szenario mit höherer Zuwanderung rechnet quasi mit dem langfristigen Mittelwert der letzten 50 Jahre. Das Szenario mit geringerer Zuwanderung unterstellt hingegen eine ähnliche Entwicklung wie in den letzten zehn Jahren bzw. eine Entwicklung wie in den letzten 50 Jahren, wenn man um die zwei Sondereffekte der erfolgreichsten Gastarbeiteranwerbejahre und der stärksten Zuwanderungsjahre nach der Wiedervereinigung korrigiert. Gerade weil in den kommenden Jahren v.a. hoch qualifizierte Arbeitskräfte knapp werden dürften und viele Nachbarländer Deutschlands vor ähnlichen demografischen Herausforderungen stehen, wird die (subjektive) Eintrittswahrscheinlichkeit der Variante mit geringerer Zuwanderung für den gesamten Prognosezeitraum – nicht für die nächsten Jahre – höher eingeschätzt. Tabelle 1 fasst die wesentlichen Annahmen in den Szenarien zusammen.

Mit Blick auf die jüngsten Ergebnisse von Kreyenfeld und Goldstein (2011), werden auch die Szenarien mit höherer Geburtenhäufigkeit dargestellt. Die Variante 3-W1 mit 100.000

Nettozuwanderern und 1,6 Kindern je Frau wird zur sprachlichen Vereinfachung als „Mehr-Kinder"-Szenario bezeichnet.

Aus diesen Annahmen lässt sich die Zahl und Struktur der Einwohner in Deutschland ermitteln. Abbildung 13 veranschaulicht den Verlauf der Einwohnerzahlen in den Szenarien.

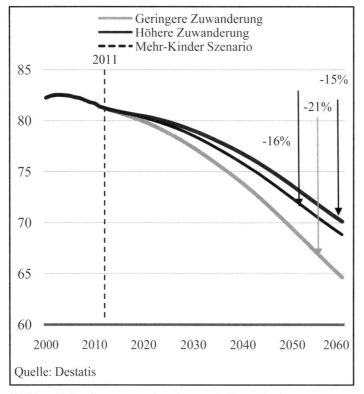

Abbildung 13: Bevölkerungsvorausberechnungen für Deutschland

Im günstigeren Szenario mit höherer Zuwanderung geht die Zahl der Einwohner in Deutschland bis 2020 leicht und danach beschleunigt auf knapp 70 Mio. im Jahr 2060 zurück. Im Vergleich zum Jahr 2011 beläuft sich der Rückgang auf 15%. Im Szenario mit geringerer Zuwanderung setzt sich der Schrumpfungsprozess der letzten Jahre ungebremst fort, sodass 2060 nur noch 64 Mio. Menschen in Deutschland leben werden, insgesamt 21% weniger als im Jahr 2011. Bei höherer Geburtenhäufigkeit von 1,6 Kindern je Frau beläuft sich der Bevölkerungsrückgang auf 16% auf dann nur noch knapp 69 Mio. Einwohner (bei 100.000 Netto-Zuwanderern pro Jahr).

Für die Volkswirtschaft dürfte die Verschiebung in der Altersstruktur freilich größere Belastungen bedeuten, denn der Bevölkerungsrückgang verteilt sich uneinheitlich auf die Altersgruppen. Aufgrund der niedrigen Fertilitätsrate werden natürlich die jüngeren Altersgruppen sehr massiv betroffen sein. Für einzelne Altersgruppen liegen die Rückgänge (hier im Vergleich zum Jahr 2010) deutlich über 30%, in der Altersgruppe zwischen 40 und 49 Jahren belaufen sich die Rückgänge sogar auf rd. 45%. Für das Szenario mit weniger Zuwanderung entspricht das allein für diese Altersgruppe einem Rückgang von mehr als 7 Mio. Menschen.

Selbst in dem günstigeren Szenario mit mehr Zuwanderung ist der Rückgang mit mehr als 6 Mio. Menschen erheblich.

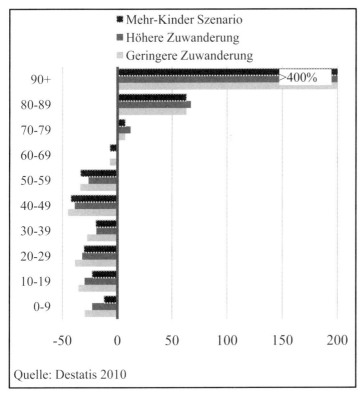

Abbildung 14: Bevölkerungsentwicklung nach Altersgruppen 2060 im Vergleich zu 2010 in %

Selbst im Szenario „Mehr-Kinder" läge der Rückgang bei den unter 30-Jährigen bis 2060 noch bei 30,5%. Die Effekte höherer Fertilitätsraten machen sich nur sehr langfristig bemerkbar.

Die Altersgruppe der Erwerbsfähigen (hier jene Menschen zwischen 16 und 65 Jahren) schrumpft um insgesamt 15 bis 19 Mio. Menschen in den Szenarien mit 1,4 Kindern je Frau. Dies wird die Arbeitsmärkte und folglich auch die gewerblichen Immobilienmärkte vor große Herausforderungen stellen.

Gleichzeitig wächst die Altersgruppe der Älteren und hier v.a. die Gruppe der Hochbetagten sehr stark. 2060 werden etwa 30% mehr Menschen in Deutschland leben, die ihr 65. Lebensjahr bereits vollendet haben. Je nach Zuwanderungsszenario sind dies zwischen 6,4 und 7 Mio. Menschen. Jeder dritte Einwohner in Deutschland wird dann älter als 65 Jahre sein; heute liegt der Anteil bei nur 20%. Die Zahl der Hochbetagten (über 80 Jahre alt) schnellt bis 2060 sogar um 63% nach oben. Die Zahl der über 90 Jährigen steigt sogar 448% nach oben. Die steigende Lebenserwartung und die starke Alterskohorte der Babyboomer sorgen für diesen dramatischen Anstieg.

Natürlich ändert sich an der absoluten Zahl der Älteren auch nichts durch eine höhere Fertilitätszunahme.

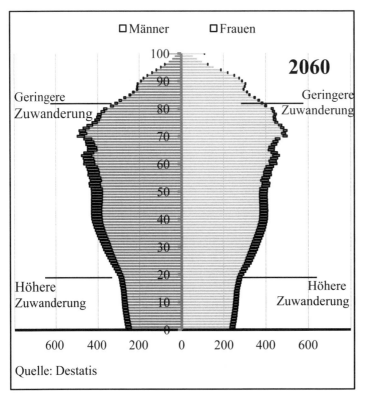

Abbildung 15: Altersaufbau in Deutschland im Jahr 2060

Für Immobilieninvestoren folgen hieraus zwei wichtige Lehren: Erstens wird die Zahl der jüngeren Menschen sehr heftig zurückgehen. Alle Immobilienformate, die eindeutig für jüngere Menschen konzipiert wurden, werden folglich deutlich weniger nachgefragt werden. Dies können typische Familienimmobilien sein, aber auch gewerbliche Immobilienformate, falls die Erwerbsbevölkerung tatsächlich so stark zurückgehen sollte wie die Zahl der Erwerbsfähigen. Zweitens gibt es offenbar deutlich geringere Prognoseunterschiede bei der Zahl der älteren Menschen als bei der Zahl jüngerer Menschen. Dies liegt natürlich daran, dass wie zuvor argumentiert, überwiegend junge Menschen aus dem Ausland zuwandern. Der Anstieg der Bevölkerungszahl der älteren Menschen in Deutschland fällt in allen Szenarien deswegen so ähnlich aus, weil die meisten über 70-Jährigen des Jahres 2060 bereits heute in Deutschland leben. Immobilienformate, die sich in erster Linie an ältere Menschen richten, sind also einem geringeren Prognoserisiko ausgesetzt. Beide Schlussfolgerungen vereinfachen jedoch sehr stark, wie in den Folgekapiteln gezeigt wird.

Der Prognosehorizont des Statistischen Bundesamtes ist das Jahr 2060. Und dieser Horizont gilt auch für den Rest des Buches. Aber natürlich ist die demografische Entwicklung danach nicht abgeschlossen. Solange die Geburtenrate, die Lebenserwartung oder der Nettozuwanderungssaldo nicht deutlich steigen, wird der Bevölkerungsrückgang fortgesetzt. Herwig Birg (2008) präsentiert auf seiner Website Vorausberechnungen bis 2100. Sein Szenario F22 mit konstantem Nettozuwanderungssaldo (100.000, 200.000 oder 300.000) lässt sich relativ gut mit den zwei Basisszenarien des Bundesamts vergleichen. Nach den Berechnungen Birgs würde die Einwohnerzahl bis 2100 auf unter 50 Mio. Einwohner (Szenario mit 100.000 Nettozuwanderern pro Jahr) bzw. auf rd. 60 Mio. (Szenario mit 200.000 Nettozuwanderer) absinken. Immerhin wird sich die Altersstruktur in der zweiten Hälfte des Jahrhunderts nur sehr geringfügig ändern, weil dann die Generation der Baby-Boomer bereits verstorben sein wird.

2.6.2   Weitere Szenarien

Es liegt in der Natur bedingter Prognosen, dass andere Annahmen auch andere Ergebnisse ergeben. Dies zeigen die 12 Varianten des Statistischen Bundesamts: In der insgesamt expansivsten Variante (4-W2) mit einem starken Anstieg der Lebenserwartung, einem Anstieg der Geburtenhäufigkeit und höherer Nettozuwanderung geht die Zahl der Einwohner nur um gut 3% auf 79,5 Mio. Menschen zurück. Im pessimistischsten Szenario (Variante 5-W1) werden 2050 fast 20% weniger Menschen in Deutschland leben als heute.

Babel und Bomsdorf (2007) gehen noch einen Schritt weiter. Sie entwickeln eine Formel, mit deren Hilfe man unter spezifischen Annahmen Bevölkerungsisoquanten entwerfen kann. Bevölkerungsisoquanten sind Linien gleicher Einwohnerzahl – hier für das Jahr 2050 und bei unterschiedlichen Fertilitäts- und Zuwanderungswerten. Da die Isoquanten im zweidimensionalen Raum liegen, ist die dritte Variable, die Lebenserwartung, hier unveränderlich. Sie nimmt wie im Basisszenario zu. Dann lässt sich die Fertilität als Funktion der gewählten Bevölkerung im Jahr 2050 und der Zuwanderung darstellen. Babel und Bomsdorf (2007) definieren:

F Fertilitätsrate heute (1,35 Kinder je Frau)

dF Mittlere Abweichung von der heutigen Fertilitätsrate bis 2050

W Nettozuwanderung, Referenzwert (hier: 150.000 Menschen pro Jahr)

dW Mittlere Abweichung der Nettozuwanderung bis 2050 vom Referenzwert

B_{2050} Gesetzte Einwohnerzahl im Jahr 2050 (z.B. 75 Mio. Menschen)

Mit diesen Größen lassen sich dann Bevölkerungsisoquanten mit Hilfe folgender Formel darstellen:

$$dF = \frac{(B_{2050} - 72,43 - 2,75 \cdot dW)}{(2,33 + 0,06 \cdot dW)}$$

So lässt sich auch einfach ermitteln, unter welchen Annahmen z.B. 75 Mio. Menschen im Jahr 2050 in Deutschland leben könnten: Für das untere Schaubild wurden je 31 Punkte auf drei Bevölkerungsisoquanten dargestellt, d.h. letztlich wurden 93 Bevölkerungsszenarien berechnet. Diese helfen, plausible von weniger plausiblen Annahmen jenseits unserer Basisvarianten zu unterscheiden.

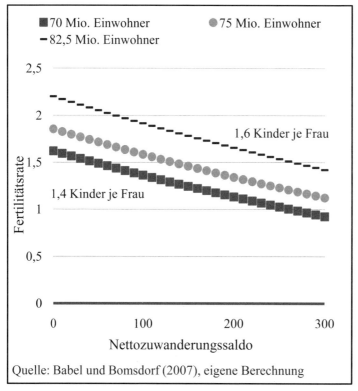

Abbildung 16: Bevölkerungsisoquanten für Deutschland 2050

Bei konstanter Fertilität müssten jedes Jahr 200.000 Menschen netto nach Deutschland zuwandern damit die Zahl der Einwohner bei etwa 75 Mio. im Jahr 2050 läge. Ohne Zuwanderung müsste für dasselbe Bevölkerungsziel die Geburtenhäufigkeit auf 1,85 Kinder pro Frau
steigen; und zwar sprunghaft, sozusagen ab morgen. Die Einwohnerzahl von 82,5 Mio. Menschen könnten wir indes auch mit einem jährlichen Zuwanderungssaldo von 300.000 Menschen nur erreichen, wenn gleichzeitig die Geburtenrate (leicht) auf 1,42 Kinder pro Frau
anstiege. Ohne diesen Anstieg der Geburtenhäufigkeit müssten jedes Jahr 340.000 Menschen
netto zuwandern. Um die Einwohnerzahl im Jahr 2050 über 70 Mio. zu halten wären bei
einem Anstieg der Geburtenhäufigkeit auf 1,5 Kinder je Frau nicht einmal 50.000 Nettozuwanderer pro Jahr nötig. Ein Anstieg der Geburtenhäufigkeit sollte daher aus vielen Gründen
das erste Ziel zukunftsgerichteter Bevölkerungspolitik sein.

Hieraus folgt, dass ein Absichern der Einwohnerzahl unter 70 Mio. als sehr unwahrscheinlich gelten dürfte, aber auch dass es ambitioniert ist die heutige Zahl konstant zu halten, denn
300.000 Nettozuwanderer werden selbst im starken Zuwanderungsjahr 2011 verfehlt.

2.7   Starke regionale Unterschiede zu erwarten

Bisher wurden alle Bevölkerungsvorausberechnungen ausschließlich für Deutschland insgesamt präsentiert. Nun ist aber eine der Kerneigenschaften von Immobilien ihre Standortbindung; ein Haus in Chemnitz lässt sich (in der Regel) nicht einfach im Zuge eines Arbeitsplatzwechsels mit nach Frankfurt am Main mitnehmen. Daher ist die regionale Verteilung der Bevölkerung für Immobilienmärkte entscheidend. Denn letztlich geht es in den kommenden Jahrzehnten auch um die regionale Verteilung einer schrumpfenden Bevölkerung (Bergheim, 2003).

2.7.1   Prognosen auf Ebene der Bundesländer

Die regionalisierte Bevölkerungsprognose ist eine ungleich anspruchsvollere Aufgabe als eine Prognose für Deutschland insgesamt. Dies liegt nicht nur daran, dass sowohl die Geburtenhäufigkeit als auch die Lebenserwartung regional sehr stark streuen. So kamen beispielsweise 2009 auf 1.000 Einwohner in der Thüringischen Stadt Suhl nur 4,96 Geburten. In der Stadt Dresden waren es mit 10,85 mehr als doppelt so viele. Interessanterweise liegen unter den 10 geburtenstärksten Kreisen unterdessen 9 kreisfreie Städte. Vor zehn Jahren gab es keine einzige unter den Top-10. Cloppenburg, die Stadt mit der höchsten Geburtenrate in den 1990ern und zu Beginn des neuen Jahrtausends liegt jetzt nur noch auf Platz 9 (vgl. Abbildung 17).

Prognosen unterhalb der Ebene des Nationalstaats sind aber insbesondere deswegen so schwierig, weil der gesamtdeutsche Außenwanderungssaldo nichts über die genaue Verteilung auf der Ebene der Bundesländer aussagt. Im Extremfall könnten die 200.000 Nettozuwanderer das Ergebnis sehr unterschiedlicher regionaler Entwicklungen sein. Beispielsweise könnten 600.000 Menschen ein einziges Bundesland verlassen und 800.000 Menschen aus dem Ausland in ein einziges (anderes) Bundesland zuwandern. Bei einer mittleren Haushaltsgröße von zwei Personen bräuchte man dann nicht 100.000 zusätzliche Wohnungen, sondern 400.000. Entscheidend ist also nicht der Nettozuwanderungssaldo, sondern die Summe der einzelnen regionalen Nettozuwanderungssalden.

Darüber hinaus spielt die Binnenwanderung eine wichtige Rolle: Für die Deutschlandprognose ist ein Umzug von Magdeburg nach München unerheblich, auf Länderebene zeigt sich eine Verschiebung von Sachsen-Anhalt nach Bayern. Nehmen wir an, beide Wohnungsmärkte sind zunächst im Gleichgewicht, das Angebot deckt exakt den Bedarf. Dann muss nach dem Umzug in München eine Wohneinheit zusätzlich fertig gestellt werden, während in Magdeburg Leerstand entsteht.

Für eine Bevölkerungsprognose auf Länderebene benötigt man also nicht nur die Aufteilung des Außenwanderungssaldos auf die 15 Bundesländer, sondern zusätzlich die genauen Binnenwanderungsströme. Auch diese lassen sich mit Hilfe der Migrationstheorie (siehe 2.5.1) modellieren, denn auch ein Umzug von Magdeburg nach München folgt dem oben skizzierten Kalkül. Weil die Wanderungshemmnisse innerhalb Deutschlands kleiner sind als zwischen dem Ausland und Deutschland, sind die Binnenwanderungsströme sogar wichtiger als die Außenwanderungen.

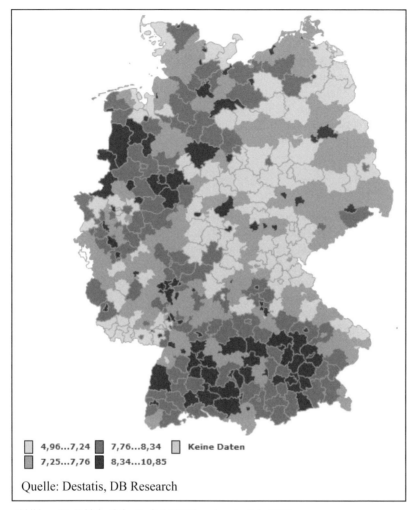

	4,96...7,24		7,76...8,34		Keine Daten
	7,25...7,76		8,34...10,85		

Quelle: Destatis, DB Research

Abbildung 17: Zahl der Geburten je 1.000 Einwohner im Jahr 2009

Das Statistische Bundesamt bietet seine Vorausberechnung auf der Ebene der Bundesländer an. Tabelle 2 fasst die wichtigsten Ergebnisse für die beiden Basisszenarien mit konstant niedriger Geburtenhäufigkeit des Bundesamts zusammen:

Tabelle 2: Bevölkerungsentwicklung nach Bundesländern gemäß 12. koordinierter Bevölkerungsvorausberechnung

	geringere Zuwanderung		höhere Zuwanderung	
	Zahl der Einwohner 2060/2011	Zahl der über 80-J. 2060/2011 (%)	Zahl der Einwohner 2060/2011 (%)	Zahl der über 80-J. 2060/2011 (%)
Baden-Württemberg	−15,8%	239,3%	−9,4%	243,3%
Bayern	−14,5%	231,2%	−7,3%	236,0%
Berlin	−15,3%	280,2%	−5,0%	287,8%
Brandenburg	−34,7%	234,0%	−30,7%	236,8%
Bremen	−13,5%	184,9%	−2,6%	191,3%
Hamburg	−6,3%	256,4%	3,2%	262,2%
Hessen	−18,4%	222,7%	−11,6%	226,5%
Mecklenburg–Vorpommern	−35,0%	205,9%	−29,2%	209,1%
Niedersachsen	−21,5%	204,3%	−14,7%	207,9%
Nordrhein-Westfalen	−19,9%	203,3%	−13,6%	206,4%
Rheinland-Pfalz	−18,9%	191,8%	−10,7%	196,0%
Saarland	−31,9%	160,0%	−25,5%	163,6%
Sachsen	−30,5%	171,1%	−24,7%	173,5%
Sachsen-Anhalt	−41,4%	157,7%	−36,6%	160,6%
Schleswig-Holstein	−20,9%	217,6%	−14,6%	221,8%
Thüringen	−39,8%	177,3%	−35,5%	179,3%
Westdeutschland	−18,0	216,6	−11,1	220,5
Ostdeutschland	−31,2%	200,2	−25,1	203,6
Deutschland	**−20,6%**	**213,3%**	**−13,9%**	**217,1%**

Quelle: Destatis 2011

Bereits auf der Ebene der Bundesländer werden zwei wichtige Dinge deutlich:

a) Der nationale Mittelwert verschleiert gravierende regionale Unterschiede. Einige Bundesländer schrumpfen mehr als doppelt so stark wie der Durchschnitt, andere können ihre Einwohnerzahl im günstigeren Zuwanderungsszenario sogar halten.

b) Zwar fällt auch die Alterung regional unterschiedlich stark aus. Hier zeigen sich teilweise die starken Wanderungsbewegungen im Zuge der Wiedervereinigung: Zwar sind die Menschen mobiler geworden, doch die Bereitschaft zum Umzug sinkt im Alter. So manch 90-jähriger Hesse im Jahr 2060 kam als 20-Jähriger im Zuge der Wiedervereinigung aus Ostdeutschland. Gleichwohl altert die Bevölkerung in allen Bundesländern sehr stark.

2.7.2   Binnenwanderung folgt Arbeitsplatzangebot

Eine Bevölkerungsprognose auf Länderebene ist freilich immer noch sehr grobkörnig, denn was nutzt eine Wohnung in Würzburg, wenn man eine in München sucht? Prognosen auf Kreisebene oder zumindest auf Ebene von Raumordnungsregionen sind für die Immobilienwirtschaft daher notwendig. Doch bei rd. 440 Kreisen bzw. 97 Raumordnungsregionen wird eine koordinierte Prognose zur Herkulesaufgabe, und das Ausmaß der Binnenmigration zur alles entscheidenden Stellgröße. So wanderten 2006 im Stadtkreis Hoyerswerda 1.500 Menschen mehr aus als zu. Bei einer Stadtgröße von nicht einmal 50.000 Einwohnern ist dies eine dramatische Größenordnung. Schon nahezu folgerichtig verlor Hoyerswerda im August 2008 den Status einer kreisfreien Stadt. Auf der anderen Seite konnten einige Kreise im Berliner Umland sehr starken Zuzug verzeichnen. Im Jahr 2006 belief sich der Nettozuwanderungssaldo für die Kreise Potsdam-Mittelmark, Barnim und Oberhavel auf 1,5%. Im Jahr 2009 waren die Regionen mit der höchsten Nettozuwanderung Kaiserslautern, Freiburg, Jena und Potsdam. Dort lag die Nettozuwanderung jeweils bei über 0,8%. Selbst wenn in den nächsten Jahrzehnten der gesamtdeutsche Nettozuwanderungssaldo 200.000 Menschen pro Jahr betrüge, würde dies prozentual nur 0,2% der Bevölkerung entsprechen. Dies veranschaulicht die hohe Bedeutung der Binnenmigration für die am stärksten betroffenen Regionen, respektive die hohe Bedeutung regionaler Unterschiede.

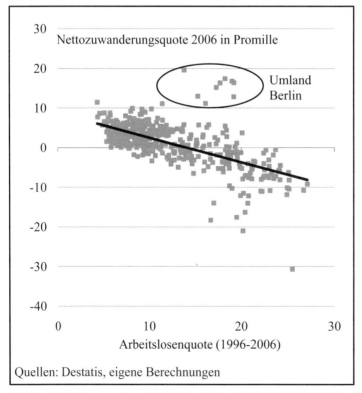

Abbildung 18: Nettozuwanderung in deutschen Kreisen 2006 in Abhängigkeit der Arbeitslosenquote

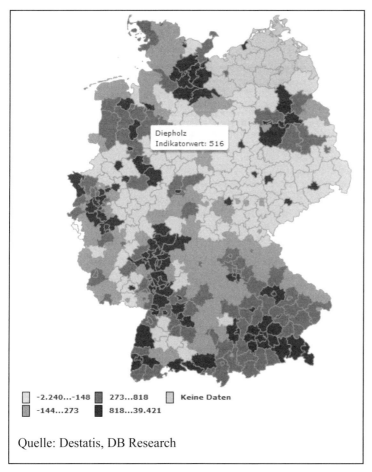

Quelle: Destatis, DB Research

Abbildung 19: Wanderungssaldo in deutschen Kreisen, Personen je 1.000 Einwohner im Jahr 2009

Diese starken Unterschiede sind natürlich das Ergebnis vieler Einzelentscheidungen von Menschen. Und diese Entscheidungen lassen sich analog zum skizzierten Migrationsmodell für die Außenwanderung auch für Binnenwanderung modellieren: Menschen wandern von einer Region in eine andere, um ihre Lebensumstände zu verbessern. Im Vergleich zur Außenwanderung erfolgt ein Umzug innerhalb Deutschlands wegen der geringen Wanderungskosten also bereits bei vergleichsweise geringeren erwarteten Lohnzuwächsen.

Die wichtigste Komponente des oben skizzierten Migrationsmodells ist die Aussicht auf eine Beschäftigung: Prosperierende Wirtschaftsregionen ziehen junge Arbeitnehmer aus den strukturschwachen Regionen an. Daher gibt es einen statistisch hoch signifikanten negativen Zusammenhang zwischen der Höhe der Arbeitslosigkeit in einer Region und ihrem Zuwanderungssaldo. Aufgrund der starken regionalen Umverteilungssysteme in Deutschland ist der Zusammenhang zwischen Arbeitslosenquote und Zuwanderungssaldo stärker ausgeprägt als der Zusammenhang zwischen Einkommenshöhe und Zuwanderungssaldo. Natürlich gibt es auch weitere Gründe für Zu- und Fortwanderung. So verzeichnete das Berliner Umland trotz überdurchschnittlich hoher Arbeitslosenquoten jahrelang hohe Nettozuwanderung. Auch für das Umland der Stadt Halle weist die Statistik sehr hohe und positive Nettozuwanderung aus.

In beiden Fällen zeigt sich der Suburbanisierungsprozess, der ostdeutsche Städte mit Verspätung erreichte. Die Suche nach bezahlbaren Häusern mit Garten zieht Familien immer dann ins Umland, wenn dort passendes Angebot geschaffen wird und es zuvor knapp gehalten wurde. Hier spielt offenbar auch die Baulandpolitik im Umland im Vergleich zur Kerngemeinde eine große Rolle für Wanderungsströme. Wenn ähnliche Wohnstandards im Umland günstiger zu erhalten sind, führt der Umzug letztlich zu einer Reallohnerhöhung – und so ist auch dies letztlich auf eine ähnliche Motivation zurückzuführen.

Natürlich ist die Analyse beobachteter Migrationsmuster ex post vergleichsweise einfach; schwierig wird die Prognose der Wanderungsströme, denn auf Kreisebene werden Zufallseinflüsse sehr bedeutsam. Die Verlagerung eines einzigen Unternehmens kann auf Kreisebene bereits nennenswerte Fortzüge für diesen Kreis bedeuten. Ein tragfähiges Modell, das für alle Kreise und folglich auch für alle wichtigen Unternehmen eine Vorausschau für die kommenden Jahrzehnte leistet, ist bisher nicht in Sicht. Genauso ist es unwahrscheinlich, dass sich für die kommenden Jahrzehnte die Baulandpolitik für alle Kreise vorausschätzen lässt. Hier spielen nicht nur ökonomische, sondern auch politische Faktoren eine wichtige Rolle. Die Kooperation zwischen einer Kernstadt und ihrem Umland hängt stark von den handelnden Personen und ihrer konkreten Entscheidungssituation ab. Dies allgemeingültig für alle Kreise bis zur Jahrhundertmitte einzuschätzen, überfordert ökonomische Modelle. Zu viele Einzelparameter, v.a. Verhaltensparameter, müssten gleichzeitig berücksichtigt werden. Regionalisierte Bevölkerungsprognosen sollten daher sehr vorsichtig interpretiert werden.

2.7.3   Erhebliche Unterschiede zwischen Regionalprognosen

Prognoseunsicherheit lässt sich dadurch reduzieren, indem mehrere Prognosen mit unterschiedlicher Herangehensweise gleichzeitig berücksichtigt werden. Im Folgenden werden vier regionale Bevölkerungsvorausberechnungen miteinander verglichen: Die zwei regionalisierten Berechnungen des Bundesamts für Bauwesen und Raumordnung (BBR) aus den Jahren 2003 und 2006, der Ansatz des empirica-Instituts aus dem Jahr 2005 und die Berechnungen des Instituts für Siedlungs- und Wohnungswesen (insiwo) der Universität Münster aus dem Jahr 2006, die von Prof. Ulrich von Suntum zur Verfügung gestellt wurden. Alle vier Berechnungen liefern Prognosen für Raumordnungsregionen bis zum Jahr 2020. Alle vier Prognosen stammen etwa aus derselben Zeit. Das macht sie gut vergleichbar, und daher wurde die neuere Prognose des Bundesinstituts für Bau-, Stadt- und Raumforschung, BBSR (2009) bei dieser Datenerhebung nicht berücksichtigt. Später wird aber auch diese herangezogen. Vier Aspekte fallen beim Vergleich der Daten auf:

a) Insgesamt zeichnen die Prognosen ein ähnliches Gesamtbild. Dies kommt in Abbildung 20 darin zum Ausdruck, dass sowohl die Gruppe der Maximalwerte als auch die Gruppe der Minimalwerte in etwa demselben Aufwärtstrend von links nach rechts folgt wie die Gruppe der Mittelwerte aller vier Prognosen. Die Korrelationskoeffizienten der vier Prognosen liegen zwischen 0,7 und 0,9.

b) Allerdings gibt es spektakuläre Unterschiede: Im Durchschnitt beläuft sich die Spannweite der vier Prognosen auf 6 %-Punkte; für jede siebte Region treten Unterschiede von über 10 %-Punkten auf. Für Vorpommern weist die eine Prognose einen für Ostdeutschland beachtlichen Bevölkerungszuwachs von 5% bis 2020 (gegenüber dem Jahr 2000) aus, eine andere indes einen Rückgang von 15%. Je nach vorliegender Bevölkerungsprognose kämen Investoren zu völlig unterschiedlicher Bewertung einer Investitionsstrategie für Vorpommern.

c) Es gibt Regionen, für die sind sich die Bevölkerungsforscher erstaunlich einig. Für Bremerhaven, Ost-Friesland oder das südliche Hamburger Umland liegen die Prognosen maximal 3 %-Punkte auseinander.

d) Das Bundesamt hat innerhalb von drei Jahren für einige Regionen teilweise erhebliche Revisionen vornehmen müssen. Dies liegt an den oben beschriebenen teilweise beschleunigenden Wanderungsströmen, die eine neue Einschätzung für eine Region notwendig machten.

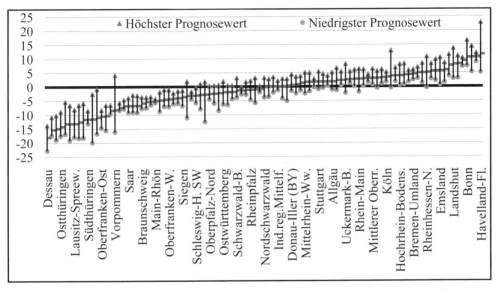

Abbildung 20: Vergleich von vier regionalen Bevölkerungsprognosen für 97 deutsche Raumordnungsregionen

Quellen: BBR (2003 und 2006), empirica-Institut (2006), Insiwo (2006), eigene Berechnungen

Für Abbildung 21 wurde der Mittelwert der (standardisierten) Prognosen gebildet. Die Standardisierung wurde vorgenommen, um mögliche Unterschiede bei der gesamtdeutschen Prognose außen vor zu lassen. Für Investoren ist solch eine Synopse der Bevölkerungsprognosen hilfreich, denn die Entscheidung basiert dann auf mehr Informationen. Interessant wäre in einem nächsten Schritt, bei welchen Regionen sich die Forscher besonders einig sind; wo scheint das Prognoserisiko also vergleichsweise klein zu sein? Unter den Regionen mit dem stärksten Bevölkerungsanstieg bis 2020 liegen die fünf Regionen mit den geringsten Abweichungen zwischen den vier Prognosen alle in Norddeutschland und dort insbesondere im Einzugsgebiet der Großstädte.

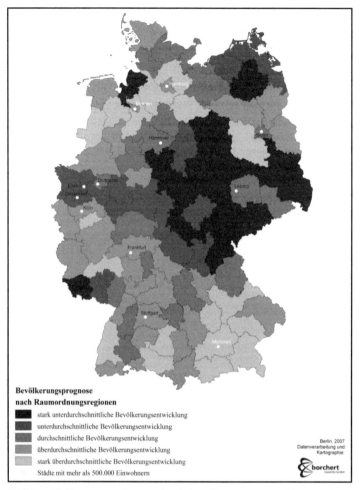

Abbildung 21: Zusammengefasste regionale Bevölkerungsprognose bis zum Jahr 2020

Ebenso interessant ist, dass sich die Bevölkerungsforscher offenbar bei den westdeutschen Regionen eher über die Bevölkerungstrends einigen können als bei den ostdeutschen. Zwar liegen zahlreiche demografisch besonders belastete Regionen in den neuen Bundesländern. Das Ausmaß des demografischen Schocks der nächsten Jahre wird aber zum Teil sehr unterschiedlich eingeschätzt. Hier spielt nicht nur die angenommene Ost-West-Wanderung eine Rolle, sondern auch die Annahme zum Fortgang der Suburbanisierung. Dieses Ergebnis veranschaulicht natürlich auch, dass die Wirtschaftsstruktur in Ostdeutschland noch weniger fest ist als in den alten Bundesländern sowie die Unsicherheit hinsichtlich der Reindustrialisierungsdynamik in den neuen Bundesländern.

Tabelle 3: Wo sich die Bevölkerungsforscher einig sind

Die fünf Regionen mit den geringsten Unterschieden zwischen den vier Prognosen		
… unter allen 97 ROR	… unter den Regionen mit den günstigsten Prognosen	… unter den Regionen mit den ungünstigsten Prognosen
Main-Rhön	Hamburg-Umland-Süd	Bremerhaven
Bielefeld	Oldenburg	Hildesheim
Mittelhessen	Bremen-Umland	Südthüringen
Arnsberg	Schleswig-Holstein Süd	Saar
Ost-Friesland	Lüneburg	Oberfranken-Ost

Quellen: BBR, BBSR, eigene Berechnungen

Schließlich lohnt es sich auch, die Methodik der regionalen Bevölkerungsprognosen genau anzuschauen. Das Bundesamt für Bauwesen und Raumordnung verfügt über sehr detailreiche Daten zu Geburten und Lebenserwartung, die Binnenmigration wird jedoch im Wesentlichen mit einer Trendfortschrift geschätzt. Damit werden die Gewinner von gestern gleichzeitig zu den Gewinnern von morgen. Das empirica-Institut basiert seine Schätzung der Binnenwanderung auf einer ökonomisch belastbareren Beschäftigungsprognose. Für die Binnenmigration ist maßgeblich, wie stark die Exportbasis einer Region ist: Wirtschaftsstarke Regionen haben demnach vergleichsweise viele Branchen, die exportfähige Güter produzieren. Die regionale Branchenstruktur ist dann zentral für die Prognose. Es darf jedoch auch bei diesem Ansatz nicht vergessen werden, dass auch hierbei die Prognose aus einem Blick in den Rückspiegel gewonnen wurde. Gerade für die sehr weit entfernte Zukunft ist dies oft nicht hinreichend, da wir die Branchen der Zukunft heute noch nicht oder nicht genügend einschätzen können. Vor 40 Jahren hätte niemand Oberbayern als Software-Cluster der Zukunft benennen können, da es diese Branche noch gar nicht gab.

Je kleinräumiger der analysierte Prognoseraum ist, desto unsicherer werden die Prognosen. Um dies zu veranschaulichen werden in einem nächsten Schritt die Bevölkerungsvorausberechnungen des BBR von 2003 und 2006 und jener des BBSR von 2009 verglichen. Insgesamt lassen sich die Daten für 439 Kreise auswerten. Für die nächsten 20 Jahre weisen die 3 Prognosen einen Bevölkerungsrückgang zwischen 0,1% und 2% für Gesamtdeutschland aus. Auf Kreisebene gibt es jedoch sehr viel höhere Abweichungen wie Tabelle 4 für die jeweils 5 Regionen mit besonders großen bzw. besonders geringen Unterschieden zeigt. Die mittlere Prognosespanne, die berechnet wird als Differenz der günstigsten und ungünstigsten Prognose für einen Kreis, für alle 439 Kreise liegt bei 6,6 %-Punkten. Doch für 5 Regionen liegen die Differenz um über 30 %-Punkte auseinander, für 68 Kreise sind die Unterschiede immerhin 10 %-Punkte groß.

Tabelle 4: Kreise mit unterschiedlicher Prognosespanne

Kreise mit großer Spanne		Kreise mit geringer Spanne	
Hoyerswerda	31,0%-Punkte	Saarlouis	0,2%-Punkte
Saalkreis	34,6%-Punkte	Bernkastel-Wittlich	0,3%-Punkte
Leipziger Land	35,8%-Punkte	Nordfriesland	0,3%-Punkte
Freiburg	46,2%-Punkte	Ost Schleswig-Flensburg	0,4%-Punkte
Stollberg/Erzgeb.	75,5%-Punkte	Ostholstein	0,5%-Punkte

Quelle: BBR, BBSR, eigene Berechnung

Alle Kreise mit sehr hoher Unsicherheit liegen in den neuen Bundesländern, alle Kreise und geringer Prognoseunsicherheit in den alten Ländern. Auffällig hierbei ist zusätzlich, dass die Kreise mit geringer Unsicherheit allerdings nicht jene Kreise mit dem günstigsten Ausblick sind. Offenbar können Investoren ein Stückweit Prognosesicherheit als Strategie nutzen, wenn dort Verlässlichkeit in den demografischen Rahmendaten herrscht. Und die Regionen nicht zu den „besten" Regionen gehören. Dies wird später für die Strategiekonzeption in Kapitel 9.3 wichtig sein.

Weitere Interpretationen findet man zu dem Vergleich von Kreisprognosedaten bei Just (2011) sowie Bucher und Schlömer (2008)

2.8   Kernbotschaften für eilige Leser

1. Die Zahl der Einwohner in Deutschland war zwischen 2002 und 2010 rückläufig und dürfte in den kommenden Jahrzehnten weiter beschleunigt zurückgehen. Je nach Zuwanderungsannahme liegt dieser Rückgang zwischen 15 und 21% bis zum Jahr 2060.

2. Die Eurokrise sorgte 2011, 2012 und wohl noch einige Jahre für ein „Zwischenhoch", denn die stark steigenden Arbeitslosenzahlen in Südeuropa führen zu umfangreicher Zuwanderung nach Deutschland. Dies dürfte jedoch ein transitorischer Effekt sein.

3. Der Anteil älterer Menschen wird stetig und deutlich ansteigen. Im Jahr 2060 dürfte jeder dritte Einwohner in Deutschland älter sein als 65 Jahre (heute ist es etwa jeder fünfte).

4. Die demografischen Trends lassen sich unter plausiblen Annahmen nicht dauerhaft umkehren, sie lassen sich allenfalls abschwächen.

5. Es gibt gravierende regionale Unterschiede. Trotz rückläufiger Gesamtbevölkerung wird es in den kommenden 20 Jahren noch zahlreiche Regionen mit zunehmender Einwohnerzahl geben. Binnenwanderung hin zu den starken Wirtschaftsräumen ist der wichtigste Grund für diese regionalen Unterschiede.

6. Regionale Bevölkerungsprognosen sind mit deutlich größerer Unsicherheit behaftet als Prognosen für Deutschland insgesamt. Je kleinräumiger die Prognose, desto größer ist die Unsicherheit. Es ist daher sinnvoll, nicht nur einer einzigen regionalen Bevölkerungsprognose bei der Wahl eines geeigneten Investitionsstandorts zu folgen.

7. Neben dem Wanderungssaldo sind für immobilienwirtschaftliche Fragestellungen auch die gesamten Wanderungsvolumen aufschlussreich, denn dies kennzeichnet den Bedarf an Wohnungsvermittlungen. Das gesamte Volumen der Zu- und Fortzüge übersteigt den Nettowanderungssaldo häufig um ein Vielfaches.

8. Wenn die regionalen Entwicklungen unsicherer sind als die nationalen Trends, wird regionale Streuung der Immobilieninvestition dringlicher.

9. Für Kleinanleger dürfte dies in der Regel nur in Form indirekter Immobilieninvestitionen gelingen (z.B. durch Investitionen in offene Immobilienfonds, geschlossene Immobilienfonds, Immobilienaktien, Real Estate Investment Trusts – also steuertransparente Immobilienaktienunternehmen – oder in Immobilienderivate).

3 Demografie und Wohnimmobilien

Jeder Mensch benötigt eine Behausung. Daraus folgt bereits eine sehr unmittelbare Beziehung zwischen den demografischen Trends und der Nachfrage nach Wohnraum. Es wurde aber bereits eingangs erwähnt, dass diese Beziehung keineswegs linear ist, denn zum einen gibt es neben den demografischen Trends weitere Bestimmungsfaktoren für die Wohnungsnachfrage und zum anderen beeinflussen die demografischen Trends über mehrere Wirkungskanäle die Wohnungsmärkte. Im Folgenden werden diese Kanäle dargestellt. Die Wohnungsnachfrage steht deswegen im Mittelpunkt der Analyse, weil das Wohnungsangebot i.d.R. weniger elastisch ist als die Wohnungsnachfrage; das Angebot folgt sehr häufig den Nachfrageentwicklungen. Es gibt zwar auch exogene Angebotsveränderungen – spekulative Bauten oder Veränderungen in regulatorischen Umfeld –, diese sind aber quasi nicht zu prognostizieren. Langfristig muss sich das Angebot an der Nachfrage orientieren. Der Preis für das Gut Wohnen bildet sich dann aus dem Zusammenspiel von Angebot und Nachfrage.

3.1 Bestimmungsfaktoren der Wohnungsnachfrage

Für die Nachfrage nach Wohnraum sind im Wesentlichen fünf Determinanten ausschlaggebend:

a) **Einkommen**: Besonders wichtig sind die Primäreinkommen, also Löhne und Gehälter. Darüber hinaus können staatliche Fördermaßnahmen das verfügbare Einkommen erhöhen (direkte Subventionen wie die Eigenheimzulage, Pendlerpauschale, Abschreibungsregeln).

b) **Zinsentwicklung**: Sinkende Zinsen wirken beim Hauskauf wie steigende Einkommen nachfragestimulierend; eine Immobilie wird eher erschwinglich. Allerdings ist zu beachten, dass dieser Effekt gedämpft werden kann, denn ein niedriges Zinsniveau geht häufig Hand in Hand mit geringerem wirtschaftlichen Wachstum, bzw. schlechteren Wachstumsaussichten.

c) **Regulatorisches Umfeld**: Staatliche Behörden können mit zahlreichen Hebeln Nachfrage induzieren oder drosseln, selbst wenn diese Hebel nicht direkt einkommenswirksam werden. So kann z.B. ein restriktives Mietrecht zum Investitionshemmnis werden; auch gut gemeinte Umweltauflagen können schnell zum wohnungspolitischen Bumerang werden, wenn sie Investitionen verdrängen und die Modernisierung dadurch verzögert wird. Vergleiche zu den Wirkungsmechanismen wohnungspolitischer Maßnahmen finden sich z.B. im OECD (2011) sowie bei Andrews, Sanchez und Johansson (2011)

d) **Demografische Entwicklung**: Zwischen der Zahl der Einwohner oder – genauer genommen – der Zahl der Haushalte und der Zahl der belegten Wohnungen gibt es einen engen Zusammenhang. Auch die Altersstruktur der Bevölkerung hat Implikationen. Eine alte Bevölkerung fragt nicht dieselben Wohnungen nach wie eine junge Bevölkerung.

Die Haushaltsgrößen sind andere, das Umzugsverhalten unterscheidet sich. Schließlich dürfte eine alternde Gesellschaft Rückwirkungen auf das Wachstumspotenzial einer Volkswirtschaft sowie wichtige Verteilungsimplikationen haben. Diese Aspekte stehen im Folgenden im Mittelpunkt der Analyse.

e) **Baukosten**: Steigen die Baukosten, wird es schwieriger, Wohnraum günstig herzustellen. Das Wohnungsangebot kann nur noch verlangsamt zunehmen. Der Kostenanstieg kann den positiven Effekt steigender Einkommen sogar überkompensieren. In Großbritannien ließ sich beispielsweise in den letzten Jahren beobachten, dass die stark steigenden Hauspreise dazu geführt hatten, dass neue Wohnungen im Durchschnitt kleiner zugeschnitten waren als ältere Wohnungen (Evans und Hartwich, 2005). Die steigenden Hauspreise in Großbritannien waren zwar nur zum kleineren Teil durch steigende Baukosten gerechtfertigt, die Wirkungsweise ist aber ähnlich.

Abbildung 22 veranschaulicht die wichtigsten Zusammenhänge. Diese Darstellung ist in mehrfacher Hinsicht eine Vereinfachung. Erstens wurde allein die Flächennachfrage betrachtet. Neben der belegten Wohnfläche spielen aber gerade für das Gut Wohnen zahlreiche Qualitätsmerkmale eine große Rolle (Just, 2008). Zweitens gibt es neben den gezeigten Pfeilen weitere Wirkungsverflechtungen zwischen den einzelnen Faktoren. So gibt es zum Beispiel auch einen Rückkoppelungsmechanismus zwischen der Einkommensentwicklung und der Förderlandschaft. Staatliche Förderung ist kein rein exogener Parameter, sondern reagiert u.a. auf die Einkommensentwicklung wichtiger Bevölkerungsgruppen.

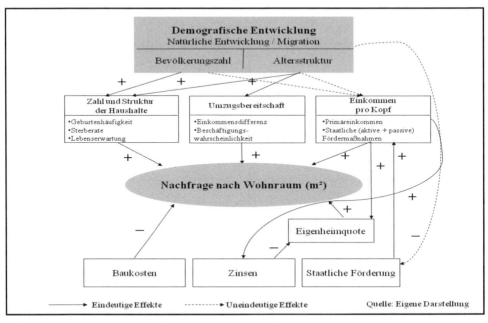

Abbildung 22: Zentrale Bestimmungsfaktoren der Wohnungsnachfrage

3.2   Einkommen als Nachfragefaktor

3.2.1   Wohnen als normales Gut

Wohnen ist zwar in vielerlei Hinsicht ein besonderes Gut. Es gibt sehr unterschiedliche Qualitäten, es handelt sich um ein Gut, das ein Grundbedürfnis befriedigt, und es lässt sich kaum durch andere Güter substituieren. Gleichwohl ist Wohnen auch insofern ein normales ökonomisches Gut, als dass die Nachfrage positiv auf höhere Einkommen und negativ auf Preissteigerungen reagiert.

Die Nachfrage nach dem Gut Wohnen (W) lässt sich auch als eine Funktion des Haushaltseinkommens (e), des Preises für Wohnraum (p_W) und der Preise für alle anderen Güter (p_X) darstellen.

$$W = W(e, p_W, p_X)$$ Nachfragefunktion für das Gut Wohnen

Wird das Einkommen vollständig verausgabt, beschreibt die Budgetgerade die Konsummöglichkeiten eines Haushalts bei gegebenen Einkommen.

$$e = p_W \cdot W + p_X \cdot X$$ Budgetgerade

$$W = \frac{e}{p_W} - \frac{p_X}{p_W} X$$ Budgetgerade nach W aufgelöst

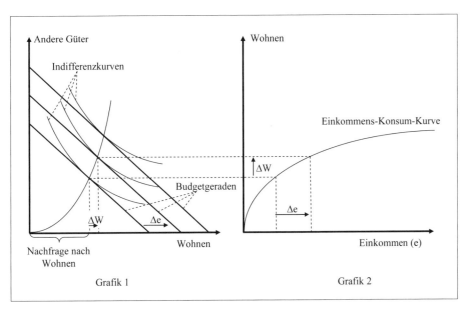

Abbildung 23: Einkommensabhängige Nachfrage nach Wohnraum

Bei gegebenen Einkommen und Mieten könnte ein Haushalt also $W_{max}=e/p_W$ vom Gut Wohnen nachfragen, nämlich wenn er sonst kein anders Gut nachfragt ($X=0$). Dies ist in der Grafik 1 von Abbildung 23 der Abszissenabschnitt der Budgetgerade. Steigt das Haushaltseinkommen, verschiebt sich die Budgetgerade nach außen (Δe).

Die Steigung der Budgetgerade ist durch das Preisverhältnis $(-p_X/p_W)$ bestimmt. Steigende Mieten führen ceteris paribus zu einem Drehen der Budgetgerade um den Abszissenabschnitt nach innen; die Budgetgerade würde flacher, denn bei konstantem Wohnungsverbrauch und Einkommen bedeuten steigende Mieten, dass man weniger von anderen Gütern kaufen kann. An dieser Stelle interessiert uns nur die Nachfragereaktion bei steigenden Einkommen.

Die Entscheidung des Haushalts richtet sich nun nicht nur nach seinen Einkommen und nach den relativen Preisen, sondern auch nach seinen Präferenzen. Diese werden durch Indifferenzkurven dargestellt. Jede Kurve beschreibt ein bestimmtes, konstantes Nutzenniveau bei unterschiedlicher Güterausstattung. Es lässt sich leicht zeigen, dass diese Kurven im Normalfall negativ und konvex zum Koordinatenursprung gekrümmt sind. Dies beruht auf der Annahme abnehmender Grenznutzen. Jeder zusätzliche Quadratmeter Wohnfläche macht uns zwar zufriedener, aber in abnehmendem Umfang. Kurven höherer Nutzenniveaus liegen weiter rechts oben. Die Kurven schneiden sich nicht. Ein rational handelnder Haushalt wird in solchen Punkten konsumieren, in denen die Budgetgerade die höchst mögliche Indifferenzkurve tangiert (vgl. z.B. Varian, 2011).

Die Einkommens-Konsum-Kurve in Grafik 2 von Abbildung 23 beschreibt alle möglichen Berührungspunkte aus unendlich vielen Budgetgeraden und Indifferenzkurven. In der Abbildung ist diese Kurve konkav, die Nachfrage nach Wohnraum nimmt also langsamer zu als die Einkommen. Man nennt solche Güter inferiore Güter. Für Wohnungsmieten hat Heinrich Schwabe bereits vor 140 Jahren festgestellt, dass der Anteil, den ein Haushalt für Wohnungsmieten ausgibt, bei steigenden Einkommen sinkt.

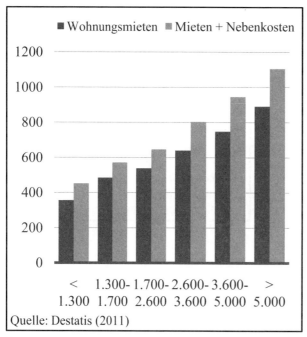

Abbildung 24: Ausgaben für Wohnen (in Euro) in Abhängigkeit der Haushaltsnettoeinkommen, 2010

Dieser Zusammenhang zeigt sich auch in der heutigen Statistik eindrucksvoll: Die Ausgaben für das Gut Wohnen nehmen zwar mit steigenden Einkommen stetig zu, der Anstieg fällt jedoch deutlich geringer aus als der Einkommenszuwachs. Das mittlere Einkommen in der vierten Einkommensgruppe der Abbildung 24 liegt nun über 50% höher als das mittlere Einkommen der dritten Einkommensgruppe (3.100 EUR gegenüber 2.050 EUR). Der Anteil den die Mieten am Einkommen ausmachen liegt in der höheren Einkommensgruppe um über 3 %-Punkte unterhalb des Wertes für die Gruppe mit den geringeren Einkommen. Interessanterweise fällt das Plus an Wohnflächen je Haushalt wie er in der Einkommens- und Verbrauchsstichprobe des Statistischen Bundesamts erfasst wird, geringer aus als der Anstieg der Ausgaben für die Wohnfläche. Dies bedeutet, dass auch bei der Nachfrage nach Wohnraum die Einkommenselastizität von Qualität höher ist als die Einkommenselastizität von Quantität: Höhere Einkommen werden eher in eine bessere Wohnlage, höheren Wohnkomfort oder bessere Bauqualität investiert als in mehr Wohnfläche. Dies wird später bei der Diskussion der Wohnflächenprognose noch eine Rolle spielen.

3.2.2 Langsamer steigende Einkommen – überall?

Die Pro-Kopf-Einkommen in Deutschland sind in den letzten Jahrzehnten verlangsamt gestiegen: In den 1960er Jahren nahmen die preisbereinigten Pro-Kopf-Einkommen noch um jahresdurchschnittlich 3,5% zu, in den 1990er Jahren waren es nur noch 1,3% pro Jahr. Immerhin lag die mittlere Wachstumsrate von 2001 bis 2010 wieder auf der Höhe der 1980er Jahre. Im Rezessionsjahr 2009 sanken sie deutlich in den beiden Folgejahren werden diese Einbrüche teilweise wieder aufgeholt. Sinkende Wachstumsraten sind kein unausweichliches Schicksal. Für die kommenden Jahrzehnte dürften die Herausforderungen allerdings groß werden, denn die Zahl der Erwerbsfähigen, also jener Menschen, die grundsätzlich erwerbstätig sein könnten, sinkt deutlich schneller als die Zahl der Menschen insgesamt. Gräf (2003) präsentiert mehrere Szenarien für die künftige Einkommensentwicklung in Deutschland. In seinem Basisszenario fällt der Anstieg der Pro-Kopf-Einkommen auch in Zukunft mit gut 1% pro Jahr sehr verhalten aus. Ohne Zuwanderung würde die deutsche Wirtschaft sogar im Trend schrumpfen, denn die dann sehr stark alternde Gesellschaft könnte nur noch sehr geringe Produktivitätsfortschritte erzielen. Allein weil die Zahl der Einwohner in diesem Negativ-Szenario schneller sinken würde als die gesamte Wirtschaftsleistung Deutschlands, würden die Pro-Kopf-Einkommen noch um 0,5% pro Jahr zulegen. In einem (sehr unwahrscheinlichen) und sehr optimistischen Positiv-Szenario von Gräf (2003) könnten die Pro-Kopf-Einkommen in Zukunft um maximal 2% pro Jahr expandieren. Dafür bedarf es nicht nur kräftiger Zuwanderung sowie einer raschen Erhöhung des Renteneintrittsalters um insgesamt 5 Jahre, sondern zusätzlich einer Verlängerung der Wochenarbeitszeit. Die anhaltende Diskussion um das Renteneintrittsalter lässt das Positiv-Szenario sehr unwahrscheinlich erscheinen.

Allerdings basieren diese Szenarien von Gräf noch auf der 10. koordinierten Vorausberechnung des Statistischen Bundesamts. In einer jüngeren Studie schätzen Gräf und Schattenberg (2006) mit Hilfe eines Modells mit überlappenden Generationen (OLG-Modell) und auf der Basis der 11. koordinierten Vorausberechnung des Statistischen Bundesamts, dass sich das Pro-Kopf-Wachstum bis zur Jahrhundertmitte auf knapp unter 1% pro Jahr reduzieren dürfte. Modelle mit überlappenden Generationen sind derzeit für die Analyse demografischer Wirkungsweisen sehr verbreitet. Bei diesen Modellen interagieren immer drei Generationen,

eine erwerbstätige Generation muss sowohl eine Rentnergeneration und eine junge, nach-
wachsende Generation versorgen. Jede Generation hat hierbei ganz spezifische Konsum- und
Verhaltensmuster (gemäß der Lebenszyklushypothese wird beispielsweise im Alter das an-
gesparte Vermögen konsumiert).

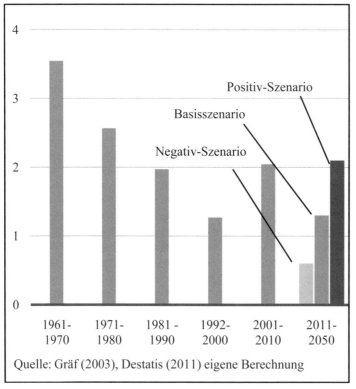

Abbildung 25: Entwicklung der realen Pro-Kopf-Einkommen in Deutschland, in % p.a.

Die Impulse für die Wohnflächennachfrage aus steigenden Einkommen dürften folglich in
den kommenden Jahrzehnten geringer ausfallen als in der Vergangenheit, und zwar aus zwei
Gründen: Erstens, weil die Einnahmenzuwächse je Person geringer ausfallen als in der Vergangenheit und zweitens, weil die Wohnungsnachfrage gemäß des Schwabe'schen Gesetzes
sowieso inferior reagiert. Das hohe erreichte Versorgungsniveau limitiert also die Wach-
stumsmöglichkeiten in der Zukunft, denn das Gesetz des abnehmenden Grenznutzens gilt
auch für die Flächenversorgung.

Vier weitere Aspekte sind in diesem Zusammenhang zu betonen:

a) **Altersvorsorge erzwingt mehr Umverteilung**: Das Prinzip der gesetzlichen Rentenversicherung in Deutschland basiert auf einem Generationenvertrag. In der umlagefinanzierten gesetzlichen Altersvorsorge ermittelt sich das Rentenniveau aus der Relation aus
Beitragszahlern und Beitragsempfängern sowie dem Beitragssatz. In einer alternden Gesellschaft wächst die Zahl der Beitragsempfänger sehr schnell, und die Zahl der Bei-
tragszahler sinkt. Daraus können nur zwei Anpassungswege folgen: Möchte man das
heutige Rentenniveau halten, müssten die Rentenbeiträge deutlich steigen, oder der An-

teil der Rentenzuschüsse aus den allgemeinen Steuereinnahmen muss steigen. Möchte man jedoch die Beitragssätze stabil halten, sinken zwangsweise die Rentenniveaus in Richtung Grundrente. Eine Stärkung der kapitalgedeckten Altersvorsorge hilft zwar, die Rentenlücke in Zukunft zu reduzieren. Das zusätzlich aufgebaute Vorsorgekapital steht den Haushalten aber natürlich in der Ansparphase nicht für Konsumausgaben zur Verfügung. So wird in den kommenden Jahrzehnten das für Wohnzwecke verfügbare Einkommen der jüngeren Haushalte gekürzt. Dass ein Teil des Kapitals über Zulagen von der öffentlichen Hand kommt, ändert an dieser Aussage nichts, da diese Gelder natürlich über heutige oder zukünftige Steuern ebenfalls das für Wohnzwecke verfügbare Einkommen schmälern.

b) **Höhere Einkommenszuwächse für Hochqualifizierte**: Der Rückgang der Erwerbsfähigenzahlen dürfte einzelne Arbeitsmarktsegmente unterschiedlich treffen: Unter Hochschulabsolventen gibt es kaum Arbeitslosigkeit, bei Menschen ohne Berufsausbildung indes liegt die Arbeitslosenquote bei über 25% (Reinberg und Hummel, 2007 für das Jahr 2005). Im Jahr 2012 waren über 40% aller Arbeitslosen ohne abgeschlossene Berufsausbildung. Ändert sich die Struktur der Qualifikationen in Deutschland nicht grundlegend, könnte es bei Hochqualifizierten also bald zur echten Knappheit kommen. Bei Geringqualifizierten bedeutet das schrumpfende Arbeitsangebot indes nur einen Rückgang der Arbeitslosenquote, jedoch noch keinen Mangel. Die Lohnsetzungsmöglichkeiten für Hochqualifizierte verbessern sich also absolut, v.a. aber in Relation zu denen von Geringqualifizierten. Dies muss auch Rückwirkungen auf die Nachfrage nach Wohnimmobilien haben. Einfache Standardwohnungen profitieren unterdurchschnittlich von der wirtschaftlichen Entwicklung in Deutschland. Hochwertige Angebote indes dürften relativ besser abschneiden – zumindest partialanalytisch mit Blick auf die Einkommenstrends der Qualifizierungsgruppen.

c) **Vermögenseffekte bisher vernachlässigt**: Dieser Effekt, dass der Kaufkraftzuwachs v.a. in der oberen Einkommensschicht zunimmt, könnte sogar noch verstärkt werden, wenn das Qualifizierungsniveau eines Arbeitnehmers mit jenem seiner Eltern korreliert. Denn dann werden die Menschen mit zukünftig guter Einkommensperspektive von den aufgebauten Vermögen ihrer Eltern profitieren. Das Deutsche Institut für Altersvorsorge (2002) schätzte, dass sich in den nächsten Jahrzehnten gut 15 Mio. Haushalte ein gesamtes Erbvolumen von 2 Bill. Euro teilen werden. Das entspricht rein rechnerisch einem Durchschnittsvolumen von gut 130.000 Euro pro Erbfall. Allerdings werden über 50% der Haushalte weniger als 80.000 Euro erben, 6% werden sogar Schulden übernehmen müssen. Auf der anderen Seite stehen 1,5 Mio. Haushalte, die sich über mindestens 266.000 Euro freuen können. Freilich bleibt das oberste Einkommens- und Vermögenssegment auch in Zukunft ein kleines Segment. Das birgt Risiken. Wenn nämlich sehr viele Investoren dieses Segment aus den genannten Überlegungen ins Auge nehmen, droht Überangebot oder zu stark steigende Preise im Segment für Luxuswohnungen. Gerade bei Nischensegmenten reichen dann kleine absolute Ausweitungen, um trotz des Nachfrageschubs große Preisrückgänge zu bewirken.

d) **Regionale Unterschiede erheblich**: Letztlich darf auch nicht vernachlässigt werden, dass die beschriebenen regionalen Wanderungstrends das Ergebnis von unterschiedlichen Erwerbspotenzialen in den Regionen sind. In Fortwanderungsregionen kommt es nicht nur zu einem starken Rückgang der Einwohnerzahlen, auch die Einkommen werden sich unterdurchschnittlich entwickeln, denn ansonsten käme es nicht zu den Fortzügen. Dann wird die Wohnungsnachfrage durch zwei Faktoren reduziert oder zumindest ihr Zuwachs begrenzt: durch den Rückgang der Einwohnerzahl und durch die teilweise damit verbundenen geringeren Einkommenszuwächse. Dadurch könnte ein Teufelskreis beginnen, denn anhaltende relative Einkommensverluste motivieren noch stärker zum Fortzug aus der wirtschaftsschwachen Region.

3.3   Zahl der Haushalte entscheidend

Letztlich treten nicht Einzelpersonen als Nachfrager nach Wohnraum auf, sondern Haushalte. Die Entwicklung der Zahl der Haushalte wird zwar von der Bevölkerungsentwicklung mitbestimmt. Die Zusammenhänge sind jedoch vielschichtig, denn die Zahl der Personen je Haushalt kann sich im Zeitverlauf erheblich ändern. Steigende Einkommen haben es in der Vergangenheit immer mehr jungen Menschen ermöglicht, früh einen eigenen Haushalt zu gründen. Auch der gesellschaftliche Wandel spielt offensichtlich eine Rolle: Steigende Scheidungszahlen, der Wunsch nach mehr Eigenständigkeit, mehr berufliche Flexibilität und infolge davon mehr Fernbeziehungen führen tendenziell zu kleineren durchschnittlichen Haushaltsgrößen. Die Alterung der Gesellschaft wirkt in dieselbe Richtung, denn die durchschnittliche Haushaltsgröße von Seniorenhaushalten liegt unter der mittleren Haushaltsgröße von jungen Familien.

Alle diese Faktoren haben die durchschnittliche Haushaltsgröße in den alten Bundesländern von 2,9 Personen je Haushalt im Jahr 1961 auf rd. 2,3 Personen im Jahr 1990 sinken lassen. Im Jahr 1871 lebten die über 40 Mio. Menschen im Deutschen Reich sogar nur in 8,7 Mio. Haushalten; die mittlere Haushaltsgröße vor 140 Jahren lag also bei 4,6 Personen, etwas höher als heute in der Türkei.

Während die Zahl der Einwohner im früheren Bundesgebiet in den letzten 40 Jahren um knapp 14% zulegte, stieg die Zahl der Haushalte um etwa 45%. Nach der Wiedervereinigung kam der Prozess nicht zum Halt, insbesondere in den neuen Bundesländern setzte er sich beschleunigt fort. Heute gibt es rund 40 Mio. Haushalte in Deutschland; bei einer Bevölkerungszahl von knapp 81,9 Mio. Menschen entspricht dies einer mittleren Haushaltsgröße von etwa 2,02 Personen.

Eine interessante Randnotiz steckt in den Daten für die Jahre 2006 und 2007: In beiden Jahren ging die Zahl der Einwohner zurück. Im Jahr 2006 stieg die Zahl der Haushalte jedoch um fast 600.000 – so stark wie zuletzt in den frühen 1970er Jahren (ohne das Wiedervereinigungsjahr zu berücksichtigen). 2007 jedoch ging die Zahl der Haushalte ebenso untypisch zum ersten Mal seit 1970 zurück. Für diese Sonderentwicklung dürften wahrscheinlich die Anreizmechanismen im Zuge der Hartz-IV-Gesetzgebung gesorgt haben. Es wurden 2006 rasch neue Haushalte angemeldet, die faktisch – zumindest in dieser Größenordnung – nicht neu entstanden waren. Sowohl der starke Anstieg der Einpersonenhaushalte im Jahr 2006 sowie der Rückgang im Jahr 2007 sind wohl nur ein statistisches Artefakt.

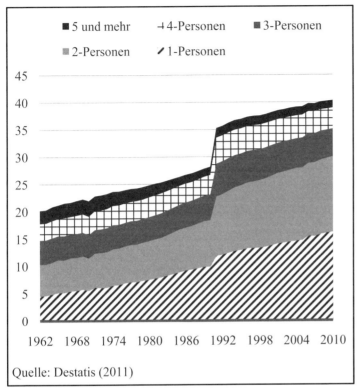

Quelle: Destatis (2011)

Abbildung 26: Zahl der privaten Haushalte in Deutschland in Mio.; bis 1990 früheres Bundesgebiet

Wie massiv die Strukturverschiebungen ausfallen, zeigt Abbildung 27: In den 1960er Jahren waren nur gut 20% der Haushalte 1-Personenhaushalte; heute sind es rund 40%. Gleichzeitig geht der Anteil der 4- und 5-Personenhaushalte stetig zurück. 1961 bestand noch fast jeder vierte Haushalt aus mindestens 4 Personen, heute ist es in etwa jeder siebte. 1961 wohnten in dem deutlich kleineren früheren Bundesgebiet doppelt so viele 5-Personenhaushalte wie heute in Deutschland insgesamt.

Bemerkenswert ist auch die Phasenverschiebung mit Blick auf die Altersstruktur der Einpersonenhaushalte (alle Ausführungen in diesem Abschnitt beziehen sich allein auf das frühere Bundesgebiet, da in den neuen Ländern die Entwicklung seit der Wiedervereinigung im Zeitraffer ablief, lässt sie sich nicht so gut vergleichen). Von Mitte der 1960er bis Mitte der 1980er Jahre vervierfachte sich die Zahl der jungen Einpersonenhaushalte (unter 25 Jahre). Steigende Studentenzahlen und höhere Einkommen gepaart mit mehr Offenheit in der Gesellschaft sorgten für diesen Anstieg. Seit 1985 ist die Zahl der Einpersonenhaushalte in dieser Altersgruppe nicht mehr angestiegen. Auch die Zahl der 25- bis 45-jährigen Einpersonenhaushalte stieg bereits seit den 1960er Jahren. Doch erst seit Mitte der 1970er Jahre hat sich der Zuwachs deutlich beschleunigt. Innerhalb von 20 Jahren verdreifachte sich die Zahl der Einpersonenhaushalte in dieser Altersgruppe. Seit Mitte der 1990er Jahre hat sich der Zuwachs jedoch spürbar verlangsamt. Seit den frühen 1980er Jahre hat sich dann auch in der Altersgruppe von 45 bis 65 Jahren die Zahl der Einpersonenhaushalte bis heute verdoppelt. Hier ist noch keine Wachstumsverlangsamung zu erkennen. Es zeigt sich, wie die Baby-

Boomer-Generation, also etwa die Geburtenjahrgänge von 1947 bis 1969 durch die Altersgruppen wandert. Daher ist es auch sehr wahrscheinlich, dass das stärkste Wachstum von
Einpersonenhaushalten in den letzten Jahren bei den über 45-Jährigen und wohl ab 2015 v.a.
bei den dann über 65-Jährigen erfolgen dürfte. Gleichzeitig gehen die Impulse wegen der
dünner besetzten Jahrgänge in den jüngeren Altersgruppen verloren.

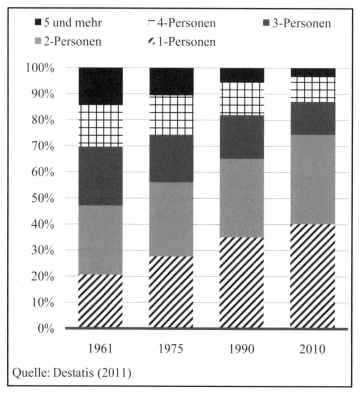

Abbildung 27: Haushalte in Deutschland nach Haushaltsgröße, bis 1990 früheres Bundesgebiet

3.3.1   Verfahren zur Prognose der Haushaltszahlen

Prognosen der privaten Haushaltszahlen sind deutlich anspruchsvoller als Bevölkerungsprognosen, da es zahlreiche ökonomische und gesellschaftliche Entwicklungen zu berücksichtigen gilt: Die Zahl der Haushalte ist eben nicht eine einfache Funktion der Zahl der
Einwohner. Vielleicht haben diese Komplexitäten dazu geführt, dass Haushaltsprognosen
erst relativ spät entwickelt wurden. Für die USA wurde 1938 die erste amtliche Haushaltsprognose durchgeführt, für Deutschland sogar erst im Jahr 1970 (Bucher, 1986).

Unterdessen liegen nicht nur zahlreiche Neuauflagen der Haushaltsprognose für Deutschland
von mehreren Prognostikern vor, es finden auch mehrere Prognoseverfahren Anwendung. Im
Folgenden werden die wichtigsten Verfahren kurz dargestellt und verglichen. Es lassen sich
drei unterschiedliche Prognosetypen unterscheiden:

a)   Quotenverfahren
b)   Simulationsverfahren
c)   Regressionsverfahren

Quotenverfahren
Bei Quotenverfahren werden aus der offiziellen Statistik unterschiedliche Strukturmerkmale herangezogen, um spezifische Anteile zu bilden. Es werden üblicherweise zwei Verfahren unterschieden: Das Haushalts*vorstands*quotenverfahren und das Haushalts*mitglieder*quotenverfahren. Um die Lesbarkeit zu erhöhen, wird das erste Verfahren im Folgenden zum *Vorstandsverfahren* und das zweite zum *Mitgliederverfahren* verkürzt.

Bei dem *Vorstandsverfahren* wird die Zahl der Bezugspersonen, also der Haushaltsvorstände, in Relation zur Zahl der Einwohner gesetzt. Da es enorme Unterschiede im Haushaltsbildungsverhalten nach Alter und Geschlecht gibt, lohnt eine Differenzierung v.a. nach dem Alter. Auch nach der Haushaltsmitgliederzahl wird typischerweise unterschieden. Für jede Altersgruppe und getrennt nach Geschlecht lässt sich so der Anteil der Haushalte einer Haushaltsgröße für die konkrete Bezugsperson (q) ausweisen.

$$q_{i,g,a} = \frac{HV_{i,g,a}}{B_{g,a}}$$

mit

HV = Zahl der Bezugspersonen (Haushaltsvorstände)

B = Bevölkerungszahl

i = Zahl der Haushaltsmitglieder, g = Geschlecht, a = Altersgruppe

So lassen sich für sehr viele Gruppen Haushaltsvorstandsquoten ermitteln. Gibt es in einer Altersgruppe der 25 bis 35-Jährigen beispielsweise 1.000 männliche Bezugspersonen, die Haushalten mit drei Personen „vorstehen", und umfasst die gesamte Altersgruppe 10.000 Personen, so stehen also 10% aller männlichen 25 bis 35-Jährigen einem Haushalt mit drei Personen vor.

Die Haushaltsprognose fußt nun auf einer zweistufigen Prognose der Bevölkerungszahl und der künftigen Haushaltsvorstandsquoten. Die Bevölkerungsprognose ist hierbei eine exogene Größe. Die Haushaltsvorstandsquoten könnte man entweder konstant lassen, mit Hilfe einer Trendextrapolation aus der Vergangenheit in die Zukunft prognostizieren oder durch regressionsanalytische Verfahren schätzen (vgl. Bucher, 1986). Ob man nun den anspruchsvollen Weg des Regressionsansatzes wählt, der den Vorzug hätte, dass man die Vorgehensweise um sozioökonomische Erklärungsvariable anreichern könnte, oder ob man eine wie auch immer konzipierte Trendextrapolation vornimmt, es bedarf einer anschließenden Korrektur der Schätzergebnisse, damit die Summe aller Quoten einer Altersgruppe auch tatsächlich 100% ergibt.

Das Statistische Bundesamt hat das Vorstandsverfahren zwar vor rd. 20 Jahren durch ein neues Verfahren, das *Mitgliederverfahren*, abgelöst. Das Vorstandsverfahren findet aber auch heute noch bei den regionalisierten Haushaltsprognosen z.B. des Bundesinstituts für Bau-, Stadt- und Raumforschung zur Konsistenzprüfung Anwendung.

Der wesentliche Grund, warum das Statistische Bundesamt von dem zunächst verwendeten Vorstandsverfahren auf das Mitgliederverfahren übergegangen ist, war die Tatsache, dass man bei dem Vorstandsverfahren letztlich nur ein Mitglied eines Haushalts in die Analyse einbezog. Beim Mitgliederverfahren gehen jedoch alle Haushaltsmitglieder in die Berechnung mit ein. Allerdings gehen bei diesem Vorgehen einige soziodemografische Informationen verloren, eben die Information über den Haushaltsvorstand.

Die Haushaltsmitgliederquote m berechnet sich nun als Quotient aus der Zahl der Einwohner einer Altersgruppe und eines Geschlechts, die in einem Haushalt mit einer bestimmten Mitgliederzahl leben in Relation zur gesamten Zahl der Einwohner in einer Altersgruppe. Gemessen wird also wie groß der Anteil der 20 bis 35-jährigen Frauen ist, die in einem Zweipersonenhaushalt leben.

$$m_{i,g,a} = \frac{B_{i,g,a}}{B_{g,a}}$$

mit

B = Bevölkerungszahl

i = Zahl der Haushaltsmitglieder, g = Geschlecht, a = Altersgruppe

Es gilt natürlich die Restriktion:

$$\sum_i m_i = 1$$

Damit wird sichergestellt, dass jede Person nur einem Haushalt zugerechnet wird. Bevölkerungs- und Haushaltsprognose sind dadurch definitorisch verzahnt.

Auch hier stellt sich wie beim Vorstandsverfahren die Frage der besten Fortschreibung der Mitgliederquoten. Einfache lineare Trends führen bei den Haushalten mit 5-Personen offenbar schnell zu unmöglichen negativen Größen, da die Schrumpfung in der Vergangenheit so rasant erfolgte. Ein Anteil unter 0% muss ausgeschlossen werden. Dass die Annahmensetzung für die künftigen Quoten nicht leicht ist, zeigt ein Blick in frühere Haushaltsprognosen. Putz (1986) beschreibt, dass bei der ersten Haushaltsprognose mit dem neuen Quotenverfahren die implizite Nebenbedingung galt, dass die mittlere Haushaltsgröße nicht unter den Wert 2,2 sinken könne. Heute liegt der Wert empirisch bei 2,02 Personen je Haushalt, und ein weiteres Sinken dieses Wertes ist absehbar.

Eine skizzierte Prognose nach dem Mitgliederverfahren
Die Vorzüge der Quotenverfahren liegen in ihrer einfachen Anwendbarkeit. Um dies zu demonstrieren, wird hier eine einfache Haushaltsprognose mit Hilfe des Mitgliederverfahrens für Deutschland nur auf Basis der Bevölkerungsprognose (geringere Zuwanderung) und mit wenigen Altersgruppen ohne Differenzierung nach Geschlecht oder sonstigen Merkmalen außer natürlich der Haushaltsgröße beschrieben. Solch eine Prognose kann dann in fünf Schritten errechnet werden.

1. Die historischen Daten der Einwohner je Haushaltstyp (also Einpersonenhaushalt, Zweipersonenhaushalt etc.) werden von der Website des Statistischen Bundesamts (www.destatis.de) geladen.

2. Die Prognosedaten für die Einwohnerprognose werden ebenfalls von der Website des Bundesamts geladen.

3. Es werden für die zurückliegenden Jahre die jeweiligen Quotienten für die fünf Haushaltstypen berechnet. Für den Quotienten der größten Haushalte mit mindestens fünf Personen müsste zusätzlich die mittlere Personenzahl dieser Größenklasse errechnet werden. Denn es ist zu vermuten, dass wenn alle Haushaltsgrößen tendenziell schrumpfen, es auch stetig weniger Haushalte mit sechs, sieben oder acht Personen geben wird. Dann nimmt der Mittelwert in dieser Größenklasse ab.

4. Per Trendextrapolation werden die Haushaltsmitgliederquoten bis 2030 geschätzt. Hier hat sich noch kein dominantes Verfahren durchgesetzt. Im Folgenden könnten einfache lineare Trends mit der Restriktion fortgeschrieben werden, dass es keine negativen Quoten geben kann. Die mittlere Haushaltsgröße der größten Klasse wurde konstant gehalten, da zuletzt kein weiteres Absinken mehr zu erkennen war. Für eine exaktere Berechnung könnte eine Funktion mit abnehmenden Differenzen für den Trend verwendet werden.

5. Multipliziert man nun die Mitgliederquoten mit der vorausberechneten Bevölkerungszahl für Deutschland erhält man die Einwohner je Haushaltstyp, also wie viele Menschen z.B. in einem Vierpersonenhaushalt leben. Dann muss man nur noch durch die jeweilige Zahl der Personen je Haushalt dieses Typs dividieren und über alle Haushaltstypen summieren, um die Zahl der Haushalte in Deutschland zu erhalten.

Ein verwandtes, nämlich aggregiertes, Prognoseprinzip findet z.B. bei Börsch-Supan et al. (2003) Anwendung. Hier beruht die Prognose auf mittleren Haushaltsgrößen je Altersgruppe. Solche Daten lassen sich aus den Mikrozensus-Daten des Statistischen Bundesamts gewinnen. Die Zuordnung in die Altersgruppen erfolgt auch hier nach Bezugsgrößen, also nach den Haushaltsvorständen. Jüngere Menschen, die in Familien leben, werden natürlich nicht in ihrer Altersgruppe erfasst, sondern in der Gruppe der Bezugsperson. Das Verfahren hat folglich dieselben Vor- und Nachteile wie das Vorstandsverfahren.

Auch für diese Quoten kann man nun eine Trendentwicklung in die Zukunft extrapolieren oder mit der Annahme konstanter Strukturen arbeiten. Es spricht vieles dafür, dass sich auch in diesen Daten in der Zukunft gesellschaftlicher Wandel spiegeln wird. Das grundsätzliche Schema dürfte freilich intakt bleiben; in den besonders jungen Jahrgängen sind die mittleren Haushaltsgrößen sehr klein, in den mittleren Jahrgängen leben Familien in vergleichsweise großen Haushalten, und im Alter leben die Menschen überwiegend allein oder zu zweit, sodass auch hier sehr kleine mittlere Haushalte beobachtet werden dürften (vgl. Abbildung 28). Auch dieses Verfahren besticht durch seine einfache Modellierbarkeit und durch einfache Szenarienbildung.

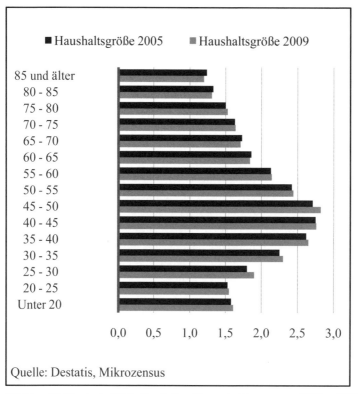

Abbildung 28: Durchschnittliche Haushaltsgrößen nach Altersgruppen, 2009 und 2005

Simulationsverfahren

Quotenverfahren haben zwei Vorteile: Sie sind einfach zu berechnen, und sie lassen sich mit den Daten der offiziellen Statistik durchführen. Dadurch sind die Ergebnisse leicht nachvollziehbar; eine wichtige Anforderung an wissenschaftliches Arbeiten. Allerdings fehlt ihnen in der Regel das Fundament zur Erklärung der erwarteten Trends. Zwar ließen sich regressionsanalytische Verfahren zur Modellierung der Quotenentwicklung anwenden. Bisher finden diese jedoch in Deutschland keine Anwendung. Der Haushaltsbildungsprozess bleibt also letztlich bei diesen Verfahren unerklärt. Dieses Manko möchten Simulationsverfahren dadurch überwinden, dass sie explizit bei der Haushaltsbildung als erklärenden Faktor ansetzen. Möller (1982) beschreibt ein Verfahren der Gruppensimulation, bei dem aus insgesamt 13 Personengruppen (z.B. nicht verheirateter Mann ohne Kinder oder verheirateter Mann mit drei Kindern) und fünf unterschiedlichen Haushaltsgrößen 14 mögliche Haushaltstypen abgeleitet werden.

Der Vorteil solcher Simulationen ist, dass von den demografischen Prozessen zu den einzelnen Haushaltstypen eine direkte Verbindung hergestellt werden kann. Allerdings sind auch für die Simulationsverfahren Annahmen entscheidend. Letztlich benötigt man auch bei den Simulationsverfahren eine Einschätzung wie sich zum Beispiel Scheidungstrends oder die Trends bei Mehrgenerationenhaushalten fortsetzen. Hier kommt man nicht umhin, implizit ähnliche Probleme zu lösen wie bei den Quotenverfahren.

Ein entscheidender Vorzug der Simulation ist, dass man mehr Informationen über die Struktur der Haushalte bekommt. Dies ist gerade für die konkrete Investitionsentscheidung wichtig. Daher müssten sich Simulationsverfahren gerade für die Entwicklung einzelner Standorte eignen und positiv von den Quotenverfahren abgrenzen. Leider liegen bisher die dafür benötigten Daten nicht in der regionalen Granularität vor wie sie benötigt würden. Daher werden Simulationsrechnungen heute für disaggregierte Regionalprognosen um Quotenverfahren ergänzt (vgl. z.B. empirica-Institut, 2005, S. 39f).

Regressionsverfahren
Neben Quotenverfahren und den Simulationsansätzen gibt es als dritte Gruppe die Regressionsverfahren. Hierunter fallen nicht Verfahren zur regressionsanalytischen Bestimmung der Quoten oder künftigen Trends. Vielmehr wird die Zahl der Haushalte direkt mit Hilfe von Regressionsgleichungen geschätzt. Bucher (1986) beschreibt einen sehr einfachen Ansatz von Kaelin (1952), der die Zahl der Haushalte für die Schweiz mit Hilfe einer Regressionsgleichung auf die Zahl der Heiraten, der Todesfälle der 30 bis 50-Jährigen und des Wanderungssaldos schätzte.

$$H_t = H_{t-1} - \Delta H$$

und

$$\Delta H = b_1 X_1 + b_2 X_2 + b_3 X_3 + \varepsilon$$

mit

H_t: Zahl der Haushalte im Jahr t

X_1:   Zahl der Heiraten

X_2:   Zahl der Todesfälle der 30 bis 50-Jährigen

X_3:   Wanderungssaldo

ε: Fehlerterm

b_1, b_2, b_3:   Regressionskoeffizienten

Auch wenn Kaelin mit diesem Ansatz statistisch abgesicherte Ergebnisse erzielt hat, bietet er dennoch außer der einfachen Implementierung nicht viel mehr als die anderen Verfahren, da für die künftige Prognose die zentralen exogenen Größen (Heiraten, Todesfälle und Wanderungssaldo) bestimmt werden müssen. Zudem erhält der Wissenschaftler nur sehr wenige Strukturinformationen über die künftigen Haushalte. Man hätte bei weitsichtiger Annahmensetzung zwar eine Vorstellung über die Zahl der Haushalte, jedoch nicht darüber, ob es eher junge oder eher ältere Haushalte sind. Außerdem lässt sich zwar die mittlere Haushaltsgröße ermitteln, nicht aber die Verteilung auf die Haushaltsgrößenklassen. Wohnungsmarktunternehmen fehlen damit jedoch zentrale Aussagen, damit sie ihre Angebote zukunftssicher gestalten können.

Daher haben sich regressionsanalytische Ansätze wohl nie in Deutschland durchgesetzt. Allerdings haben regressionsanalytische Modelle durchaus Meriten. Bei Märkten mit einer unbefriedigenden Haushaltsstatistik lässt sich mit wenigen gesamtwirtschaftlichen Variablen auf die Entwicklung der Gesamtzahl der Haushalte schließen. Deutsche Bank Research hat 2008 ein Modell zur Prognose der durchschnittlichen Haushaltszahl in einem Land präsentiert. Das Modell ist als Cross-Section-Analyse von 38 Ländern und unterschiedlichen Zeitpunkten zwischen 1960 und 2006 aufgebaut. Als erklärende Variable fließen das Pro-Kopf-Einkommen, die Urbanisierungsquote und die Geburtenhäufigkeit in die Schätzgleichung ein. Auf der Basis von Potenzialwachstumsraten und den Bevölkerungsprognosen der Vereinten Nationen lässt sich dann für jedes Land ein konkreter Wert für die mittlere Haushaltsgröße schätzen. Durch die Verbindung mit der Bevölkerungsprognose erhält man direkt auch eine Prognose für die Zahl der Haushalte (vgl. Kudatgobilik et al., 2008). Das Modell wird in Kapitel 8.5.2 wieder aufgegriffen und dort auch detailliert dargestellt.

3.3.2 Weiterer Anstieg der Haushaltszahlen wahrscheinlich

Mit Hilfe der dargestellten Methoden wurden in den letzten Jahren zahlreiche Haushaltsprognosen von öffentlichen und privaten Forschern durchgeführt. Je nach benutztem Verfahren, nach dem Detaillierungsgrad der berechneten Quoten, dem zugrunde liegenden Bevölkerungsszenario und je nach der Methode zur Trendprojektion der wichtigen Annahmeparameter, gibt es zwar Unterschiede in den Ergebnissen. Gleichwohl weisen die Ergebnisse unisono in dieselbe Richtung.

Wendet man das Verfahren an, das von Bräuninger et al., 2007 mit den Daten der 11. Bevölkerungsvorausberechnung erstellt wurde, auf die Daten der 12. Vorausberechnung an, zeigt sich, dass selbst im Szenario mit geringerer Zuwanderung die Zahl der Haushalte noch über das Jahr 2020 hinaus zunehmen wird. Der Anstieg wird mit rd. 700.000 jedoch überschaubar bleiben. Selbst im Jahr 2030 würden etwas mehr Privathaushalte in Deutschland bestehen als heute, im Jahr 2060 gäbe es immerhin noch knapp 35,6 Mio. Haushalte, also so viele wie Anfang der 1990er Jahre.

Im Szenario mit höherer Zuwanderung verläuft die Entwicklung natürlich günstiger. Im Vergleich zum Referenzjahr 2010 würden bis zum Jahr 2027 noch einmal 1,2 Mio. mehr Privathaushalte in Deutschland existieren, und bis 2060 würde die Zahl der Haushalte nicht unter das Niveau des Jahres 2000 fallen. Freilich kommt es in beiden Szenarien zu einer beschleunigten Abwärtsbewegung. Und sehr wichtig: In der zweiten Hälfte des Jahrhunderts endet die Abwärtsentwicklung nicht.

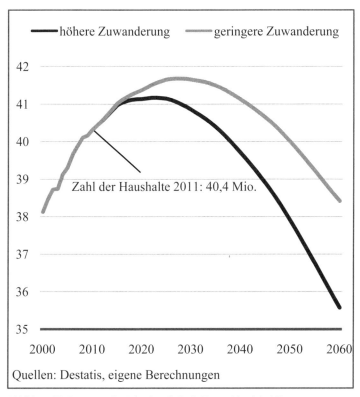

Abbildung 29: Prognose der Privathaushalte in Deutschland, in Mio.

Das Statistische Bundesamt kommt in seiner Haushaltsprognose (Destatis, 2011) zu sehr ähnlichen Ergebnissen. Das Bundesamt basiert die Berechnungen auf der mittleren Bevölkerungsvariante mit geringerer Zuwanderung. Das Bundesamt berechnet zwei Varianten. In der ersten setzen sich die Trends in den alters- und geschlechtsspezifischen Haushaltsmitgliederquoten fort, d.h. für jene Altersgruppen, bei denen der Anteil der Ein- und Zweipersonenhaushalte anstieg, wurde unterstellt, dass dieser Anstieg auch in Zukunft anhält, allerdings mit geringeren Zuwachsraten (Trend-Variante). Eine solche Trenddämpfung muss logischerweise erfolgen, da ansonsten einzelne Quoten (jene mit vielen Personen je Haushalt) in der Zukunft auch negativ werden könnten. Das wäre zwar mathematisch möglich, ergäbe aber natürlich inhaltlich keinen Sinn. Im zweiten Szenario bleiben alle Haushaltsmitgliederquoten auf dem heutigen Stand konstant. Eine Veränderung der aggregierten Quoten folgt dann ausschließlich regionalen Veränderungen und Verschiebungen zwischen den Altersgruppen. Sind Haushalte in der Stadt im Mittel kleiner als auf dem Land, folgt für die mittlere Haushaltsgröße auch dann ein Absinken, wenn Menschen vom Land verstärkt in die Stadt ziehen und sich dort anpassen.

Die eigene Prognose von oben liegt näher an der Trend-Variante des Bundesamts. Das Bundesamt rechnet in seiner Trendvariante noch bis zum Jahr 2025 einen Anstieg der Haushaltszahlen. Der Höhepunkt wäre dann erst bei 41,1 Mio. Haushalten erreicht. Bei zunächst noch steigenden Haushaltszahlen jedoch anhaltendem Bevölkerungsrückgang ist die logische Konsequenz, dass die mittlere Haushaltsgröße weiter sinkt. Noch vor dem Jahr 2025 dürften zum ersten Mal weniger als zwei Personen in einem durchschnittlichen privaten Haushalt in Deutschland wohnen. Bis 2030 würde sich die Haushaltsgröße dann den Wert von 1,9 Personen je Haushalt unterschreiten.

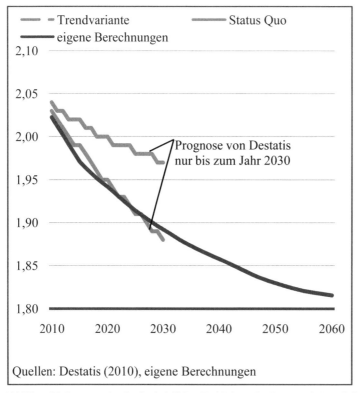

Abbildung 30: Prognose der durchschnittlichen Haushaltsgröße, Personen je Haushalt

Im Großen und Ganzen sind diese Prognosen auch gut mit den Ergebnissen des empirica-Instituts (2005) und jenen des Bundesamts für Bauwesen und Raumordnung (2006) sowie des DIW (Schulz, 2008) vergleichbar. Die Abweichungen lassen sich im Wesentlichen auf unterschiedliche Vergleichszeiträume und zugrundeliegende Bevölkerungsvorausschreibunge zurückführen. Der Anstieg beläuft sich bei all diesen Prognosen auf 1–5%.

Man sollte diese Prognoseunterschiede zwischen den einzelnen Prognosen nicht überbewerten. Insgesamt sprechen alle Prognosen dieselbe Sprache: Die Zahl der Haushalte wird noch etwa zehn Jahre weiter zunehmen und dann beschleunigt abnehmen. Der Höchstwert wird wahrscheinlich zwischen 2015 und 2025 erreicht. Das bedeutet auch, dass der Zuwachs in den kommenden Jahren deutlich geringer ausfallen wird als in früheren Jahrzehnten: Zwischen 1995 und 2005 nahm die Zahl der Haushalte noch um jährlich über 1,3% zu, in früheren Jahrzehnten noch deutlich stärker. In den nächsten zehn Jahren dürfte sich der Anstieg der Haushaltszahlen auf 0,2 bis 0,3% pro Jahr reduzieren. Das ist nicht viel.

Jenseits dieser Prognosen sollte eingerechnet werden, dass die Nettozuwanderung nach Deutschland in den nächsten Jahren aufgrund der Konsolidierungsanstrengungen in Südeuropa wahrscheinlich höher ausfallen dürfte als vor der Staatsschuldenkrise. Für die nächsten Jahre ist daher das Szenario mit höherer Zuwanderung viel wahrscheinlicher als jenes mit geringer Zuwanderung. Allerdings ist es unwahrscheinlich, dass dieser Wanderungsstrom die nächsten 50 Jahre anhalten wird. Daher sollte aus den aktuellen Erfahrungen nicht gleich das langfristige Szenario verändert werden.

3.3.3   Starke Strukturverschiebungen

Bisher wurde ausschließlich die Entwicklung der Gesamtzahl der Privathaushalte in Deutschland dargestellt. Dies gibt einen groben Überblick, doch dieser reicht für die Wohnungsmarktanalyse nicht aus. Strukturelle Verschiebungen in der Wohnungsnachfrage müssen beachtet werden. Hierbei geht es um drei Dinge: Regionale Unterschiede, die Verteilung der Haushalte auf Haushaltstypen und die Verteilung der Haushalte auf Altersgruppen.

Regionale Unterschiede

Es wurde bereits oben auf die gravierenden regionalen Unterschiede hingewiesen, die sich in den kommenden Jahren für die demografischen Trends in Deutschland zeigen werden. Natürlich kann eine Region mit schwacher Wirtschaftsstruktur, die unter erheblichen Bevölkerungsverlusten leiden wird allenfalls einen geringen Teil dieser Entwicklung durch einen massiven Rückgang der mittleren Haushaltsgrößen ausgleichen. Freilich ist es plausibel, dass gerade jene Regionen, denen die jungen Menschen fortziehen auch einen starken Rückgang der Haushaltsgröße aufweisen werden, denn dort werden zunehmend Familien mit Kindern fehlen.

Gemäß den eigenen aktuellen Berechnungen auf der Basis der 12. koordinierten Bevölkerungsvorausberechnung wird die Zahl der Haushalte in den neuen Bundesländern (ohne Berlin) ab 2020 beschleunigt abnehmen. Bis zum Jahr 2020 fehlen bereits 200.000 Haushalte gegenüber heute. Einen ähnlich starken Rückgang ermitteln das Statistische Bundesamt und das empirica-Institut in ihrer Haushaltsprognose (jeweils für Ostdeutschland ohne Berlin).

Bis zum Jahr 2060 könnte die Zahl der Haushalte sogar unter die 4,5 Mio.-Marke sinken. Das wären dann 2 Mio. Haushalte weniger als heute. Die Zahl der Personen je Haushalt wird dann unter 1,9 sinken.

Aus dieser ungünstigen Entwicklung in den neuen Ländern folgt zwangsläufig, dass sich der Anstieg der Haushaltszahlen, der für Gesamtdeutschland ermittelt wurde, allein auf die alten Bundesländer (und Berlin) verteilen muss: Bis etwa 2025 nimmt die Zahl der Haushalte dort selbst im Szenario mit geringerer Zuwanderung noch um rd. 1,2 Mio. zu.

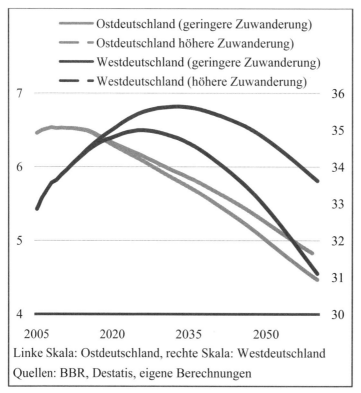

Abbildung 31: Prognose der Privathaushalte nach Ost- und Westdeutschland, in Mio.

Westdeutschland profitiert also deutlich stärker von Zuwanderungsgewinnen. Das ist plausibel, solange angenommen wird, dass die Beschäftigungschancen im Westen besser bleiben als im Osten. Im Szenario mit 200.000 Nettozuwanderern pro Jahr wächst die Zahl der Haushalte in Westdeutschland noch bis nahezu zum Jahr 2030 um insgesamt knapp 2 Mio. Haushalte.

Natürlich ist die Unterscheidung zwischen Ost- und Westdeutschland zu grobkörnig, denn bereits auf Ebene der Bundesländer gibt es erhebliche Unterschiede – auch innerhalb von Ost- und Westdeutschland. Während die Zahl der Einwohner in Bayern und Baden-Württemberg selbst in dem ungünstigeren Szenario mit weniger Zuwanderung noch über das Jahr 2030 hinaus um etwa 6–7% anschwellen wird, wird es in Sachsen-Anhalt bereits im Jahr 2020 rd. 7% weniger Haushalte geben als 2010. Bis zur Jahrhundertmitte werden in Sachsen-Anhalt und Thüringen etwa 30% weniger Privathaushalte existieren als heute. In Baden-Württemberg und Hamburg gibt es sogar im Jahr 2050 noch (etwas) mehr Privathaushalte als 2010. Im Jahr 2060 wird die Zahl der Haushalte allerdings in keinem Bundesland über dem heutigen Niveau liegen.

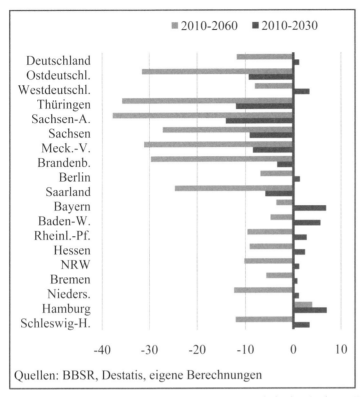

Abbildung 32:Entwicklung der Zahl der Haushalte nach Bundesländern (geringere Zuwanderung), in %

Noch dramatischer fällt die Entwicklung natürlich auf noch kleineren Teilmärkten aus: Das empirica-Institut (2005) schätzt, dass in den Raumordnungsregionen Südwestsachsen oder Dessau die Zahl der (wohnungsnachfragenden) Haushalte bereits bis 2020 um über 12% gesunken sein könnte. Gleichzeitig dürfte die Zahl der Haushalte gemäß empirica in der ostdeutschen Raumordnungsregion Havelland-Fläming um fast 15% bis 2020 zulegen. Auch einzelne westdeutsche Raumordnungsregionen werden bereits vor dem Jahr 2015 den Zenit überschreiten (z.B. Oberfranken-West und Oberfranken-Ost oder Hildesheim. Auf Kreis- oder sogar Gemeindeebene käme es zu noch größeren Unterschieden.

Verteilung der Haushalte auf Altersgruppen
Dass es deutlich mehr Seniorenhaushalte geben wird, ist angesichts der steigenden Lebens-erwartung plausibel. Auch dass der Anteil der Seniorenhaushalte zunehmen wird, ist zu er-warten: Es gibt seit über 40 Jahren zu wenige Kinder und folglich auch immer weniger Fami-lienhaushalte. Tatsächlich nimmt die Zahl der Seniorenhaushalte anteilsmäßig sogar noch stärker zu, weil Senioren eben in kleineren Haushalten wohnen als junge Menschen. Ein durchschnittlicher 80-Jähriger wohnt in einem Haushalt mit 1,3 Personen, ein 40-Jähriger indes in einem rechnerisch doppelt so großen Haushalt.

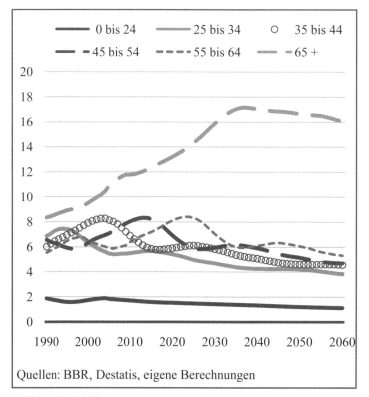

Quellen: BBR, Destatis, eigene Berechnungen

Abbildung 33: Zahl der Privathaushalte nach Altersgruppen, in Mio.

Bis etwa zum Jahr 2030 verdoppelt sich die Zahl der Haushalte mit einem 65-jährigen Haushaltsvorstand; im Jahr 2050 werden mehr als 40% aller Haushalte von Senioren gebildet. Zwar nimmt die absolute Zahl der Haushalte mit 65-Jährigen nach 2040 etwas ab, der Anteil nimmt indes weiter zu, da die Zahl der Haushalte in den anderen Altersgruppen noch schneller sinkt. Der Rückgang der über 65-jährigen Haushalte liegt nach 2040 daran, dass zunehmend die Baby-Boomer sterben und immer mehr geburtschwache Jahrgänge in diese Altersgruppe fallen werden.

Gleichzeitig schrumpft die für Neubaumaßnahmen sehr wichtige Altersgruppe der 35 bis 45-Jährigen bis zum Jahr 2020 um fast 30%, bis 2050 dürfte sich die Zahl der Haushalte in dieser Gruppe halbiert haben. Wenn sich die Umzugsneigung der Altersgruppen nicht ändert, hat dies nicht nur auf den Wohnungsbau gravierende negative Auswirkungen, sondern auch auf den Markt für Immobilientransaktionen.

In der Immobilienvermarktung dürfte es also in den kommenden Jahren zu einer allmählichen Verschiebung kommen. Die Zielgruppen werden älter. Natürlich bleibt die Hauptzielgruppe die Gruppe der jüngeren Haushalte, da diese Haushalte deutlich mobiler sind und häufiger auf berufliche oder familiäre Änderungen reagieren müssen als ältere Haushalte. Die Vermarktung von Wohnimmobilien muss aber auf neue spezifische Bedürfnisse älterer Menschen eingehen, mitunter werden sich Werbemaßnahmen darum zu sorgen haben, latente Bedürfnisse zu wecken.

Verteilung der Haushalte auf Haushaltstypen

Im Zuge der Alterung der Gesellschaft wird es noch mehr kleine Haushalte geben. Letztlich ist dies dieselbe Aussage, die zuvor bereits mit der sinkenden mittleren Haushaltsgröße gemacht wurde. In Westdeutschland bestehen heute bereits über 70% der Haushalte aus maximal zwei Personen. Im Jahr 2025 werden es fast 80% sein. In den neuen Bundesländern sind es heute bereits rd. 75%, und im Jahr 2025 dürften es deutlich über 80% sein.

Aus den Verteilungen nach Haushaltstypen und nach den Altersgruppen lassen sich nun auch verknüpfte Aussagen treffen: So werden im Jahr 2025 wohl rd. 50% aller 1- und 2-Personenhaushalte aus Senioren zusammengesetzt sein. Der Anteil, den die Altersgruppe der 20 bis 40-Jährigen einnimmt, wird von rd. 25% (heute) auf gut 20% (im Jahr 2025) zurückgehen. Individualisierung ist also nicht nur ein Thema einer offenen jugendlichen Gesellschaft, sondern auch einer alternden Gesellschaft.

Dies hat dann weit reichende Implikationen für die Wohnungsversorgung, wenn die Senioren andere Wohnbedürfnisse haben als die jüngeren Menschen. Dann lässt sich nämlich eine Studentenwohnung nicht einfach in eine Alten-WG umnutzen. Wenn nun die Senioren seltener umziehen, stellt sich diese Frage auch nicht in der Form. Zwei Schlussfolgerungen lassen sich bereits an dieser Stelle ziehen: Erstens wird es Umbaumaßnahmen geben müssen, um die spezifischen Bedürfnisse/Anforderungen/Wünsche der Älteren zu bedienen (vgl. hierzu auch Günther und Hübl, 2009). Zweitens lässt sich auch hieraus schlussfolgern, dass die Marketing-Anstrengungen in der Wohnungsvermittlung zunehmen werden.

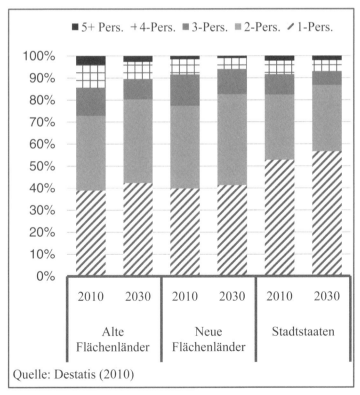

Quelle: Destatis (2010)

Abbildung 34: Haushaltsstruktur nach Haushaltstypen

3.4   Prognose der Wohnflächennachfrage

Bisher wurden die Zahl der Haushalte und die Haushaltsstruktur analysiert. Für die Wohnungsmärkte ist daneben natürlich entscheidend, welche Wohnungen die Haushalte in Zukunft nachfragen werden. Werden die durchschnittlichen Wohnungen in Zukunft größer oder kleiner sein als heute? Welche Qualitäten sollten Wohnungen in Zukunft aufweisen? Lässt sich dies überhaupt angemessen prognostizieren? Welche Lagen werden in Zukunft gefragt sein, die Kernstädte oder die peripheren Lagen? Setzt sich die Suburbanisierung fort oder zieht es die Menschen wieder stärker in die Zentren? Und natürlich: Welche Städte werden besonders betroffen sein?

Völlig losgelöst ist die Frage nach Qualität und Quantität zwar nicht, da die Größe einer Wohnung eindeutig auch ein Qualitätsmerkmal ist. Gleichwohl wird im Folgenden die Unterscheidung zwischen der Wohnflächennachfrage und anderen qualitativen Merkmalen vorgenommen, denn für die Flächennachfrage lassen sich etablierte Rechenmodelle anwenden. Dies ist für die qualitative Analyse nicht so einfach möglich, da es hierbei eben keine harten Fakten gibt, die man elegant in formale Modelle integrieren könnte – Plausibilitätsüberlegungen auf der Basis bisheriger Entwicklungen sind aber auch hier möglich.

3.4.1   Die Wohnflächennachfrage pro Kopf nimmt weiter zu

In der Einkommens- und Verbrauchsstichprobe (EVS) des Statistischen Bundesamts gibt es umfangreiche Informationen über die Wohnflächenversorgung der Bevölkerung nach unterschiedlichen Strukturmerkmalen, z.B. nach dem Alter oder nach der Eigentumsform. Bei der letzten EVS wurden gut 25.000 Haushalte gebeten, über ein Vierteljahr ein detailreiches Haushaltsbuch zu führen, aus dem dann die Einkommens- und Verbrauchsmuster abgeleitet werden können. Die letzte Stichprobe stammt aus dem Jahr 2008, die EVS werden alle 5 Jahre durchgeführt, die nächste erfolgt also für das Jahr 2013.

Aus den Daten der letzten EVS lassen sich einige erste Schlüsse ziehen:

a)   Die Wohnflächennachfrage je Haushalt ist in Westdeutschland deutlich höher als in Ostdeutschland. Der Rückstand zeigt sich insbesondere in den älteren Kohorten: Ein Haushalt, mit einem über 70-jährigen Haushaltsvorstand verfügt in den neuen Ländern über rd. 30% weniger Wohnfläche als ein vergleichbarer Haushalt in Westdeutschland. Bei den jungen Haushalten (unter 25 Jahre) beträgt der Unterschied weniger als 5%. Hier wird zu klären sein, ob sich dieser Unterschied allein aus Einkommens- und Vermögensunterschieden erklären lässt oder ob es andere Bestimmungsgründe dafür gibt.

b)   Die Flächennachfrage gemäß EVS 2008 liegt eher oberhalb der Niveaus gemäß der EVS 1998. Der Anstieg fiel in Ostdeutschland stärker aus als in Westdeutschland. Außerdem waren in den neuen Ländern mehr Alterskohorten von diesem Anstieg betroffen als in den alten Ländern. In den Daten für Westdeutschland lässt sich eigentlich nur für die letzten Altersgruppen ein nennenswerter Anstieg feststellen.

c)   Es gibt ein Altersprofil der Flächennachfrage. Junge Haushalte in der EVS 2008 fragten die geringsten Wohnflächen nach, die höchsten Werte werden in den mittleren Jahren bewohnt. Die Senioren wohnen wiederum in etwas kleineren Wohnungen: In Westdeutschland beläuft sich die Flächendifferenz zwischen der Wohnfläche, die ein etwa 45-jähriger Haushaltsvorstand bewohnt und jener Fläche, die ein über 70-Jähriger innehat auf annähernd 25%, in Ostdeutschland sogar auf knapp 30%. Hieraus könnte der (voreilige) Schluss gezogen werden, dass in einer alternden Gesellschaft die Wohnflächennachfrage dramatisch sinken muss, da es in Zukunft eben mehr 70-Jährige und weniger 45-Jährige geben wird. Diese Schlussfolgerung greift aber in doppelter Hinsicht zu kurz: Zum einen gibt es eben auch spürbar weniger 25-Jährige, deren Wohnflächennachfrage am geringsten ist. Zum anderen schwingt bei dieser Schlussfolgerung die Logik des oben skizzierten Mankiw-Weil-Modells mit, nämlich, dass ein 70-Jähriger morgen und übermorgen noch genauso viel oder wenig Wohnraum bewohnen wird wie heute. Dies muss natürlich nicht so sein. Letztlich würden sonst die so genannten Lebenszyklus- und Kohorteneffekte unzulässig miteinander vermengt.

Wichtig ist, dass es neben der EVS Auswertungen ähnliche Analysen auf der Basis der Mikrozensus-Umfrage gibt. Auch hier lässt sich der Flächenverbrauch je Altersgruppe und Haushalt aus der Statistik ermitteln. Interessant ist, dass sich die Bilder der Umfragen ähneln, sie sind aber nicht deckungsgleich.

Für eine angemessene Wohnflächenprognose sollten diese beiden Effekte getrennt werden. Außerdem gilt es den Remanenzeffekt zu beachten, Niveauunterschiede zwischen Ost- und Westdeutschland zu berücksichtigen, und schließlich sollte beachtet werden, dass sich die Eigentumsstruktur in einer alternden Gesellschaft ändern kann. Dies könnte weit reichende Folgen für die Flächennachfrage dann bedeuten, wenn Mieter und Wohneigentümer unterschiedlich viel Fläche absorbieren. Aber eins nach dem anderen.

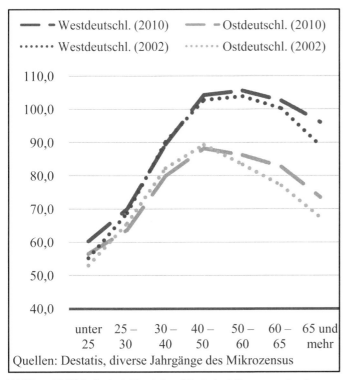

Abbildung 35: Wohnfläche je Haushalt auf Basis des Mikrozensus, in m²

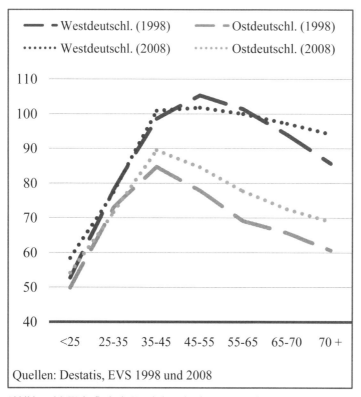

Abbildung 36: Wohnfläche je Haushalt nach Altersgruppen, in m²

Lebenszykluseffekt

Dieser Effekt beschreibt die Tatsache, dass die meisten Menschen ihre Wohnflächennachfrage im Laufe des Lebens an die Einkommens- und Familiensituation anpassen. Ein junger Mensch in der Ausbildung mit geringem Einkommen kann sich nur eine kleine Wohnung leisten. Nach der Ausbildung steigt das Einkommen, eine Familie wird gegründet, und rein rechnerisch werden im Laufe des Lebens einer Frau knapp 1,4 Kinder geboren, sodass neuer Wohnraumbedarf entsteht.

Für jeden Einzelnen bedeutet der Lebenszykluseffekt, dass der Wohnflächenverbrauch bis etwa zum 50. Lebensjahr zunimmt. Für die gesamte Volkswirtschaft richtet sich der Lebenszykluseffekt nach der Altersstruktur der Gesellschaft. Es ist auch durchaus möglich, dass jeder Einzelne im Lebenszyklus nennenswerte Einkommenszuwächse erzielt und dennoch die volkswirtschaftliche Wachstumsrate abnimmt, weil es eben weniger Erwerbstätige gibt. Allerdings ist zu erwarten, dass die Belastungen der Sozialversicherungssysteme die Entwicklung der verfügbaren Einkommen dämpfen werden, denn Alterung bedeutet eben auch, dass mehr Menschen von den öffentlichen Umverteilungssystemen leben müssen. Hier kann es nur zwei Möglichkeiten geben: Entweder die Belastungen für die Erwerbstätigen steigen (zugunsten der eigenen Vorsorge oder zugunsten der Rentnergeneration) oder die Rentner müssen mit geringeren Zuwächsen bei den Rentenauszahlungen leben. Die heute implementierten Regeln sorgen letztlich für eine Teilung der Last: Der demografische Faktor in der Rentenformel sieht vor, dass die Renten eben nur langsamer wachsen als die Einkommen.

Gleichzeitig müssen die Erwerbstätigen privat noch mehr vorsorgen. Der Zuschuss aus der Riester-Förderung hilft hierbei zwar vordergründig, er muss aber letztlich über die allgemeinen Steuern finanziert werden. Es ist kein geschenktes Geld, sondern der Anreiz, den Konsum in der Zeit zu verschieben. Auch wenn der Anteil steuerfinanzierter Rentenzahlungen stiege, würde sich an dem grundsätzlichen Verteilungsdilemma wenig ändern, denn die Steuerzahlungen werden überwiegend durch die Erwerbstätigen geleistet, und dies dämpft deren verfügbare Einkommen.

Remanenzeffekt
Der Remanenzeffekt ist letztlich ein Teilaspekt des Lebenszykluseffekts. Er betrifft die Entwicklung der Wohnflächennachfrage nach dem 50. Lebensjahr. Die meisten Menschen erhöhen ihre Wohnflächennachfrage nicht mehr nach ihrem 50. Lebensjahr. Sie reduzieren sie jedoch auch häufig nur dann, wenn sich ein Umzug nicht mehr vermeiden lässt (z.B. im Falle eines Umzugs in ein Pflegeheim). So bleiben die meisten Menschen auch nach dem Auszug der eigenen Kinder, oder wenn das Einkommen durch den Renteneintritt sinkt, in derselben Immobilie; sie verhalten sich remanent.

Diese Beharrungstendenz liegt nicht nur daran, dass Menschen lieb gewonnene Wohnungen ungern verlassen. Es gibt auch harte ökonomische Gründe für die sinkende Umzugsfreudigkeit im Alter. Erstens bedeutet jeder Umzug Transaktionskosten. Da ältere Menschen in der Regel über mehr Hausrat verfügen als junge Haushalte, nehmen die Transaktionskosten im Alter zu. Wenn darüber hinaus kein Arbeitsplatzwechsel den Umzug begründet, können die Umzugskosten nicht über den Steuerabzug teilweise sozialisiert werden. Zweitens sind Mieterhöhungen bei bestehenden Verträgen in Deutschland vergleichsweise schwer durchzusetzen. Gerade bei sehr langen Mietverhältnissen spiegeln die gezahlten Mieten häufig nicht die Marktmiete. Ein Umzug könnte dann dazu führen, dass die Ausgaben nicht gesenkt werden, sondern nur der Wohnflächenverbrauch. Das ist kein starker Anreiz für einen Umzug.

Es ist zu erwarten, dass der Remanenzeffekt auch in Zukunft eine große Rolle spielen wird. Allerdings sprechen zahlreiche Argumente dafür, dass seine Bedeutung etwas nachlassen dürfte: Je mobiler die Senioren der Zukunft sein werden, je geringer die Förderung für das Wohnen im Umland ist (gestrichene Eigenheimzulagen, Höhe der Pendlerpauschale) und je geringer der Anstieg der realen Renten in der Zukunft ausfällt, desto schwächer dürfte der Remanenzeffekt ausfallen.

Die hohe Arbeitslosigkeit, die in Deutschland seit den 1980er Jahren für 20 Jahre die Gesellschaft mitgeprägt hat bedeutet ebenso wie die steigende Zahl Alleinerziehender in dieser Periode, dass das Risiko von Altersarmut zunehmen dürfte und das erhöht den Druck, im Alter in kleinere und v.a. günstigere Wohnungen umzuziehen.

Schließlich versuchen große Städte in den letzten Jahren durch erhöhte Wohnungsbautätigkeit in der Kernstadt die Bevölkerung in der Stadt zu halten. Die Entwicklungen in der Hamburger Hafen-City und am Frankfurter Westhafen dienen hier als Beispiele.

Kohorteneffekt
Kohorteneffekte kennzeichnen Unterschiede zwischen verschiedenen Geburtsjahrgangsgruppen. Heutige Rentner unterscheiden sich in ihren Einkommen, Konsummustern von früheren Rentnergenerationen. Höhere Einkommen und Vermögen aber auch gesellschaftliche Werteverschiebungen können zu solchen Veränderungen führen. In der EVS lassen sich die Kohorteneffekte in der unterschiedlichen Wohnraumnachfrage je Altersgruppe zu den jeweiligen

Erhebungszeitpunkten näherungsweise erfassen. So verfügt ein Rentner heute im Durchschnitt über rd. 20 m² mehr Wohnraum als vor 25 Jahren.

Eine ähnlich steile Entwicklung ist für die kommenden Jahrzehnte unwahrscheinlich, denn der Kohorteneffekt ist letztlich das Ergebnis steigenden Wohlstands über die Jahrzehnte. Wenn also sowohl die Einkommen als auch die Vermögen in Zukunft langsamer zunehmen als in der Vergangenheit, wird auch der Kohorteneffekt gedämpft.

Grafisches Zusammenführen der drei Effekte

Alle drei Effekte lassen sich in den Daten der EVS isolieren und nach deutlicher in den Mikrozensusdaten. Abbildung 37 veranschaulicht dies für Westdeutschland mit den EVS-Daten. Dargestellt ist die altersgruppenspezifische Wohnflächennachfrage je Haushalt. Am Beispiel der Wohnflächennachfrage des Geburtsjahrgangs 1968 wird der *Lebenszykluseffekt* deutlich. In der EVS von 1988 wurde für diesen eine typische Flächennachfrage von rd. 50 m² ausgewiesen. Zehn Jahre später wurde für diesen Jahrgang bereits eine mittlere Wohnflächennachfrage von rd. 80 m² ermittelt und im Jahr 2008 wurde sogar fast die 100-m²-Marke erreicht. Innerhalb von zwanzig Jahren hat sich die Wohnfläche, auf der ein durchschnittlicher Haushaltsvorstand des Jahrgangs 1968 wohnte, also nahezu verdoppelt. Höhere Einkommen und die geänderte Familiensituation haben dies bewirkt.

Anhand des Nachfrageverhaltens des Geburtsjahrgangs 1938 lässt sich nun auch der *Remanenzeffekt* in der Statistik erkennen: Im Jahr 1988 hatte ein damals 50-Jähriger dieses Jahrgangs auf gut 100 m² gewohnt. Zehn Jahre später mit 60 Jahren bewohnte er noch immer nur unbedeutend weniger als 100 m² und im Jahr 2008 im Alter von 70 Jahren lebte er auf gut 92 m². Wahrscheinlich lebte er sogar auf mehr als 92 m², denn in der obersten Altersgruppe wird der Mittelwert durch zahlreiche Hoch- und Höchstbetagte verzerrt. Der Remanenzeffekt wird also wahrscheinlich durch die sehr weit gefasste oberste Altersgruppe durch einen in der Statistik nicht ausgewiesenen Kohorteneffekt sogar unterschätzt. Selbst wenn man diesen Effekt außen vor lässt, sorgt der Remanenzeffekt dafür, dass die Wohnfläche pro Kopf im Alter sogar zunimmt. In Abbildung 28 wurde ja gezeigt, dass ein durchschnittlicher Haushalt eines 50-Jährigen aus 2,4 Personen besteht und ein Haushalt eines 70-Jährigen aus 1,6 Personen. *Pro Kopf* nahm also die Wohnflächennachfrage unseres Durchschnittsmenschen des Jahrgangs 1938 in den zwanzig Jahren von 1988 bis 2008 von 42 m² auf über 56 m² zu. Und hierbei wurde sogar noch vereinfachend unterstellt, dass die Haushaltsgröße in jeder Altersklasse jenseits der 70 Jahre konstant geblieben ist.

Der *Kohorteneffekt* schließlich zeigt sich am stärksten in der Altersgruppe der Menschen über 65 Jahre: 1988 lebte ein gewöhnlicher Seniorenhaushalt auf gut 80m², 10 Jahre später waren es 87 m². In der EVS blieb ein weiterer Anstieg aus. Im Mikrozensus ist er indes in Abbildung 35 noch zu erkennen. Die Unterschiede in den jüngeren Altersgruppen fallen deutlich geringer aus. Dies liegt zum Teil an den geringeren Zuwächsen der Realeinkommen in den letzten Jahrzehnten. Gerade für das Jahr 1998 sollte zusätzlich bedacht werden, dass Wohnraum in den frühen 1990er Jahren im Zuge der Wiedervereinigung und dem dann einhergehenden starken Zuzug nach Westdeutschland knapp war. Tatsächlich kommen Demary und Voigtländer (2009) bei der Datenauswertung des Sozioökonomischen Panels zu dem Ergebnis, dass sich für die letzten Jahre keine signifikanten Kohorteneffekte mehr nachweisen lassen. Falls die Bedeutung der Kohorteneffekte also vom verwendeten Datensatz abhängt, sollte man für die künftige Prognose vorsichtig mit diesem Effekt umgehen. Auch der Vergleich des EVS 2008 mit dem EVS 2003 deutet ja an, dass die Kohorteneffekte schwächer bzw. unsicherer werden könnten. Dieser Vergleich zeigt, dass die Kohorten der 45- bis 65-Jährigen im EVS 2008 sogar weniger Wohnraum zur Verfügung haben als 5 Jahre zuvor.

Der leichte Anstieg der Wohnflächennachfrage von 1998 bis 2008 in der Altersgruppe der unter 25-Jährigen ist wahrscheinlich auch ein Spiegel der stagnierenden Wohnungspreise und der nur noch mäßig steigenden Mieten in den Jahren nach 1995. Wohnraum wurde relativ günstiger. Angesichts der sehr geringen Wohnungsfertigstellungen in den letzten Jahren und der seit 2011 anziehenden Mieten und Wohnungspreise, muss sich auch dies zumindest nicht in der näheren Zukunft fortsetzen. Sollte dieser Trend noch ein paar Jahre anhalten, würde dies die Nachfrage bremsen.

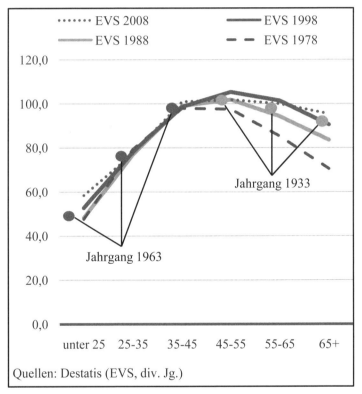

Abbildung 37: Wohnflächennachfrage privater Haushalte in drei EVS, in m²

Niveaueffekt
Es wurde bereits auf die unterschiedlichen Versorgungsniveaus in Ost- und Westdeutschland hingewiesen. Für die nächsten Jahre ist zu erwarten, dass der Kohorteneffekt in Ostdeutschland deutlich stärker ausgeprägt sein wird als in Westdeutschland. Der Nachholprozess ist Ausdruck dafür, dass sich die Senioren in den neuen Ländern ähnlich remanent verhalten wie jene im Westen. Folglich wird in den kommenden Jahrzehnten die Wohnflächennachfrage je Haushalt gerade der älteren Ostdeutschen stark ansteigen; nicht weil ältere Ostdeutsche in größere Wohnungen ziehen, sondern weil eine Generation Ostdeutscher in verhältnismäßig

kleinen Wohnungen allmählich durch eine Generation von Ostdeutschen in größeren Wohnungen ersetzt wird. Zudem werden (wahrscheinlich mehr Ostdeutsche als heute in den eigenen vier Wänden wohnen. Ein älterer Mensch in den neuen Bundesländern bewohnt derzeit noch rd. 30% weniger Wohnfläche als ein älterer Mensch in den alten Bundesländern. Dieser Unterschied liegt zum einen daran, dass sowohl die durchschnittliche Flächennachfrage eines älteren Mieters als auch die Flächennachfrage eines älteren Eigentümers in den neuen Ländern kleiner ausfällt als im Westen. Zum anderen gibt es viel weniger ältere Eigentümer in Ostdeutschland als in Westdeutschland. Und weil Eigentumswohnungen (fast) überall im Schnitt größer sind als Mietwohnungen, ist die gesamte Nachfragelücke größer als die Lücke in den beiden Einzelsegmenten Miete und Eigentum.

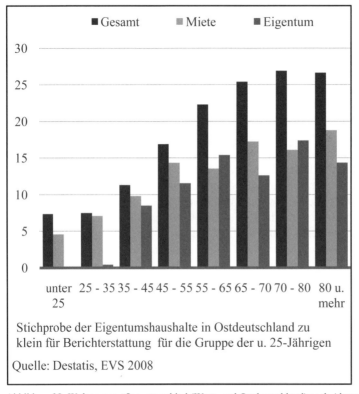

Abbildung 38: Wohnungsgrößenunterschied (West- und Ostdeutschland) nach Alter und Eigentumsverhältnis, in %

Zur Mitte des Jahrhunderts wird dann eine Rentnergeneration auf dem Wohnungsmarkt aktiv, die bereits ihren ersten Haushalt nach der Wiedervereinigung gebildet hat. Hinzu kommt, dass die deutlich höheren Wohnungsleerstände in den neuen Ländern die Haus- und Wohnungspreise stärker belastet haben als in den alten Ländern. Wohnungen in den neuen Ländern sind dadurch trotz der ungünstigen Beschäftigungssituation erschwinglich. Neubaumieten in den neuen Ländern langen im Jahr 2011 noch immer um 11% – bei Bestandsmieten ist der Unterschied sogar 16% – unterhalb der Neubaumieten in den alten Ländern. Schließlich gibt es gerade in den neuen Ländern noch vergleichsweise wenige Eigenheime. Dies liegt zum einen an der restriktiven Bau- und Eigentumspolitik der DDR und zum anderen an den umfangreichen Leerständen in vielen städtischen Quartieren, die verhindern, dass neue Bauprojekte vor den Städten begonnen werden. Es ist aber zu vermuten, dass der aufgeschobene Wunsch nach einem eigenen Heim in Zukunft (etwas) mehr Ein- und Zweifamilienhäuser in den neuen Ländern realisieren lässt. Da Eigenheime üblicherweise größer sind als Mietobjekte, lässt auch dieser Nachholbedarf die Lücke zwischen den alten und den neuen Ländern allmählich schrumpfen.

Wohneigentumsquote wird zunehmen – altersbedingt
Mit gut 42% ist die Eigentumsquote in Deutschland im europäischen Vergleich sehr niedrig. Sehr häufig wird dies damit begründet, dass das restriktive Mietrecht zum einen und die Behandlung der selbst genutzten Immobilie als Konsumgut zum anderen eine höhere Eigentumsquote in Deutschland verhindert (Finanzierungszinsen sind nicht von der Einkommensteuer abzugsfähig, da es sich definitionsgemäß nicht um Kosten für eine Investition, sondern um die Finanzierung von Konsum handelt). Beide Punkte sind sicherlich richtig, sie können die niedrige Quote jedoch nicht vollständig erklären. Teilweise lässt sich die niedrige Eigentumsquote auch auf Verwerfungen in der deutschen Geschichte zurückführen. So führte der Zweite Weltkrieg zu massiven Vermögensverlusten (Geld- und Immobilienvermögen) vieler Menschen in Deutschland – gerade auch jener, die erst in den Jahren nach dem Zweiten Weltkrieg ihre eigentliche Heimat verlassen und in Westdeutschland ganz von vorne anfangen mussten. Für viele Menschen gab es in den ersten Jahrzehnten keine finanziellen Spielräume, Eigentum zu erwerben. Mitunter fehlten schlicht und ergreifend erschwingliche Objekte. Zudem wurde bei der Darstellung des Remanenzeffektes gezeigt, warum ältere Menschen bei geänderten Lebensverhältnissen oft auch dann nicht ihren Wohnsitz verändern, wenn sie es sich grundsätzlich leisten könnten. Daher liegt die Eigentumsquote bei den 80-Jährigen um 20 Prozentpunkte unter der Quote der 60-Jährigen. Die niedrige Eigentumsquote bei den über 80-Jährigen spiegelt also auch die schlechte Versorgungslage und Wohnraum nach dem Weltkrieg. Ein weiterer Grund ist, dass in einigen Vergleichsländern der Mietmarkt viel aggressiver verhindert wurde als in Deutschland. Sehr weit reichender Mieterschutz blockiert mitunter das Entstehen eines funktionierenden Mietmarktes. Eine hohe Eigenheimquote ist dann teilweise das Ergebnis davon, dass vermeintlich wohlmeinende Mieterpolitik potenzielle Mieter dem Eigenheimsegment zuführt (OECD, 2011).

In den neuen Ländern haben zudem die 40 Jahre Sozialismus verhindert, dass viele Menschen Wohneigentum aufbauen konnten. Im Durchschnitt verfügt nicht einmal einer von zehn 80-Jährigen in den neuen Ländern über Wohneigentum – der Anteil ist über 30 Prozentpunkte geringer als jener bei den 40-Jährigen. Tatsächlich gibt es nur marginale Unterschiede zwischen Ost- und Westdeutschland in all jenen Altersgruppen, die erst seit der Wiedervereinigung ihren ersten Haushalt gegründet haben können. Dies ist nicht nur ein deutlicher Beleg für die Bedeutung des Remanenzeffekts, sondern auch dafür, dass offensichtlich die ungünstigeren Arbeitsmarkttrends durch die gegenläufigen Preisentwicklungen auf den regionalen Wohnungsmärkten kompensiert wurden.

Verhalten sich die Menschen auch in Eigentümerhaushalten überwiegend remanent im Alter, wird die Eigentumsquote in den nächsten Jahrzehnten wegen der gesellschaftlichen Alterung steigen. Dies lässt sich mit Hilfe einer einfachen Rechnung per „Kohortenverschiebung" zeigen. Dafür wurde unterstellt, dass die höchste Eigenheimquote von knapp 60% in der Zukunft in keiner Altersgruppe überschritten wird. Dann wird die Eigenheimquote in Westdeutschland für die Haushalte jenseits der 60 Jahre allmählich in Richtung 60% steigen. Für

Ostdeutschland wurde angenommen, dass der kleine Unterschied, der auch heute noch zwischen den neuen Ländern und den alten Ländern in den jüngeren Jahrgängen existiert, fortbestehen wird. Das ist deswegen plausibel, da in der EVS-Statistik Ost-Berlin den neuen Ländern zugerechnet wird und damit einen größeren Anteil hat als West-Berlin für die alten Länder. Weil die Eigentumsquote in Berlin mit nur 12% sehr niedrig ist, dürfte der Mittelwert für die neuen Länder (inkl. Ost-Berlin) dauerhaft unter dem westdeutschen Niveau bleiben. Gleichwohl wird der Kohorteneffekt auch in den neuen Ländern die Eigentumsquote bei den 60 Jährigen stetig in Richtung 55% anheben, wenn die heutigen Eigentümerhaushalte im Alter die heutigen Mieterhaushalte ersetzen.

Insgesamt wird die Eigentumsquote dann bis 2050 knapp über 50% für Deutschland ansteigen, etwas darüber in den alten Ländern und etwas darunter in den neuen Ländern. Dies entspricht immerhin einem Anstieg der Eigenheimquote um gut 8 %-Punkte. Hierbei wurde noch nicht einmal unterstellt, dass die Eigentumsquoten in den jüngeren Jahrgängen ansteigen. Es ist freilich plausibel, dass die Wohnungsfinanzierer auch das junge Segment mit geeigneten Finanzierungsprodukten bedienen werden, um die Verluste durch die schrumpfende Altersgruppe der 35- bis 45-Jährigen auszugleichen. Aktuell sorgen die Unsicherheit bei den Anlegern und die sehr niedrigen Anleihezinsen dafür, dass Wohneigentum an Beliebtheit gewinnt. Dies könnte den Anstieg der Eigentumsquote zusätzlich stärken.

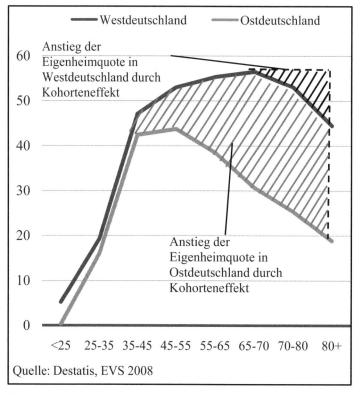

Abbildung 39: Wohneigentumsquoten nach Altersgruppen, in %

Der Sachverhalt der steigenden Eigentumsquote ist nun deswegen wichtig für die Flächenprognose, weil statistisch Eigentumshaushalte in größeren Wohnungen leben als Mieter. Sie wohnen zum deutlich größeren Teilen in Ein- oder Zweifamilienhäusern, und diese sind üblicherweise größer als Wohnungen in Mehrfamilienhäusern. Hier kommt natürlich auch zum Ausdruck, dass die Einkommen von Eigentümerhaushalten über den Einkommen typischer Mieterhaushalte liegen. Falls sich dieser Zusammenhang nicht in der Zukunft ändert – wofür nicht viel spricht – bedeutet die steigende Eigentumsquote einen zusätzlichen positiven Impuls für die Wohnflächennachfrage. Warum spricht viel dafür, dass sich die Relation zwischen der Größe von Eigenheimen und Mietwohnungen nicht ändert? Das liegt daran, dass die Einkommensniveaus von Mietern und Eigentümern üblicherweise unterschiedlich sind. Um Eigentum bilden zu können, muss man in Deutschland einen nennenswerten Anteil Eigenkapital zusteuern (rd. 30%). Höhere Einkommen ermöglichen das Bilden von Eigenkapital und folglich gibt es einen Selektionsbias in den Daten der Tabelle 5: Wohlhabende Haushalte bilden eher Eigentum und wegen des positiven Zusammenhangs zwischen Einkommen und Wohnflächennachfrage muss es dann auch einen positiven Zusammenhang zwischen Eigentum und Flächennachfrage geben. Dies dürfte sich in Deutschland auch in Zukunft kaum ändern.

Neben diesem rein monetären Grund für den Unterschied könnte es freilich auch noch einen anderen, eher psychologischen Grund geben: Es ist plausibel, dass sehr viele Menschen mit mehr Liebe und Herzblut an den Kauf einer eigenen Immobilie gehen als an ein Mietobjekt: Wenn man schon kauft, dann soll es auch etwas „Richtiges" sein.

Tabelle 5: Wohnfläche nach Eigentumsverhältnis, in m² je Haushalt

	Westdeutschland		Ostdeutschland	
	Mieter	Eigentum	Mieter	Eigentum
Wohngebäude insgesamt	71,4	122,9	62,4	109,5
Einfamilienhaus	100,7	135,1	84,0	114,9
Zweifamilienhaus	83,7	121,7	74,7	105,4
Wohngebäude mit 3+ Wohnungen	65,6	86,8	60,6	79,7

Quelle: Destatis, EVS 2008

Allerdings ist die Hypothese, dass die Eigenheimquote in Zukunft steigen wird nicht unumstritten. Demary und Voigtländer (2009) erwarten wegen der getrübten Einkommensperspektiven sowie wegen der anhaltend geringen Förderung von Wohneigentum keinen weiteren Anstieg. Den Kohorteneffekt bei den älteren Einwohnern blenden sie damit allerdings auch aus. Dafür gibt es keinen Anlass. Ich rechne im Weiteren mit dem (leichten) Anstieg der Eigentumsquote. Tatsächlich liegt auch diesen Rechnungen zugrunde, dass die Eigenheimquote in Westdeutschland in der Altersgruppe bis 65 Jahre über den gesamten Prognosezeitraum in etwa konstant bleibt. Nur bei den älteren Menschen im Westen und bei den Menschen über 45 Jahre in Ostdeutschland wird ein weiterer Anstieg unterstellt.

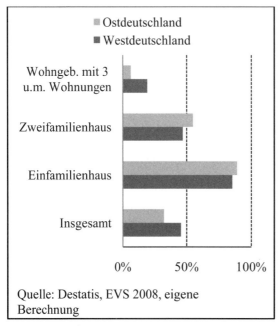

Abbildung 40: Wohneigentumsquoten nach Nutzungsart in %

Weiterer Anstieg der Wohnfläche pro Kopf sehr wahrscheinlich
Es gibt also im Wesentlichen drei Effekte, die in Zukunft dafür sorgen werden, dass die Wohnfläche pro Kopf noch über Jahrzehnte zunehmen wird.

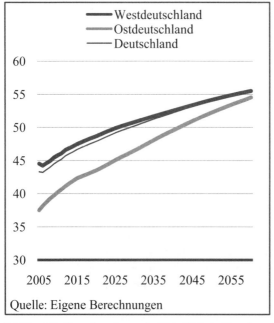

Abbildung 41: Vorausberechnung der Wohnfläche je Einwohner, in m²

a) **Steigende Einkommen.** Zwar ist damit zu rechnen, dass sich die Entwicklung der verfügbaren Einkommen abschwächt, für einen positiven Beitrag dürfte der Anstieg der Realeinkommen jedoch im Trend weiterhin sorgen. Wichtig ist, dass es hierbei um Trendwachstum geht und nicht um mögliche, kurzfristige Konjunktureffekte. Die steigenden Einkommen machen sich dann auch in Zukunft in einem positiven Kohorteneffekt bei der Flächennachfrage der Senioren bemerkbar – zumindest im Mittel. Der Effekt wird aber deutlich geringer ausfallen als in der Vergangenheit.

b) **Remanenzeffekt**: Wenn auch in Zukunft der überwiegende Teil der Senioren nur dann ihre zuvor genutzte Immobilie verlässt, wenn es sich nicht mehr vermeiden lässt, nimmt die Flächennachfrage in der Altersgruppe über 65 Jahre insbesondere in den neuen Ländern deutlich zu. Gerade zu diesem Effekt wird später noch ein Gegenszenario präsentiert, in dem der Remanenzeffekt spürbar schwächer ausfällt als in der Vergangenheit.

c) **Kohorteneffekt bei der Eigentumsbildung**: Die Eigentumsquote dürfte in Deutschland allein aufgrund demografischer Verschiebungen und dem Ersetzen einer historisch bedingt starken Mieterkohorte durch eine neue, stärker durch Eigentümer besetzte Kohorte steigen. Die hohen Werte in Spanien (80%) oder Großbritannien (70%) werden nicht erreicht – zumindest wenn es keine ganz neue Förderlandschaft gibt. Auch dafür spricht derzeit nichts.

Die beiden letzten Effekte wirken stärker in den neuen Bundesländern als in den alten Ländern, daher dürfte der Anstieg der Wohnflächennachfrage je Haushalt und je Kopf in den neuen Ländern deutlich stärker ausfallen als in Westdeutschland. Doch gemäß unseres Prognosetools wird selbst 2060 noch keine vollständige Konvergenz erreicht. Immobilienmärkte haben eben ein extrem langes Gedächtnis, und Ungleichgewichte werden nur sehr langsam abgebaut. Der Anstieg der Wohnfläche pro Kopf in Abbildung 41 fällt stärker aus als der Anstieg der Wohnfläche je Haushalt, weil die Zahl der Personen je Haushalt wie oben gezeigt sinken wird.

3.4.2 Mehr Haushalte, größere Wohnungen = mehr Nachfrage

Nun können alle oben beschriebenen Punkte für eine aggregierte Wohnflächenprognose zusammengeführt werden: die Prognose der Haushaltszahlen, die Struktur der Haushalte sowie die Wohnfläche je Haushalt (respektive je Einwohner). Für Deutschland insgesamt ist zu erwarten, dass der Bevölkerungsrückgang noch bis über das Jahr 2020 durch steigende Haushaltszahlen und zunehmenden Wohnflächenverbrauch pro Kopf überkompensiert wird.

Die gesamte Wohnflächennachfrage in Deutschland dürfte selbst im Szenario mit weniger Zuwanderung noch bis etwa zum Jahr 2030 zulegen. Der Anstieg wird sich jedoch auf insgesamt weniger als 10% gegenüber heute belaufen. Der größte Teil des Anstiegs wird vor 2020 erfolgen; danach setzt eine Phase äußerst geringer Zuwächse der Wohnflächennachfrage ein. Bis zur Jahrhundertmitte fällt die Nachfrage beschleunigt, wird aber erst nach 2050 unter das Niveau von 2010 fallen. Im Szenario mit mehr Zuwanderung wird der Höhepunkt der Flächennachfrage sogar erst nach 2035 erreicht. Der optische Eindruck, der aus Abbildung 39 entsteht, dass die Nachfrage in den nächsten Jahren noch sehr stark zuzunehmen scheint, muss relativiert werden: Selbst in dem optimistischeren Szenario bleibt der jährliche Flächenzuwachs mit rd. 0,4% pro Jahr sehr gering – bis zum Jahr 2020 läge die Flächenzunahme im Szenario mit höherer Zuwanderung immerhin bei rd. 0,7% pro Jahr, in den Folgejahren dann freilich bei weniger als 0,2% pro Jahr. Zur Jahrhundertmitte wäre die gesamte Wohnflächennachfrage in dem expansiveren Szenario noch immer um rd. 10% über dem Niveau von 2005 – im Jahr 2060 läge sie etwa 6% über dem heutigen Wert. Im Szenario mit geringerer Zuwanderung ist das gesamte Wachstumspotenzial mit gut 5%-Punkten gegenüber dem heutigen Stand sehr gering.

Immerhin zeigen die Berechnungen, dass in den kommenden Jahrzehnten trotz rückläufiger Bevölkerungszahlen mehr Wohnraum in Deutschland benötigt wird. Es gibt also weiterhin Neubaubedarf, zumal qualitative Aspekte noch nicht berücksichtigt wurden. Bisher wurde implizit unterstellt, dass Wohnungen sehr homogene Güter sind, die sich allein in der Größe unterscheiden. Später wird gezeigt, dass weitere Qualitätsmerkmale berücksichtigt werden müssen, denn Individualisierung findet eben auch in der Nachfrage nach Wohnimmobilien Ausdruck. Zuvor werden noch die regionalen Unterschiede auf der Ebene der Bundesländer skizziert.

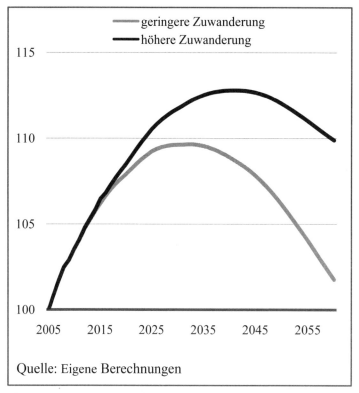

Abbildung 42: Wohnflächennachfrage in Deutschland, 2005=100

3.4.3   Regionale Unterschiede

Da es bei allen wichtigen Einflussgrößen für die Flächenprognose gravierende regionale Unterschiede gibt, ist eine regionalisierte Prognose notwendig: So sind die Bevölkerungsaussichten regional sehr unterschiedlich. Gleichzeitig unterscheidet sich das Haushaltsbildungsverhalten und schließlich gibt es insbesondere zwischen Ost- und Westdeutschland erhebli-

che Unterschiede hinsichtlich der altersspezifischen Wohnflächennachfrage. Der letzte Aspekt bedeutet, dass die Kohorteneffekte der Zukunft in Ostdeutschland wahrscheinlich stärker ausgeprägt sein werden als jene in Westdeutschland, und zwar aus zwei Gründen. Erstens
wird eine Seniorengeneration mit sehr geringem Wohnflächenverbrauch sukzessiv durch
eine andere Generation ersetzt, die deutlich mehr Fläche bewohnt. Zweitens könnten gerade
die Flächenüberhänge, die bereits heute in Ostdeutschland existieren – knapp 1 Mio. Wohnungen stehen in Ostdeutschland leer, also rd. 14% – größeren Druck auf die Mieten und
Preise ausüben als in Westdeutschland. Das macht Wohnen in Ostdeutschland relativ attraktiver, die Nachfrage nimmt stärker zu als im Westen. Dies könnte sogar noch dadurch verstärkt werden, dass es in den neuen Ländern einen Nachholbedarf an Eigenheimen gibt; und
Eigenheime sind im Durchschnitt deutlich größer als Mietwohnungen. Beide Effekte, der
Kohorteneffekt und der relative Preiseffekt, lassen erwarten, dass die Wohnflächennachfrage
in den neuen Bundesländern bis zum Jahr 2015 nur etwas langsamer wächst als jene in den
alten Ländern. Die Wohnflächennachfrage pro Kopf der Senioren in Ost- und Westdeutschland gleicht sich nur sehr langsam an. Es wurde argumentiert, dass die Wohnflächennachfrage pro Kopf noch nicht einmal zur Jahrhundertmitte erreicht sein dürfte. Unter dieser Annahme fällt die Nachfrage in Ostdeutschland weniger stark als angesichts der starken Bevölkerungsverluste erwartet gewesen sein könnte.

Abbildung 43: Wohnflächennachfrage in Ost- und Westdeutschland, 2005=100

Allerdings sollte nicht verschwiegen werden, dass zwei versteckte Annahmen hinter dieser möglichen Entwicklung stecken: erstens die Annahme, dass die Einkommenssituation im Osten nicht schlechter verläuft als im Westen und zweitens, dass die Menschen auch in der Lage sind, die gewünschten größeren Wohnungen am Markt zu erhalten. Der letztere Punkt ist keineswegs sicher angesichts der hohen Zahl leer stehender Wohnungen, denn größere Ein- und Zweifamilienhäuser, die gegebenenfalls den Präferenzen der Menschen eher entsprechen würden, führen natürlich zu weiteren Leerständen in den Städten. Hier gibt es also eine Abwägung zwischen den Bedürfnissen nach größeren und modernen Wohnungen einerseits und der dann notwendig gewordenen Kapitalvernichtungen in den Wohnungsbeständen andererseits.

Tabelle 6: Wohnflächennachfrage nach Bundesländern

	Geringere Zuwanderung			Höhere Zuwanderung		
	2030/2010 in %	2060/2010 in %	Max. Jahr	2030/2010 in %	2060/2010 in %	Max Jahr
Sachsen-Anhalt	−5,7	−20,8	2012	−4,3	−14,9	2013
Saarland	−3,0	−18,9	2012	−1,2	−11,7	2015
Thüringen	−3,6	−18,5	2015	−2,2	−13	2015
Sachsen	−0,1	−7,5	2015	1,7	−0,3	2025
Meckl.-Vorp.	0,2	−12,8	2016	1,9	−5,6	2025
NRW	4,4	−3,2	2032	6,3	4,0	2038
Niedersachsen	4,2	−5,6	2027	6,2	2,2	2036
Rheinland-Pfalz	5,9	−1,6	2029	8,2	6,6	2039
Hessen	5,7	−2,0	2033	7,7	5,6	2040
Bremen	5,9	−2,6	2029	7,6	15,0	>2060
Schlesw.-Holstein	6,5	−5,3	2026	8,4	1,8	2028
Berlin	11,5	17,9	2055	14,8	31	>2060
Brandenburg	5,6	−10,9	2025	6,9	−5,9	2026
Hamburg	11,7	13,6	2050	14,5	24,6	2059
Bayern	10,5	4,2	2035	12,7	12,5	2044
Baden-Württ.	9,2	2,8	2036	11,1	10,2	2043

Quelle: Eigene Berechnungen

Zudem könnte ein sehr energischer Stadtumbau, also v.a. der Abriss von (vermeintlich) nicht mehr benötigten Wohnungen, dazu führen, dass die günstige Preisrelation in den neuen Ländern beendet würde. Dann würden die Nachfrageverläufe für Ostdeutschland nicht sehr lange stabil bleiben können, sondern würden früher zu sinken beginnen, weil der relative Preiseffekt geringer ausfiele.

Eines ist indes sicher: Es ist unwahrscheinlich, dass der Wohnflächenverbrauch pro Kopf in den neuen Ländern nach 2050 über das westdeutsche Niveau steigt. Das bedeutet, auch nach 2050 wird die gesamte Flächennachfrage in den neuen Ländern dramatisch sinken beginnen. In der Abbildung 43 ist dies am Rand bis zum Jahre 2060 auch für das Szenario und höherer Zuwanderung zu erkennen. In der zweiten Jahrhunderthälfte wird die Nachfrage in den neuen Ländern stärker sinken als in den alten Ländern.

Noch deutlicher werden die regionalen Unterschiede auf der Ebene der Bundesländer. Hierbei fallen nicht nur die Wachstumsdifferenzen zwischen den Bundesländern auf. Beispielsweise nimmt die Flächennachfrage in Baden-Württemberg oder Bayern bis 2025 um rd. 10% zu, während die Nachfrage in Sachsen-Anhalt und dem Saarland leicht schrumpft. Bemerkenswert sind auch die unterschiedlichen Dynamiken: Die relativen Gewinner- und Verliererländer sind in den beiden Zeitabschnitten zwischen 2010 und 2030 bzw. 2010 und 2060 keineswegs identisch. So kann Brandenburg wohl noch in den nächsten 15 Jahren an Flächennachfrage zulegen, weil das Umland von Berlin Menschen anzieht. In den Folgejahren wird dies jedoch durch die Verluste in den restlichen Regionen Brandenburgs überkompensiert – zumal der Sog des Umlands zunehmend an Bedeutung verlieren dürfte.

Einige Bundesländer dürften also bereits in den nächsten zehn Jahren ihren Höhepunkt überschreiten. Zwei weitere Punkte sind wichtig: Erstens gibt es natürlich auch innerhalb der Bundesländer große Unterschiede wie oben beschrieben wurde. Das gute Abschneiden der Stadtstaaten ist hier ein Indikator dafür, dass die Städte in Zukunft wieder relativ gewinnen dürften – zumindest gemäß der Bevölkerungsprognose des Bundesamts. Dann würde die Flächennachfrage in München noch stärker ausfallen als jene Bayerns, die Nachfrage in Düsseldorf oder Köln stärker als jene in Nordrhein-Westfalen.

Doch es ist nicht gesagt, dass alle Städte immer überdurchschnittlich wachsen werden. Es gibt Gewinner- und Verliererstädte. Aus der Aussage, dass die Gesamtheit aller Städte zugewinnen wird, lässt sich noch nicht auf Einzelfälle schließen. Demary und Voigtländer (2009) untersuchen die demografischen Auswirkungen auf die Wohnungsnachfrage in 125 Städten. Sie basieren ihre Rechnungen auf den Prognosen der Bertelsmann-Stiftung (2009), die für alle Gemeinden mit mehr als 5.000 Einwohnern Bevölkerungsprognosen erstellt hat. Nach der Analyse von Demary und Voigtländer würde die Wohnflächennachfrage in Frankfurt, München, Köln und Düsseldorf tatsächlich stärker zunehmen als im jeweiligen Bundesland. Für Stuttgart konnten sie dies jedoch nicht ermitteln. Auch hier lohnt freilich ein vorsichtiger Umgang mit diesen Ergebnissen, und zwar nicht nur, weil die Aussagen über die große Unsicherheit regionaler Prognosen auf der Gemeindeebene naturgemäß noch mehr zutrifft als auf der Ebene der Kreise oder Raumordnungsregionen. V.a. aber sind Bevölkerungsprognosen für Städte deswegen schwierig, weil der funktionale Raum nicht die Stadt im eigentlichen Sinne ist, sondern der Agglomerationsraum. Es kann sein, dass die Entwicklung im Großraum Stuttgart positiver ist als im Stadtgebiet, weil den Prognosen der Bertelsmann-Stiftung eine spezifische Stadt-Umland-Wanderung zugrunde liegt. Dies für 50 Jahre abzubilden, ist sehr schwierig.

Für Stuttgart wird dies durch die besondere Topografie deutlich: Die Kessellage machte lange Zeit weiteres innerstädtisches Wachstum sehr schwer. Das Projekt Stuttgart 21 hat nun große Flächen innerstätischen Raumes erschlossen. Hier kann folglich Wohnraum entstehen, der in den Szenarien der Bertelsmann-Stiftung nicht enthalten gewesen sein dürfte.

Dennoch sind die Ergebnisse von Demary und Voigtländer (2009) natürlich indikativ, denn sie bauen auf der einzigen Prognose auf Gemeindeebene auf. Sie bieten also reichlich Informationen für Investoren, wo es innerhalb der Stadtgrenzen Knappheiten geben könnte und in welchen Städten die politischen Entscheider sich gegebenenfalls mit ihren Umlandgemeinden zusammensetzen sollten, um eine abgestimmte Flächenplanung vorzunehmen. Dies gilt allerdings v.a. für die westdeutschen Städte, da hier ihre Basisannahme, dass es keine weiteren expansiven Kohorteneffekte in der Zukunft mehr geben wird, noch eher Sinn ergibt als für die Städte in Ostdeutschland, wo noch immer sehr großes Aufholpotenzial bei den älteren Menschen besteht.

Neben der Einschätzung, dass ihre Ergebnisse für die meisten ostdeutschen Städte zu konservativ sein dürften, erscheinen aber drei Ergebnisse belastbar zu sein: Erstens, die Städte mit den stärksten Nachfragesteigerungen liegen entweder in Süddeutschland oder im Einzugsgebiet von Ballungsräumen, oder es handelt sich um Universitätsstädte. Zweitens und als Pointierung der ersten Aussage, die höchsten Zuwächse werden nicht zwangsläufig in den größten Städten erzielt. Mit Lüneburg, Landshut, Freiburg, Mainz oder Ingolstadt gibt es zahlreiche mittelgroße Städte mit ähnlich gutem Ausblick wie für München. Eine Fokussierung allein auf die wenigen A-Standorte verschließt Investoren Opportunitäten. Drittens zeigt das Beispiel Ingolstadt, dass für solch einen positiven Ausblick die implizite Annahme notwendig ist, dass die deutsche Automobilbranche auf ihrem Wachstumstrend bleibt und dass der Verlagerungsdruck von Produktionsstätten ins Ausland nicht zu einer Schwächung der Standorte führen wird. Das Beispiel illustriert also wieder sehr gut, wie unsicher langfristige Prognosen für sehr kleinräumige Regionen sind.

Wenn es allerdings einen umfassenden Trend zurück in die Kernstädte gibt, hat dies wahrscheinlich (hier noch nicht berücksichtigte) Auswirkungen auf die gesamte Flächennachfrage, denn höhere Mieten und Preise in den Kernstädten dämpfen die Flächennachfrage eines Haushalts. Dies wird im nächsten Abschnitt noch einmal aufgenommen, und es wird ein Szenario hierzu präsentiert.

Drittens zeigen sich in den Verschiebungen der Höhepunkte recht unterschiedliche Verläufe in den einzelnen Bundesländern. Überall dort, wo der Höhepunkt erst sehr spät erreicht wird, gibt es zuvor einen ausgesprochen flachen Anstieg und einen zunächst sehr allmählichen Abstieg. Dies ist in einigen ostdeutschen Bundesländern der Fall. Hier werden die Effekte der rückläufigen Einwohnerzahl sehr lange durch die starken Kohorteneffekte und zum Teil durch Eigenheimbildung kompensiert.

3.5   Struktur der zukünftigen Wohnungsnachfrage

Es ist eine Binsenweisheit, dass sich Menschen unterscheiden. Es ist ebenfalls eine gängige Plattitüde, dass die Individualisierung in der Gesellschaft in den letzten Jahrzehnten eher zugenommen hat und wahrscheinlich in den kommenden Jahren kaum zurückgedreht wird. Dann ist es jedoch unzureichend, das Gut Wohnen allein über die regionale Verfügbarkeit zu differenzieren wie dies im vorangegangenen Abschnitt getan wurde. In den folgenden Abschnitten wird untersucht, wie sich die demografischen Trends auf die Nachfrage nach unterschiedlichen Wohnungstypen auswirken werden.

3.5.1 Das heterogene Gut Wohnen

Menschen haben unterschiedlich hohe Einkommen und Vermögen, unterschiedlich große Familien, sind mal besonders mobil, mal eher sesshaft und sind durch Erfahrungen und Wünsche verschieden geprägt. Das Angebot an Wohnraum spiegelt diese Heterogenität. Mitunter werden Wohnungen sogar als vollständig differenzierte Güter bezeichnet (vgl. hierzu Just, 2008). Natürlich ist jede Wohnung ein bisschen anders als alle anderen. Es gibt Unterschiede in der Lage, Größe, Zuschnitt oder Alter. Selbst Wohnungen in einem Mehrfamilienhaus sind nicht identisch: Es gibt mehrere Stockwerke, Wohnungen zur Süd- oder Nordseite und bei Bestandswohnungen entscheidet die Geschichte der Vormieter über den Zustand und somit den Wert einer Wohnung mit. Gleichwohl gibt es bei vielen Wohnungen ein hinreichend großes Substitutionspotenzial, sonst wäre es ja letztlich unmöglich, das Prinzip der Vergleichsmieten anzuwenden. Auch Mietspiegel wären ohne Wert. Wie viele Teilmärkte gibt es also in einer Stadt? Zwei, wie in klassischen Lehrbuchmodellen unterstellt wird (hochwertige und Wohnungen geringer Qualität) oder 100 Teilmärkte?

Die Deutsche Bank Immobilien (2005) hatte Wohnungstypen nach bis zu 28 Merkmalen in vier Gruppen unterteilt. Die Gebäudeart (z.B. Altbau, Neubau) wird unterschieden, der Objekttypus (z.B. freistehendes Einfamilienhaus, Etagenwohnung), es gibt verschiedene Lagekriterien (z.B. Nähe zu öffentlichen Personennahverkehr) und schließlich werden Objektqualitäten bewertet (z.B. Balkon, Helligkeit). Haupt (2002) lässt in seine Preisregression allein für die Stadt Regensburg 33 Indikatoren zur Beschreibung einer Wohnung einfließen. Selbst wenn man für jeden Indikator nur zwei Möglichkeiten zuließe (z.B. Balkon vorhanden oder nicht), könnte man grundsätzlich 2^{33} Wohnungstypen differenzieren, also 8,5 Mrd. Typen, über 4-mal mehr als es überhaupt Wohnungen auf der Erde gibt. Ein wenig grobkörniger kann man also getrost für die Unterscheidung von Wohnraum vorgehen.

Ein üblicher Weg, um die Komplexität zu reduzieren und die Zahl der Wohnungstypen zu verringern, ist die Typisierung nicht der Wohnungen, sondern der Nachfrager. Erst im zweiten Schritt wird dann den Nachfragertypen eine übliche Wohnung zugeordnet. Dies hat den Vorteil, dass die demografischen Trends in den einzelnen Bevölkerungsgruppen einfacher auf den Wohnungsmarkt übertragen werden können.

3.5.2 Nachfragertypen nach Milieus

Es gibt zahlreiche Möglichkeiten, die Gesamtbevölkerung in Nachfragetypen zu unterscheiden. Allen ist gemein, dass sie einen Kompromiss zwischen der Komplexität der Realität und einer zu starken Vereinfachung durch ein Modell darstellen. Reduziert man den Komplexitätsgrad, so erhält man zwar ein einfaches Modell, doch lassen sich dann nur sehr wenige Bewegungen auf den Wohnungsmärkten treffend analysieren. Umgekehrt gilt jedoch auch, dass die Analyse erschwert wird, wenn jeder Haushalt in Deutschland einen eigenen Nachfragetypus bildet. Dann hätte man im Sinne Joan Robinsons (1962, S. 33) eine Landkarte im Maßstab 1:1; das wäre wahrlich keine Orientierungshilfe.

Tatsächlich ist es zweckdienlich, je nach Fragestellung den Differenzierungsgrad zu wählen: Möchte ein Stadtplaner in einem ersten Schritt Aufschluss darüber haben, ob neues Bauland ausgewiesen werden muss oder nicht, reicht mitunter eine Unterscheidung von zwei Nachfragetypen, nämlich zukünftigen Gartennutzern (überwiegend Familien oder frühere Familien mit Kindern) und Menschen, die in Kernstädten wohnen (alle anderen). In einem zweiten Schritt, bei dem die Gebäudegrößen konzipiert werden, die Zahl der Stockwerke und die Grundstücksfläche geplant werden soll, braucht der Stadtplaner jedoch viel mehr Informationen. Auch der Bauträger wird genauer hinschauen müssen. Handelt es sich um wohlhabende Familien oder um Familien mit niedrigem Einkommen. Für diese Aufgabenstellung hat sich in den letzten Jahren die Lebensstil- oder Milieuforschung als wichtiger Ideengeber etabliert. Neben die Unterscheidung nach der Einkommens- und Vermögenssituation (soziale Lage) wird z.B. die Grundwertorientierung gestellt.

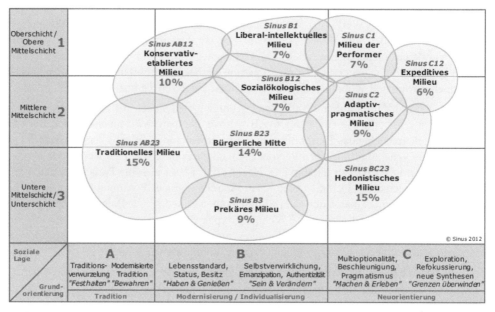

Abbildung 44: Die Sinus-Milieus® in Deutschland – Soziale Lage und Grundorientierung 2012

Die Sinus Sociovision GmbH hat eine Systematik entwickelt (Sinus-Milieus®), bei der insgesamt zehn Gruppen nach ihrer sozialen Lage (Einkommen, Bildungsgrad, Berufsgruppe) und ihrer Grundorientierung unterschieden werden. Im Feld links unten sind Personen bzw. Haushalte mit geringem Einkommen und schlechter Qualifikation vertreten, die zudem Neuerungen wenig aufgeschlossen sind, sondern eher an Traditionen festhalten. Alle Ansätze versuchen, die bisher dargestellten rein ökonomischen Treiberfaktoren für die Wohnungsnachfrage um weitere sozio-kulturelle Faktoren zu ergänzen.

Tabelle 7: Kennzeichnung der Sinus-Milieus®

Sozial gehobene Milieus	Kennzeichnung
Sinus B1 (Liberal-intellektuelles Milieu)	Die aufgeklärte Bildungselite mit liberaler Grundhaltung und postmateriellen Wurzeln: Wunsch nach selbstbestimmtem Leben, vielfältige intellektuelle Interessen.
Sinus AB12 (Konservativ-etabliertes Milieu)	Das klassische Establishment: Verantwortungs- und Erfolgsethik; Exklusivitäts- und Führungsansprüche versus Tendenz zu Rückzug und Abgrenzung; Statusorientierung und Standesbewusstsein.
Sinus C1 (Milieu der Performer)	Die multi-optionale, effizienzorientierte Leistungselite mit global-ökonomischem Denken: Selbstbild als Konsum- und Stil-Avantgarde; hohe IT- und Multimedia-Kompetenz.
Sinus C12 (Expeditives Milieu)	Die ambitionierte kreative Avantgarde: Unkonventionell und individualistisch; mental und geografisch mobil, online und offline vernetzt und immer auf der Suche nach neuen Grenzen und neuen Lösungen.
Milieus der Mitte	
Sinus B23 (Bürgerliche Mitte)	Der leistungs- und anpassungsbereite bürgerliche Mainstream: Generelle Bejahung der gesellschaftlichen Ordnung; Streben nach beruflicher und sozialer Etablierung, nach gesicherten und harmonischen Verhältnissen.
Sinus C2 (Adaptiv-pragmatisches Milieu)	Die moderne junge Mitte der Gesellschaft mit ausgeprägtem Lebenspragmatismus und Nutzenkalkül: Zielstrebig und kompromissbereit, hedonistisch und konventionell, flexibel und sicherheitsorientiert; starkes Bedürfnis nach Verankerung und Zugehörigkeit.
Sinus B12 (Sozialökologisches Milieu)	Idealistisches, konsumkritisches / -bewusstes Milieu mit normativen Vorstellungen vom „richtigen" Leben: Ausgeprägtes ökologisches und soziales Gewissen; Globalisierungs-Skeptiker, Bannerträger von Political Correctness und Diversity.
Milieus der unteren Mitte	
Sinus AB23 (Traditionelles Milieu)	Die Sicherheit und Ordnung liebende Kriegs- / Nachkriegsgeneration: In der alten kleinbürgerlichen Welt bzw. in der traditionellen Arbeiterkultur verhaftet.

Sinus B3 (Prekäres Milieu)	Die um Orientierung und Teilhabe bemühte Unterschicht mit starken Zukunftsängsten und Ressentiments: Anschluss halten an die Konsumstandards der breiten Mitte als Kompensationsversuch sozialer Benachteiligungen; geringe Aufstiegsperspektiven und delegative / reaktive Grundhaltung; Rückzug ins eigene soziale Umfeld.
Sinus BC23 (Hedonistisches Milieu)	Die spaßorientierte moderne Unterschicht/untere Mittelschicht: Verweigerung von Konventionen und Verhaltenserwartungen der Leistungsgesellschaft

Quelle: Sinus Sociovision GmbH (2012)

Auch wenn die grundsätzliche Struktur einfach und gut nachvollziehbar ist, so ist die praktische Umsetzung schwierig, denn den Menschen steht ja nicht auf der Stirn, ob sie dem Sozialökologischen oder dem Konservativ-etablierten Milieu angehören. Ist man vielleicht noch im relativ offenen hedonistischen Milieu oder ist man schon eher ein vergleichsweise ruhiger Adaptiver? Daher kommt es zu zahlreichen Überschneidungen selbst bei den Idealtypen. Die Werteforschung hat ja in den letzten knapp 40 Jahren gezeigt, dass selbst die vermeintlich einfache Unterscheidung zwischen Materialisten und Postmaterialisten im Inglehart'schen Diktum (1971) nicht immer leicht ist. Auch hat sich der von Inglehart zu Beginn seiner Forschung prognostizierte Wertewandel keineswegs geradlinig von Materialisten zu Postmaterialisten vollzogen. Verläufe sind komplizierter. Auch werden die Sinus-Milieus® in den letzten Jahren immer wieder angepasst. Die trennscharfe Unterscheidung von zehn Gruppen kann also kaum einfacher sein als Trennung zwischen Materialisten und Postmaterialisten. Doch auch hier gilt, dass es letztlich nicht um die exakte Zuordnung eines jeden einzelnen Haushaltes in das Spektrum geht, sondern um die Einschätzung von Größenordnungen – und dafür liefert das Schema wertvolle Hinweise. Wichtig ist auch, dass das oben dargestellte Bild die Milieus für Deutschland insgesamt darstellt. Es gibt natürlich starke regionale Unterschiede zwischen Stadt und Land, auch wird das Milieu, das durch die Nachkriegsgeneration bestimmt wird, eine neue Bestimmung erhalten, da diese gemeinsame Sozialisierungserfahrung ausstirbt.

Für die Prognose der Wohnimmobiliennachfrage nach Nachfragetypen gilt es also nicht nur die an einem konkreten Standort relevanten Milieus einzuschätzen, sondern auch die in der Zukunft plausiblen Verschiebungen zwischen den Milieus, denn jedes Milieu fragt typische Wohnungstypen nach (vgl. Hettenbach, 2007). Bei dem Blick nach vorne hat dies gravierende Auswirkungen, wenn der demografische Wandel für neue Milieugewichte sorgen könnte: Ältere Menschen sind eher auf Tradition bedacht. Eine Stärkung der traditionellen Milieus könnte also ein Ergebnis der gesellschaftlichen Alterung sein. Es handelt sich hierbei freilich allein um einen Lebenszykluseffekt – dann aber wie gesagt etwas anders geprägt als das aktuelle Milieu dieses Namens.

Jedoch Vorsicht: Auch hier können starke Kohorteneffekte wirken. Die Experimente von heute können zum Mainstream von morgen werden. Wie oben argumentiert, spricht sehr viel dafür, dass die Senioren in Zukunft mobiler und offener für Neuerungen werden. Dies äußert sich nicht nur im Konsumverhalten, sondern auch in der Immobiliennachfrage und spiegelt sich auch in der Wohnungsnachfrage wider: Wohngemeinschaften von Studenten – egal ob gleich- oder nicht gleichgeschlechtlich – regen heute niemanden mehr auf. Vor fünfzig Jahren war dies anders. Wohngemeinschaften von Senioren sind heute noch die Ausnahme, doch es ist möglich, dass sie in der Zukunft häufiger vorkommen werden. Dies hätte weit reichende Folgen für die Wohnungsnachfrage, denn die gemeinsam genutzten Flächen bedeuten letztlich, dass die Wohnfläche pro Kopf kleiner ausfallen dürfte. Gleichzeitig ändert sich die Vorstellung darüber, was bewahrenswert ist. Für Wohnimmobilien könnte dies z.B. bedeuten, dass das konservative Ideal eines kleinen Reihenhauses in einer Generation durch das dann konservative Ideal einer Maisonette-Wohnung mit Wohnküche abgelöst wird.

Ein stetiger Wertewandel würde dann dazu führen, dass Immobilientypen, die besonders auf das traditionelle Kundensegment zielen am stärksten an Wert verlieren können, da dort die Nachfrage sinkt. Heutige Immobilien, die für die innovativen 30% konzipiert werden, könnten jedoch auch in 30 Jahren Abnehmer in der Mitte finden. Die Gruppe der Experimentierfreudigen indes braucht auch in Zukunft etwas Neues – egal wie Sie dann heißt und durch welche Technologie Sie geprägt sein wird. Hier reißt der Bedarf an neuen Projekten nicht ab. Dieser Bedarf muss natürlich nicht zwangsläufig durch Neubauten befriedigt werden, sondern kann auch durch neue Umbauten im Bestand gedeckt werden. Das Risiko für solche Projektentwicklungen bleibt wahrscheinlich immer gleich groß, denn die Avantgarde lässt sich auch in Zukunft kaum vorschreiben, was als avantgardistisch zu gelten hat. Standardprodukte werden es auf keinen Fall sein. Größenvorteile lassen sich dort also nicht realisieren.

3.5.3 Kohorteneffekte der Zukunft sind unsicher

Die Prognoseunsicherheit beschränkt sich jedoch nicht allein auf die Verschiebungen zwischen den einzelnen Milieus. Die in Abschnitt 3.4.2 gezeigten Modellrechnungen basierten auf konkreten Annahmen zu den zukünftigen Kohorten-, Lebenszyklus- und Remanenzeffekten. Es wurde angenommen, dass spätere Kohorten im Durchschnitt über etwas höhere Einkommen und Vermögen verfügen und daher ihre Wohnfläche pro Kopf ausdehnen können. Außerdem wurde angenommen, dass der in der Vergangenheit beobachtete sehr starke Remanenzeffekt nur wenig geschwächt wird. Dies ist eine starke Annahme, denn es gibt gute Gründe dafür, dass der Remanenzeffekt in den kommenden Jahrzehnten an Bedeutung einbüßen wird:

a) Die Lebensläufe vieler Menschen werden heute häufiger gebrochen als in der Vergangenheit. Hierbei geht es auch um Scheidungen in höherem Alter – aber nicht nur. Beruflich bedingte Umzüge kommen heute häufiger vor als in den letzten Jahrzehnten, und es gibt bisher keine Hinweise dafür, dass dies in Zukunft anders wird. Die Bindungsphasen an Standorte und an Immobilien verkürzen sich also. Das empirica-Institut (2006) hat in einer Befragung ermittelt, dass rd. ein Drittel aller über 50-Jährigen einen Umzug in der Zukunft für möglich hält. Viele der genannten Gründe sprechen dafür, dass diese so genannten „Umzügler" dann eher eine Verkleinerung der Wohnung anstreben werden. Der Aspekt des Umzugs aus den Speckgürteln in die Kernstädte wird im folgenden Abschnitt noch etwas ausführlicher beleuchtet. Das Vererbungsargument kommt bei Wohneigentum zudem seltener zum Tragen, weil erwachsene Kinder aufgrund der gestiegenen Mobilität seltener am Wohnort ihrer Eltern leben oder weil es seltener überhaupt direkte Nachkommen gibt.

b) Die Massenarbeitslosigkeit der zurückliegenden 25 Jahre bis etwa 2005 führt auch dazu, dass viele Menschen auf umfangreiche staatliche Transfers im Alter angewiesen sein werden (vgl. Bräuninger, 2008). Altersarmut droht. Dann müsste auch geprüft werden – entweder von den Wohnungsnutzern selbst oder von den Behörden – inwiefern eine kleinere Wohnung möglich oder sogar nötig ist.

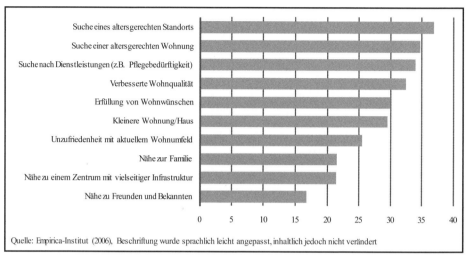

Abbildung 45: Gründe für möglichen Umzug nach dem 50. Lebensjahr (in %, Mehrfachnennungen möglich)

Wie stark selbst kleine Veränderungen hinsichtlich der Remanenzannahme wirken, kann ein einfaches Rechenbeispiel illustrieren: Angenommen, es gäbe tatsächlich eine steigende Zahl von umzugswilligen Älteren und ebenfalls angenommen, dass diese Senioren im Falle eines Umzugs eher eine kleinere als eine gleich große Wohnung suchen, so bedarf es nur marginal geänderter Parameterwerte, um das Wachstumspotenzial für die kommenden Jahrzehnte verschwinden zu lassen: Nehmen wir an, dass die Wohnfläche der Menschen über 55 Jahre in Westdeutschland bis zum Jahr 2060 nicht wie bisher unterstellt weiter ansteigt, sondern auf dem heutigen Niveau konstant bliebe. Dann würde die Wohnflächennachfrage im Szenario mit geringer Zuwanderung nur noch sehr geringfügig bis 2020 zulegen (<4%) und danach rasch abnehmen. Im Jahr 2060 läge die gesamte Wohnflächennachfrage unter dem Referenzniveau von 2010 – 5% und 10% unter dem Höchstwert.

Dieses Szenario ist auf jeden Fall sehr nahe an den Prognoseergebnissen (für Gesamtdeutschland) die Demary und Voigtländer (2009) ausgewiesen haben. Dies ist kaum überraschend, denn sie haben ja konstante Wohnflächennachfrage in jeder Altersgruppe unterstellt.

Die Konstanz der Wohnflächennachfrage in der Altersgruppe über 55 Jahre ist für Westdeutschland vielleicht sogar ein optimistisches Szenario, da der Flächenreduktion von umziehenden Senioren ja offensichtlich größere Flächen der verbleibenden Senioren gegenüber stehen müssten. Natürlich geht es hierbei nicht um mehr Flächennachfrage eines konkreten Haushalts, sondern es geht in erster Linie um einen weiterhin wirksamen Kohorteneffekt, der auch in den kommenden Jahrzehnten bei remanenten Senioren für mehr Flächennachfrage sorgen müsste. Es wurde ja bereits in Abschnitt 3.4.1 gezeigt, dass für Ostdeutschland sowohl der noch geringe Anteil an älteren Haushalten mit Wohneigentum und die geringere Wohnfläche je Haushalt bei älteren Menschen für die nächsten Jahrzehnte erwarten lassen, dass allein das Ersetzen der heutigen Seniorenkohorte durch eine neue Kohorte zu einer spürbar höheren Wohnflächennachfrage bei den älteren Haushalten in den neuen Ländern sorgen dürfte.

Zudem gilt: Der Anstieg der Wohnflächennachfrage würde sich in dem Szenario mit schwacher Remanenz auch bis 2025 vollziehen. Der gesamte Nachfrageanstieg von 4% verteilt sich auf 15 Jahre. Das wären also nicht einmal 0,3% pro Jahr – und ein großer Teil liegt bereits in der Vergangenheit, da als Basis das Jahr 2005 verwendet wurde. Eine Wachstumsgeschichte sieht wahrlich anders aus.

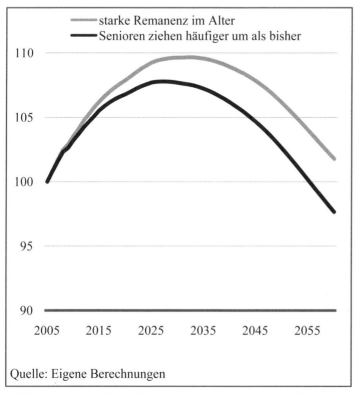

Abbildung 46: Wohnflächennachfrage in Deutschland (geringe Zuwanderung), 2005=100

3.5.4 Wie stark ist der Trend zurück in die Stadt?

Eng mit der Frage nach dem erwarteten zukünftigen Remanenzverhalten von Senioren ist das derzeit intensiv diskutierte Thema einer möglichen Reurbanisierung in den kommenden Jahrzehnten verbunden (Brake, Herfert 2011). Hierbei geht es um die Diskussion, ob die Kernstädte in der Zukunft wieder stärkere Wanderungsgewinne verzeichnen können als in den letzten Jahrzehnten. Die Betonung der Wanderungsgewinne für die Kernstädte ist wichtig, denn die Agglomerationsräume haben auch in den letzten Jahrzehnten keine Bevölkerungsverluste erlitten.

Nach den Daten der Population Division der Vereinten Nationen leben heute rd. drei Viertel der Menschen in Deutschland in städtisch geprägten Regionen, mehr als jemals zuvor. Allerdings folgte dem dramatischen Wachstum der Städte, das bis zur Mitte des letzten Jahrhunderts anhielt, eine Suburbanisierungsphase: Die Kernstädte verloren Menschen an ihr Umland, weil die steigenden Wohnungspreise in den Städten und bessere Verkehrsangebote viele Menschen motivierten, größere Wohnungen in den Randgemeinden zu suchen. Eigenheimföderung und permissive Baulandvergabe taten ein Übriges. Die Agglomerationsräume, also die Kernstädte zuzüglich ihres Umlands, wuchsen weiterhin.

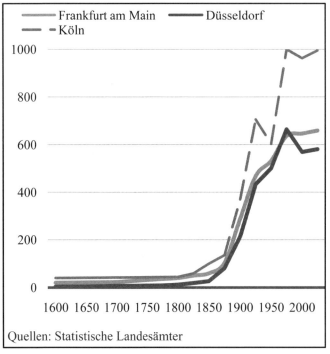

Abbildung 47: Zahl der Einwohner in ausgewählten deutschen Städten seit dem Jahr 1600, in '000

In den Kernstädten flachte das Bevölkerungswachstum stark ab, in vielen Städten nahm die Zahl der Einwohner sogar ab. In Düsseldorf wohnen heute rd. 590.000 Menschen, fast 110.000 weniger als in den frühen 1960er Jahren. Die Kurvenverläufe in Abbildung 47 täuschen hier, da die Einwohnerzahlen in 25-Jahresabständen dargestellt wurden. Der Wachstumssprung im Zuge der Gastarbeiteranwerbung wurde so „weggeglättet" – ebenso wie die jüngsten Zuwächse.

Nun gibt es gute Gründe, warum ältere Menschen in Zukunft häufiger umziehen könnten. Das Vererbungsmotiv von Wohnungseigentümern wird schwächer, da die Kinder immer häufiger nicht am selben Ort wohnen oder weil es gar keine Kinder als mögliche Erben gibt. Städte könnten zudem mit ihrem reicheren Kulturangebot und der besseren medizinischen Versorgung für ältere Menschen interessant sein. Hinzu kommt, dass die Herausforderungen, die mit dem Klimawandel verbunden sind auch dazu führen dürften, dass der Flächenverbrauch spürbar reduziert werden muss. In den letzten Jahren belief sich die gesamte Flächeninanspruchnahme für Siedlungs- und Verkehrsflächen auf rd. 115 Hektar pro Tag. Die Bundesregierung hat 2008 das Ziel bekräftigt, diesen Flächenverbrauch bis zum Jahr 2020 auf 30 Hektar pro Tag zu reduzieren (Deutscher Bundestag, 2008). Dieses Ziel ist sicherlich sehr ambitioniert; seit das Ziel 2002 zum ersten Mal genannt wurde, hat sich der mittlere Flächenverbrauch kaum reduziert. Dass eine Stärkung der Innenstädte positiv für die CO_2-Bilanz ausfällt, gilt mittlerweile als erwiesen: Der Flächenverbrauch pro Kopf ist kleiner und der Schadstoffausstoß durch Verkehrsbelästigung wurde reduziert. Empirische Ergebnisse für US-Amerikanische Städte sind eindeutig (vgl. Glaeser, 2011 sowie Glaeser, Kahn, 2008).

Doch selbst wenn man das Ziel nur als Vision begreift, dürfte doch klar sein, dass in den kommenden Jahren eher mit sinkendem Flächenverbrauch pro Jahr zu rechnen ist. Dies lässt sich wahrscheinlich nur dann realisieren, wenn kompaktere Wohnstrukturen angestrebt werden. Nachverdichtungen im Stadtgebiet wären dann die zwingende Konsequenz. Wenn im Umland weniger zusätzliches Bauland ausgewiesen und stattdessen mehr Wohnflächen in den Kernstädten erschlossen würden, könnte dadurch auch der Preisunterschied für Wohnraum zwischen Kernstadt und Randgemeinden gesenkt werden. Die Reurbanisierung könnte durch Arbitrageprozesse unterstützt werden. Wahrscheinlich sind diese Prozesse jedoch nur schwach ausgeprägt, da die Flächenangebote in Kernstädten und Randgemeinden sehr unterschiedlich sind. Die Substitutionsbeziehung zwischen einem Reihenhaus mit Garten und einer Wohnung in einem hoch verdichteten Wohngebiet in der Innenstadt ist nur in sehr angespannten Wohnungsmärkten eng.

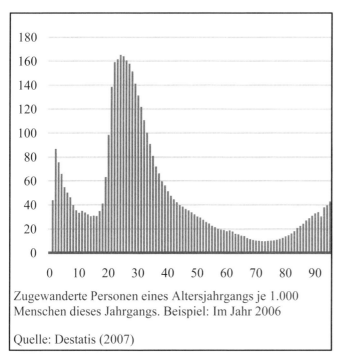

Zugewanderte Personen eines Altersjahrgangs je 1.000 Menschen dieses Jahrgangs. Beispiel: Im Jahr 2006

Quelle: Destatis (2007)

Abbildung 48: Wanderungen über Gemeindegrenzen nach Altersgruppen, 2006

Wenn diese Substitutionsbeziehung jedoch nur schwach ist, stellt sich die Frage: Würden die Senioren in Zukunft denn tatsächlich aus ihren Vorstadthäusern ausziehen, um in die Kernstädte zurückzuziehen? Nimmt man das Wanderungsverhalten der heutigen Senioren als Maßstab, müsste es schon einen erheblichen Kohorteneffekt geben, damit es zu einer raschen Reurbanisierung durch stärkeren Zuzug von Älteren käme: Von den über 65-Jährigen wandern bisher nur rd. 2% jedes Jahr über Gemeindegrenzen hinweg. In der Altersgruppe zwischen 65 und 80 Jahren beträgt diese Quote sogar nur etwa 1%. Der Anstieg bei den Hochbetagten dürfte sehr häufig durch einen Umzug in eine Pflegeeinrichtung oder durch einen Umzug zur Familie motiviert sein. Der Umzug über Kreisgrenzen oder sogar Bundesländergrenzen hinweg ist im Alter noch seltener. Hettenbach (2007) kommt zu dem Urteil, dass grundsätzlich 80% aller Immobilienkäufe im Umkreis von zehn Fahrminuten zum früheren Wohnort erfolgen. Das gewohnte Umfeld wird nur selten verlassen. Wenn dies für junge Menschen gilt, wird es für ältere Menschen nicht falsch.

Bemerkenswert sind zudem die Ergebnisse von Friedrich (2008). Er hat sich die Wanderungen der älteren Menschen (über 65-Jährige) genauer angeschaut. Wenn Senioren schon über Kreisgrenzen umziehen, verlassen sie eher die Kernstädte. Starke Zuzüge verzeichnen Regionen, die weniger mit Kultur und Medizinangeboten als vielmehr mit Ruhe und Naturschönheiten locken: der Alpenrand, die Nord- und Ostseeküsten und das Umland von Berlin.

Zusammengefasst: Ohne den energischen Willen zur konsequenten Baulandverknappung vor der Stadt erfolgt die Reurbanisierung wahrscheinlich nur sehr allmählich. Es ist zwar plausibel, dass etwas mehr ältere Menschen auch zurück in die Städte ziehen werden. Gleichzeitig wird es jedoch weiterhin Senioren aus den Städten an die Küsten und zu Familienangehörigen eher an den Rand von Agglomerationen ziehen. Der Saldo dürfte selbst bei einer strukturellen Stärkung der Städte nur klein ausfallen.

Viel wahrscheinlicher ist, dass die Reurbanisierung durch eine relative Stärkung der Innenstädte und eine gleichzeitige relative Schwächung des Umlands geschieht, um den Flächenverbrauch zu senken und mit neuen Verkehrskonzepten zu optimieren – und damit sich Kernstädte Steuereinnahmen sichern. Reurbanisierung entsteht dann nicht durch die in die Innenstädte zurückkehrenden Senioren, sondern dadurch, dass es für junge Menschen mehr passende Wohnungsangebote in den Städten geben wird und dass sie erst gar nicht die Städte verlassen. Verhält sich diese, in den Städten bleibende Generation wieder remanent, käme es zu einer schleichenden Reurbanisierung. Der wirksamste Hebel ist dann die restriktive Baulandpolitik in Umlandgemeinden sowie das Schaffen eines geeigneten Angebots für junge Familien und nicht das Warten auf geänderte Präferenzen der künftigen Senioren. Beispieluntersuchungen zeigen jedenfalls, dass häufig die Baulandreserven in den Städten unterschätzt werden (Siedentop, 2009).

Es gibt wahrscheinlich zwei weitere Dynamiken, die verhindern, dass die Reurbanisierung rasant verläuft: Erstens, je schwächer die Nachfrage in den Randgemeinden ausfällt, umso stärker werden dort die Wohnungspreise nachgeben. Diese Entwicklung kann sich in den nächsten 20 Jahren beschleunigen, wenn die frühen Hauskäufer und Häuslebauer in den Umlandbezirken sterben. Denn dann dürfte die Nachfrage im Umland schneller sinken als durch einen natürlichen Abgang am Wohnungsbestand ausgeglichen werden kann. Leerstand entsteht, und dies wird die Preise drücken. Dies wird einkommensschwächere Haushalte anziehen. Auch für die umgekehrte Umzugsrichtung gilt freilich, dass es keine perfekten Substitutionsbeziehungen zwischen Immobilien in der Stadt und jenen im Umland gibt. Zweitens, und wahrscheinlich noch wichtiger als der erste Aspekt, erfordert der Reurbanisierungsprozess vorausschauende und kooperative Politiker, die eine abgestimmte Wohnungsstrategie für die gesamte Region verfolgen. Dies ist eine optimistische Annahme, denn letztlich liegt ihr zugrunde, dass es gelingt, die kommunalen Einnahmen unabhängiger von der Zahl der Einwohner in einer Kommune zu machen. Nur dann gäbe es keinen Anreiz mehr für einen intensiven Gebrauch des Instruments billigen Baulands.

3.5.5 Altengerechte Wohnungen

Auch wenn viele ältere Menschen gerne in ihren gewohnten Wohnungen und Wohnumfeldern bleiben möchten, stellt sich doch gerade für Hochbetagte mitunter die Frage, ob die Immobilien dies auch unterstützen. Der Bedarf an barrierefreien Wohnungen wird in Zukunft im Zuge der gesellschaftlichen Alterung wachsen. Bis zum Jahr 2050 wird die Zahl der über 65-Jährigen um rd. 110.000 Personen pro Jahr zunehmen, bei einem mittleren Haushaltsbildungsverhalten von etwa 1,4 Personen je Haushalt in dieser Altersgruppe also um über 80.000 Haushalte pro Jahr. Die Zahl der über 80-Jährigen noch stärker zu, und in dieser Altersgruppe ist der Pflegebedarf deutlich höher als bei den Menschen zwischen 65 und 80 Jahren. Hinzu kommt, dass es hinreichend große körperliche Einschränkungen geben kann, die zwar noch keinen Anspruch auf Pflegeleistung bekommen, wohl aber durch große Beschwerden in Altbauten ohne Fahrstuhl oder Treppenlifte. Selbst wenn man getrost davon ausgeht, dass nicht jeder Senior eine barrierefreie Wohnung benötigt, zeigt dieser Vergleich, dass der Bedarf an barrierefreien Wohnungen in Deutschland im Rahmen des aktuellen Fertigstellungsniveaus nicht durch Neubauten, sondern in erster Linie durch Umbauten gedeckt werden kann. Dies käme dann natürlich auch dem Willen der allermeisten älteren Menschen entgegen, möglichst lange in ihrer Wohnung bleiben zu können. Natürlich gibt es auch im Neubau Potenzial für barrierefreie Wohnungen, denn viele Vorrichtungen erleichtern das Leben im Alter, ohne zuvor für Beeinträchtigungen zu sorgen. Es ist also sinnvoll, Wohnungen bereits als barrierefrei zu konzipieren oder wenigstens den effizienten Umbau zu erlauben.

In erster Linie müssen natürlich die rechtlichen Vorgaben eingehalten werden, d.h. die Vorgaben im Sozialgesetzbuch, das auch Regelungen für die selbst bestimmte Teilhabe von Menschen mit Behinderungen regelt. Hinzu tritt die Regelung in den Landesbauordnungen der DIN 18040-2 für barrierefreies Bauen. Diese Norm ersetzt die DIN 18025-1:1992-12 und die DIN 18025-2:1992-12 für öffentlich zugängliche Gebäude. Der erste Teil der DIN 18025 enthielt Planungshilfen für Wohnungen von Rollstuhlfahrern, und der zweite Teil der DIN 18025 konkretisierte u.a. die Anforderungen an Wohnungen für Blinde und Sehbehinderte, Gehörlose und Hörgeschädigte, Gehbehinderte, Menschen mit sonstigen Behinderungen, und eben auch für ältere Menschen.

Neben den Normen für den Wohnbereich gibt es auch noch die DIN 18040-1, die Grundlagen für die Planung von öffentlich zugänglichen Gebäuden und Arbeitsstätten enthält (z.B. für Tagesstätten, Heime, Versammlungsstätten und öffentliche Büro- und Verwaltungsgebäude). Sie ist auch insofern für den Wohnungsbereich relevant, da geplant ist, die beiden DIN-Normen zu einer neuen DIN 18030 zusammen zu fassen. Eine Vielzahl von Einwendungen hat jedoch bisher verhindert, dass die neue DIN Gültigkeit erlangen konnte.

Barrierefreiheit lässt sich natürlich nicht durch eine einzige Maßnahme erreichen. Es geht um eine Vielzahl von Prüfkriterien, die sich im Wesentlichen drei Gruppen zuordnen lassen: In der ersten Gruppe geht es um Anforderungen an das Wohnumfeld, also zum Beispiel um die Gestaltung der Wege, der Parkplätze und der Bodenbeläge. In der zweiten Gruppe werden alle jene Kriterien für den Eingangsbereich zusammengefasst. Die Eingangstür muss eine Mindestbreite aufweisen, die Flure müssen mindestens 150 cm breit sein, und es müssen hinreichend Aufzüge vorhanden sein. Außerdem gibt es z.B. Anforderungen an die Treppengestaltung, die Bedienelemente und die Bodenbelege. Schließlich gibt es konkrete Anforderungen an die Gestaltung der Räume (Wohnbereich, Küche, Bad, etc.). Hier wird z.B. die

Bewegungsfläche geregelt oder das Vorhandensein von Rampen und die Breite der Türen (Wohnungs- und Zimmertüren). Mehr Informationen gibt es neben den genannten Gesetzes- und Normtexten z.B. unter www.barrierefreiheit.de oder unter www.mobile-wohnberatung.de. Dort findet man auch eine umfangreiche Checkliste für einen Umbau zur barrierefreien Wohnung.

Im Jahr 2011 gab das BBSR eine Studie über die Wohnverhältnisse im Alter heraus (BBSR, 2011). Die Erhebung zeigte, dass etwa 40% aller Haushalte mit Menschen über 65 Jahre im Erdgeschoss, Hochparterre oder Souterrain wohnten, das heißt deutlich mehr als die Hälfte aller älteren Haushalte hatte keinen unbeschwerten Zugang zu ihrer Wohnung; mehr als ein Viertel aller Haushalte wohnte sogar mindestens im dritten Stock.

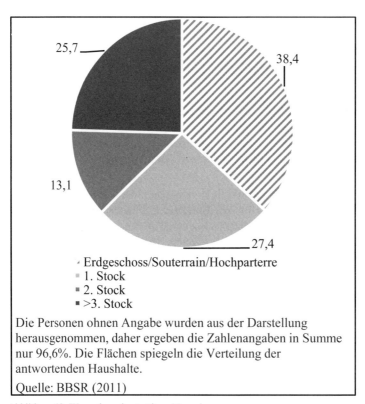

Erdgeschoss/Souterrain/Hochparterre
1. Stock
2. Stock
>3. Stock

Die Personen ohne Angabe wurden aus der Darstellung herausgenommen, daher ergeben die Zahlenangaben in Summe nur 96,6%. Die Flächen spiegeln die Verteilung der antwortenden Haushalte.

Quelle: BBSR (2011)

Abbildung 49: Wo wohnen heute ältere Menschen

Nun sind nicht alle höher gelegenen Wohnungen auch als beschwerlich zu bezeichnen, denn es kann Aufzüge oder Treppenlifte geben. Daher wurde in der Studie noch weiter unterschieden in Wohnungen mit unterschiedlichen Barrieren – z.B. Treppen zum Haus oder Treppen zur Wohnung. Nur 5% aller erfassten Wohnungen konnten als barrierefrei bewertet werden, mehr als jede zehnte Wohnung wurde als extrem zugangserschwert klassifiziert. Für die allermeisten Wohnungen sind also Umbaumaßnahmen für die nächsten Jahre dann sinnvoll, wenn sich die Bewegungsfähigkeit der Bewohner verschlechtert. Ein Altern in der eigenen Wohnung ist dann nicht mehr einfach möglich.

Tabelle 8: Arten der Zugangsbarrieren für ältere Menschen im deutschen Wohnungsbestand

	Anteil der Wohnungstypen
(1) Ohne Barrieren	5,2%
(2) Barrieren nur in der Wohnung	44,3%
(3) Barrieren nur beim Zugang von außen	2,6%
(4) Barrieren innen und außen	36,3%
(2-4) Mittlere Barrieren	83,3%
(5) Extreme Zugangsbarrieren	0,3%
(6) Extreme Zugangsbarrieren + innere Barrieren	11,3%

Quelle: BBSR (2011).

In der Studie wurden auch Überschlagsrechnungen für den gesamten Investitionsbedarf vorgenommen, der notwendig wäre, um den steigenden Bedarf an barrierefreien/barrierearmen Wohnungen zu decken. Für die nächsten rund 20 Jahre wird mit einem Zusatzbedarf von fast 2,5 Millionen Umbaumaßnahmen zur Reduktion der Barrieren gerechnet. Natürlich ist nicht für jede Baumaßnahme ein umfangreicher Umbau notwendig. Insgesamt wird das Investitionsvolumen auf fast 40 Mrd. Euro veranschlagt. Je Wohnung sind dies also gut 15.000 Euro. Es lässt sich gerade für die einkommensschwachen Haushalte mit starken Einschränkungen erkennen, dass hier Finanzierungsengpässe zu erwarten sind.

Tabelle 9: Investitionsschätzung für barrierefreie Wohnungen in Deutschland

	Zahl der betroffenen Haushalte	Investitionsvolumen
Barrieren im Innenbereich	1,24 Mio. Haushalte	16 Mrd. EUR
Verbesserung des Zugangs	0,1 Mio. Haushalte	0,6 Mrd. EUR
Barrieren innen und außen	1,14 Mio. Haushalte	22 Mrd. EUR

Quelle: BBSR (2011).

Herausforderungen sind überall dort zu erwarten, wo alte Menschen in noch älteren Wohnungen oder Häusern leben. Bei denkmalgeschützten Gebäuden prallen zwei Regelrahmen aufeinander, die nicht selten unvereinbar sind. Der Einbau eines Fahrstuhls ist bei denkmalgeschützten Gebäuden erstens nicht einfach und zweitens bei Außenfahrstühlen nicht ohne eine Veränderung des Erscheinungsbildes möglich. Hier geht es um Aufklärung und Information, damit ein sinnvoller Kompromiss erreicht werden kann: Es ist zu erwarten, dass der

Informationsbedarf in Zukunft noch steigen wird. Dies öffnet Dienstleistungspotenziale für Bauunternehmen und Handwerker.

Für Wohlhabende Eigentümer lässt sich erwarten, dass sie Umbauten selber finanzieren. Schwieriger wird es bereits, wenn Mieterhaushalte auf Umbauten drängen und der Vermieter überlegt, ob es eine höhere Rendite brächte, die Wohnung unverändert an ein junges Pärchen zu vermieten. Und völlig unwahrscheinlich werden Umbaumaßnahmen ohne staatliche Investitionen, wenn die Mieter eine mögliche Mieterhöhung nicht tragen könnten. Auf dieses Problem wird im Schlusskapitel noch eingegangen.

3.5.6   Mehr Einfamilienhäuser oder mehr Wohnungen in Mehrfamilienhäusern?

Letztlich sind sowohl der Aspekt der Reurbanisierung und die damit verbundene Bereitschaft der Älteren zum Umzug sowie das Angebot an barrierefreien Wohnungen für Hochbetagte auch mit einer zentralen Frage verbunden, die bereits im Kapitel zu unterschiedlichen Milieus und ihren typischen Wohnformen angedeutet wurde: Welche Immobilientypen werden in Zukunft stärker nachgefragt werden? Ein- und Zweifamilienhäuser oder Wohnungen in Mehrfamilienhäusern? Natürlich ist diese einfache Dichotomie eine fast schon gefährliche Abstraktion der Wohnungsmärkte, denn die Ausführungen zu den Milieus haben ja veranschaulicht, dass es erhebliche Unterschiede zwischen Nachfragern geben kann. Wichtig ist daher weniger, dass die Welt komplizierter ist als die einfache Unterscheidung zwischen Ein- und Zweifamilienhäusern einerseits und Mehrfamilienhäusern andererseits nahelegt, sondern vielmehr dass selbst auf diesem sehr hohen Abstraktionsniveau keineswegs Einigkeit unter Demografieforschern hinsichtlich des künftigen Bedarfs besteht.

Sowohl das Bundesamt für Bauwesen und Raumordnung (BBR, 2006) als auch das empirica-Institut (2005) rechnen für die nächsten Jahre mit einem demografisch bedingten deutlichen Rückgang des Fertigstellungsbedarfs um mindestens 30% bis 40%. Ausgangspunkt ist hierbei nicht das sehr niedrige Fertigstellungsvolumen von unter 200.000 Wohneinheitenaus den Jahren 2008 bis 2010, sondern der für notwendig erachtete Baubedarf von mehr als 250.000 Wohneinheiten.

Bis zum Jahr 2020 würde demnach der jahresdurchschnittliche Neubaubedarf auf 150.000 bis 170.000 Wohneinheiten sinken. Dies ist auch weitgehend mit den oben präsentierten eigenen Schätzungen im Einklang. Wenn die Wohnflächennachfrage in Deutschland insgesamt bis 2025 um rd. 7% zunimmt (gegenüber dem Jahr 2010), müsste das Wohnflächenangebot um rd. 205 Mio. m² zunehmen, pro Jahr also um gut 13,5 Mio. m². Veranschlagt man für eine durchschnittliche Neubauwohnung vereinfachend 100 m² entspräche dies 135.000 Wohneinheiten pro Jahr. Rechnet man die aktuellen Wohnungsabgänge von rd. 30–40.000 Einheiten pro Jahr hinzu und berücksichtigt zudem die regionalen Nachfrageverschiebungen (weil der Bedarf in München nicht durch Überangebot in der Uckermark befriedigt werden kann), so sind die Neubaubedarfsschätzungen von 230.000 Wohnungen (empirica) und 245.000 Wohnungen (BBR) auch mit unserer Schätzung weitgehend im Einklang. Demary und Voigtländer (2009) schätzen ähnlich hohe Werte in ihrer optimistischeren oberen Variante. In ihrer konservativeren unteren Variante veranschlagen sie den Baubedarf sogar nur auf knapp 160.000 Wohneinheiten pro Jahr.

Der starke Zuzug aus Südeuropa aktuell, sowie das Unterschreiten des Baubedarfs in den letzten Jahren sorgen für ein notwendiges, temporäres Überschießen. Eine Änderung im Trend ist hiermit nicht angelegt.

Bei der regionalen Aufteilung und v.a. bei der Verteilung der künftigen Bedarfe gibt es jedoch zwischen den Prognosen erhebliche Unterschiede: Das empirica-Institut ermittelt für Westdeutschland einen erheblich höheren Bedarf an Ein- und Zweifamilienhäusern (EZFH) als das Bundesamt für Bauwesen und Raumordnung. Auf der anderen Seite schätzt das Bundesamt den Baubedarf an Wohnungen in Mehrfamilienhäusern (MFH) in Westdeutschland als nahezu unverändert gegenüber heute ein, während das empirica-Institut in diesem Segment trotz der gravierenden Korrekturen, die hier bereits in den letzten Jahren verbucht wurden mit einem weiteren Rückgang um mehr als 50% bis 2020 rechnet.

Für Ostdeutschland sehen beide Institute quasi keinen Bedarf an Mehrfamilienhausneubauten, allerdings schätzt das empirica-Institut den Bedarf an EZFH auch im Jahr 2020 noch fast doppelt so hoch ein wie das Bundesamt.

Ein Teil dieser Prognoseunterschiede lässt sich auf die verwendeten Bevölkerungsprognosen und auf unterschiedliche Schätzverfahren zur Haushaltsbildung zurückführen. Die hieraus resultierenden Unterschiede sind jedoch nicht sehr groß. Zudem gibt es wie in Abschnitt 2.7.3 zu den unterschiedlichen Regionalprognosen gezeigt, erhebliche Differenzen hinsichtlich der Erwartung, wohin die Menschen in der Zukunft ziehen werden. Je stärker die Wanderungsprozesse ausfallen, desto höher fällt auch der Neubaubedarf aus.

Die unterschiedliche Einschätzung hinsichtlich der Bedarfe für Ein- und Zweifamilienhäuser bzw. für Mehrfamilienhäuser ist aber v.a. auf eine implizite Bewertung des Remanenzeffekts in der Zukunft zurückzuführen. Je stärker der Remanenzeffekt in der Zukunft wirkt, desto eher entsteht Baupotenzial im Eigenheimsegment – vorausgesetzt dass junge Familien auch in Zukunft ein kleines Häuschen mit Garten suchen werden. Je mehr die Senioren in Zukunft jedoch in die Städte zurückziehen oder beim Umzug in die landschaftlich attraktiven Regionen in Mehrfamilienhäuser ziehen, umso weniger Neubaubedarf gibt es für Ein- und Zweifamilienhäuser.

Bei der Entscheidung, ob man z.B. als Bauunternehmer für die eigene unternehmerische Strategie also eher auf die Daten des empirica-Institut oder jene des BBR zurückgreifen möchte, ist zu fragen, wie nachhaltig die erklärte Stärkung der Kernstädte in Zukunft als Planungsvorgabe sein wird. Je näher wir in den kommenden Jahrzehnten an die Vision der 30 Hektar Flächeninanspruchnahme kommen, umso plausibler scheint das Zahlenwerk des BBR – zumindest bezüglich der geringen Notwendigkeit, Ein- und Zweifamilienhäuser zu bauen. Der Blick in den Rückspiegel ließe jedoch erwarten, dass das Segment der Ein- und Zweifamilienhäuser weiter an Bedeutung gewinnt.

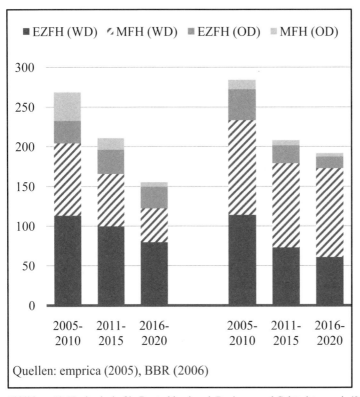

Abbildung 50: Neubaubedarf in Deutschland nach Regionen und Gebäudetypen, in '000 p.a.

Für eine konsistente Unternehmensstrategie sollte man folglich nicht nur ein Demografieszenario konzipieren, sondern man muss dieses Szenario um ein ökologisches Nachhaltigkeitsszenario für die Stärkung der Kernstädte flankieren. Wichtig ist das Denken in konsistenten Szenarien; demografischer Wandel bestimmt zwar die Gesamtnachfrage mit jedoch nach heutigem Wissensstand nicht deterministisch die Nachfragestruktur!

3.6   Anpassung des Wohnungsangebots

Es wurde im vorherigen Abschnitt bereits in einem kleinen Rechenbeispiel gezeigt, dass der Baubedarf nicht gleich der Differenz der Wohnflächennachfrage ist, denn Nachfrage kann an ganz unterschiedlichen Orten entstehen. Dadurch können regional begrenzte Überkapazitäten mit Nachfrageüberhängen andernorts durchaus gleichzeitig auftreten. In München beklagen sich noch immer viele Menschen über den Wohnungsmangel und die damit verbundenen hohen Mieten und Häuserpreise. Gleichzeitig gibt es nicht nur in Ostdeutschland Kommunen, in denen jede fünfte Wohnung leer steht und wohl auch dauerhaft unbewohnt bleibt.

In diesem Abschnitt geht es darum, ob die ausbleibende Nachfrage durch Abriss oder einfach durch weniger Bauten so kompensiert werden kann, dass es keine gravierenden Verwerfungen auf den Wohnungsmärkten geben wird.

3.6.1 Abriss trotz Nachfragezuwachs

Manchmal hört man noch immer die einfache Bedarfsschätzung für die kommenden Jahrzehnte, welche kalkuliert, dass ein Haus 100 Jahre alt wird und es rd. 40 Mio. Wohneinheiten in Deutschland gibt, und dass deshalb jedes Jahr mindestens 400.000 Wohnungen fertig gestellt werden müssten, um den Ersatzbedarf zu decken. Nachfragezuwächse wären noch nicht einmal berücksichtigt. Die im vorherigen Abschnitt gezeigten Schätzungen wären dann viel zu niedrig. Wenn im Jahr 2010 also weniger als 200.000 Wohneinheiten neu gebaut wurden, müsste dies demnach eklatant zu wenig sein. In den letzten Jahren müsste sich ein sehr großer Nachholbedarf aufgrund der geringen Bauleistung aufgestaut haben, die Mieten müssten zukünftig stark steigen. Die Mieten stiegen zuletzt zwar stärker – für Deutschland insgesamt ist der Anstieg seit 2006 bis 2011 mit insgesamt 7% allerdings noch moderat.

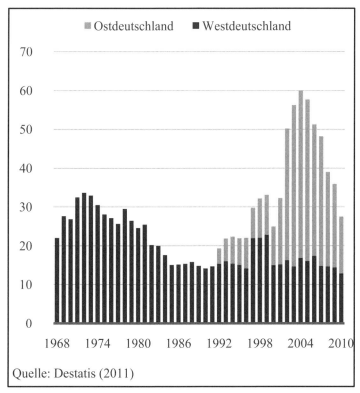

Quelle: Destatis (2011)

Abbildung 51: Wohnungsabgang in Deutschland, in '000 Wohneinheiten

In Ostdeutschland sinkt die Leerstandsquote im Geschosswohnungsbau nach Maßgabe des Techem-empirica-Leerstandsindex zwar seit Jahren, er ist aber noch immer mehr als doppelt so hoch wie jener in den alten Bundesländern. Wie passt dies zusammen? Ganz einfach: Es gehen gar nicht jedes Jahr 400.000 Wohnungen vom Markt wie die Milchmädchenrechnung suggeriert, sondern nur zwischen 50.000 und 60.000 zuletzt sogar weniger als 40.000. Das sind immerhin fast doppelt so viele wie vor zehn Jahren, denn im Rahmen des Stadtumbauprogramms Ostdeutschland wird der Wohnungsabriss mittlerweile beherzt und mit öffentlichen Mitteln forciert. In den alten Ländern gehen indes seit den 1980er Jahren nicht mehr als

15.000 Wohneinheiten jedes Jahr vom Markt. Dieser Wert war in den letzten 25 Jahren sehr stabil. Zwar gibt es auch schon Pilotprojekte für den Stadtumbau Westdeutschland, doch schlägt sich dies noch nicht deutlich in der aktuellen Statistik nieder. Selbst wenn man in Westdeutschland ähnlich hohe Abrissquoten in den nächsten Jahren erreichen würde wie aktuell in Ostdeutschland, würden jedes Jahr nicht mehr als 150.000 Wohnungen in Deutschland vom Markt gehen.

Würde der Abriss die Lebensdauer der Wohnimmobilien analog zu der eingangs genannten Milchmädchenrechnung spiegeln, würde ein Haus in Ostdeutschland rechnerisch rd. 150 Jahre alt werden, ein Haus in Westdeutschland sogar 900 Jahre. Die empirischen Nutzungszeiten fallen demnach extrem hoch aus. Dies ist natürlich nicht plausibel.

Die eingangs aufgestellte Milchmädchenrechnung ist also unzureichend, und die empirischen Daten legen eine Schlussfolgerung nahe, die – gelinde gesagt – jeder Alltagserfahrung widerspricht. Bestehende mittelalterliche Bauwerke beschränken sich überwiegend auf Sakralbauten. Der Denkfehler liegt darin, dass in der Milchmädchenrechnung implizit eine Gleichverteilung des Fertigstellungszeitpunktes unseres Wohnungsbestands über die letzten 100 Jahre angenommen wurde. Wenn jedes Haus tatsächlich 100 Jahre hält, können nur dann jedes Jahr 1% des Wohnungsbestands abgehen, wenn unser Wohnungsbestand heute noch genau 400.000 Wohnungen enthält, die vor genau 100 Jahren erstellt wurden. Dies ist nicht der Fall, und zwar aus drei Gründen: Erstens hat der Zweite Weltkrieg einen umfangreichen Neubau in den Nachkriegsjahren erzwungen. Zweitens wuchs die Zahl der Einwohner und v.a. die Zahl der Haushalte in den Jahrzehnten bis zum Jahr 2000 recht zügig. Das hat ebenfalls mehr Neubauten erfordert. Drittens gab es im Zuge der Wiedervereinigung nicht nur eine große Bauanstrengung in den neuen Bundesländern, sondern auch in den alten Ländern. Viele Menschen wanderten in den frühen 1990er Jahren aus Ostdeutschland und Osteuropa nach Westdeutschland.

Gemäß der amtlichen Statistik sind fast 70% der Wohnfläche in Deutschland noch keine 50 Jahre alt. Hinzu kommt dass ein Teil der Flächen, die vor 1918 erbaut wurden unter Denkmalschutz steht, also auch nicht in absehbarer Zeit vom Markt gehen wird. Schließlich könnte es durchaus sein, dass Häuser tatsächlich älter werden können als „nur" 100 Jahre. In den meisten Wohnungsmarktprognosen (z.B. empirica, 2005, BBR, 2006) wurde für die nächsten Jahre mit einer Abrissquote von 0,3% gerechnet. Das wäre deutlich mehr als die offizielle Statistik derzeit nahelegen würde und entspräche fast der Annahme, dass die Abrissquote im westdeutschen Geschosswohnungsbau auf das heutige Niveau in Ostdeutschland steigen würde. Doch weil jeder Wohnungsbestand altert, wenn der Neubau erlahmt, und weil regionale Nachfrageunterschiede nicht durch den „Umzug" der Bestandsimmobilien ausgeglichen werden können, ist die Annahme einer stetig steigenden Abrissquote plausibel. Ein Fertigstellungsvolumen von 400.000 Wohneinheiten ist jedoch in absehbarer Zeit nicht zu erwarten. Dafür bräuchte es schon einen positiven Nachfrageschock wie ihn die Wiedervereinigung für Deutschland bedeutete.

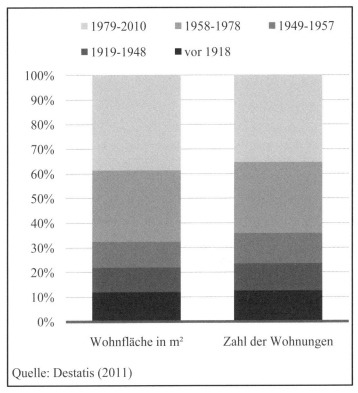

Abbildung 52: Altersstruktur des deutschen Wohnungsbestands, 2011

Günther und Hübl (2009) ermitteln für die kommenden zwei Jahrzehnte in ihrer Baubedarfsprognose einen demografisch bedingten Bedarf von gut 180.000 Wohneinheiten pro Jahr. Dies bewegt sich in etwa auf der Höhe der anderen Schätzungen. Günther und Hübl addieren jedoch einen qualitativen Baubedarf von rd. 200.000 Wohneinheiten hinzu, weil immer mehr Wohnungen energetisch und seniorengerecht erneuert werden müssen und dies ihrer Einschätzung nach nur durch Neubau angemessen gelingt. Die Frage bliebe aber, warum die Wohnungsmärkte nicht dann im Aufschwung 2005 bis 2007 deutliche Preissignale gegeben hatten. Die Preissignale in den Jahren 2010 bis 2012 deuten auf deutlichen Baubedarf hin (Henger, Just, Voigtländer, 2011). Das Argument von Günther und Hübl ist zwar dem Grunde nach richtig, die Dimension dürfte zumindest für die kommenden zwei Jahrzehnte zu groß eingeschätzt sein.

3.6.2 Das Sperrklinkenproblem

Es wurde gezeigt, dass in dem Szenario mit geringer Zuwanderung zwischen dem Jahr 2015 und 2020 der Höhepunkt bei der Zahl der Haushalte überschritten wird. In Folgejahren könnte die Zahl der Haushalte dann bis zur Jahrhundertmitte um 4 Mio. gegenüber dem Höchstwert sinken (im Szenario mit höherer Zuwanderung um immerhin fast 2,5 Mio.). Würde die Zahl der Haushalte tatsächlich binnen 30 Jahre um diesen Wert abnehmen, müsste in der Tat die Abrissquote steigen, denn der Rückgang entspräche einer jährlichen Abnahme von 130.000 Haushalten. Berücksichtigt man die Binnenwanderung, also die Tatsache, dass ein leeres Haus in der Uckermark dem Wohnungssuchenden in München nichts nutzt, so liegt der kumulierte Rückgang der Haushaltszahlen vom jeweiligen Höchststand in einem Bundesland bis zur Jahrhundertmitte sogar bei 5 Mio. Haushalten, bzw. 166.000 Haushalten pro Jahr. Selbst wenn man zulässt, dass die Wohnflächenbedarfe zunehmen, dass die Fläche pro Einwohner bis 2060 weiter steigt und dass folglich nicht jeder fehlende Haushalt auch einen Wohnungsabriss erfordert, sondern gegebenen falls eine Wohnungszusammenlegung, wird die Wohnflächennachfrage im Jahr 2050 um 200 bis 400 Mio. m² unterhalb des Höchststands liegen. Und dies ist sogar eine konservative Schätzung, da nur auf Ebene der Bundesländer gerechnet wurde. Dies wäre dann gerechtfertigt, wenn es keine starken Unterschiede zwischen den einzelnen Wohnungsmärkten eines Bundeslandes gäbe oder wenn es zumindest schwache Substitutionsbeziehungen zwischen den lokalen Wohnungsmärkten eines Bundeslandes gäbe. Sprich: Wenn es in einem Bundesland enge Pendelverflechtungen gibt. Beide Annahmen gelten wohl nur für die Stadtstaaten und die kleineren Bundesländer, d.h. der Verlust an Flächennachfrage wird hiermit sogar unterschätzt.

Hinzu kommt, dass es bereits heute nennenswerten Leerstand auf einigen deutschen Wohnungsmärkten gibt. Das empirica-Institut schätzt den marktwirksamen Leerstand auf der Grundlage von Techem-Daten auf etwa 800.000 Wohneinheiten im Jahr 2007, rd. die Hälfte davon liegt in Ostdeutschland. Hinzu kommen baufällige, aber nicht mehr marktwirksame Leerstände in ähnlicher Größe.

Es besteht dann die Gefahr, dass der Leerstand weiter zunimmt, denn die Marktreaktion bei Immobilien ist asymmetrisch. Was bedeutet das? In einer wachsenden Volkswirtschaft reagiert der Wohnungsmarkt auf zunehmende Nachfrage zeitverzögert durch zusätzliches Angebot. Dadurch bewegt sich der Markt wieder in Richtung seines Gleichgewichts. Hierbei sorgen die steigenden Mieten und Preise als Signale für Investoren und Häuslebauer. Diese Wirkungsweise gilt jedoch nur eingeschränkt in schrumpfenden Märkten, denn das Angebot ist persistent. Investoren können nur durch Enthaltung reagieren. Im Falle von Angebotsüberhängen reagieren zwar auch Mieten und Preise – sie fallen –, jedoch führen diese Signale nicht zu einer raschen und angemessenen Angebots*reduktion*. Wohnungen können nicht auf Lager genommen werden. Sie müssten abgerissen werden. Wenn der Wohnungsbestand nun sehr vielen einzelnen Marktakteuren gehört, gibt es nur einen geringen Anreiz für die einzelnen Akteure, ausgerechnet ihre Wohnungen abzureißen, damit alle anderen von der Marktstabilisierung profitieren. Der Nutzen des Abrisses würde (unter allen Wohnungseigentümern!) sozialisiert, die Kosten blieben bei dem einzelnen abreißenden Eigentümer privat. Daher unterbleiben viele solcher Maßnahmen. Eine Sperrklinke rastet ein.

Es ist nicht einfach, dieses Sperrklinken-Problem zu überwinden. Grundsätzlich ist eine Verhandlungslösung zwischen allen Beteiligten à la Coase (1960) zwar vorstellbar. Doch die Transaktionskosten der Verhandlung werden schnell prohibitiv, wenn sehr viele Marktteilnehmer auf sehr großen Märkten betroffen sind, und wenn der Abriss trotz möglicher Ausgleichszahlungen zwischen den Beteiligten zu Verlusten führt. Die oben genannten Größenordnungen für einen Wohnungsabriss können sich dann als unrealistisch erweisen. Natürlich gibt es die Möglichkeit, durch staatliche Intervention den Abriss zu subventionieren. Doch dies schafft neue Probleme. Ein Investor bekäme damit nämlich das Signal, dass bei Fehlinvestitionen der Staat eingreift und die Verluste mit Steuergeldern sozialisiert (unter allen Steuerzahlern!). Der Investitionsanreiz wäre dann größer als ohne Abrissprämien. Man hätte ein typisches Moral-Hazard-Problem. Es käme mitunter zu ineffizienter Überinvestitionen und damit in der Zukunft zu neuem Subventionsbedarf.

3.6.3 Wohnungsbestand altert: Renovierung und Ersatz werden zunehmen

Ein Aspekt sollte der Vollständigkeit halber noch nachgetragen werden. Dieses Kapitel zur Anpassung des Wohnungsbestands wurde damit eingeleitet, dass unser Ersatzbedarf heute und wohl auch in den nächsten Jahrzehnten deutlich unter 1% liegen dürfte – selbst wenn man annimmt, dass ein Haus nicht älter als 100 Jahre wird. Es wurde argumentiert, dass v.a. die beiden Strukturbrüche (2. Weltkrieg und Wiedervereinigung) dazu geführt haben, dass unser Wohnungsbestand relativ jung ist. Dieses Argument bedeutet dann aber auch, dass ohne weitere (letztlich nicht prognostizierbare) ähnlich gravierende Zäsuren der Nachhall dieser beiden Strukturbrüche spätestens in der zweiten Hälfte des laufenden Jahrhunderts ausklingt.

Schauen wir uns die aktuelle Struktur des Wohnungsbestands aus Abbildung 52 noch einmal an: Etwa 5 Mio. Wohnungen sind vor 1918 gebaut worden, 4,5 Mio. Wohnungen in der Zeit zwischen 1918 bis 1948. Selbst wenn wir annähmen, dass 4 Mio. dieser Wohnungen denkmalgeschützt sind und dies auch bleiben werden, und bleiben wir kurz bei der Annahme, dass die technische Verweildauer einer nicht schützenswerten Wohnimmobilie tatsächlich bei 100 Jahren läge. Dann wird die Zahl der abgängigen Wohnungen bis zur Jahrhundertmitte steigen. Der würde jedoch auch dann mit 150.000 Wohnungen noch unterhalb des beschleunigten Verlusts an Haushalten liegen.

Spannend wird es dann aber in der zweiten Hälfte des Jahrhunderts: Dann erreichen nämlich die Wohnungen der Nachkriegsjahre ihre Altersgrenze. Jedes Jahr könnten dann über 500.000 Wohneinheiten vom Markt gehen. Selbst wenn man unterstellt, dass die technische Lebensdauer einer Wohnimmobilie jenseits von 100 Jahren liegt, muss man wohl zugeben, dass viele Immobilien der Nachkriegsjahre nur unterdurchschnittliche Qualität aufweisen. Es ist auch möglich dass für diese Immobilien eine technische Nutzungsdauer von 100 Jahren zu optimistisch ist. Dann würde der Bauanstieg schon früher kommen. Gleichzeitig ist es jedoch auch zu erwarten, dass einige dieser Wohnungen aus den 50er und 60er Jahren denkmalgeschützt werden. Gleichzeitig wächst der Sanierungsbedarf. Die Anforderungen für energetische Effizienz einer Immobilie werden dies natürlich unterstützen.

Es wurde in diesem Abschnitt zwar gezeigt, dass man den Baubedarf für die kommenden Jahre nicht künstlich übertreiben sollte. Umgekehrt gilt jedoch auch für die lange Frist, dass man nicht vernachlässigen darf, dass unser Wohnungsbestand nicht nur sukzessive altert, sondern dass es wegen der Strukturbrüche in der deutschen Geschichte markante Sprungstellen hinsichtlich der Notwendigkeit der Ersatz- oder Erhaltungsinvestition gibt. Ab 2050 könnte die eingangs aufgestellte Rechnung spätestens an Gehalt gewinnen. Wie gesagt, das Argument von Günther und Hübl (2009) ist grundsätzlich korrekt, aber wohl in den kommenden zwei Jahrzehnten nur dann richtig dimensioniert, wenn Bestandsmaßnahmen zur energetischen Sanierung und zum Erreichen von Barrierefreiheit regelmäßig im Vergleich zu Neubauten zu teuer wären oder gesetzlich vorgeschrieben würden.

Natürlich ist dies nichts, an das man heute schon mehr als eine Randnotiz verschwenden muss, denn diese Anpassung erfolgt erst in 40 Jahren. Selbst für die strategische Planung ist dies noch sehr weit in der Zukunft.

3.7   Wohnungspreise unter Druck?

Zu Beginn des Buches wurde das Thema mit den Modellergebnissen von Mankiw und Weil für die USA motiviert. Die beiden Ökonomen hatten in den späten 1980er Jahren einen Preisrückgang der realen Hauspreise um fast 50% für die USA prognostiziert. Die Ausführungen in Kapital 2 könnten befürchten lassen, dass die Preise für deutsche Wohnimmobilien noch stärker belastet würden, denn die Herausforderungen im Zuge der demografischen Entwicklung werden gravierender ausfallen als jene in den USA. Allerdings wurde gerade in Kapitel 3 argumentiert, dass voreilige Schlüsse von der Zahl der Einwohner auf die Wohnungspreise unzulässig sind, da die Wohnungsnachfrage, das Angebot und folglich auch die Preisbildung nicht einfach von der Zahl der Einwohner abhängen.

3.7.1   Bevölkerungsanstieg und Wohnungspreise – Theorie

Es ist plausibel, dass es einen partialanalytischen Zusammenhang zwischen der Zahl der Einwohner und der Wohnungsnachfrage sowie zwischen der Wohnungsnachfrage und den Wohnungspreisen gibt. Dann müsste es auch einen direkten Zusammenhang zwischen der Zahl der Einwohner und den Wohnungspreisen geben. Eine höhere Einwohnerzahl führt ceteris paribus zu stärkerer Verknappung und damit zu steigenden Preisen.

Abbildung 53 veranschaulicht dies: N_1 ist die Nachfragefunktion vor der Bevölkerungszunahme, A_1 die unelastische Angebotsfunktion. Es gibt also ein konstantes Wohnungsangebot W_1, das zu Beginn vollständig zum Preis p_1 nachgefragt wird. Vereinfachend wird angenommen, es gäbe keine Flächenreserven, die kurzfristig mobilisiert werden könnten (z.B. durch Untervermietungen oder Ausbau von Dachgeschossen), daher die kurzfristig senkrechte Angebotskurve. Kommt es nun zur Ansiedelung eines neuen großen Unternehmens in der Region, werden viele zusätzliche Arbeitskräfte in die Region ziehen. Diese zusätzlichen Haushalte erhöhen die Nachfrage um ΔB, die Nachfragefunktion verschiebt sich nach N_2. Weil das Angebot jedoch kurzfristig unelastisch ist, kann nicht mehr Wohnfläche absorbiert werden. Es kommt zu Nachfrageüberhängen; die Preise steigen so lange, bis in p_2 ein neues Gleichgewicht gefunden wird. Allerdings locken die höheren Preise in einer zweiten Runde Investoren an, denn viele Menschen wohnen nun in kleineren Wohnungen als sie eigentlich wünschen oder sie wohnen zu weit vom Arbeitsort entfernt. In der zweiten Runde wird also das Wohnungsangebot nach Maßgabe der Baukosten und der Nachfrage ausgeweitet; A_1 verschiebt sich um ΔA zu A_2. Danach steht mehr Wohnfläche zur Verfügung, und der neue Gleichgewichtspreis sinkt wieder, gegebenenfalls sogar bis auf das Niveau von p_1 zurück. Der Preiseffekt der Bevölkerungszunahme wäre also nur vorübergehend.

Zwei Erweiterungen dieses einfachen Modells sind sinnvoll: Erstens lässt sich im Zuzugsgebiet zwischen jenen Flächen unterscheiden, die einfach vermehrt werden können und solchen, die sich nicht einfach vermehren lassen. Das heißt, es gibt eine Zweiteilung des Marktes. Im ersten Marktsegment, in dem das Angebot ausgeweitet werden kann, tritt die skizzierte Marktreaktion in zwei Schritten ein. Die Preise schwanken im Zeitablauf nach der Bevölkerungszunahme. Im zweiten Marktsegment, dem nicht vermehrbaren Angebotsteil, in der Regel dem innerstädtischen Topsegment, kann sich die Angebotskurve nicht verschieben. Hier ist die Nachfrage dauerhaft gestiegen, ohne dass es eine dämpfende Reaktion geben kann. Dort bleiben die Preise dauerhaft über dem Ausgangsniveau.

Allerdings gibt es auch hier einen Dämpfer, denn zwischen den einzelnen Qualitätsklassen gibt es Substitutionsbeziehungen wenn in der Peripherie und im Topsegment gleichzeitig ein Nachfrageanstieg erfolgt, und wenn als Folge davon in einer zweiten Runde das Angebot in der Peripherie wächst, dann werden zumindest einige Nutzer aus dem teuren Zentrum fortziehen und so auch fort für etwas Entspannung sorgen.

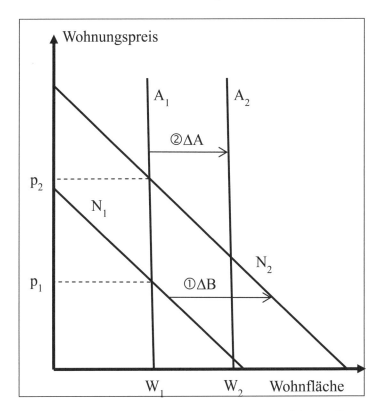

Abbildung 53: Reaktion auf einem typischen Wohnungsmarkt auf eine Bevölkerungszunahme

Die zweite Erweiterung wäre die Berücksichtigung von Baupreisen. Nehmen die Baupreise im Trend zu, hätte man eine positiv geneigte (langfristige) Angebotskurve. Diese würde auch in den Nebenlagen einen Anstieg der Preise nach dem Bevölkerungsanstieg zulassen. Der Rückgang nach der Angebotsausweitung würde dann durch die steigenden Baupreise begrenzt. Das Sinken des Preises fiele schwächer aus.

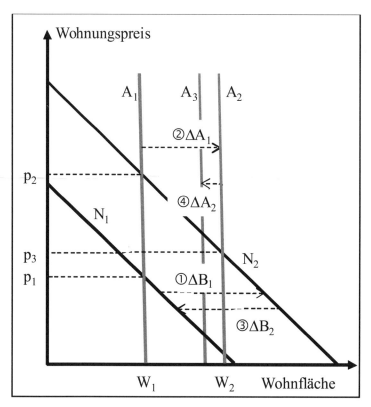

Abbildung 54: Reaktion auf einem typischen Wohnungsmarkt auf eine Bevölkerungsabnahme

Wenn nun die Nachfrage im Zuge eines demographischen Schocks wieder auf das Ausgangsniveau zurücksinkt, dann müsste für den Marktausgleich auch das Angebot wieder auf
A1 zurückfallen. Das ist aber viel schwieriger als bei einer Erweiterung, weil das Angebot
abgerissen werden müsste. Bei Bevölkerungswachstum sorgen die Marktkräfte für eine
schnelle Angebotsreaktion, in einer schrumpfenden Region funktioniert das nicht. Ähnlich
wie im Falle des „Cut-throat-Wettbewerbs" werden Anbieter hier aufgrund der hohen Fixkosten Verluste einfahren, wenn die Abrisskosten über den Kosten des Betreibers einer lee-
ren Wohnung liegen. Schließlich bleibt noch eine wichtige Einschränkung zu machen: Das
Modell sowie die beiden Erweiterungen fußen auf der Annahme, dass die Investoren angemessen auf die Bevölkerungszunahme reagieren. Dies muss in der Realität natürlich nicht so
sein. Es bleiben Unsicherheiten hinsichtlich der konkreten Lage und Ausmaß der Verschiebung der Angebots- und Nachfragekurven. Überinvestition kann die Folge sein. Dies ist
beispielsweise in den USA oder in Spanien während des Immobilienbooms bis 2006/2007
geschehen. Es gab positives Bevölkerungswachstum in vielen Regionen, und dies hatte die
Bautätigkeit reduziert. Das Angebot wurde viel stärker ausgeweitet als durch die zusätzliche
Nachfrage gerechtfertigt gewesen wäre. Umfangreiche Leerstände waren die Folge, die Preise korrigierten stärker als sie in einer idealtypischen Modellwelt hätten reagieren müssen.

3.7.2 Stilisierte Fakten für Deutschland

Tatsächlich lässt sich für den Zeitraum von 1982 bis 2009 ein sehr enger Zusammenhang zwischen der Zahl der Einwohner und der Entwicklung der Wohnungspreise in Deutschland nachweisen (vgl. Abbildung 55). Das Bestimmtheitsmaß R^2, als Maß für die Güte einer öko- nometrischen Schätzung, von rd. 0,4 bedeutet, dass in diesem Zeitraum 40% der Streuung der Wachstumsraten der Wohnungspreise durch die Veränderung der Einwohnerzahl erklärt werden konnte. Und der Ausreißerwert von 1990 ist natürlich auf die Sonderentwicklung im Zuge der Wiedervereinigung zurückzuführen. Ohne das Jahr 1990 wäre der Erklärungsgehalt der Schätzung besser. Die Gleichung bedeutet, dass ein Anstieg der Einwohnerzahl um 1% mit einem Anstieg der Wohnungspreise um fast 3,4% zusammenfiel.

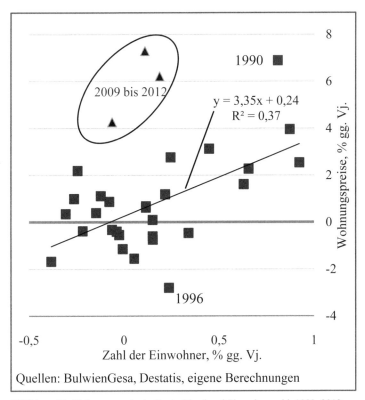

Abbildung 55: Wohnungspreise in Deutschland und Einwohnerzahl, 1982–2012

Ohne Bevölkerungswachstum gehen die Wohnungspreise sogar leicht zurück. Für dieses einfache Modell ist dies eine erstaunlich hohe Erklärungskraft. Tatsächlich funktionieren die Wohnungsmärkte jedoch nicht so einfach. Es wurde ja bereits an früherer Stelle auf die ande- ren Bestimmungsfaktoren der Wohnungsnachfrage hingewiesen; auf die Einkommensent- wicklung, die Höhe und Entwicklung der Zinsen und auf die angebotsseitigen Impulse. Zu- dem war ein zentrales Argument in diesem Kapitel, dass die Zahl der Einwohner nur einer von mehreren demografischen Aspekten bei der Wohnflächennachfrage ist.

Zudem wurde bei dieser Regression ein kleiner „Trick" angewandt, der bei ökonometrischen Analysen (leider) sehr häufig angewandt wird. Es wurde nämlich nur der Zeitraum berücksichtigt, der ein besonders günstiges Ergebnis liefert. Nimmt man auch noch die vorliegenden Daten von 1976 bis 1981 in die Schätzgleichung mit auf, sinkt das R^2 sehr stark. Die hohen Inflationsraten, die durch die Ölpreisschocks bewirkt wurden, schlugen sich nämlich auch zum Teil in deutlich höherer Hauspreisinflation nieder. Das Bevölkerungswachstum war nicht sehr hoch, die Hauspreise stiegen jedoch deutlich stärker als durch die einfache Gleichung gerechtfertigt wäre. Selbst wenn man nur die realen Hauspreise (also die Veränderung der Hauspreise abzüglich der Verbraucherpreissteigerung) mit dem Bevölkerungswachstum korreliert, erhält man für den Stützzeitraum von 1976 bis 2009 nur ein Bestimmtheitsmaß von unter 20%. Auch die letzten drei Datenpunkte (2010 bis 2012) passen nicht gut in das Bild.

Außerdem ist zwischen der Preisentwicklung anderer Wohnimmobilienklassen und der Einwohnerzahl kein ähnlich enger Zusammenhang zu finden. Die Preise für Ein- und Zweifamilienhäuser hingen selbst in den Jahren von 1982 bis 2009 weniger stark am Bevölkerungswachstum als die Preise für Wohnungen. Wahrscheinlich liegt das daran, dass Ein- und Zweifamilienhäuser knapper waren und dass Zuwanderung zunächst in Wohnungen in Innenstädten und nicht in Eigenheime erfolgt. Da in den letzten Jahrzehnten das deutsche Bevölkerungswachstum v.a. durch Zuwanderung bestimmt wurde, und weil Zuwanderung zunächst eher innerstädtische Wohnungen in Mehrfamilienhäusern verknappen lässt, ist der Unterschied zwischen der Preisentwicklung für Wohnungen und Häuser durchaus plausibel.

Bemerkenswert ist auch, dass der direkte Zusammenhang zwischen der Zahl der Einwohner und der Entwicklung der Wohnungspreise auf der Stadtebene weniger klar zu erkennen ist als auf der Ebene von Deutschland insgesamt. Abbildung 56 veranschaulicht dies. Das ist zunächst verwunderlich, denn man müsste doch vermuten, dass die Preise nur dort reagieren, wo tatsächlich zusätzliche Nachfrage auftritt. Außerdem hat man natürlich viel mehr Datenpunkte, wenn man viele Städte gleichzeitig untersuchen kann. Allerdings zeigt die Analyse von 40 westdeutschen Städten für die Jahre 1981 bis 2007 keinen engen Zusammenhang zwischen der Entwicklung der Einwohnerzahlen in einer Stadt und jener der jeweiligen Wohnungspreise (für frühere Jahre lagen nicht hinreichend Daten vor). Das Jahr 1987 wurde aus dem Sample herausgenommen, da es in diesem Jahr teilweise sehr starke Bevölkerungsbewegungen gab (in Einzelfällen >5%), die nur durch eine geänderte Grenzziehung erklärt werden können.

Es ist zwar ein positiver Zusammenhang erkennbar – ein Bevölkerungsanstieg um 1% führt zu etwa 1% höheren Wohnungspreisen – allerdings wird durch diese Gleichung nur sehr wenig der tatsächlich stark schwankenden Preisentwicklung erklärt. Das Bestimmtheitsmaß ist sehr nahe an Null. Werden nicht jährliche Veränderungsraten verwendet, sondern die Veränderungen über längere Zeiträume (beispielsweise zehn Jahre), verschlechtert sich der Erklärungsgehalt sogar noch. Woran liegt dies?

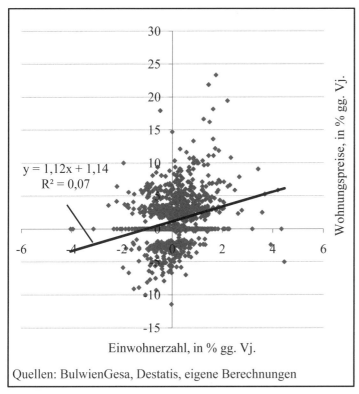

Abbildung 56: Wohnungspreise und Einwohnerzahl in rd. 40 westdeutschen Städten, 1981–2007

Natürlich kann eine partiale Einflussgröße nicht in allen einfachen Regressionsmodellen auch klar erkennbar sein. Veränderungen im Wohnungsangebot wurden hier nicht berücksichtigt, wirken aber in einer disaggregierten Schätzgleichung viel stärker als in einer Gleichung mit aggregierten Daten, da es eben darauf ankommt, wo ein Haus zusätzlich gebaut wurde. Bei Städten können hier zahlreiche Sonderfaktoren eine Rolle spielen: z.B. das Ausweisen neuen Baulands entweder vor der Stadt oder in der Stadt. Vor der Stadt sorgt das Bauland tendenziell für Abwanderung, in der Stadt jedoch nicht. Ohne parallele Berücksichtigung des Wohnungsangebots ließe sich nicht erkennen, wieso die Wohnungspreise in der Stadt nachgeben – weil die Leute fortwandern oder weil es zu viele neue Wohnungen gibt.

Zudem sind Wirkungsverzögerungen zu erwarten. Erfolgt der Bevölkerungsanstieg zum Beispiel durch Zuwanderung sehr rasch, kann das Angebot nicht sofort reagieren. Die Preise steigen. Das führt zu neuer Bautätigkeit. Werden zu viele Wohnungen fertiggestellt, könnten nach der Angebotsanpassung die Preise sogar unter dem Ausgangsniveau liegen. Es gab zwar einen kurzfristig positiven Zusammenhang zwischen Bevölkerungswachstum und Wohnungspreisen, dieser wurde dann jedoch durch den negativen Impuls des Mehrangebots überkompensiert. Da die Wirkungsverzögerungen nicht für alle Städte gleich ausgeprägt sind, gäbe es bei einer einheitlichen Vorgehensweise sehr viele Schätzfehler.

Die Ergebnisse von Demary und Voigtländer (2009) deuten tendenziell auf einen positiven Zusammenhang zwischen Wohnungsnachfrage und Wohnungspreisen, doch sind auch ihre Ergebnisse von der gewählten Immobilienklasse und dem konkreten Modellzuschnitt stark abhängig. Gleichwohl sind sie dahingehend klar in ihrer Aussage: Ein Bevölkerungsrückgang führt eher zu sinkenden Preisen. Auch Bräuninger und Otto (2006) finden einen positiven Zusammenhang und schätzen für zahlreiche, v.a. westdeutsche Städte noch nennenswerte (reale) Wertzuwächse in den nächsten zwei Jahrzehnten und auch des Anstiegs der Haushaltszahlen in diesen Zuzugsregionen.

3.7.3   Preise in schrumpfenden Städten sind niedrig

Eine Annäherung an die Preiseffekte in schrumpfenden Regionen bietet die Studie von Maennig und Dust (2008). Letztlich stellt die Studie eine Konkretisierung des zuvor geschätzten positiven Preiszusammenhangs zwischen Bevölkerungsentwicklung und Wohnnungspreisen dar. Ein wichtiges Argument für Maennig und Dust ist hierbei der Sperrklinkeneffekt aus dem Abschnitt 3.6.2.

Maennig und Dust schätzen für 98 deutsche Städte eine Cross-Section-Analyse, also ein Modell zu einem bestimmten Zeitpunkt. Als endogene Variable werden die (logarithmierten) Preise für neue Einfamilienhäuser im Jahr 2002 verwendet.

$$\ln(PRICE) = \beta_0 \cdot \ln(POP) + \beta_1 \cdot INCREASE \cdot POPGROWTH +$$
$$\beta_2 \cdot SHRINK \cdot POPGROWTH + \beta_3 \cdot \ln(COST) + \beta_4 \cdot \ln(INCOME) + u$$

Wobei:

$PRICE$	=	Hauspreisvariable (endogen)
POP	=	Zahl der Einwohner im Jahr 2002
$POPGROWTH$	=	Bevölkerungswachstum von 1992 bis 2002
$INCREASE$	=	Dummy für Regionen mit wachsender Bevölkerung=1
$SHRINK$	=	Dummy für Regionen mit schrumpfender Bevölkerung=1
$COST$	=	Baukostenvariable
$INCOME$	=	Pro-Kopf-Einkommen einer Region
u	=	Störterm

Mit diesem Modell lassen sich im Wesentlichen drei Dinge für die deutschen Wohnungsmärkte zeigen: Erstens, in größeren Städten sind die Hauspreise höher als in kleinen Städten (vgl. hierzu auch Just, 2008). Zweitens, Bevölkerungswachstum erfolgte in der Regel in den Regionen mit heute höheren Preisen. Drittens, der positive Zusammenhang zwischen Bevölkerungswachstum und Höhe der Hauspreise lässt sich in erster Linie darauf zurückführen, dass in Regionen mit schrumpfender Bevölkerung die Hauspreise besonders niedrig sind. Der Preiszusammenhang für wachsende Städte war nicht signifikant positiv. Dieser Zusammenhang gilt nicht nur für ostdeutsche Städte, sondern auch für westdeutsche.

Maennig und Dust weisen also in ihrer Cross-Section Analyse nach, dass Bevölkerungstrends einen Einfluss auf die Hauspreise haben. Damit können sie Ergebnisse von DiPasquale und Wheaton (1996) und Poterba (1991) für die USA auch für Deutschland bestätigen. Gerade die Asymmetrie der Preisanpassung hat für die Zukunft große Bedeutung: In schrumpfenden Regionen könnten demnach die Preise stärker zurückgehen als sie in wachsenden Regionen steigen können. Das Ergebnis passt sehr gut zu dem oben dargestellten

Argument des Sperrklinkeneffekts. In einer wachsenden Stadt kann das Angebot zeitverzögert reagieren und so die Knappheiten beenden.

Aufgrund des Sperrklinkeneffekts würde aber Überangebot viel zu spät und unzureichend vom Markt genommen. Die Preise würden dauerhaft rutschen. Mit Hilfe der zuvor verwendeten lässt sich dies noch einmal erläutern: In Regionen mit Bevölkerungszuzug gibt es zunächst einen Preisanstieg, der teilweise danach durch zusätzliches Angebot wieder reduziert wird. In Regionen mit sinkender Bevölkerung verschiebt sich die höhere Angebotskurve (hier dann A_2) aufgrund des Sperrklinkeneffektes nicht in Richtung A_1, um zu einem neuen Gleichgewicht kommen, sondern das Überangebot bleibt lange bestehen. Die Preise bleiben langfristig niedrig oder würden bei anhaltendem Bevölkerungsverlust weiter fallen. Freilich lassen sich die Cross-Section-Ergebnisse von Maennig und Dust nicht einfach für eine Prognose nutzen, da die geschätzten Koeffizienten eben die Unterschiede zwischen einzelnen Städten im Jahr 2002 abbilden, nicht aber die Dynamik der Anpassung.

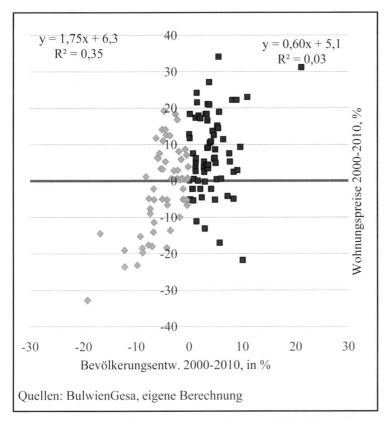

Abbildung 57: Asymmetrie der Preisreaktion im Wohnungsmarkt für Neubauwohnungen

Die Ergebnisse von Maennig und Dust (2008) lassen sich gut in einem einfachen Schaubild darstellen: Für die Abbildung 57 wurden insgesamt 127 deutsche Städte analysiert. Dabei wird veranschaulicht, dass der Zusammenhang zwischen Bevölkerungsanstieg und Wohnungspreisanstieg im Falle einer positiven Entwicklung der Bevölkerungszahlen statistisch nicht abgesichert ist. Die Trendanpassung für die Punktewolke auf der rechten Seite der Y-

Achse ist schwach geneigt und ihre Streuung nicht signifikant von Null verschieden. Anders sieht es für die linke Punktewolke aus, also für den Teilbereich der schrumpfenden Regionen. Nachhaltiger Preisdruck in Schrumpfungsregionen ist wahrscheinlicher als nachhaltiger Preisanstieg in Wachstumsregionen.

3.7.4   Berücksichtigen die heutigen Wohnungspreise bereits die künftigen demografischen Entwicklungen?

Die Überlegungen aus den vorherigen Abschnitten werfen natürlich eine wichtige Frage auf: Wenn die demografischen Entwicklungen als sehr belastbare Trends betrachtet werden können, das Wissen zu diesen Entwicklungen bereits seit Jahrzehnten unter Demografen verbreitet ist und seit einigen Jahren auch unter Immobilienprofessionals immer intensiver diskutiert wird, und wenn angesichts dieser Entwicklung mit Preisrückgängen in den Fortzugsregionen gerechnet werden kann, warum sind diese Entwicklungen nicht bereits heute in den Wohnungspreisen enthalten?

Regelmäßige Leser von Aktienmarktberichten, ja selbst wer nur unregelmäßig die Börsennachrichten im Fernsehen verfolgt, ist schon einmal darüber gestolpert, dass regelmäßig die Aktienkurse von Unternehmen nachgeben, selbst wenn das Unternehmen einen Gewinnanstieg berichtet – dann nämlich, wenn die Anleger damit rechnen konnten dass das aktuelle Gewinnniveau nicht gehalten werden kann und der Gewinnanstieg geringer ausfiel als erwartet. Das heißt, die heutigen Aktienkurse enthalten bereits alle Erwartungen hinsichtlich der künftigen Entwicklung. Ein Anstieg des Aktienkurses erfolgt nur bei einer positiven Überraschung.

Nun funktionieren Immobilienmärkte nicht exakt wie Aktienmärkte. Erstens sind Aktien (fast) standardisiert, beliebig teilbar und häufig sehr liquide. Immobilien sind indes sehr spezifisch, werden überwiegend als Direktanlagen als „Klumpen" gehandelt. Beides führt dazu, dass das Transaktionsvolumen in Relation zum Wert des dahinter liegenden Vermögensgegenstands bei Aktien um ein Vielfaches höher ausfällt als bei Immobilien. Hinzu kommt, dass auf den Aktienmärkten – v.a. anders als auf den Wohnimmobilienmärkten – überwiegend professionelle Investoren agieren. Hier könnte man eine höhere Kapazität in der Informationsverarbeitung vermuten. Die Marktteilnehmer könnten geübter im Berücksichtigen von Erwartungen sein. Schließlich sind gerade Wohnimmobilien – anders als Aktien – eben auch ein Konsumgut. Gleichwohl bleibt die Vermutung, dass auch Privatanleger versuchen werden, ihre Erwartungen bereits heute in ihre Entscheidungen einfließen zu lassen. Dann müssten die demografischen Entwicklungen in den Fortzugsgebieten zumindest teilweise bereits in den aktuellen Preisen enthalten sein.

Pomogajko und Voigtländer (2012) haben sich dieser Frage angenommen. Ausgangspunkt ihrer Überlegungen waren die Vorausberechnungen für die Wohnflächennachfrage für 127 Marktstädte bis zum Jahr 2025. Die Ergebnisse der Wohnflächenprognose wurden bereits in Demary und Voigtländer (2009) zusammengefasst. Ähnlich wie in diesem Buch kommen auch Demary und Voigtländer zu dem Ergebnis, dass die Wohnflächennachfrage trotz eines Rückgangs der Bevölkerung bis zum Jahr 2030 weitgehend unverändert bleiben dürfte: Erstens rechnen sie mit einem Anstieg der Haushaltszahlen und zweitens erwarten sie einen Anstieg der Wohnflächennachfrage von älteren Menschen vor allem in Ostdeutschland. Diese Aussage gilt jedoch nur für Deutschland insgesamt. Für einzelne, besonders belastete Regionen dürfte die Wohnflächennachfrage schon deutlich früher nachgeben.

In ihrem Beitrag von 2012 stellen Pomogajko und Voigtländer je ein Regressionsmodell für die erwartete Wachstumsrate der Wohnungsmieten einer Stadt i (g_i) und ein Modell für die Höhe der (logarithmierten) Wohnungspreise (P_i). Sie leiten ihre Rechnungen aus einem Portfolio-Ansatz für ein deutsches Immobilienportfolio ab. Dann lässt sich mit Hilfe des Capital Asset Pricing Model (CAPM) auf der Basis eines (unterstellten) risikolosen Zinssatzes die erwartete Mietwachstumsrate einer Stadt schätzen. Um den Einfluss der demografischen Entwicklung auf die erwartete Mietentwicklung zu erfassen, führen sie dann eine zweite Regression durch, nämlich verschiedener Einflussgrößen, darunter unter anderem ihre Wohnflächenprognose je Stadt und die Bevölkerungsprognose für jede Stadt auf diese geschätzte künftige Wachstumsrate der Mieten.

Für die erwartete mittlere Wachstumsrate der Wohnungsmieten schätzen Pomogajko und Voigtländer das folgende Modell, wobei die β_i hier natürlich als reine Regressionskoeffizienten zu lesen sind:

$$g_i = \beta_0 + \beta_1 \cdot f_i + \beta_2 \cdot b_i + \beta_3 \cdot wp_i + \beta_4 \cdot wm_i + \beta_5 \cdot fq_i + \beta_6 \cdot qm_i + \beta_7 \cdot e_i + \beta_8 \cdot kk_i + \mu_i$$

Mit:

g	=	Wachstumsrate der Mieten
f	=	prognostiziertes jährliches Wachstum der Wohnungsnachfrage bis 2025
b	=	prognostiziertes jährliches Bevölkerungswachstum
wp	=	durchschnittliche Wachstumsrate der Preise in den letzten 20 Jahren
wm	=	durchschnittliche Wachstumsrate der Mieten in den letzten 20 Jahren
f_q	=	Fertigstellungsquote (Anteil der fertig gestellten Wohnungen zum Bestand)
qm	=	Wohnfläche je Einwohner (in Quadratmeter)
e	=	Zahl der Einwohner (logarithmiert)
kk	=	Kaufkraft (Mittelwert =100)
µ	=	Störterm
β_0	=	Konstante
$\beta_{1,2,\ldots}$	=	Koeffizienten für die Einflussgrößen.

Die Regressionsergebnisse sind eindeutig: es gibt einen starken und hoch signifikanten Einfluss der Variable f (prognostiziertes jährliches Wachstum der Wohnungsnachfrage bis 2025) auf die erwartete Wachstumsrate der Wohnungsmieten in den analysierten 127 Städten. Steigt die Flächennachfrage um 1%, so führt das zu einer um 0,4% höheren Wachstumsrate der erwarteten Mieten.

Das (um die Zahl der Freiheitsgrade) adjustierte Bestimmtheitsmaß R^2_{adj} gibt an, dass über die Hälfte der Unterschiedlichkeit hinsichtlich des erwarteten Mietwachstums der Städte durch diese Schätzgleichung erklärt werden kann. Die Schätzung hat jeweils insgesamt hohe Erklärungskraft wie der F-Wert zeigt.

Tabelle 10: Regressionsergebnisse für das erwartete Mietenwachstum

Endogene (zu erklärende) Variable: Erwartetes Mietenwachstum (g)			
		Modell 1a	Modell 1a
β_0	Konstante	−1,167 (−1,42)	0,869 (1,03)
f	Wachstum der Wohnungsnachfrage bis 2025	0,394*** (2,85)	0,403*** (2,86)
b	jährliches Bevölkerungswachstum	−0,075 (−1,00)	−0,077 (−1,00)
wp	durchschnittliche Wachstumsrate der Preise	0,360*** (8,00)	0,367*** (7,98)
wm	durchschnittliche Wachstumsrate der Mieten	−0,142*** (−3,30)	−0,145*** (−3,30)
fq	Fertigstellungsquote	−0,053 (−0,43)	−0,054 (−0,43)
qm	Wohnfläche je Einwohner	0,005 (0,36)	0,006 (0,40)
e	Zahl der Einwohner	−0,062 (−1,48)	−0,064 (−1,49)
kk	Kaufkraft	0,003 (1,00)	0,004 (1,33)
$R^2_{adj.}$		0,55	0,55
F-Wert		20,17	20,13

Anm.: N=127; ***= 1 Prozent Signifikanzniveau; t-Werte in Klammern. Modell 1a unterstellt einen risikolosen Zins von 2,3%, Modell 1c einen Zinssatz von 5,1%. Die in der Studie präsentierten Modelle 1b und 1d wurden hier nicht dargestellt. Sie reduzieren die Modelle jeweils auf die exogenen Variablen f, b, wp und wm sowie auf die Konstante

Quelle: Pomogajko und Voigtländer (2012)

Auch ihr zweites Modell, bei dem sie direkt auf die aktuellen Wohnungspreise regressieren, ist aufschlussreich. In ihrer Schätzgleichung, die ähnlich aufgebaut ist wie die Gleichung für die Entwicklung der Mieten, kommen sie zu dem Ergebnis, dass die heutigen Preise in hohem Maße die Erwartung künftiger demografischer Trends zu enthalten scheinen. In Städten, in denen die Flächennachfrage um 1% pro Jahr steigt, liegen die heutigen Preise um rd. 18% höher als in Städten, in denen die Flächennachfrage bis 2025 stagniert.

Dies würde bedeuten, die befürchteten Preiseinbrüche aufgrund demografischer Prozesse könnten kleiner ausfallen als häufig erwartet, weil der Preiseinbruch – oder auch nur fehlender Preisanstieg – bereits bis heute stattgefunden hat. In diesem Modell besitzen die Strukturvariablen fq, qm, e und kk hohe Erklärungskraft. Anders als in dem zuvor präsentierten Modell stehen hier auch statische heutige Preise als zu erklärende Variable im Mittelpunkt. In dem ersten Miet-Modell ging es um dynamische Prozesse. Hier spielen Niveaus naturgemäß nur eine geringere Rolle.

Die Ergebnisse für die Wohnungspreise sind in der folgenden Tabelle zusammengefasst:

Tabelle 11: Regressionsergebnisse für die heutigen Wohnungspreise

Endogene (zu erklärende) Variable: heutige Wohnungspreise (P)		
β_0	Konstante	6,984*** (26,76)
f	Wachstum der Wohnungsnachfrage bis 2025	0,183*** (4,26)
b	jährliches Bevölkerungswachstum	–0,010 (–0,43)
wp	durchschnittliche Wachstumsrate der Preise	0,090*** (7,50)
fq	Fertigstellungsquote	0,097*** (2,49)
qm	Wohnfläche je Einwohner	–0,020*** (–4,00)
e	Zahl der Einwohner	0,046*** (3,54)
kk	Kaufkraft	0,007*** (7,00)
$R^2_{adj.}$		0,83
F-Wert		88,95

Anm.: N=127; ***= 1 Prozent Signifikanzniveau; t-Werte in Klammern

Quelle: Pomogajko und Voigtländer (2012).

Dies wirft natürlich dann die nächste Frage auf: Sind alle demografischen Prozesse bereits heute in den Preisen enthalten? Natürlich nicht, und zwar aus zwei Gründen: Erstens können die heutigen Entscheider nur unvollkommen in die Zukunft schauen. Die heutigen Preise können demnach bestenfalls die mittleren heutigen Erwartungen an die Zukunft enthalten, nicht aber die tatsächliche Entwicklung. Den obigen Modellen lagen relativ aktuelle Prognosen zugrunde. Doch wie in Kapitel 2.7gezeigt wurde, sind gerade regionale Vorausberechnungen mit erheblichen Unsicherheiten behaftet und häufig starken Korrekturen unterworfen. Sie mögen ein relativ gutes Abbild der aktuellen Erwartungen sein, bzw. die Erwartungen dürften sich häufig an diesen Vorausberechnungen orientieren. Daher ist es auch richtig, dass die Preise sich an diesen Prognosen und dahinter stehenden Erwartungen orientieren. Das bedeutet, in Städten, in denen die Bevölkerungsentwicklung künftig günstiger verläuft als in den aktuellen Vorausberechnungen dargestellt, unterschätzt das heutige Preisniveau das Mietsteigerungspotenzial. Dort werden die Preise stärker steigen als erwartet. Und in Städten, in denen die Entwicklung schlechter verläuft als heute erwartet, werden die Preise tatsächlich sinken, weil es eine Anpassung der Erwartungen an das neue Ist geben muss.

Die echten Chancen liegen also in Städten, die aktuell unterschätzt werden und die echten Risiken liegen in Städten, die aktuell überschätzt werden. Die bekannten Risiken sind größtenteils in den Preisen enthalten.

Zweitens gibt es natürlich zahlreiche Effekte, die in dieser Modellierung nicht berücksichtigt werden können. So führte die Finanz- und Wirtschaftskrise seit 2008 auch zu einer Reallokation zahlreicher privater und institutioneller Portfolios hin zu Wohnimmobilieninvestitionen. Diese Reallokation lässt die Wohnungspreise seitdem verstärkt steigen. Genauso könnten die Preise bei einer Rückbesinnung auf Aktien und Anleihen in der Zukunft wieder fallen – ungeachtet der sonstigen fundamentalen Faktoren, die für oder wider Wohnungsengagement sprechen mögen. Hinzu kommt, dass es in Städten, in denen erst für die Zukunft mit Leerständen gerechnet wird, die Anpassungen dann unvollkommen sind, wenn es keinen vollständigen Ausgleich zwischen Miet- und Eigentumsmärkten gibt. Wenn es beispielsweise in einer Stadt nur ein sehr begrenztes Angebot an Miethäusern gibt, dann lässt sich das Argument, dass die Mieten in der Zukunft fallen könnten und dass daher ein niedriger Preis gerechtfertigt wäre nicht halten, wenn man das gewünschte Objekt gar nicht bekommt. In solchen Städten, in denen eine Trendwende noch bevorsteht, könnten dann in diesen Marktsegmenten die Preise tatsächlich stärker sinken, als in den obigen Regressionen zum Ausdruck kommen mag.

Die Kernaussage bleibt hiervon jedoch unangetastet: Marktteilnehmer berücksichtigen die künftigen demografischen Entwicklungen bereits heute in ihren Kalkulationen. Dieses Ergebnis findet sich auch bei Just (2011). In dieser Studie wurden in einem ersten Schritt drei unterschiedliche regionale Bevölkerungsvorausberechnungen für knapp 100 deutsche Kreisstädte des BBR, bzw. der Folgeinstitution BBSR aus den Jahren 2003, 2006 und 2009 verglichen (BBR, 2003; BBR, 2006; BBSR, 2009). Das Ergebnis bestätigt natürlich die Analyse aus dem Kapitel 2.7.3: Regionale Prognosen sind unsicher. Selbst innerhalb kurzer Prognoseintervalle entsteht mitunter nennenswerter Korrekturbedarf auf Kreisebene. Für Abbildung 58 wurde der mittlere Prognosewert für die 96 Städte gegen die Mietrendite der Städte abgetragen. Es gibt einen deutlichen negativen Zusammenhang, das heißt, die Mietrenditen sind in Städten mit positivem Bevölkerungsausblick signifikant niedriger als in Städten mit negativem Ausblick. Da die Mietrendite letztlich als ein Maß der Risikoeinschätzung interpretiert werden kann, da sie angibt wie schnell Käufer ihren Kaufpreis zurück haben möchten, bedeutet dies, dass Marktakteure das Risiko eines Bevölkerungsschwunds schon heute in ihrer Kalkulation zu berücksichtigen scheinen.

Die Abbildung zeigt aber auch, dass es deutliche Abweichungen einzelner Städte von der Regressionsgerade gibt. Natürlich erklären die demografischen Trends nicht allein die Renditeunterschiede in den deutschen Städten.

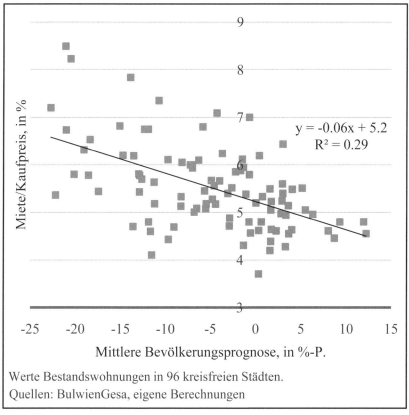

Werte Bestandswohnungen in 96 kreisfreien Städten.
Quellen: BulwienGesa, eigene Berechnungen

Abbildung 58: Zusammenhang zwischen Bevölkerungsprognose und Mietrendite in Deutschland, 2010

Letztlich erlauben die Daten des BB(S)R aber nicht nur eine Einschätzung über die mögliche Erwartung von Investoren über die künftigen Bevölkerungsentwicklungen in den Städten, gerade die Veränderung der Prognosen in den sechs Jahren könnte auch als Maß für die Prognoseunsicherheit für eine Stadt interpretiert werden.

In der Abbildung 59 ist nun diese Prognosespanne, also die Differenz der günstigsten und ungünstigsten der drei BB(S)R-Bevölkerungsprognosen, gegen die Mietrendite abgetragen. Tatsächlich gibt es auch hier einen signifikanten Zusammenhang zwischen beiden Größen. Städte mit einer hohen Prognosespanne, also Städte, in denen es offenbar größere Prognoseunsicherheit gibt, weisen eine messbar höhere Mietrendite aus als Städte mit geringer Prognosespanne. Dieser Zusammenhang ist unabhängig von der konkreten Art der Spanne, also ob es sich zum Beispiel um eine Differenz zweier hoher positiver Zuwachsraten handelt oder ob es sich um die Differenz zweier hoher Schrumpfungsraten handelt.

Auch hier gibt es starke Abweichungen von der Regressionsgerade, und auch dies darf nicht überraschen, denn die Prognosespanne ist kein öffentlich zugänglicher Wert. Er ist nur ein Maß für die möglicherweise empfundene Prognoseunsicherheit, die heutige Käufer und Verkäufer an einem Standort in ihre Preiskalkulationen aufnehmen könnten. Die Prognosespanne ist ein deutlich weicherer Indikator als die zugänglichen Prognosedaten. Umso erstaunlicher ist es, dass es hier einen positiven Zusammenhang gibt. Die Anleger scheinen ein Gespür sogar für die Unsicherheit der Bevölkerungsprognosen zu entwickeln und berücksichtigen dies in ihren Aktivitäten.

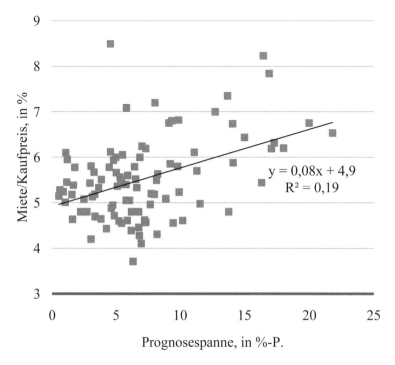

$$y = 0{,}08x + 4{,}9$$
$$R^2 = 0{,}19$$

Werte Bestandswohnungen in 96 kreisfreien Städten.

Quellen: BulwienGesa, eigene Berechnungen

Abbildung 59: Unsicherheit der Bevölkerungsprognose und Mietrendite, 2010

Nun könnte vermutet werden, dass beide Zusammenhänge letztlich dasselbe Phänomen messen, weil zum Beispiel alle schrumpfenden Regionen auch eine hohe Prognosespanne aufweisen und die wachsenden Regionen als besonders stabil eingeschätzt werden. Die Korrelation zwischen Prognosespanne und der mittleren Bevölkerungsprognose ist jedoch ausgesprochen schwach.

Außerdem könnte vermutet werden, dass es latente Variable hinter der Prognosespanne oder der mittleren Bevölkerungsprognose gibt. Daher ist es sinnvoll, mit Hilfe einer multiplen Regression den empirischen Gehalt der beiden Variablen zu überprüfen. Die folgenden Ergebnisse wurden von Just (2012a) präsentiert. Zu beachten ist, dass hier die statt der mittleren Bevölkerungsprognose die Bevölkerungsprognose aus dem Jahr 2009 des BBSR verwendet wurde.

Drei Dinge sind auffällig: Der Koeffizient für die Prognosespanne hat in allen drei Modellen ein signifikant von Null verschiedenen positiven Koeffizienten. Anders als jener für die Bevölkerungsprognose ist der Koeffizient der Prognosespanne in diesen drei Modellen signifikant von Null verschieden. Insgesamt lässt sich in zwei von drei Modellen ein zusätzlicher Einfluss der Prognosespanne über den Einfluss der Prognose hinaus erkennen. Zweitens gehen signifikante Einflüsse von anderen Strukturvariablen aus: Wirtschaftlich gesündere Städte mit höherer Kaufkraft weisen eine geringere Mietrendite aus, Städte mit Überangebot (hohe Zahl an Wohnungen je Einwohner) weisen eine höhere Mietrendite aus als Städte mit Knappheit. Schließlich wurden touristisch attraktive Städte – egal ob es sich um Geschäfts- oder Freizeittourismus handelt – als Städte mit geringerer Mietrendite isoliert.

Tabelle 12: Regressionsergebnisse für das erwartete Mietenwachstum

Endogene (zu erklärende) Variable: Mietrendite für Bestandswohnungen 2010

	Modell 1	Modell 2	Modell 3
Konstante	5,89*** (10,98)	1,67 (1,05)	3,05* (1,74)
Bevölkerungsprognose 2009	–0,03*** (–3,28)	–0,02* (1,92)	–0,01 (–1,08)
Prognosespanne	0,05*** (2,54)	0,04** (2,30)	0,04** (2,23)
Westdeutschland-Dummy	0,02 (0,07)		
Fremdenverkehrsübernachtungen			–0,07** (–2,01)
Verfügbare Einkommen	0,00* (–1,67)		
Kaufkraftkennziffer		–0,07** (–2,19)	–0,01* (–1,65)
Wohnungen je Einwohner		6,92** (2,19)	6,70** (–2,12)
$R^2_{adj.}$	0,34	0,39	0,40

Anm.: N=96; ***= 1 Prozent Signifikanzniveau;**=5 Prozent Signifikanzniveau; *=10 Prozent Signifikanzniveau t-Werte in Klammern.

Quelle: Just (2012a).

Insgesamt erhärten diese Ergebnisse die Resultate von Pomogajko und Voigtländer. Darüber hinaus zeigen Sie aber auch, dass auf den Immobilienmärkten nicht nur die Bevölkerungsprognosen, sondern auch implizit ein Gefühl für die Prognoseunsicherheit heute schon gehandelt werden. Das bedeutet, dass der Spielraum aufgrund von demografischen Prozessen eine Überrendite auf den Immobilienmärkten zu erzielen, relativ klein sein dürfte.

3.7.5   Langfristige Preisprognosen für deutsche Regionen

Einen gänzlich anderen Weg als die bisher zitierten Forscher mit ihren Regressionsanalysen gehen die Analysten des Instituts für Vermögensaufbau (2007) in ihrer Studie. Der Kern ihrer Untersuchung ist ein Scoring-Modell für Ein- und Mehrfamilienhäuser in deutschen Kreisen. Hierfür wird in einem ersten Schritt jeweils ein (Initial)-Score für Einfamilienhäuser und einer für Mehrfamilienhäuser ermittelt. Diese Scores werden aus den Ergebnissen der Raumordnungsprognose des Bundesamts für Bauwesen und Raumordnung (2006) gewonnen und können Werte zwischen 0% (sehr unattraktiv) und 100% (sehr attraktiv) annehmen. Hierbei fließen erstens die Prognosen zur Haushaltsstruktur in den Kreisen ein, also die Zahl der Haushalte nach Haushaltsgrößen, zweitens die vom BBR prognostizierte Wohnflächennachfrage bis zum Jahr 2020 nach Ein- und Mehrfamilienhäusern und drittens das vom BBR bewertete Leerstandsrisiko in den Regionen.

Um das Problem der hohen Unsicherheit regionaler Prognosen sowie die unterschiedlichen Einschätzungen hinsichtlich zukünftiger Präferenzen (z.B. hinsichtlich Remanenz der Senioren) zu dämpfen, wurden nicht nur unterschiedliche Varianten durchgespielt, es wurde auch ein Referenzscore ermittelt. Diese Referenz ist der „größte gemeinsame Nenner" mit anderen Prognosen. In einem letzten Schritt wurden fünf gleich mächtige Klassen gebildet (A [sehr attraktiv] bis E [sehr unattraktiv]), wobei als Optimierungsregel galt, den Unterschied zwischen dem eigenen Initialscore und dem Referenzscore zu minimieren. Implizit wurde also eine Gleichverteilung über die fünf Entwicklungsgruppen angenommen. Dies ist sicherlich eine starke Annahme für die Randgruppen (sehr attraktiv, sehr unattraktiv), Extremwerte kommen ebenso häufig vor wie mittlere Werte. Da die Scores jedoch auch in absoluter Höhe ausgewiesen werden, dürfte dies kein gravierendes Bewertungsproblem sein.

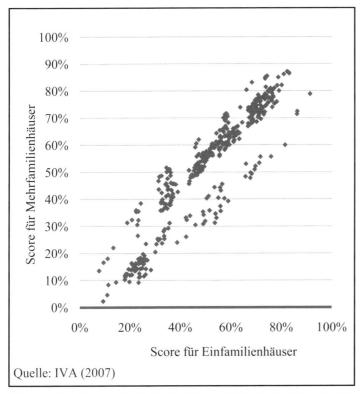

Quelle: IVA (2007)

Abbildung 60: Initialscores für Einfamilienhäuser und Mehrfamilienhäuser für 440 deutsche Kreise

Bemerkenswert ist auf jeden Fall, dass die Scores für Ein- und Mehrfamilienhäuser sehr hoch korreliert sind. Das würde bedeuten, dass die Wahl der richtigen Region wichtiger ist als die Entscheidung für oder wider einen spezifischen Wohnimmobilientyp. Die Ergebnisse sind insgesamt (natürlich) gut mit den regionalen Prognoseergebnissen aus Kapitel 2 vereinbar: Ostdeutsche Gebiete verlieren überdurchschnittlich stark Einwohner und folglich sind diese Regionen häufig in den unteren Ratinggruppen zu finden. Ausnahmen bilden die Umlandgemeinden von Berlin und die wenigen erstarkten Cluster in den neuen Ländern. In Westdeutschland gewinnen v.a. die wirtschaftsstarken Regionen im Süden, und diese finden sich auch häufig in den oberen Ratinggruppen.

Tabelle 13 gibt einen Überblick über die Ergebnisse. Es wurden nur die jeweils ersten und letzten drei einer jeden Gruppe aufgeführt. Die detaillierten Ergebnisse sind in Institut für Vermögensaufbau (2007) abgedruckt. Für die nächsten 20 Jahre erfolgte dann die Preisprognose des Instituts für Vermögensaufbau auf der Basis einer angepassten Expertenbefragung. Ausgewählte Analysten wurden befragt, wie die weiteren Aussichten für die fünf Gruppen seien. Aus den qualitativen und quantitativen Aussagen wurden dann idealtypische Kurvenverläufe ermittelt. Letztlich wurde ein Polynom dritten Grades an die Aussagen zum Trendverlauf, Zeitpunkt der Trendumkehr und zu dem erwarteten Preisniveau im Jahr 2026 angepasst. Die Lösung des Polynoms hat die unschöne Eigenschaft, dass jenseits des publizierten Prognosehorizonts sogar negative Werte möglich sind – nicht nur in der Ratinggruppe E.

Tabelle 13: Beispiele für finale Ratinggruppen des IVA

	Mehrfamilienhäuser		Einfamilienhäuser
A	Pfaffenhofen_a.d.Ilm Landshut Erding ... Ostallgäu Aachen Ravensburg	A	Potsdam-Mittelmark Havelland Teltow-Fläming ... Coesfeld Rhein-Neckar-Kreis Ludwigsburg
B	Westerwaldkreis Calw Esslingen ... Gießen Pinneberg Stormarn	B	Neckar-Odenwald-Kreis Oder-Spree Rems-Murr-Kreis ... Heilbronn Nürnberg Weißeritzkreis
C	Münster_(Westf.) Bremen Dortmund ... Berlin Peine Osnabrück	C	Nürnberger_Land Main-Kinzig-Kreis Ostholstein ... Döbeln Passau Dresden-Stadt
D	Solingen Siegen Hannover ... Dresden Kassel Erfurt	D	Torgau-Schatz Neustadt_a.d.Waldnaab Amberg-Sulzbach ... Waldeck-Frankenberg Sankt_Wendel Rhön-Grabfeld
E	Saalkreis Saale-Holzland-Kreis Ohre-Kreis ... Dessau Bitterfeld Hoyerswerda	E	Gelsenkirchen Recklinghausen Rügen ... Osterode_a.Harz Hoyerswerda Göttingen

Quelle: IVA (2007)

Die nominalen Preisabschläge von 30% in der schlechtesten Immobiliengruppe innerhalb von 20 Jahren sind ein sehr pessimistisches Szenario, unmöglich sind sie indes nicht. Allerdings würde bei diesen Preisniveaus jegliche Neubauaktivität unterbleiben, und dies würde zumindest in den Qualitätssegmenten für einen Ausgleich sorgen müssen. Dieser Mechanismus fehlt jedoch bei dieser Anpassungsformel. Die Preiszuschläge von 40% bis zum Jahr 2020 für die sehr attraktiven Standorte liegen in etwa in der Größenordnung, die auch das HWWI (Bräuninger und Otto, 2006) für die besseren Lagen ermittelt; die Topstädte wie München schneiden bei Bräuninger und Otto sogar noch besser ab. Allerdings zählt das IVA fast 90 Kreise zu dieser Spitzengruppe, d.h. der Anstieg von 40% ist ein Mittelwert. Der nominale Zuwachs der wirklichen Topstandorte müsste also auch beim IVA noch deutlich höher ausfallen – ein wahrscheinlich zu optimistisches Szenario, wenn man auf die weitgehende preisliche Stagnation in den letzten Jahren blickt.

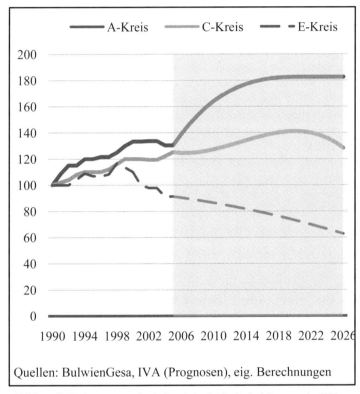

Quellen: BulwienGesa, IVA (Prognosen), eig. Berechnungen

Abbildung 61: Preisprognosen für drei typische Städte in drei Gruppen des IVA

In der Abbildung 61 wurden die Preistrends für neue Eigenheime in drei typischen Städten, die den Ratinggruppen A, C, E angehören, um die Prognoseergebnisse des IVA für diese Ratinggruppen fortgesetzt. Die Prognosedaten wurden freundlicherweise von dem Institut für Vermögensaufbau zur Verfügung gestellt.

Drei Randbemerkungen sind wichtig: Erstens, in ihrer Studie verlängern die Analysten des IVA die Gesamtrenditeentwicklung, also Wertänderungsrendite plus Mietrendite, um die prognostizierte Wertänderung. Dies bedeutet einen Bruch. Daher wurden hier allein die Preise für Eigenheime in der Vergangenheit herangezogen. So lässt sich die erwartete künftige Entwicklung mit der Historie vergleichen. Für die Gesamtrendite einer Immobilie müssten dann natürlich die erwarteten Mietrenditen noch zugerechnet werden. Zweitens, hier wird jeweils nur die mittlere Entwicklung abgebildet. Das IVA stellt neben dieses Szenario eine Ober- und eine Untergrenze. Diese Grenzen sind für alle drei Gruppen sehr weit gezogen. Bis zum Jahr 2026 hat sich die Spanne zwischen der Ober- und der Untergrenze in allen drei Fällen auf 60%-Punkte summiert. Ein Objekt in der Gruppe A hätte demnach einen Wertzuwachs von 10 bis 70% zu erwarten. Hierbei geht es nicht um Unterschiede zwischen einzelnen Standorten einer Gruppe, sondern allein um die Abbildung der Prognoseunsicherheit für einen Standort.

Drittens, gerade an den Fortzugsstandorten sind große Unterschiede zu erwarten. Die oben genannte mittlere Entwertung um 30% könnte sich zusammensetzen aus einem vollständigen Wertverlust in schlechten Lagen und relativ stabilen Preisen in den besseren lagen dieser Städte.

Bemerkenswert ist schließlich, dass das IVA im Durchschnitt (Ergebnisse für Kreise in der Gruppe C) bis 2020 nur einen Preiszuwachs von unter 10% ermittelt – es käme also zu einer schleichenden realen Wertvernichtung. Da allerdings hier ausschließlich die Preise prognostiziert wurden, könnten Immobilien natürlich dann noch eine positive Rendite abwerfen, wenn die Mietrenditen deutlich positiv blieben. Um die fehlende Wertänderungsrendite zu kompensieren, müssten die Mietrenditen tendenziell zunehmen. Dies könnte bedeuten, dass die Zahl der Fertigstellungen dauerhaft (zu) niedrig bliebe und dass so Druck auf die Mieten entstünde. Bei weitgehend stagnierenden Preisen bräuchte man nur geringes Mietwachstum, um steigende Mietrenditen zu realisieren, sodass dieser Entwicklung auch der restriktive Mieterschutz nicht entgegenstünde. Letztlich müsste sich dies in den heutigen Mietrenditen schon spiegeln und die Ausführungen in diesem Kapitel haben dies auch gezeigt.

3.8   Kernbotschaften für eilige Leser

1. Die Zahl der Haushalte ist für die Entwicklung der Wohnflächennachfrage wichtiger als die Zahl der Einwohner. Die Zahl der Haushalte wird noch rd. zehn Jahre lang zunehmen. Die Zuwächse werden aber abnehmen und ab 2020/2025 dürfte die Zahl der Haushalte in Deutschland beschleunigt sinken.

2. Die Struktur der Haushalte verschiebt sich nach Maßgabe der gesellschaftlichen Alterung. Weil Senioren in der Regel in relativ kleinen Haushalten leben, steigt der Anteil der Seniorenhaushalte an der Gesamtzahl der Haushalte noch stärker als ihr Bevölkerungsanteil.

3. Die Fläche je Haushalt wird weiter steigen, weil die Einkommen etwas zunehmen und weil Kohorteneffekte dafür sorgen, dass v.a. ältere Menschen mehr Wohnfläche bewohnen und häufiger in den eigenen vier Wänden leben als in den letzten Jahrzehnten.

4. Insgesamt wird die Wohnflächennachfrage in Deutschland noch 15 bis 20 Jahre wachsen. Die Wachstumsrate wird jedoch deutlich geringer ausfallen als in den letzten Jahrzehnten.

5. Die nachgefragte Fläche je Einwohner dürfte stärker steigen als die nachgefragte Fläche je Haushalte, weil die mittlere Haushaltsgröße im Trend weiter sinken wird.

6. Es gibt erhebliche regionale Unterschiede. In Ostdeutschland sind zwar die demografischen Lasten besonders ausgeprägt, doch gibt es hier insbesondere im Eigenheimsegment Nachholbedarf.

7. Es gibt große Prognoseunsicherheiten – nicht nur hinsichtlich der regionalen Verteilung der Wohnflächennachfrage, sondern auch hinsichtlich der künftig nachgefragten Immobilientypen. Sollten die starken Remanenzeffekte der Vergangenheit weiterhin wirken, gäbe es insbesondere bei Ein- und Zweifamilienhäusern noch kräftige Nachfragezuwächse.

8. Das Spektrum an Wohnungsqualitäten wird sich vergrößern. Insbesondere dürfte das Angebot für Senioren stärker aufgefächert werden. Der demografische Trend wird durch den Individualisierungstrend verstärkt. Der größere Wunsch nach individuellen Angeboten ist nur für einkommensstarke Haushalte realisierbar, Standardlösungen dürfen als kostengünstige Alternative für einkommensschwache Haushalte ein wichtiges Marktsegment bleiben.

9. Der Neubaubedarf wird in den kommenden Jahrzehnten deutlich unterhalb des Mittelwerts der letzten 50 Jahre liegen. Wir werden mittelfristig nicht mehr als 200.000 bis 250.000 Wohnungen pro Jahr in Deutschland neu bauen müssen.

10. Allerdings wird der Ersatzbedarf spürbar ansteigen, da unser noch vergleichsweise junger Wohnungsbestand altert. Auch der Anteil der Sanierungs- und Modernisierungsausgaben wird deutlich zunehmen. Neben dem Umbau zu barrierefreien Wohnungen wird der Trend zu energieeffizienten Wohnungen dauerhaft zu mehr Investitionen zwingen.

11. Die meisten Studien finden einen positiven Zusammenhang zwischen der Entwicklung der Einwohnerzahl und der Entwicklung der Wohnungspreise. Dort wo das Angebot jedoch rasch (nach oben) angepasst werden kann, ist der Zusammenhang weniger stark.

12. Die demografischen Trends werden auch die Haus- und Wohnungspreise in Deutschland belasten. Die Preisrückgänge in Fortzugsregionen könnten aufgrund von asymmetrischen Preisreaktionen auf dem deutschen Wohnungsmarkt größer ausfallen als die Preiszuwächse in Zuzugsregionen.

13. Da rationale Investoren die Entwicklung möglichst früh in der Preisbildung berücksichtigen, bilden die heutigen Preise zum Teil die aktuell erwarteten demographischen Trends ab. Die künftigen möglichen Preisrückgänge sind bereits zum Teil erfolgt.

14. Dies bedeutet auch, dass die höchsten Renditen in möglichen Überraschungsstandorten liegen. Dies sind zum Beispiel Märkte die bis vor kurzem noch als Fortzugsgebiete galten und nun den turn-around geschafft haben.

15. Die Auswahl einer Wachstumsregion ist wichtiger als die Investitionsentscheidung zwischen Ein- und Zweifamilienhäusern und Mehrfamilienhäusern. In der Regel kann man in Wachstumsregionen sowohl mit einer Investition in Ein- als auch in Mehrfamilienhäuser eine überdurchschnittliche Wertsteigerung erzielen. Dies gilt nicht zwingend auch für die Gesamtrendite. Allerdings wird es auch innerhalb dieser Obergruppen sehr große Unterschiede geben. Die demografischen Trends machen unternehmerische Kreativität nicht obsolet.

4   Demografische Trends und Büroimmobilien

Während die Zusammenhänge zwischen den demografischen Trends und den Reaktionen auf den Wohnungsmärkten schon recht lange und tiefgehend – freilich noch keineswegs abschließend – untersucht wurden, gibt es nur sehr wenige Studien zu den Auswirkungen der demografischen Trends auf die gewerblichen Immobilienmärkte. Die Wirkungsmechanismen wurden zum Beispiel von Just (2003, 2008) sowie von Brounen und Eichholtz (2004) skizziert. Diese Studien konzentrieren sich auf den aggregierten Büromarkt. Demary und Voigtländer (2009) bieten in ihrer Studie Analysen auf Stadtebene. Jedoch auch diese Studien bleiben weit hinter dem Detaillierungsgrad der vorliegenden Wohnungsmarktstudien zurück. Dies ist einerseits nicht überraschend, denn die Wohnimmobilien sind volkswirtschaftlich eindeutig die wichtigere Anlageklasse als die Gewerbeimmobilien. In Deutschland gibt es rd. 3,5 Mrd. m² Wohnflächen, jedoch „nur" 2,2 Mrd. m² Flächen gewerblicher Immobilien und gerade einmal rd. 400 Mio. m² Bruttogrundfläche Büroimmobilien (vgl. Sonderausgabe der Zeitschrift für Immobilienökonomie, 2009).

Zudem ist es viel einfacher, an verlässliche und frei verfügbare Daten für die deutschen Wohnungsmärkte zu kommen als für die deutschen Büromärkte. Allerdings fließt ein sehr großer Teil institutioneller Immobilieninvestitionen in gewerbliche Immobilien und gerade auch Büroimmobilien. Nach Angaben des Beratungsunternehmens Ernst & Young (2012) flossen im Jahr 2011 über 80% der insgesamt 28 Mrd. Euro Immobilieninvestitionen von institutionellen Anlegern in das Gewerbesegment. 2012 wird der Anteil ähnlich hoch liegen, wegen der Finanzkrise könnte der Druck auf die Banken zu verstärkten Verkäufen führen. Institutionelle Investoren müssten also ein großes Interesse an den möglichen Auswirkungen dieses Megatrends für eine so wichtige Anlageklasse haben. Das gilt insbesondere für Core-Investoren, also risikoarme Investoren mit einem langen Investitionshorizont, denn ihr Geschäftsmodell basiert im Wesentlichen auf Bestandsmanagement und nicht auf raschem Ein- und Verkauf von Immobilien, um kurzfristige Wertänderungsbewegungen auszunutzen.

Vor allem aber sollten Anleger verstehen, dass die Auswirkungen einer alternden Gesellschaft naturgemäß zunächst die Arbeitsmärkte und die damit verbundenen Immobilienmärkte erreichen werden, bevor die Wohnungsmärkte belastet werden. Verkürzt gesprochen: Die meisten Menschen hören erst auf zu arbeiten bevor sie aufhören, Wohnimmobilien zu nutzen. Die rückläufigen Geburtenzahlen in Deutschland werden das Arbeitsangebot in Deutschland in den kommenden Jahren zunehmend restringieren, und dies könnte die Büronachfrage und folglich die Rendite von Investitionen in Büroimmobilien reduzieren.

Natürlich wären die demografischen Trends dann weniger bedeutsam, wenn es andere überlagernde gesellschaftliche Trends gäbe, die für steigende Büronachfrage sorgen könnten. Wenn beispielsweise der Strukturwandel zu mehr Bürotätigkeiten auch in Zukunft anhielte, würden die demografischen Lasten vermindert. Der partielle Belastungsfaktor des rückläufigen Arbeitsangebots bliebe natürlich erhalten und würde wenigstens das Wachstumspotenzial limitieren. Im Folgenden werden schrittweise mehrere Szenarien für die Büronachfrage in Deutschland entwickelt, die verschiedene dämpfende Faktoren berücksichtigen.

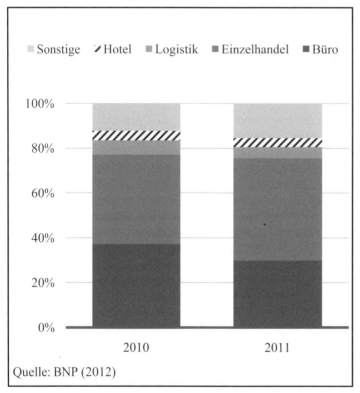

Abbildung 62: Immobilieninvestmentmarkt in Deutschland nach Anlageklassen

Zunächst wird hierfür die Entwicklung der Büronachfrage in den letzten Jahrzehnten skizziert. Dies hilft, die entscheidenden Treiber zu bestimmen und so die Szenarien zu konzipieren.

4.1   Immer mehr Büros in Deutschland

Von den schätzungsweise 400 Mio. m² Büroflächen (Bruttogrundfläche) in Deutschland sind rd. 320 Mio. m² Mietflächen (vgl. zu den Flächendefinitionen z.B. Bulwien, 2004). Das sind etwa ein Drittel mehr Büroräume als 1990; sprich der Bürobestand nahm pro Jahr um etwa 1,5% zu. Hierbei fallen zwei Dinge sofort ins Auge: Erstens die unterschiedliche Entwicklung zwischen Ost- und Westdeutschland und zweitens das reduzierte Wachstum in beiden Landesteilen seit dem Jahrtausendwechsel. In den neuen Bundesländern wurde das Büroangebot in den ersten zehn Jahren nach der Wiedervereinigung noch sehr massiv ausgeweitet: Jedes Jahr kamen etwa 2,5% neue Flächen auf die Märkte, sehr viel mehr als absorbiert werden konnte. Die Folgen waren zunächst leer stehende Büros in den meisten ostdeutschen

Städten und ein dramatischer Rückgang der Bautätigkeit. Seit dem Jahr 2000 wuchs der Bürobestand in Ostdeutschland nur noch um rd. 0,5% pro Jahr. Und dies überzeichnet die Entwicklung in vielen ostdeutschen Städten sogar noch, denn allein der Berliner Büromarkt erklärt 50% der Büroflächen in Ostdeutschland. In Suhl, Plauen, ja selbst in Leipzig wurde das Angebot an Büroflächen seit 2000 nur um insgesamt gut 1% erweitert.

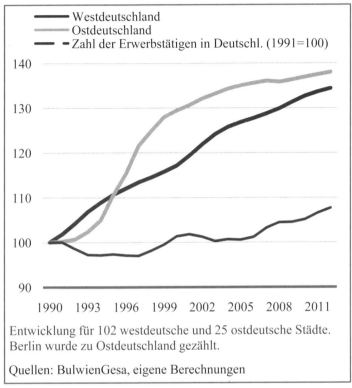

Entwicklung für 102 westdeutsche und 25 ostdeutsche Städte. Berlin wurde zu Ostdeutschland gezählt.

Quellen: BulwienGesa, eigene Berechnungen

Abbildung 63: Büroflächenentwicklung in Deutschland, 1990=100

Die westdeutschen Büromärkte sind nicht so stark durch den Nachholbedarf und den Bauboom der frühen 1990er Jahre geprägt. Hier sind die Konjunkturzyklen viel deutlicher auch am Expansionstempo der Bürobestände zu erkennen. Dies ist plausibel, denn neue Büros werden v.a. in Erwartung steigender Mieten, also in Aufschwungphasen geplant und gebaut. Natürlich spielen auch angebotsseitige Faktoren wie die Entwicklung der Baukosten und die Finanzierungskonditionen eine wichtige Rolle. Nachfrageseitig ist jedoch Beschäftigungswachstum der wichtigste Treiber für zusätzliches Büroangebot (Wheaton, 1987, Kling und McCue, 1987).

Das Flächenwachstum in den alten Bundesländern war bis zur Rezession 1993 und ebenso im Zuge der Dot-Com-Euphorie sehr hoch. Dieser letzte Bauboom war so stark, dass die Leerstände selbst im Aufschwung 2005 bis 2007 sowie in den beiden Boomjahren 2010 und 2011 nicht abgebaut werden konnten. Es ist daher kaum überraschend, dass das Büroangebot in diesen Aufschwüngen unterdurchschnittlich wuchs. Gerade weil das Angebotswachstum in den alten Ländern stärker dem Auf und Ab der gesamtwirtschaftlichen Konjunktur folgt, war das mittlere Flächenwachstum in den Jahren nach 2000 mit 1,3% p.a. nur unwesentlich geringer als in den 1990er Jahren (1,6% p.a.).

Besonders beachtlich ist die Flächenexpansion im Vergleich zur Entwicklung der Erwerbstätigkeit in Deutschland: Im Januar 2013 wurden 4,7 Mio. Erwerbstätige in Deutschland gezählt, rd. 2,5 Mio. mehr als noch vier Jahre zuvor aber nur 7,3% mehr als Anfang der 1990er Jahre. Nur unwesentlich mehr Erwerbstätige belegen also deutlich mehr Büroflächen; die Struktur der Beschäftigung hat sich wahrscheinlich verschoben.

4.2   Bürostandorte unterscheiden sich

Es wäre allerdings viel zu einfach, wollte man die Entwicklung des Büroangebots auf eine einfache Ost-West-Dichotomie reduzieren. Es gibt in Deutschland ausgeprägte Cluster für Bürotätigkeiten, und diese haben in den letzten Jahren sogar überdurchschnittlich Flächen hinzu gewonnen.

So kommen in Frankfurt am Main auf jeden Einwohner fast 19 m² Bürofläche, in Hamburg sind es fast 16 m² und in München gut 14 m². Die Städte mit der geringsten Büroflächenquote sind heute nicht einmal die Städte in den neuen Bundesländern, sondern die traditionell industriell geprägten Städte in Westdeutschland, v.a. im Ruhrgebiet. Die ostdeutsche Stadt mit der höchsten Büroflächenquote ist Potsdam mit über 10 m² je Einwohner; die ostdeutsche Stadt mit der geringsten Büroflächenquote ist Görlitz mit knapp über 3 m².

Setzt man für die Berechnung der Büroflächenquote nicht die Zahl der Einwohner, sondern die Zahl der Erwerbstätigen in den Nenner, fällt auf, dass diese Quoten für Bürozentren wie Frankfurt a.M., Stuttgart oder Düsseldorf weniger stark von der Bürofläche je Einwohner abweichen als dies der Fall ist für die Städte mit einer relativ geringen Büroflächenversorgung am unteren Listenende. Dies liegt natürlich an den tendenziell niedrigeren Arbeitslosenquoten in den Ballungszentren, insbesondere aber auch daran, dass die Ballungszentren Ziel vieler täglicher Arbeitspendler sind.

Die anhaltende Ballung von Büroarbeitsplätzen zeigt sich darin, dass die Büroflächenquoten (hier je Einwohner) seit 1991 besonders stark in jenen Städten zugenommen haben, die bereits in den frühen 1990er Jahren überdurchschnittlich viel Bürofläche je Einwohner aufwiesen. In Frankfurt am Main gab es bereits 1991 knapp 13 m² Bürofläche je Einwohner, heute sind es gut 5 m² mehr. Von den 127 berücksichtigten Städten in diesem Sample sind die Büroflächenquoten nur in zwei Städten seit 1991 leicht zurückgegangen. (Lüneburg und Fulda).

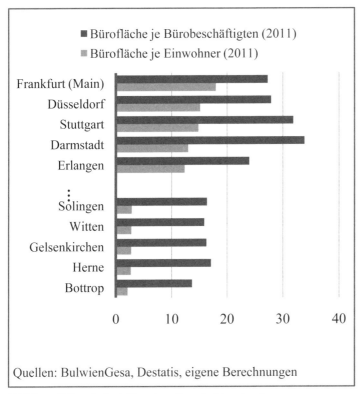

Abbildung 64: Bürofläche je Einwohner/Erwerbstätigen in m²

Der positive Zusammenhang zwischen dem Anstieg der Büroflächenquote und der bereits erreichten Höhe im Jahr 1991 gilt sowohl für westdeutsche Städte als auch für ostdeutsche, wenngleich es in Ostdeutschland mit Berlin und Jena zwei (leichte) Ausreißer von der Regel gibt. Insgesamt liegt der Anstieg der Flächenquote in den neuen Ländern natürlich wegen des Nachholbedarfs über jenem in den alten Ländern. Formal heißt dies, das Büroflächenangebot ist schneller gewachsen (Zähler), und die Zahl der Einwohner in ostdeutschen Städten hat sich schwächer entwickelt als jene in westdeutschen Städten (Nenner). Folglich stieg die Quote im Osten stärker an.

Selbst wenn man statt des absoluten Anstiegs der Büroflächenquote die relative Veränderung, also den prozentualen Anstieg der Quote berechnet, lässt sich keine übereinstimmende Entwicklung zwischen den Standorten erkennen. Immerhin scheint es einen relativ stabilen prozentualen Anstieg in Ost- und Westdeutschland zu geben. So nahm die Büroflächenquote in den neuen Bundesländern im Durchschnitt um gut 60% zu, in Westdeutschland indes „nur" um gut 20%. Hierbei lässt sich kein positiver Zusammenhang mehr zwischen dem anfänglichen Büroflächenbestand 1991 und dem prozentualen Wachstum seitdem feststellen – wohlgemerkt, auch kein negativer. Da tendenziell die wirtschaftsschwachen Städte Einwohner verloren haben während die wirtschaftsstarken Städte Einwohner gewannen, folgt der Anstieg der Quote nicht überall derselben Mechanik.

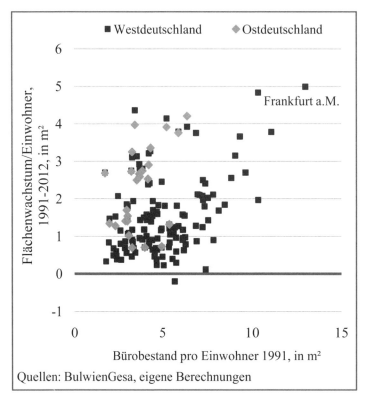

Abbildung 65: Büroflächenwachstum in Abhängigkeit vom Bürobestand

Schließlich ist auf einen (sehr schwach) ausgeprägten Zusammenhang hinzuweisen. Sowohl in Ost- als auch in Westdeutschland nehmen die Büroflächenquoten tendenziell mit der Größe einer Stadt zu.

Das heißt, in großen Städten gibt es überproportional viele Büroflächen, und das Wachstum dort ist auch überdurchschnittlich. Der Strukturwandel stärkt also offensichtlich eher die Zentren. Dies ist sowohl für Projektentwickler als auch für Investoren wichtig, denn sollten diese Trends anhalten, dürften die Risiken in den etablierten Ballungsräumen dauerhaft unterdurchschnittlich bleiben. Die Konzentration auf die wirtschaftlichen Kerne ließe sich dann leichter rechtfertigen. Aber Vorsicht: Der Zusammenhang ist nicht sehr eng.

4.3   Bestimmungsfaktoren der Büronachfrage

Bisher wurden in diesem Kapitel das Büroangebot und dessen Entwicklung beschrieben. Dies sollte sich aber mit einer Wirkungsverzögerung an die Nachfrageentwicklungen anpassen. Im Mittelpunkt der Analyse muss also die Büronachfrage stehen, denn diese ist direkt von den demografischen Trends betroffen; das Büroflächenangebot passt sich entsprechend an – ähnlich wie im Wohnungssegment ist aber auch auf dem Büromarkt ein Sperrklineneffekt zu vermuten.

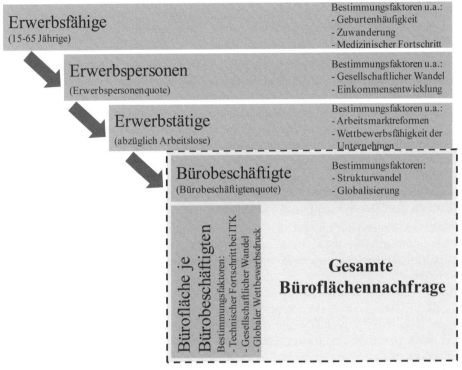

Abbildung 66: Bestimmungsfaktoren der Büronachfrage

Quelle: Eigene Darstellung

Die Büroflächennachfrage hängt definitorisch von zwei Einflussgrößen ab: zum einen von der Zahl der Bürobeschäftigten und zum anderen von der Fläche, die jedem Bürobeschäftigten im Durchschnitt zur Verfügung steht. Um die zukünftige Flächennachfrage einschätzen zu können, muss man also eine Vorstellung über die Entwicklung dieser beiden Parameter haben. Offensichtlich spielen hierbei gesellschaftliche, organisatorische, regulatorische und wettbewerbliche Aspekte eine Rolle. Die demografischen Trends sind hierbei also nur einer von vielen Faktoren.

Die demografische Entwicklung begrenzt die Zahl der grundsätzlich Erwerbsfähigen, also die Zahl der Menschen zwischen 15 und 65 Jahren. Diese Spanne richtet sich nach einer internationalen Konvention. Natürlich gibt es Menschen, die auch nach ihrem 65. Lebensjahr arbeiten möchten und können. Dies wird in einem späteren Szenario zu berücksichtigen sein.

Die Büroflächennachfrage wird also durch die folgende Definitionsgleichung bestimmt:

$$N \equiv EF \cdot EPQ \cdot (1 - ALQ) \cdot BBQ \cdot BF$$

Wobei gilt:

N	=	Büroflächennachfrage in m²
EF	=	Zahl der Erwerbsfähigen
EPQ	=	Erwerbspersonenquote

ALQ =   Arbeitslosenquote

BBQ =   Bürobeschäftigtenquote

BF =   Bürofläche je Bürobeschäftigten

Von den Menschen in der Altersgruppe zwischen 15 und 65 Jahren stehen nicht alle Personen dem Arbeitsmarkt zur Verfügung, entweder weil sie noch in der Ausbildung sind, weil sie nicht berufstätig sein möchten oder weil sie erwerbsunfähig geworden sind. Erwerbspersonen sind dann sowohl alle Erwerbstätigen sowie die Arbeitslosen; die Erwerbspersonenquote ist der Anteil der Erwerbspersonen an den Erwerbsfähigen. Diese Quote wird nicht durch demografische Trends, sondern durch gesellschaftliche Entwicklungen und regulatorische Veränderungen bestimmt. Hier geht es zum Beispiel um den Anteil der Frauen im Berufsleben und um das mittlere Renteneintrittsalter. Je erfolgreicher die Arbeitsmarktpolitik ist, desto geringer ist die Arbeitslosenquote und umso mehr Erwerbspersonen könnten grundsätzlich einer Bürobeschäftigung nachgehen.

Die Bürobeschäftigtenquote misst schließlich den Anteil der erwerbstätigen Menschen, die in typischen Büroberufen beschäftigt sind. Maßgeblich für die Höhe der Bürobeschäftigtenquote ist der Strukturwandel hin zu einer auf Büroberufe ausgerichteten Dienstleistungsgesellschaft. Offensichtlich benötigt weder eine agrarisch noch eine industriell geprägte Gesellschaft sehr viele Büroflächen. Allerdings ist nicht jeder Dienstleistungsberuf auch gleich ein Büroberuf. Friseure, Lehrer oder Pflegekräfte benötigen nur sehr wenige Büroflächen, und schon gar nicht in jenen großflächigen Bürotürmen, an denen institutionelle Investoren besonders interessiert sind. Das Interesse richtet sich auf Flächen, die viele potentielle Mieter finden können, die also vergleichsweise unspezifisch, hinreichend groß und zusammenhängend sind. Tendenziell ist die Bürobeschäftigtenquote dort hoch, wo der Ausbildungsstand hoch ist (auch wenn es natürlich hierzu auch wichtige Ausnahmen gibt) und v.a. dort, wo es standardisierte und überregional handelbare Dienstleistungen gibt. Dies gilt z.B. für Wirtschaftsprüfer, Rechtsanwälte, Finanzdienstleister oder andere unternehmensnahe Dienste. Und diese Sparten fragen üblicherweise auch Büroräume nach, die für institutionelle Investoren interessant sind.

4.3.1   Zahl der Erwerbsfähigen wird stetig abnehmen

Da die Fertilitätsrate seit fast 40 Jahren unter 2 Kindern je Frau liegt und weil das Geburtendefizit wahrscheinlich nicht dauerhaft durch Zuwanderung angeglichen werden kann, wird die Zahl der Erwerbsfähigen in den kommenden Jahren viel schneller sinken als die Zahl der Einwohner insgesamt. Letztlich ist dies ein Spiegel der gesellschaftlichen Alterung. Tatsächlich nimmt die Zahl der Menschen zwischen 15 und 65 Jahren bereits seit über zehn Jahren ab, denn den geburtenstarken Jahrgängen, die allmählich das Rentenalter erreichen, stehen immer schwächer besetzte junge Jahrgänge gegenüber. 1997 wurde der höchste Wert mit fast 56 Mio. Menschen in dieser Altersgruppe erzielt, im Jahr 2011 waren es bereits 1,1 Mio. erwerbsfähige Menschen weniger. Auch hier gilt offensichtlich: Die Auswirkungen der demografischen Trends zeigen sich bereits heute, es ist kein Zukunftsthema mehr.

Allerdings werden die Verwerfungen in den kommenden Jahrzehnten stärker ausfallen als in der jüngeren Vergangenheit: Ab 2015 dürfte sich die Entwicklung ohne deutliche Verstärkung der Zuwanderung massiv beschleunigen, denn dann verlassen die stärksten Geburtenjahrgänge, die Baby-Boomer der 1950er Jahre, sukzessiv den Arbeitsmarkt, und gleichzeitig wurden bei anhaltend niedriger Geburtenhäufigkeit zu wenige Kinder von zu wenigen Müttern geboren. Es fehlen also immer mehr junge potenzielle Arbeitskräfte. Bis 2060 könnte die Zahl der Erwerbsfähigen in Deutschland bei geringer Zuwanderung von 100.000 Personen pro Jahr um 19 Mio. Menschen auf dann rd. 35,7 Mio. Menschen abnehmen. Das entspricht nicht einmal der Zahl der heute erwerbstätigen Menschen in Deutschland. Um das Beschäftigungsniveau (ohne Mehrarbeit) in etwa zu halten, müsste also jeder grundsätzlich Erwerbsfähige auch tatsächlich in Lohn und Brot stehen – kein sehr wahrscheinliches Szenario.

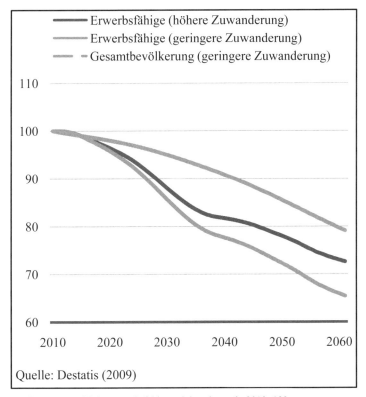

Abbildung 67: Zahl der Erwerbsfähigen sinkt sehr stark, 2010=100

Selbst im günstigeren Szenario mit höherer Zuwanderung von 200.000 Personen pro Jahr würde sich der Rückgang der Erwerbsfähigenzahl bis 2060 auf über 16 Mio. Menschen belaufen. Um das heutige Niveau von rd. 55 Mio. Erwerbsfähigen bis zur Jahrhundertmitte konstant zu halten, müssten jedes Jahr über 450.000 Menschen netto nach Deutschland zuwandern. In den letzten 55 Jahren wurde diese Schwelle nur in acht Jahren überschritten. Es ist sehr unwahrscheinlich, dass wir solch hohe Zuwanderung für die nächsten Jahrzehnte als Durchschnitt erleben werden; zumal es in der Vergangenheit einen engen Zusammenhang zwischen Wirtschaftswachstum und Nettozuwanderung gab und die Jahre mit der höchsten Zuwanderung in den späten 1980er und frühen 1990er Jahren weniger durch die Knappheiten auf Arbeitsmärkten, sondern durch politischen Willen begründet werden können.

Insgesamt fällt der Rückgang der Erwerbsfähigenzahl mit 30% im Szenario mit geringerer Zuwanderung etwa doppelt so stark aus wie der Rückgang der Gesamtbevölkerungszahl, und selbst wenn mehr Menschen nach Deutschland kommen, würde das Arbeitskräftepotenzial schneller sinken als die Zahl der Einwohner im Szenario mit geringerer Zuwanderung.

4.3.2   Lasten sind regional unterschiedlich verteilt

Natürlich verteilen sich die Anpassungslasten regional sehr unterschiedlich. Die Fortzugsregionen in den neuen Bundesländern werden in den kommenden Jahren in den beiden hier verwendeten Szenarien des Statistischen Bundesamts massiv unter dem Fortzug der jungen erwerbsfähigen Menschen zu leiden haben. Da die ostdeutschen Bundesländer aufgrund ihrer anhaltenden Probleme auf dem Arbeitsmarkt nur unterdurchschnittlich von der Zuwanderung aus dem Ausland profitieren, ist im Szenario mit geringerer Zuwanderung mit einer Halbierung des Arbeitskräftepotenzials in Sachsen-Anhalt, Brandenburg und Thüringen zu rechnen. In Sachsen und Mecklenburg-Vorpommern sind die Perspektiven gemäß den Vorausberechnungen des Statistischen Bundesamtes nur unwesentlich günstiger. Doch selbst für die wirtschaftsstarken Bundesländer im Westen rechnet das Bundesamt mit einem Rückgang um knapp ein Viertel.

Falls es gelingt, die Attraktivität Deutschlands für ausländische Zuwanderung nachhaltig zu erhöhen und falls daher tatsächlich jedes Jahr 200.000 mehr ins Land kommen werden, als es verlassen, werden von dieser Entwicklung insbesondere die Bundesländer mit den besseren Wirtschaftsperspektiven begünstigt. In den strukturschwachen ostdeutschen Ländern wäre auch in diesem Szenario mit einer sehr massiven Veränderung zu rechnen; in Sachsen-Anhalt, Brandenburg und Thüringen würde die Zahl der Erwerbsfähigen auch dann noch um über 40% sinken. Immerhin könnte der Rückgang in Bayern und Baden-Württemberg auf etwa 15% begrenzt werden. Für Bremen erwarten die Demografen sogar in diesem Szenario im Großen und Ganzen stagnierende Erwerbsfähigenzahlen. Allerdings gelten hier die Ausführungen zu den sehr hohen Unsicherheiten einer Prognose auf Stadt- oder Kreisebene.

Auch gilt, dass die Analyse auf Ebene der Bundesländer noch zu grobkörnig ist. Immerhin ist aufgrund der starken Pendlerverflechtung eine Aussage für die zentralen Bürostandorte eher durch die Entwicklung auf Länderebene anzunähern als für die Wohnungsmärkte, denn gerade die Bürostandorte sind deutlich stärker auf die Zentren konzentriert als die Wohnungsstandorte.

Dennoch sollte nicht verkannt werden, dass die Verwerfungen auf Kreisebene noch deutlich gravierender ausfallen dürften als auf Länderebene. Das Bundesinstitut für Bau-, Stadt- und Raumforschung (2009) erwartet in seiner regionalen Bevölkerungsprognose von 2009 nur noch für 40 der 440 deutschen Kreise und kreisfreien Städte, dass die Zahl der Erwerbsfähigen (hier die Menschen zwischen 20 und 60 Jahre) im Jahr 2025 über dem heutigen Niveau liegen wird. In rd. 200 Kreisen wird der Rückgang zweistellig ausfallen. In den am stärksten betroffenen Regionen in Ostdeutschland könnte die Zahl der Erwerbsfähigen bereits im Jahr 2025 um über 30% unter dem Niveau von 2010 liegen, in einigen sogar um über 40% (z.B. Hoyerswerda oder Uckermark). Für die Folgejahre könnte dies zu einem gefährlichen Beschleunigungsprozess führen, wenn kritische Werte unterschritten werden, denn Fortzugsregionen sind auch für Unternehmensansiedlungen nur in seltenen Fällen – häufig allenfalls durch intensive öffentliche Fördermittel – attraktiv.

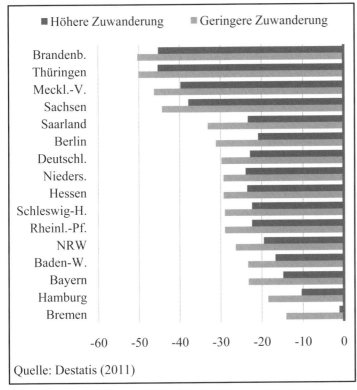

Abbildung 68: Entwicklung der Zahl der Erwerbsfähigen von 2010 bis 2060, in %

Immerhin bedeutet das auch, dass noch 40 Kreise bis 2025 einen Zugewinn an Erwerbsfähigen zu erwarten haben. Diese Wachstumsregionen liegen überwiegend in Bayern und in jenen Kreisen Niedersachsens mit relativ hohen Geburtenraten (z.B. Cloppenburg). Allerdings sind die positiven Impulse selbst in diesen Gewinnerregionen klein: In kaum einer Region beträgt der Anstieg der Erwerbsfähigenzahl mehr als 5% bis zum Jahr 2020.

4.3.3   Zahl der Bürobeschäftigten nahm bisher stetig zu

Auf den Büromärkten kommen die Veränderungen jedoch wahrscheinlich gedämpft an, denn es gibt in Deutschland noch immer nennenswerte Arbeitskräftereserven: Die Zahl der Arbeitslosen ist zwar bis Ende 2012 deutlich gesunken, doch Vollbeschäftigung wurde auch am Ende 2012 nicht erzielt. Darüber hinaus könnten viele Menschen grundsätzlich länger arbeiten als derzeit gesetzlich vorgesehen. Sie könnten auch zum Teil früher anfangen zu arbeiten und so den Anteil der Erwerbstätigen an den Erwerbsfähigen erhöhen. Zu diesen Punkten wird bei der Szenarienbildung später mehr zu sagen sein.

Hier geht es zunächst um den anhaltenden Strukturwandel in Deutschland, der noch immer die Nachfrage nach Bürotätigkeiten stärkt. Dieser Strukturwandel lässt sich im Wesentlichen in drei Phasen beschreiben: In der ersten Phase wandelte sich die deutsche Wirtschaft im 19. Jahrhundert von einer agrarisch geprägten Gesellschaft zu einer Industriegesellschaft. Zur Reichsgründung 1871 war noch die Hälfte aller Deutschen in der Landwirtschaft beschäftigt, nach der Jahrhundertwende lag der Anteil schon nur noch bei 34%. Heute sind es rd. 2%.

Produktivitätsfortschritte in der Landwirtschaft einerseits und das Entstehen neuer städtischer Beschäftigungsmöglichkeiten in den Industriesektoren andererseits drängten immer mehr Menschen vom Land zur industriellen Fertigung in den Städten.

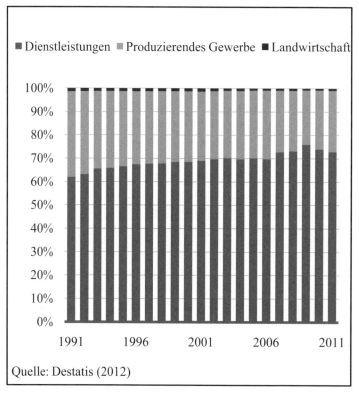

Abbildung 69: Nominale Bruttowertschöpfung in Deutschland nach Wirtschaftssektoren, in % von gesamt

Doch das industrielle Zeitalter währte deutlich kürzer als das agrarische. Bereits zur Mitte des 20. Jahrhunderts vollzog sich der von Jean Fourastié (1954) prognostizierte allmähliche Wandel von der Industrie- zur Dienstleistungsgesellschaft, und dieser Prozess muss noch nicht abgeschlossen sein. Seit der Wiedervereinigung erhöhte sich der Anteil der Dienstleistungen an der gesamten Bruttowertschöpfung in Deutschland um weitere 10%-Punkte auf über 70% im Jahr 2011. Zwar ist ein großer Teil der Verschiebung in den 1990er Jahren der Deindustrialisierung in Ostdeutschland, also dem verspäteten Strukturwandel in den neuen Ländern zuzurechnen. Auch gewann das Verarbeitende Gewerbe im letzten Aufschwung dank der starken Nachfrage nach deutschen Investitionsgütern leichte Anteile an der gesamten Bruttowertschöpfung hinzu. Doch hier können viele kurzfristige Effekte eine temporäre Rolle spielen.

Diese Verschiebung ist ähnlich begründet wie die Industrialisierung hundert Jahre zuvor: In der Industrie ließen sich durch größeren Kapitaleinsatz starke Skalenvorteile, sprich Produktivitätsfortschritte erzielen. Gleichzeitig war die Nachfrage nach vielen Dienstleistungen noch lange nicht gesättigt. Die höhere Produktivität ermöglichte höhere Einkommen und so nahm auch die Kaufkraft für Dienstleistungen zu. Gleichzeitig konzentrierten sich sehr viele

Industrieunternehmen auf ihr Kerngeschäft und lagerten unternehmensnahe Dienstleistungen zum Teil aus. Der Strukturwandel ist also auch zum Teil das Ergebnis einer statistischen Verschiebung.

Doch mehr Dienstleistungen bedeuten nicht zwangsläufig auch mehr Bürotätigkeiten. Ein weiterer Trend musste verstärkend hinzutreten: der Übergang von der Dienstleistungsgesellschaft zur Informationsgesellschaft. Zum einen nahm die Nachfrage nach Informationen zu, denn eine schnelle Marktreaktion entschied im intensiv gewordenen globalen Wettbewerb über den Marktverbleib. Dies ging einher mit erheblich sinkenden Informationsverarbeitungs- und Kommunikationskosten. Sinkende Kosten und steigende Nachfrage führten zwangsläufig zu einer größeren Bedeutung von informationsnahen Diensten. Hierzu zählen nicht nur Programmierer, sondern auch Rechtsanwälte, Controller, Wirtschaftsprüfer, Unternehmensberater, Marktforscher – all jene, die Robert Reich mit dem Term „symbolic analysts" zusammenfasste (Krugman, 1997, S. 200). Hierbei handelt es sich um Menschen mit guter Ausbildung, die hoch spezialisiert Informationen verdichten und bewerten. Und dies sind üblicherweise Büroarbeitsplätze.

Die Globalisierung hat diesen Trend verstärkt, denn sie ermöglichte enorme Größenvorteile für „symbolic analysts". Wie später argumentiert wird, ist dieser Trend jedoch nicht endlos in die Zukunft projizierbar, denn in Zukunft wird die nächste Produktivitätswelle die heute teuersten „symbolic analysts" erfassen. Fakt ist jedoch, dass in der Vergangenheit die Bürobeschäftigung stieg. Demary und Voigtländer (2009) weisen zwar darauf hin, dass die Bürobeschäftigtenquote im Jahr 2007 nicht höher lag als im Jahr 2000. Doch dies dürfte auch an zwei Sonderentwicklungen gelegen haben, nämlich zum einen an der Anpassung an die Dot-Com-Übertreibung, die v.a. die Bürotätigkeiten traf und zum anderen an dem Aufschwung in der Industrie bis 2008. Die Rezession 2009 belastete die Industrie deutlich stärker als die meisten Dienstleistungssegmente. 2011 waren für rd. 100 Städte die Beschäftigungsquoten nicht höher als 2005.

Heute sind rd. 35% aller sozialversicherungspflichtig Beschäftigten in Büros tätig. Von 1987 bis 2005 nahm die Bürobeschäftigtenquote in Deutschland jährlich um etwa 0,3%-Punkte zu. Weil die industrielle Fertigung wesentlich stärkere Zyklen aufweist als die meisten Dienstleistungstätigkeiten, war der Anstieg in Phasen der Wirtschaftsschwäche üblicherweise stärker ausgeprägt als in Jahren des Aufschwungs. Allerdings hat sich der Anstieg seit dem Platzen der Dot-Com-Blase verlangsamt. Die moderne Kommunikationstechnologie, die stärkere Integration asiatischer Volkswirtschaften in die globale Wirtschaft und die verbesserte Ausbildung in Asien ermöglichen, dass immer mehr „symbolic analysts" auch in asiatischen Ländern beschäftigt werden – die Globalisierung macht natürlich nicht vor den Dienstleistungen halt (vgl. z.B. Friedman, 2005). Es wurde bereits auf die unterschiedlichen Bürocluster in Deutschland hingewiesen. Die umfangreichsten Büroflächen existieren dort, wo es auch Nachfrage nach Büroarbeitskräften gibt. Die höchsten Bürobeschäftigtenquoten weisen die Städte Bonn und Frankfurt am Main mit jeweils 54% auf, dicht gefolgt von Düsseldorf, Stuttgart und München mit etwa 52%. Am anderen Ende des Spektrums findet man Salzgitter und die Autostadt Wolfsburg mit etwa 30%.

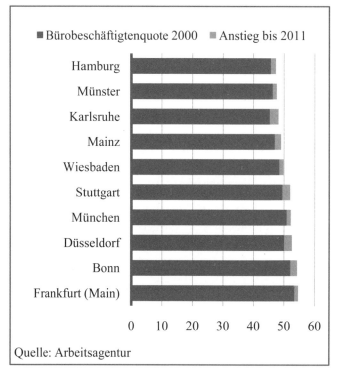

Abbildung 70: Bürobeschäftigtenquote in den Top-10 deutschen Städten, 2000 und 2011, in %

An dieser Stelle lohnt der Hinweis, dass es in der Praxis zwei Vorgehensweisen gibt, die Zahl der Bürobeschäftigten zu ermitteln. Es lassen sich entweder typische Büroberufe charakterisieren, und aus dieser Struktur der Berufe in Deutschland lässt sich auf die Zahl der Büroberufe schließen. Oder man kennzeichnet typische Wirtschaftszweige als solche Branchen mit überwiegend Bürotätigkeiten (vgl. hierzu z.B. Dobberstein, 1997, Bulwien und Fröba, 2008 sowie Baba, 2008) und erfasst die in diesen Wirtschaftszweigen tätigen Menschen. Beide Vorgehensweisen führen mitunter auf Stadtebene zu Niveauunterschieden. Die Unterschiede in den Veränderungsraten der mit beiden Verfahren ermittelten Werte sind jedoch sehr gering. Der Strukturwandel lässt sich mit beiden Schätzmethoden in ähnlicher Form dokumentieren. Dies gilt auch, wenn man statt der sozialversicherungspflichtig Beschäftigten die Zahl der Erwerbstätigen insgesamt als Maßzahl nimmt. Es ist wichtig, die Berechnungsunterschiede zu kennen, damit man die Niveauunterschiede versteht, für eine Prognose auf der Basis von Veränderungen spielt es jedoch eine untergeordnete Rolle, für welche Definition man sich entscheidet. Bei gegebenem Büroflächenbestand unterscheiden sich dann auch je nach Wahl der Schätzmethode die ausgewiesenen Quadratmeter Bürofläche je Bürobeschäftigten.

Es ist wenig überraschend, dass die Bürobeschäftigtenquote besonders in jenen Städten anstieg, in denen in den letzten Jahren industrielle Produktion zurückgefahren wurde und die gleichzeitig von der Nähe eines wichtigen Bürostandortes profitieren konnten. In Leverkusen stieg die Bürobeschäftigtenquote seit 1999 um mehr als 8%-Punkte, also um mehr als 1%-Punkt pro Jahr – dreimal so stark wie in Deutschland insgesamt. Als nächste Städte folgen Mönchengladbach, Offenbach und die Hauptstadt Berlin. In diesen Städten stieg die Bürobeschäftigtenquote um fast 0,5%-Punkte pro Jahr. In allen diesen Städten nahm die Gesamtbeschäftigung von 1999 bis 2007 ab, die Zahl der Bürobeschäftigten hingegen stieg.

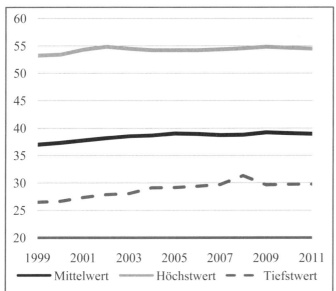

Werte für 95 deutsche Städte. Die Werte geben die jeweiligen Höchst-, Mittel- oder Tiefstwerte für ein bestimmtes Jahr an. Die dazu gehörenden Städte können sich also im Zeitverlauf ändern. Die Mittelwerte sind ungewichtet.

Quellen: Bundesagentur für Arbeit, eigene Berechnungen

Abbildung 71: Bürobeschäftigtenquote in Deutschland, in %

Doch genaues Hinsehen lohnt sich auch hier: in den elf Jahren von 2000 bis 2011 nahm die mittlere Bürobeschäftigtenquote zwar um knapp 1,8%-Punkte zu und lediglich in 5 von rd. 95 untersuchten Städten nahm die Quote in diesem Zeitraum ab. Doch ist dieses Ergebnis in dreifacher Hinsicht zu qualifizieren. Erstens, nahm die Quote in einigen ostdeutschen Städten zu, weil die Zahl der Industriebeschäftigten vor allem in der ersten Hälfte des Analysezeitraums stärker sank als die Zahl der Bürobeschäftigten. Dann nimmt die Quote zu, nicht weil der Strukturwandel zu Bürojobs so stark ist, sondern weil der Strukturwandel zu kapitalintensiver Industrieproduktion noch nicht abgeschlossen war. Zweitens ändert sich das Bild, wenn man das Analysefenster auf die Jahre 2006 bis 2011 verengt. In diesem Fenster gab es zunächst einen industriellen Aufschwung und danach eine scharfe Rezession. Am Ende war die Bürobeschäftigtenquote im Jahr 2011 im Durchschnitt über alle rund 100 Städte nicht höher als 2006 – in fast der Hälfte aller Städte war sie zum Teil sehr stark rückläufig. Da diese fünf Jahre jedoch alles andere als eine konjunkturelle Normalentwicklung waren, bestehen erhebliche Unsicherheiten, was aus dieser Richtungsänderung für die Zukunft geschlossen werden kann. Vorsicht bei der Szenarienbildung ist aber sicherlich angemessen. Drittens war der Anstieg auch bis 2006 in erster Linie dadurch getragen, dass es in Städten mit sehr niedriger Bürobeschäftigtenquote eine Veränderung gab, weniger bei den Städten mit sehr hoher Quote. Die Maximalquote ist heute nicht höher als 2002. Zudem zeigt die

Abbildung 71, dass es in erster Linie einen Anstieg zwischen 1999 und 2002 gab, kaum noch danach. Die Fläche je Büroarbeitsplatz

Büroarbeitskräfte in Deutschland verfügen über knapp 22 m² Bürofläche; einige Schätzungen führen zu einer Fläche von rd. 24 m² (Bulwien, Denk und Scheffler, 2008). Für die weiteren Rechnungen sind diese Unterschiede unerheblich, da es bei den Nachfrageveränderungen um die prozentualen Veränderungen geht und nicht um die absolute Höhe in der Zukunft. Die großzügigsten Büros gibt es in Darmstadt und Potsdam. Dort verfügen die Bürobeschäftigten über jeweils rd. 33 m². Im Durchschnitt ist der Flächenverbrauch je Mitarbeiter in den letzten Jahren sogar leicht angestiegen.

Dies mag auf den ersten Blick überraschen, da immer mehr Unternehmen von Einzelbüros zu Gruppen- oder sogar Großraumlösungen übergehen, um Kosten zu reduzieren. Diese Strategie ist verständlich; da Dienstleistungen zunehmend im internationalen Wettbewerb stehen, müssen immer mehr Kostenparameter auf den Prüfstand. Warum ist also der Flächenverbrauch eher gestiegen als gesunken? Zwei Punkte sind wichtig: Erstens erfordern viele moderne Dienstleistungen mehr Raumkapazitäten für Besprechungen sowie Projekträume. Teamarbeit wird wichtiger und die Büroflächen müssen dies spiegeln. Zwar hat jeder einzelne Mitarbeiter kleinere eigene Arbeitsbereiche; dies geht bis zu kleineren Bürotischen, gleichzeitig stehen mehr Räume für Teamarbeit zur Verfügung. Der Nettoeffekt ist dann nicht zwingend negativ.

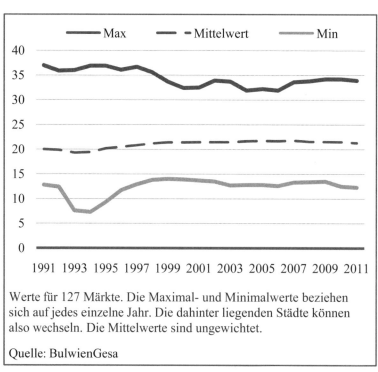

Abbildung 72: Bürofläche je Bürobeschäftigten in deutschen Städten, in m²

Zweitens reagiert die Flächeninanspruchnahme je Bürobeschäftigten auf konjunkturelle Veränderungen. In Rezessionen sinkt die Beschäftigung, das Flächenangebot lässt sich jedoch nicht ebenso rasch vermindern. Das gilt nicht einmal für selbst belegte Büroflächen. Die meisten Büronutzer wechseln nicht gleich ihre Büroimmobilie, wenn der Personalstand um 5% sinkt; die Bürofläche je Arbeitsplatz nimmt dann statistisch zu, auch wenn die Mitarbeiter nicht auf großzügigeren Flächen je Arbeitsplatz arbeiten. Besonders deutlich wird dies in Frankfurt am Main: Nach dem Platzen der Dot-Com-Blase kletterte die Leerstandsquote von 2,5% im Jahr 2001 auf rd. 18% im Jahr 2006, der Flächenverbrauch je Bürobeschäftigten stieg von 25,8 m² auf über 27 m² in Jahr 2008 – auch wenn sehr viele Mitarbeiter in Frankfurt die Erfahrung machen, dass die verfügbaren Flächen je Arbeitsplatz eher sanken.

Bemerkenswert ist, dass es einen positiven Zusammenhang zwischen der Bürobeschäftigtenquote und der Fläche je Bürobeschäftigten gibt. Dies könnte daran liegen, dass es in den Bürozentren zum einen überdurchschnittlich viele Konzernzentralen mit höheren Ansprüchen an repräsentative Flächen sowie zum anderen einen hohen Bedarf an Besprechungsräumen gibt. Es könnte auch eine Rolle spielen, dass in Bürohochburgen wie Frankfurt, Düsseldorf oder Bonn sehr viele Dienstleistungen erbracht werden, die ausschließlich in Büroräumen geleistet werden. Die Bürotätigkeit ist also der Kern der Wertschöpfung, Büroarbeit ist besonders wichtig. Das ist bei Industriebetrieben anders; hier ist das Kernstück die Fertigung, die Büros sind (etwas) unwichtiger und könnten daher kleiner ausfallen.

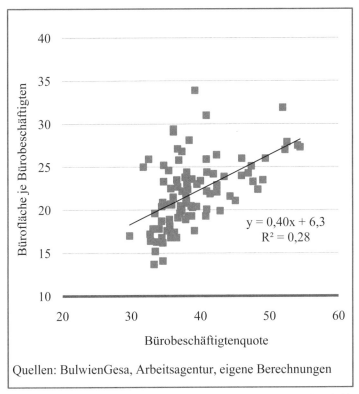

Abbildung 73: Bürofläche je Bürobeschäftigten in Abhängigkeit der Bürobeschäftigtenquote, 2011

Es sollte jedoch auf keinen Fall verschwiegen werden – weil es für die spätere Diskussion noch wichtig sein wird – dass es auch einen (leicht) positiven Zusammenhang zwischen der Höhe der Bürospitzenmiete einer Stadt und dem Flächenverbrauch je Büroarbeitsplatz in der jeweiligen Stadt gibt: Dort wo die Büros vergleichsweise teuer sind, wird auch mehr Fläche verbraucht als an relativ günstigen Standorten. Dass in Frankfurt der Büroflächenverbrauch je Mitarbeiter fast doppelt so hoch ausfällt als jener in Bremerhaven ist angesichts der viermal höheren Spitzenmieten (im Jahr 2012) wohl überraschend. Selbst die Durchschnittsmiete in Frankfurt ist höher als die Mieten für die Toplagen in Bremerhaven. Die preislichen Unterschiede lassen sich hierbei noch relativ einfach rechtfertigen: die Büros in Frankfurt sind im Durchschnitt höherwertig, die Baukosten sind höher und die Wertschöpfung ist deutlich höher als jene in Bremerhaven.

In einem einfachen multiplen Regressionsmodell für 97 deutsche Städte lässt sich sogar zeigen, dass die Bürofläche je Beschäftigten viel stärker mit der Höhe der Spitzenmiete in der Stadt korreliert als mit der jeweiligen Bruttowertschöpfung. Auch wenn man nur die Bruttowertschöpfung der Dienstleistungsbranchen je Erwerbstätigen in den Dienstleistungsbranchen betrachtet, um auszuschließen, dass reine Industriestandorte die Analyse verzerren, zeigt sich kein anderes Bild. Es wurde das folgende Cross-Section-Modell für 97 deutsche Städte geschätzt. Es handelt sich um einen OLS-Ansatz (ordinary least squares) für das Untersuchungsjahr 2007:

$$\ln(fl_{2007}) = \alpha + \beta_1 \cdot \ln(bws_{2006}) + \beta_2 \cdot \ln(m_{2007}) + \varepsilon$$

mit

fl_{2007} = Fläche je Bürobeschäftigten im Jahr 2007

bws_{2006} = Bruttowertschöpfung in Dienstleistungsbranchen je Beschäftigten 2006

m_{2007} = Bürospitzenmiete im Jahr 2007

α, ist eine Konstante, β_i sind die jeweiligen Koeffizienten und ε ist der Störterm.

Alle Variablen wurden logarithmiert. Ohne diese Transformation zeigt sich kein grundsätzlich anderes Bild, die Koeffizienten sind lediglich kleiner. Modell 1 zeigt die Schätzgleichung wie oben spezifiziert. Die einzige signifikante erklärende Variable ist die Spitzenmiete. Modell 2 zeigt die Gleichung ohne die Mietvariable. Nun ist der Koeffizient für die Wertschöpfung positiv und signifikant von Null verschieden. Offensichtlich gibt es zwischen der Spitzenmiete und der Wertschöpfung eine plausible Korrelationsbeziehung. Allerdings ist das Bestimmtheitsmaß R^2 deutlich geringer als in Schätzgleichung 1. Reduziert man das Modell allein auf eine Konstante und die Mietvariable (Modell 3) erhält man ein deutlich besseres Schätzergebnis als im Modell 2. Die Konstante und die Spitzenmiete sind signifikant von Null verschieden, und das Bestimmtheitsmaß erreicht wieder mehr als 30%.

Tabelle 14: Erklärung des Büroflächenverbrauchs in deutschen Städten, 2007

Zu erklärende Variable: Bürofläche je Beschäftigten

#	Konstante	Bruttowertschöpfung	Spitzenmiete	R^2
1	1,661 (1,467)	0,061 (0,553)	0,324* (5,653)	0,35
2	−1,211 (−1,039)	0,397* (3,663)		0,12
3	2,285* (20,627)		0,341* (7,057)	0,34

t-Statistik in Klammern, *=Signifikant auf dem 1%-Niveau.

Quelle: Eigene Berechnungen.

Es zeigt sich kein Unterschied, wenn auch für die Büroflächen und Mieten die Daten für 2006 in das Modell einfließen. Regressiert man statt der Bruttowertschöpfung im Dienstleistungssektor die Bruttowertschöpfung eines Standorts insgesamt, verschlechtern sich die Resultate für diese Variable sogar noch. Das verwendete Modell ist natürlich sehr einfach, der deutlich positive Zusammenhang verwundert allerdings. Hier gibt es offensichtlich weiteren Forschungsbedarf, warum die Städte mit hohen Mieten auch tendenziell mehr Bürofläche je Beschäftigten bieten.

Dass bei hoher Spitzenmiete gleichzeitig die Büros größer ausfallen, ließe sich als zusätzlicher nicht-monetärer Anreiz für die besonders wertvoll erachteten Mitarbeiter oder als Ausdruck repräsentativer Flächen in den Zentralen erklären. Denn eigentlich müsste man vermuten, dass der Inputfaktor Bürofläche dort besonders sorgfältig geprüft wird, wo er auch besonders teuer ist. Empirisch ist dies aber nicht der Fall. Durch zusätzliche Berücksichtigung der Wertschöpfung erhält man keine spürbare Modellverbesserung und v.a. dreht sich die Beziehung zwischen Büroflächenverbrauch und Spitzenmiete nicht in das theoretisch erwartete negative Verhältnis.

Solche nicht-monetären Anreize könnten in Zukunft kleiner ausfallen – zumindest für Branchen, die in internationalen Wettbewerb stehen. In Deutschland ist die Flächeninanspruchnahme mit rd. 22 m² nämlich im internationalen Vergleich hoch. Für solche internationalen Vergleiche werden üblicherweise die vorliegenden Daten der wichtigsten Büromärkte in den jeweiligen Ländern herangezogen. Für Frankreich wäre dies Paris, für Schweden Stockholm. In Frankreich, Schweden, Österreich oder Spanien werden nur 17 m² ausgewiesen, für Italien nur 14 m², und in London oder Tokio haben die Mitarbeiter sogar nur 10 bis 11 m² zur Verfügung. Nun muss man bei solchen internationalen Vergleichen immer vorsichtig sein, da unterschiedliche Definitionen und Abgrenzungen eine Rolle spielen. Die Grundaussage wird jedoch von keinem internationalen Beratungsunternehmen bestritten: deutsche Büros sind im internationalen Vergleich großzügig gestaltet. Natürlich ist die Büromiete nur ein vergleichsweise unwichtiger Kostenparameter für Dienstleistungsunternehmen, doch gänzlich vernachlässigen darf man ihn auf Dauer nicht. Die Globalisierung zwingt nämlich alle Kostenparameter auf den Prüfstand.

4.4   Szenarien für die Büroflächennachfrage

Im Folgenden werden mehrere Szenarien für die künftige Entwicklung der Büroflächennachfrage entworfen. Dafür sind auch die Vorbemerkungen zur Bürobeschäftigung und zur Bürofläche von entscheidender Bedeutung. Die Szenarien basieren auf den Bevölkerungsvorausberechnungen des Statistischen Bundesamts sowie auf eigenen Annahmen hinsichtlich des weiteren Verlaufs der Bestimmungsfaktoren in der Abbildung 66 und schließlich auf der Definitionsgleichung für die Büroflächennachfrage (vgl. Seite 135).

$$N \equiv EF \cdot EPQ \cdot (1 - ALQ) \cdot BBQ \cdot BF$$

Es wird mit den Szenarien ein Trichter möglicher Zukünfte aufgespannt. Im Anschluss daran werden die einzelnen Szenarien bewertet. Zwar lassen sich keine Eintrittswahrscheinlichkeiten quantifizieren, wohl lassen sich mit den heute verfügbaren Kenntnissen Plausibilitätsüberlegungen anstellen.

4.4.1   Basisszenario: Demografie pur

Für das Ausgangsszenario werden alle Quoten, also die Erwerbspersonenquote, die Arbeitslosenquote, die Bürobeschäftigtenquote sowie die Bürofläche je Mitarbeiter auf dem Stand von 2010 konstant gehalten. Das heißt, die Erwerbspersonenquote wird bei rd. 77% für Deutschland konstant gehalten, die Arbeitslosenquote bei gut 7%, die Bürobeschäftigtenquote bei rd. 35%. Für die Bürofläche je Mitarbeiter wurden 22 m² veranschlagt. Alle Werte sind Mittelwerte für das Jahr 2010, dies ist auch das Basisjahr für die folgenden Abbildungen. Der anhaltende Aufschwung auf den deutschen Arbeitsmärkten im Jahr 2008 hat die Arbeitslosenquote gesenkt und die Erwerbspersonenquote ist gestiegen. 2009 brach zwar die Wirtschaftsleistung stark ein, die Beschäftigung blieb jedoch vergleichsweise hoch. In dem Szenario „Demografie pur" gibt es keine sonstigen Änderungen im institutionellen, regulatorischen oder gesellschaftlichen Umfeld. Die Flächennachfrage folgt dann direkt den demografischen Trends. Dieses Szenario misst also den Effekt auf die Büroflächennachfrage, wenn sich sonst nichts ändert. Ob dies plausibel ist, soll zunächst nicht beachtet werden.

Am aktuellen Rand (hier bis Jahresmittelwert 2010) nimmt die Büroflächennachfrage noch etwas zu. Danach prägen die demografischen Trends die weitere Entwicklung. Die Kurvenverläufe nach 2010 entsprechen dem Verlauf der Zahl der Erwerbsfähigen aus Abbildung 67. Kommen nur 100.000 Menschen jährlich mehr nach Deutschland als das Land verlassen, sinkt die Büronachfrage in diesem Szenario um über 30% – das entspricht mehr als 100 Mio. m² Bürofläche, die dann im Jahr 2060 weniger benötigt würden als im Jahr 2010. Das entspräche etwa zehnmal jener Bürofläche, die aktuell in Frankfurt am Main (inklusive Eschborn und Offenbach Kaiserlei) vermietet ist (bei einer Leerstandsquote von gut 13,3% im Jahr 2012 waren in Frankfurt fast 11,8 Mio. m² Büroflächenbestand vorhanden).

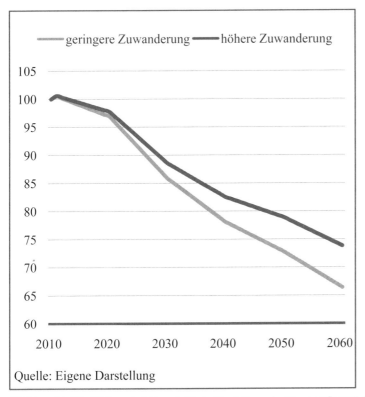

Abbildung 74: Büroflächenentwicklung in Deutschland, Szenario „Demografie pur", 2010=100

Selbst wenn das optimistischere Zuwanderungsszenario einträte, würden bis 2060 rd. 70 Mio. m² weniger Büroflächen benötigt werden als im Jahr 2010 – oder zehnmal die Bürofläche, die derzeit in Stuttgart vermietet wird. Natürlich würde diese Entwicklung den Erweiterungsbedarf massiv limitieren. Der Ersatzbedarf würde freilich noch lange zunehmen, denn viele Bürogebäude müssen in den kommenden Jahrzehnten rundum saniert werden, um den heutigen technischen Anforderungen zu entsprechen. Auch gibt es in vielen Bürogebäuden enorme Energieeinsparpotenziale, die sich durch Umbauten heben ließen.

Die Projektentwickler wären zwangsläufig am schwersten von solch einer Entwicklung belastet, aber auch Asset-Manager müssen die hiermit verbundene Herausforderung ernst nehmen, da geringere Mietsteigerungspotenziale und höhere Leerstandsrisiken dann wahrscheinlich wären. Beides ist direkt renditewirksam und muss bereits beim Einkauf der Immobilien adressiert werden.

4.4.2   Szenario: Erfolgreiche Arbeitsmarktpolitik

Das Szenario „Demografie pur" ist nicht sehr wahrscheinlich, da es impliziert, dass die deutschen Arbeitsmärkte und Institutionen so unflexibel sind, dass sie auf die Herausforderungen und Engpässe auf den Arbeitsmärkten zum einen sowie auf die Überhänge auf den Immobilienmärkten zum anderen nicht reagieren würden. Außerdem unterstellt es bei konstanter Arbeitslosenquote, dass Arbeitgeber eine Stelle eher unbesetzt lassen als einen weniger qualifizierten Menschen einzustellen. Wenn der Faktor Arbeit knapper wird und die Löhne als Folge davon steigen, sind zahlreiche Anpassungsreaktionen zu erwarten:

1. **Die Lebensarbeitszeit wird steigen.** Die allmähliche Erhöhung des Renteneintrittsalters auf 67 Jahre ist bereits beschlossen, und natürlich ist es möglich, dass die Menschen in Deutschland länger arbeiten. Tatsächlich ist nach Angaben des Bundesministeriums für Arbeit und Soziales der Anteil der erwerbstätigen Menschen zwischen 60 und 65 Jahren seit 2000 bereits von 20 auf 41,1% gestiegen. Wie groß das Potenzial in Deutschland aber noch ist, zeigt der internationale Vergleich in Abbildung 75: In Norwegen, Schweden oder Japan ist der Anteil der erwerbstätigen Menschen im Alter von 60 bis 64 Jahren rd. doppelt so hoch wie jener in Deutschland.

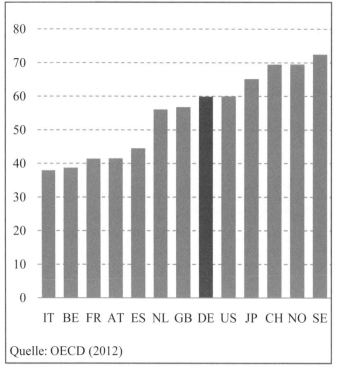

Abbildung 75:Erwerbstätige im Alter 60 bis 64 in % zur gleichaltrigen Bevölkerung, 2011

2. **Die Erwerbsbeteiligung von Frauen, v.a. von Müttern könnte erhöht werden.** Zwar liegt die Erwerbsbeteiligung von Frauen in Deutschland im internationalen Vergleich im oberen Drittel. Dies liegt jedoch zum Teil daran, dass es in Deutschland relativ weniger Mütter gibt als in Frankreich, den Niederlanden oder Großbritannien. Gerade unter jungen Müttern ist die Erwerbsbeteiligung in Deutschland ebenfalls nach Angaben der OECD unterdurchschnittlich. Falls es institutionelle Barrieren dafür gibt, dass deutlich weniger Mütter in Deutschland berufstätig sind als in Frankreich oder den Niederlanden, dann könnte dies auch erklären, warum die Geburtenrate in Deutschland niedriger ist. Dann wären die (erwarteten) Opportunitätskosten des Kinderkriegens in Deutschland vergleichsweise hoch. Der hohe Anteil berufstätiger Frauen ist dann allenfalls zum Teil

das Ergebnis erfolgreicher Politik für Frauen, ein Teil dieser hohen Quote lässt sich durch das genaue Gegenteil erklären: Viele Frauen entscheiden sich in Deutschland bewusst gegen Kinder, und daher sind sie im Beruf aktiv.

Es ist mittlerweile weitgehend unstrittig, dass ein wichtiges Element zur Reduktion der Opportunitätskosten das Betreuungsangebot für Kleinkinder ist. Im internationalen Vergleich gibt es einen deutlichen Zusammenhang sowohl zwischen der Betreuungsquote und der Erwerbsquote junger Frauen als auch zwischen der Betreuungsquote und der Geburtenrate. Monetäre Anreize können ebenfalls eine Rolle spielen, doch ist der implizite Transfer bei einem staatlich getragenen Betreuungsangebot deutlich größer als das in Deutschland gewährte Kindergeld. Ein gutes Betreuungsangebot nimmt jungen Frauen zudem die Sorge vor einem nicht zu bewältigenden Spagat zwischen Beruf und Familie. Die Transaktionskosten für die Familien werden dadurch reduziert.

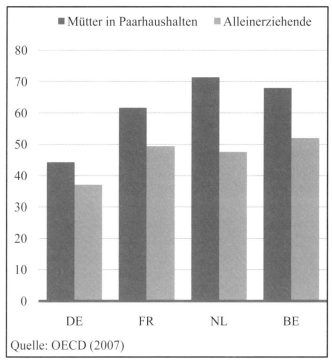

Abbildung 76: Beschäftigung von Müttern mit Kindern unter 5 Jahren, 2011 in %

3. **Die Lebensarbeitszeit muss sich nicht zwangsläufig nur dadurch verlängern, dass man in späteren Jahren noch arbeitet.** Natürlich kann man auch früher mit dem Arbeiten anfangen. In Deutschland ist der Anteil der berufstätigen Menschen in der Altersgruppe von 15 bis 24 Jahre um rd. 20%-Punkte niedriger als dieser Anteil in Dänemark, Großbritannien oder den Niederlanden. Dies gilt sowohl für Männer als auch für Frauen. Hierbei gilt es offensichtlich Maß zu halten, denn natürlich darf es nicht das Ziel sein, möglichst früh mit dem Arbeiten anzufangen. Eine ressourcenarme Volkswirtschaft wie Deutschland – ja auch eine ressourcenreiche Volkswirtschaft – muss in erster Linie in ihre Mitarbeiter, in deren Humankapital, investieren. Eine bessere Ausbildung ist die

wichtigste Stellschraube, um die Trendwachstumsrate zu erhöhen. Die Trendwachstumsrate kennzeichnet das mittlere Wachstum einer Volkswirtschaft, das sich über mehrere
Konjunkturzyklen ergibt, wenn das Produktionspotenzial voll ausgenutzt wird. Es wäre
also kurzsichtig und ökonomisch fahrlässig, wenn man mit dem Ziel einer höheren Beschäftigung die Ausbildungsqualität senken würde. Zwar gibt es einen Zusammenhang
zwischen der Ausbildungsdauer und dem Ausbildungsgrad – für das Abitur muss man
länger zur Schule gehen als für die Mittlere Reife, und ein Universitätsstudium dauert in
der Regel länger als eine kaufmännische Ausbildung – doch heißt dies nicht, dass sich
Ausbildungszeiten nicht auch ohne Qualitätsverlust verkürzen ließen. Wichtiger als solche Ineffizienzen ist jedoch die Frage, ob wir heute nicht eine noch gleichmäßigere Verteilung des Lernens auf das gesamte Leben benötigen als früher. Wissen hat eine immer
kürzere Halbwertszeit. Wir müssen in Zukunft also eher mehr lernen, dies jedoch in
kleineren Häppchen, verteilt über die gesamte Berufstätigkeit. Dann könnte gegebenenfalls die Ausbildung am Anfang verkürzt werden, vorausgesetzt, es gibt ein effizientes
Weiterbildungsangebot in späteren Jahren. Der letzte Aspekt ist hierbei zwingend, und
gerade in diesem Punkt hat Deutschland bereits heute im Vergleich zu anderen OECD-
Staaten Aufholpotenzial (OECD, 2012).

4. **Schließlich ist der wichtigste Gradmesser für erfolgreiche Arbeitsmarktpolitik das
    Senken der Arbeitslosigkeit.** Auch hier wurden durch die Reformen, die in den letzten
    Jahren gemacht wurden, entscheidende Verbesserungen erzielt. Der deutliche Rückgang
    der Arbeitslosigkeit in Deutschland von 2005 bis 2008 lässt sich zwar auch auf die güns-
    tige weltwirtschaftliche Konjunktur zurückführen – aber nicht ausschließlich (vgl. z.B.
    Brenke und Zimmermann, 2008). Insbesondere die Arbeitsmarktreformen, die während
    der zweiten Amtszeit von Gerhard Schröder umgesetzt wurden, waren bedeutsam. In
    diesem Buch geht es nicht um die konkrete Ausgestaltung zukünftiger Arbeitsmarktre-
    formen, dieses Thema ist zu vielschichtig als dass es in einer Randnotiz bearbeitet wer-
    den könnte. Für die Szenarienbildung ist hinlänglich, dass die Politik grundsätzlich
    handlungsfähig ist und dass ein weiteres Absenken der Arbeitslosenquote jenseits von
    Konjunkturzyklen möglich ist. Ein Teil solch einer Entwicklung könnte aber auch auf
    demografische Prozesse zurückgeführt werden: Wenn die Zahl der Erwerbspersonen
    sinkt, sind Arbeitgeber mitunter gezwungen, weniger qualifizierte Personen einzustellen
    bevor eine Stelle gänzlich unbesetzt bliebe.

Wie im Szenario „Demografie pur" wird für dieses Szenario das Jahr 2005 als Basisjahr
gewählt, bis 2010 fließen Ist-Werte in die Berechnungen ein, danach werden (zunächst)
stetige und vergleichsweise langsame Entwicklungen hin zu neuen, langfristigen Gleichge-
wichtswerten unterstellt.

Das Szenario wird also nun durch zwei arbeitsmarktpolitische Annahmen verändert:

a) Die Erwerbspersonenquote nimmt stetig bis zum Jahr 2030 in jedem Bundesland um
    7%-Punkte zu. Damit würde die Erwerbspersonenquote in etwa den derzeit höchsten
    Werten erreichen, der für OECD-Staaten ausgewiesen wird (z.B. für die Schweiz,
    Schweden oder Dänemark). Man könnte alternativ auch für alle Bundesländer einen
    Anstieg auf 82% annehmen. Das hätte einen enormen Impuls für die Bundesländer mit
    schwächeren Quoten als Ergebnis. Für Deutschland insgesamt gäbe es keine anderen
    Resultate. Es würde aber eine vollständige Nivellierung der Beschäftigungswahrschein-
    lichkeiten zwischen Flensburg und Garmisch-Partenkirchen bedeuten. Das ist sehr un-
    wahrscheinlich.

b) Die Arbeitslosenquote möge bis 2030 in Westdeutschland (ohne Berlin) auf 4% sinken. Dieser Wert wird üblicherweise als Orientierungsgröße für einen ausgeglichenen Arbeitsmarkt verwendet. Wo die Untergrenze für normale Suchprozesse auf dem Arbeitsmarkt liegt, ist freilich noch nicht abschließend beantwortet. Für Ostdeutschland (inklusive Berlin) sowie für Bremen wird aufgrund des höheren Ausgangsniveaus der Arbeitslosenquote ein Absinken der Arbeitslosenquote erst bis 2050 auf 4% gesetzt. Man könnte die Anpassungspfade noch stärker nach Bundesländern differenzieren, da auch in den westdeutschen Bundesländern große Unterschiede in den Ausgangsniveaus bestehen. Bayern und Baden-Württemberg könnten die „natürliche" Quote von 4% schneller erreichen oder sogar unterschreiten als Hamburg oder Schleswig-Holstein. Dies ist richtig. Allerdings dürfte ein Teil dieser Unterschiede in den Wanderungsbewegungen implizit enthalten sein, die hin zu den wachstumsstärkeren Regionen führen und dann in den Fortzugsregionen bei schrumpfender Bevölkerungszahl die Arbeitslosigkeit senken. Zudem gilt, dass für den gesamten Rückgang im Jahr 2030 für Westdeutschland die Annahme unterschiedlicher Anpassungspfade ohne Belang ist, da der Wert von 4% nicht unterschritten wird. Der Aspekt unterschiedlich schneller Anpassungen wird später noch einmal thematisiert.

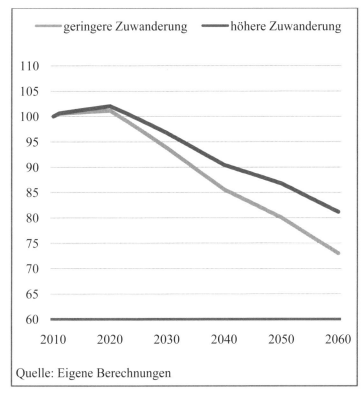

Abbildung 77: Büroflächenentwicklung in Deutschland, Szenario „erfolgreiche Arbeitsmarktpolitik", 2010=100

Abbildung 77 veranschaulicht die Modellergebnisse für das Szenario „erfolgreiche Arbeitsmarktpolitik". Dabei wurde in diesem Szenario mit einem Anstieg der Erwerbsquoten um

5%-Punkte bis 2030 und Reduktion der Arbeitslosenquoten auf 4% bis 2030 in Westdeutschland und auf 4% in Ostdeutschland bis 2050 geplant. Ausnahme sind die Bundesländer Bayern und Baden-Württemberg, wo dieses Ziel bereits heute erreicht ist. Damit die Ergebnisse besser mit dem Szenario „Demografie pur" verglichen werden können, wurde die Skalierung der Grafik beibehalten. Im günstigeren Fall mit mehr Zuwanderung würde demnach die Büroflächennachfrage noch gut zehn Jahre lang zunehmen. Die Flächenabsorption wäre jedoch auch dann nur knapp 8% über dem Niveau des Jahres 2010, also rd. 4% über dem Wert für Ende 2012. Das Büroangebot müsste also deutlich langsamer wachsen als in den letzten Jahrzehnten. Bei dem relativ kurzen Zeithorizont bis 2020 würde die Annahme geringerer Nettozuwanderung noch nicht gravierend zu Buche schlagen – wohl aber kumuliert bis 2060: Selbst bei erfolgreicher Arbeitsmarktpolitik auf allen relevanten Politikfeldern würde die Büroflächennachfrage bis zum Jahr 2060 um 10 bis 20% unter dem Niveau von 2010 liegen, also 8 bis 18% unter dem Niveau vom Ende 2012. Dieser Rückgang entspräche rd. 35 bis 55 Mio. m² Bürofläche. Das sind in etwa drei bis fünfmal die aktuell in Frankfurt am Main vermieteten Büroflächen.

Für die Büromärkte ist aber auch der faktische Nachfragerückgang nach dem Überschreiten des Höchstwertes relevant, denn gegebenenfalls müssen bis dahin noch Flächen zusätzlich erstellt werden, die danach leer stehen. Dieser Rückgang nach 2020 beläuft sich auf 15%-Punkte im Szenario mit höherer Zuwanderung und auf fast 25% im Szenario mit geringerer Zuwanderung (jeweils im Vergleich zum Höchstwert).

Nun lässt sich gegen dieses Szenario zu Recht einwenden, dass es träge Arbeitsmärkte und trotz der Hartz-Reformen unzureichend energische Arbeitsmarktreformen unterstellt. Immerhin wäre die Arbeitslosenquote erst im Jahr 2030 in Westdeutschland auf 4% abgesunken. Die Arbeitsmarkterfolge der Agenda 2010 geben Grund zur Hoffnung, dass das Ziel der Vollbeschäftigung auch früher erreicht werden kann.

Stellen wir also dem Szenario „erfolgreiche Arbeitsmarktpolitik" eine zweite, dynamischere Variante gegenüber, die wir „sehr erfolgreiche Arbeitsmarktpolitik" nennen. Alle Parameter werden bewusst sehr ambitioniert gesetzt: Für alle Bundesländer wird unterstellt, dass die Erwerbspersonenquote bereits bis zum Jahr 2015 um 7%-Punkte ansteigt und dass die Arbeitslosenquote in allen Bundesländern ebenfalls bis zum Jahr 2015 auf 4% sinkt. Angesichts der aktuellen Konjunkturlage ist dies ein ehrgeiziger Fahrplan und dient allein als Gedankenexperiment, um zu zeigen, dass für Immobilienmärkte eine stetige Verbesserung sinnvoller sein kann als rasche Erfolge.

In der Abbildung 78 wird diese Verkürzung der Anpassungspfade für die optimistischere Variante mit höherer Zuwanderung mit dem Szenario „erfolgreiche Arbeitsmarktpolitik" mit den deutlich langsameren Entwicklungen verglichen. Die Skala der Abbildung wurde wieder erhalten. Natürlich nimmt die Büroflächennachfrage bei sehr erfolgreicher Arbeitsmarktpolitik spürbar zu: Bis 2015 würden 20% mehr Büroflächen nachgefragt (im Vergleich zum Referenzjahr 2010, bzw. 18% im Vergleich zum Ende 2012). Selbst wenn man unterstellt, dass 5%-Punkte des aktuellen Leerstands abgebaut werden können, müsste bis 2015 noch knapp 50 Mio. m² zusätzlicher Büroraum entstehen. In den Folgejahren würden jedoch die Leerstände rasch zunehmen, denn weitere Arbeitsmarkterfolge sind nach 2015 definitionsgemäß nicht mehr möglich, weil danach ausschließlich die demografischen Effekte die Entwicklung bestimmen. Bereits nach 2030 sind nahezu alle positiven Nachfrageimpulse für die Büromärkte verpufft, denn danach sind die Unterschiede dieser beiden Varianten fast bedeutungslos. Sehr erfolgreiche Arbeitsmarktpolitik kann zwar aktuelle Probleme auf dem Ar beitsmarkt und damit verbundene Herausforderungen der gesetzlichen Versicherungssysteme dämpfen. Langfristig gäbe es aber keine Unterschiede für die Büronachfrage.

Dieses Szenario wäre dann zwar sicherlich für viele Erwerbslose wünschenswert, für Immobilieninvestoren jedoch nicht zwangsläufig. Das gilt insbesondere für langfristig orientierte Anlagemanager, denn es käme nur zu einem vorübergehend marktwirksamen Mehrbedarf. Vorausschauende Investoren und Mieter würden wahrscheinlich bemüht sein, die Spitze durch effizienteres Flächenmanagement und aggressive Vertragsverhandlungen zu glätten, sodass der Anstieg noch geringer ausfallen dürfte. Immerhin ließe sich argumentieren, dass besonders gute Arbeitsmarktpolitik die Chance erhöht, vom Szenario mit geringer Zuwanderung in das Szenario mit höherer Zuwanderung zu wechseln, denn es wurde in dem Abschnitt 2.5.1 argumentiert, dass die Aussicht auf bessere Verdienstmöglichkeiten das wichtigste Wanderungsmotiv darstellt (Just in Rottke, Voigtländer; 2012).

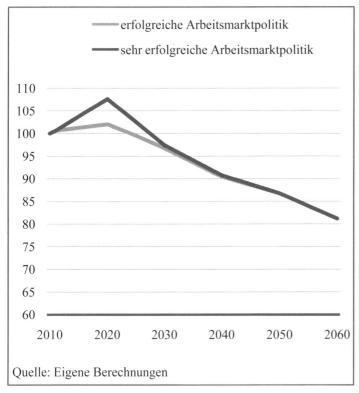

Abbildung 78: Schnelle Erfolge auf dem Arbeitsmarkt, Büroflächennachfrage Deutschland, 2010=100

Allerdings sollte man die Erwartungen für die Büronachfrage nicht zu hoch ansetzen, denn die Modellierung wurde mit konstanten Bürobeschäftigtenquoten durchgeführt. Da das Risiko der Erwerbslosigkeit jedoch sehr eng mit dem Ausbildungsgrad korreliert – die Arbeitslosenquote von Menschen ohne Schulabschluss ist rd. sechsmal höher als die Arbeitslosenquote für Universitäts- und Fachholschulabsolventen (Reinberg und Hummel, 2007) – ist es plausibel, dass in solch kurzer Zeit sehr viele Arbeitslose nicht für einen Büroarbeitsplatz qualifiziert werden können. Sehr erfolgreiche Arbeitsmarktpolitik würde bis 2015 wahrscheinlich zu deutlich weniger neuen Büroarbeitsplätzen führen, als in der Abbildung 78 dargestellt. Hier wurde nun modelliert, dass für alle Bundesländer die höheren Erwerbsquoten und niedrigeren Arbeitslosenquoten einheitlich im Jahr 2020 erreicht werden. Der dargestellte Verlauf müsste also sogar als absolute Obergrenze für dieses Szenario gewertet werden. Hinzu kommt, dass im Falle einer sehr zügigen Verknappung des Faktors Arbeit die Löhne stark steigen würden, und dies dürfte zu Arbeitsplatzverlagerungen ins Ausland führen.

Selbst wenn man von dem Konzept der natürlichen Arbeitslosigkeit nicht überzeugt ist, wenn man also glaubt, dass Sucharbeitslosigkeit vollständig vermieden werden kann, würde die Büroflächennachfrage im Szenario „erfolgreiche Arbeitsmarktpolitik" mit dauerhaft höherer Zuwanderung im Jahr 2030 wieder unter dem Niveau von 2010 liegen. Dauerhafte Zuwächse der Büronachfrage sind also in diesem Szenario sehr unwahrscheinlich.

4.4.3   Szenario: Anhaltender Strukturwandel

Die bisherigen Szenarien fußten implizit auf der Annahme, dass der Strukturwandel zu mehr Büroarbeitsplätzen sozusagen im Jahr 2007 zum Erliegen kam und bis zur Jahrhundertmitte auf dem erreichten Plateau konstant bleiben wird. Dies muss natürlich nicht so sein. Im Durchschnitt nahm die Bürobeschäftigtenquote für deutsche Städte seit der Jahrtausendwende um rd. 0,2%-Punkte pro Jahr zu. Hält diese Entwicklung an, könnte die Bürobeschäftigtenquote für alle deutschen Städte bis 2060 um weitere 10%-Punkte ansteigen (im Vergleich zum Basisjahr 2010).

Nun ist es plausibel, dass die Bürojobs in den Städten prägender sind als außerhalb der Städte und dass dies auch in Zukunft so bleibt. Wichtiger jedoch ist, dass es gute Gründe dafür gibt, dass sich der Strukturwandel in der Zukunft abschwächen wird: Erstens lassen sich zahlreiche Bürotätigkeiten mittlerweile ins Ausland verlagern. Die Welt ist auch für Dienstleistungen flacher geworden. Für einige – keineswegs für alle – Bürotätigkeiten reduziert der internationale Wettbewerb die Lohnsteigerungsmöglichkeiten. Andere Bürotätigkeiten werden durch die Globalisierung relativ attraktiver. Bei hinlänglich flexiblen Arbeitsmärkten ist dauerhaft steigende Erwerbslosigkeit nicht zu befürchten. Relativ knappere Qualifikationen werden lediglich relativ wichtiger, und dies wird sich im Lohngefüge zeigen. Ein zweiter Punkt verstärkt dies sogar noch: Die demografische Entwicklung macht menschbezogene Dienstleistungen wertvoller. In einer alternden Gesellschaft dürfte die Nachfrage nach Pflegeberufen stärker steigen als die Nachfrage nach Symbolanalysten wie Wirtschaftsprüfern, Rechtsanwälten und wohl leider auch nach Volkswirten. Solche menschbezogenen Dienstleistungen werden jedoch nicht in Büros, sondern eben im Beisein des Kunden/Patienten geleistet. Diese neuen relativen Knappheiten dämpfen den Strukturwandel zu einer steigenden Bürobeschäftigtenquote (vgl. auch Demary und Voigtländer, 2009). Auf einen weiteren Punkt muss später ausführlich eingegangen werden: die Möglichkeit Bürojobs in Wohnungen, sprich zu Hause durchzuführen.

Diesen beiden Aspekten könnte entgegenstehen, dass Deutschland in den nächsten Jahrzehnten mehr in die Ausbildung seiner Bevölkerung investieren wird, weil dies der rationalste und effizienteste Weg zu mehr Wachstum und Beschäftigung ist. Nimmt der durchschnittliche Ausbildungsgrad in Deutschland zu, hätte dies wahrscheinlich positive Auswirkungen für die Bürobeschäftigtenquote.

Alles in allem liegt dem folgenden Szenario „anhaltender Strukturwandel" ein weiterhin stetiger Anstieg der Bürobeschäftigtenquote um 10%-Punkte bis zum Jahr 2060 zugrunde. Es ist sicherlich plausibler, einen Strukturwandel mit abnehmenden Zuwachsraten zu unterstellen. Die Auswirkungen für den Verlauf wären jedoch sehr gering. Rechnet man beispielsweise mit einer Funktion, bei der die Zuwächse in der Summe ebenfalls 10%-Punkte entsprechen, jedoch gemäß einer einfachen Wurzelfunktion immer kleiner werden, würde der höchste Punkt lediglich um 4% höher liegen als in einem Modell mit linearem Anstieg der Bürobeschäftigtenquote. Angesichts der großen Unsicherheiten in der Annahmensetzung sind diese Unterschiede für die Kernbotschaft sehr gering. Zudem gilt auch hierbei, dass spätestens im Jahr 2060 auf beiden Anpassungswegen dasselbe Nachfrageniveau erreicht würde. Die Unterschiede zwischen beiden Anpassungspfaden würden ab 2025 immer kleiner. Des Weiteren wurden alle Annahmen des Szenarios „erfolgreiche Arbeitsmarktpolitik" aufrecht erhalten: die Arbeitslosenquote sinkt allmählich in allen Bundesländern bis spätestens 2060 auf 5% und die Erwerbspersonenquote nimmt bis 2030 um 8%-Punkte zu.

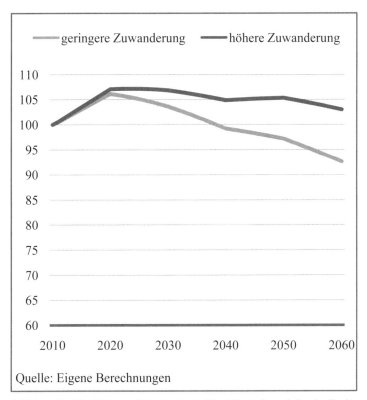

Quelle: Eigene Berechnungen

Abbildung 79: Büroflächennachfrage in Deutschland, Szenario „anhaltender Strukturwandel", 2010=100

Für dieses Szenario werden die Ergebnisse sowohl für die Variante mit geringerer Zuwanderung als auch für die Variante mit höherer Zuwanderung in Abbildung 79 mit derselben Skala wie für das Szenario „Demografie pur" gezeigt. In der günstigeren Zuwanderungsvariante könnte die Flächennachfrage noch bis zum Jahr 2025 um insgesamt 16,5% gegenüber dem Referenzjahr 2010 zulegen. Selbst bei geringerer Zuwanderung würde die Büronachfrage noch um 7,5% ansteigen. Das wären immerhin 35 Mio. m². Allerdings bliebe hierbei der aktuelle Leerstand noch unberücksichtigt. Die zusätzliche Nachfrage rechtfertigt angesichts einer mittleren Leerstandsquote von rd. 10% natürlich keine Flächenerweiterung in derselben Höhe. Allerdings muss mindestens der Abgang ersetzt werden.

Selbst in diesen sehr optimistischen Szenarios würden 2060 bei stetiger Nettozuwanderung von 100.000 Personen pro Jahr nicht mehr Büroflächen vermietet als heute. Kommen jedes Jahr doppelt so viele Menschen netto nach Deutschland wären im Jahr 2060 zwar 3% mehr Büros belegt als heute. Doch auch in diesem günstigsten aller Szenarios würden nach 2030 keine weiteren Nachfrageimpulse hinzukommen, und der Anstieg bis 2030 wäre mit 7,5% ebenfalls überschaubar.

Es sollte auch noch einmal betont werden, dass es zwar unausweichlich ist, dass die Wirtschaft auch in Zukunft durch strukturellen Wandel geprägt sein wird. Es ist zudem plausibel, dass Dienstleistungen im Trend weiter an Bedeutung gewinnen werden (vgl. Ehmer, 2009). Es gibt jedoch deutlich größere Unsicherheiten hinsichtlich der Annahme, ob dieser Strukturwandel auch zu mehr Bürobeschäftigung führen muss. Globalisierung und die technischen Fortschritte machen die Auslagerung und Automatisierung von symbolanalytischen Dienstleistungen erheblich einfacher als die Verlagerung von menschbezogenen Dienstleistungen. Sogar rechtsberatende Dienstleistungen lassen sich leichter ins Ausland verlagern als Pflegedienste und Haareschneiden. In der Frankfurter Allgemeine Zeitung vom 18. Mai 2012 beschreibt Frank Rieger, einer der Vorstände des Chaos Computer Clubs, die Möglichkeiten wie bereits heute einfache rechtsanalystische Tätigkeiten – z.B. das Durchsuchen von E-Mails auf verdächtige Regelverstöße durch Computer erledigt werden können und dass einfache journalistische Texte durch standardisierte Dateninputs wie Spielverläufe von Sportereignissen in einer Qualität generiert werden können wie dies durchschnittlich begabte Journalisten können. Und wir befinden uns hier erst am Anfang der Entwicklung. Anders als in früheren Strukturumbrüchen erlaubt die Digitalisierung eine viel schnellere Wissensdiffusion und Umsetzung. Der Strukturbruch könnte viel schneller erfolgen als bei der landwirtschaftlichen oder industriellen Revolution (vgl. Rieger, 2012; Brynjolfsson und McAfee, 2011). Alles in allem dürfte das Szenario „anhaltender Strukturwandel" mit höherer Zuwanderung eine Obergrenze für die Büroflächennachfrage in Deutschland darstellen.

Hinzu kommt, dass ein zusätzlicher Trend berücksichtigt werden muss: der Trend zu höherer Flächeneffizienz der Büroräume.

4.4.4   Szenario: Höhere Flächeneffizienz

Es wurde bereits darauf hingewiesen, dass die Flächeninanspruchnahme je Bürobeschäftigten in Deutschland mit rd. 22 m² im internationalen Vergleich hoch ist. In anderen Ländern werden sehr ähnliche Tätigkeiten mit signifikant weniger Bürofläche je Arbeitsplatz erledigt. In Österreich, Schweden oder Frankreich stehen statistisch etwa 17 bis 18 m² je Arbeitsplatz zur Verfügung, in Italien sind es rd. 14 m² und in Großbritannien oder Japan die Hälfte des deutschen Wertes. Es sollte an dieser Stelle fairerweise dazu gesagt werden, dass solche Flächenvergleiche auf den Angaben des Immobilienberatungsunternehmens DTZ (2013) beruhen, die nur die wichtigsten Immobilienstandorte in den jeweiligen Ländern berücksichtigen. In Oberhausen oder Passau werden bereits heute ähnlich niedrige Flächenkennziffern erreicht wie sie für Wien oder Paris ausgewiesen werden. In Eisenach oder Bottrop liegt der

Flächenverbrauch pro Kopf auf dem Niveau Roms. Es wäre folglich unzulässig, für ganz Deutschland dasselbe Einsparpotenzial zu vermuten.

Lässt sich dieselbe Tätigkeit auf weniger Bürofläche erbringen, kann ein Unternehmen Büromiete sparen oder bei Eigennutzung das gebundene Kapital investieren. Es ist also zu erwarten, dass sich im Wettbewerb die effizientesten Büroformen durchsetzen werden. Wichtig ist, dass sich die effizientesten und nicht die billigsten Büroformen durchsetzen werden. Weniger Bürofläche je Arbeitsplatz spart zwar mitunter Büromiete, kann jedoch bei ungeeigneter Konzeption die Arbeitsmotivation reduzieren und sogar zu Störungen im Arbeitsablauf führen. Umgekehrt führt jedoch auch nicht jede Flächenvergrößerung zu steigender Mitarbeitermotivation und höherer Arbeitsleistung. Es gilt ein Optimum zu suchen, das bestimmt wird durch die direkten Kosten für die Fläche einerseits und die leistungsrelevanten Aspekte, die sich aus Kommunikation, Kooperation und Motivation der Mitarbeiter ergeben können andererseits. Solche Optima können branchen-, unternehmensspezifisch, ja sogar abteilungsspezifisch sein und dürften sich zudem im Zeitablauf ändern. Für Anleihehändler einer Investmentbank könnten andere optimale Flächenkennziffern als für die Rechtsabteilung derselben Investmentbank gelten. Für Erstere ist die schnelle Verfügbarkeit von vielen Informationen wichtig, für Letztere manchmal Ruhe und Vertrauenswürdigkeit.

Ein zweiter Aspekt könnte in Zukunft eine wachsende Bedeutung erlangen: Die moderne Technik ermöglicht es für viele Bürotätigkeiten, dass sie unabhängig von einem konkreten Arbeitsplatz erledigt werden können. Telearbeit ist heute technisch einfach umzusetzen und befriedigt das Bedürfnis vieler Mitarbeiter nach größerer Flexibilität (Flüter-Hoffmann, 2012). Natürlich ist Telearbeit nicht für jeden Bürojob möglich. Es ist auch richtig, dass ein Telearbeitsplatz nicht in gleichem Umfang Büroraum im Unternehmen einspart, denn in den meisten Fällen werden Teillösungen angeboten. Das heißt, der Mitarbeiter arbeitet zum Beispiel drei Tage im Büro und zwei Tage von Zuhause aus. Gibt es einen Kollegen, der zwei Tage im Büro und drei Tage zu Hause arbeitet, ließe sich rein rechnerisch der Flächenverbrauch im Büro für diese beiden Kollegen halbieren, wenn sie ihre Arbeitstage perfekt aufeinander abstimmen können. Telearbeit ist aber nur eine Mobilitätsform der modernen Arbeitswelt, die zu Flächeneinsparungen führen kann. Umfangreiche Reisetätigkeiten können ebenfalls flexible Bürokonzepte nahelegen. Die konkreten Einsparpotenziale sind in der Regel deutlich kleiner, da es häufig Überschneidungen für gemeinsame Besprechungen geben muss. Gerade die wachsende Bedeutung von Projektarbeit macht Interaktion notwendig (Hofmann et al., 2007). Dies kann zwar mitunter auch über Internetverbindungen geschehen, ist jedoch nicht immer die sinnvollste Lösung. Bereits heute sind Bürokonzepte umgesetzt, bei denen die Zahl der Arbeitsplätze kleiner ist als die Zahl der Mitarbeiter. Das funktioniert immer dann gut, wenn gewährleistet werden kann, dass nie alle Mitarbeiter gleichzeitig anwesend sind.

Insgesamt ist damit zu rechnen, dass die Bürofläche je Mitarbeiter in den kommenden Jahren eher sinken als steigen wird. Die weiteren Rechnungen setzen auf dem Szenario „anhaltender Strukturwandel" auf, d.h. die Arbeitslosenquote sinkt, die Erwerbspersonenquote steigt und der strukturelle Wandel führt dauerhaft zu einem steigenden Anteil der Bürobeschäftigung. Die Ausgangsbasis der Modellrechnung bildet also das optimistischste der bisher vorgestellten Szenarien.

Sinkt nun der Flächenverbrauch je Mitarbeiter beispielsweise bis zum Jahr 2060 stetig auf 18 m², also auf das Niveau, das in den großen Städten Frankreichs, Österreichs oder Schwedens realisiert ist, so würde die Flächennachfrage in der Variante mit höherer Zuwanderung um

weniger als 10 % bis zum Jahr 2020 zulegen; im Jahr 2060 würde die Nachfrage um 15%
unterhalb des Niveaus von 2010 liegen. Kommen jedes Jahr nur 100.000 Menschen mehr
nach Deutschland als das Land verlassen, beläuft sich der Rückgang der Büronachfrage sogar auf über 20%bis zum Jahr 2060.

Abbildung 80 vergleicht für die Variante mit höherer Zuwanderung die Nachfrageentwicklung für den Fall einer konstanten Flächeninanspruchnahme mit jener für eine Einsparung
um 15% bis zum Jahr 2060 auf dann 18 m² je Arbeitsplatz (Wiener respektive Oberhausener
Niveau) und schließlich für den Fall einer mittleren Flächeneinsparung von 36% bis zur
Jahrhundertmitte auf dann 14 m² (etwa das Niveau, das DTZ für Rom ausweist oder jenes,
das für Eisenach und Bottrop ermittelt wurde).

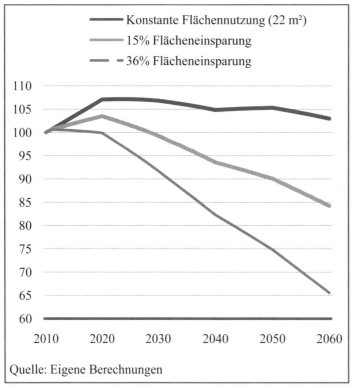

Abbildung 80: Büroflächennachfrage in Deutschland, Szenario „höhere Flächeneffizienz", Variante mit höherer
Zuwanderung, 2010=100

Die Ergebnisse sind ernüchternd: Sämtliche positiven Nachfrageimpulse aus einem Rückgang der Arbeitslosigkeit, einem Anstieg der Erwerbspersonenzahl und einer größeren Zahl
an Bürotätigkeiten würden überkompensiert, wenn die Unternehmen ihre Flächeninanspruchnahme je Mitarbeiter sukzessive auf 14 m² reduzieren würden – einen Wert, der für einige
deutsche Städte bereits heute ausgewiesen wird. Tatsächlich entspräche die Entwicklung
dann in etwa dem Verlauf im Ausgangsszenario „Demografie pur" mit geringer Zuwanderung.

Gerade weil einige Städte bereits heute so niedrige Büroflächen je Mitarbeiter ausweisen, ist gerade das Szenario mit dem sehr starken Rückgang unwahrscheinlich, denn die Flächen müssten ja auch in den Bottrops und Eisenachs Deutschlands um 36% fallen um den Gegenwert für Deutschland zu erreichen. Dies darf wohl ausgeschlossen werden.

4.4.5 Bewertung der Szenarien

In den vorherigen Abschnitten wurden diverse Szenarien entworfen. Die Vielzahl der Parameter und die Vielfalt der Annahmen macht eine kurze Synopse der wichtigsten Ergebnisse sinnvoll.

Drei Dinge sind wichtig:

a) Bis zum Jahr 2020 wird die Flächennachfrage wahrscheinlich oberhalb des Niveaus von 2010 liegen. Nur in dem unwahrscheinlichen Referenzszenario „Demografie pur" ist im ungünstigen Fall bereits bis 2020 ein leichter Rückgang gegenüber 2010 möglich. Nach 2020 wird ein Nachfragerückgang indes immer wahrscheinlicher.

b) Die Ergebnisse streuen sehr stark. Je nach Annahmensetzung unterscheiden sich die Werte bereits für das Jahr 2020 um 10%-Punkte; bis 2060 liegen die berechneten Prognosewerte um bis zu 40%-Punkte auseinander. Alle diese Szenarien lassen sich auf der Basis heutiger Kenntnisse belasten. Dies ist ein klarer Hinweis für die enorme Unsicherheit der Entwicklung.

c) Bis zum Jahr 2020 ist die Unterscheidung zwischen den Zuwanderungsszenarien vergleichsweise gering. Die Veränderungen der drei anderen Parameter (Arbeitsmarktpolitik, Strukturwandel und Flächeneffizienz) hingegen entfalten sehr starke Wirkung.

Natürlich lassen sich diese Szenarien auch beliebig kombinieren. Es wäre auch ein Szenario denkbar, bei dem die Nachfrage bereits bis 2020 deutlich unter das Niveau von 2010 sänke, dann nämlich, wenn man das „Demografie pur"-Szenario direkt mit dem Szenario „höhere Flächeneffizienz" verbinden würde.

Tabelle 15: Synopse der Szenarien zur Büroflächennachfrage

		Flächennachfrage 2020 gg. 2010 in%	Flächennachfrage 2060 gg. 2010 in %
Demografie pur	Geringere Zuw.	–3%	–34%
	Höhere Zuw.	–2%	–26%
Erfolgreiche Arbeitsmarktpolitik	Geringere Zuw.	+1%	–30%
	Höhere Zuw.	+2%	–19%
Anhaltender Strukturwandel	Geringere Zuw.	+6%	–7%
	Höhere Zuw.	+7%	+3%
Höhere Flächeneffizienz (–15%)	Geringere Zuw.	+2,5%	–24%
	Höhere Zuw.	+3%	–15%

Quelle: Eigene Berechnungen

Aus den obigen Einschätzungen lässt sich ableiten, dass ein reines „Demografie pur"-Szenario wohl die geringste Eintrittswahrscheinlichkeit hat. Es gäbe keinerlei politische Weichenstellungen und auch keine Marktantworten. Die höchste Eintrittswahrscheinlichkeit wird dem Szenario „höhere Flächeneffizienz (–15%)" in der Variante geringere Zuwanderung zugesprochen. Ergänzt werden sollte, dass ich sowohl eine höhere Nettozuwanderung von mehr als 100.000 Personen pro Jahr für wahrscheinlich erachte und dass ich vermute, dass das Wachstum der Bürobeschäftigung stark begrenzt ist. Die Präferenz für dieses Szenario „saldiert" diese beiden Effekte implizit. Dies ist jedoch ein subjektives Urteil. Es ist wichtig, dass Entscheider eine eigene Bewertung der Eintrittswahrscheinlichkeiten vornehmen. Dies ist aber immer eine subjektive Bewertung, die sich nicht durch formale Modelle ersetzen lässt. Auch hier gilt, dass die demografischen Trends weder den Unternehmer noch den Marktprozess ersetzen. Das bereitgestellte Büroangebot ist dann das Ergebnis vieler solcher individueller Bewertungen. Mieten und Renditen werden sich aus dem Zusammenspiel von tatsächlicher Nachfrageentwicklung und dem Angebot, das aus der Vielzahl individueller Erwartungen entstanden ist, ergeben. Ein noch so wohlmeinender Planer könnte diesen Prozess nicht besser übernehmen, v.a. auch nicht schneller und auch nicht kosteneffizienter.

4.5   Regionale Unterschiede

Bereits im Abschnitt 2.5.1 zur Migrationstheorie wurde gezeigt, dass Menschen überwiegend durch das Angebot von Arbeitsplätzen und bessere Einkommensmöglichkeiten zum Umzug motiviert werden. Die heutige Verkehrsinfrastruktur und die Kommunikationsnetze erlauben es aber, dass Wohn- und Arbeitsort nicht deckungsgleich sein müssen. Allerdings kommen die meisten Berufspendler aus den angrenzenden Kreisen zu ihrer Arbeitsstätte. Das gilt auch für die meisten Teilzeit-Telearbeiter, die stundenweise oder tageweise ins Büro kommen. Es ist jedoch nicht möglich, aus der vorausberechneten regionalisierten Bevölkerungsentwicklung direkt auf die Entwicklung der Arbeitsplätze zu schließen – und umgekehrt. Daher wird der Prognosefehler mit zunehmender Granularität der Prognose auch für die Büromärkte immer größer.

Dass sich auch die Büroflächennachfrage regional sehr unterschiedlich entwickeln wird, ist dabei freilich unstrittig. Das Abgrenzungsproblem zwischen Wohn- und Arbeitsort wäre dann zu vernachlässigen, wenn die Region groß genug gewählt wurde, sodass alle Pendlerverflechtungen innerhalb dieser Region stattfinden. Zwar pendeln auch manche Thüringer nach Frankfurt zur Arbeit, für die aggregierten Regionen der alten und neuen Bundesländer ist dies jedoch ein tolerierbarer Fehler, wenn man diese Thüringer Pendler unberücksichtigt ließe. Das gilt insbesondere für die Szenarien, in denen erfolgreiche Arbeitsmarktpolitik unterstellt wurde, denn in diesen sinkt allmählich der Anreiz zu solchen weiten Pendelströmen.

Abbildung 81 basiert auf dem Szenario „höhere Flächeneffizienz" mit Einsparung von 15%. Es zeigt, dass in dem als besonders plausibel erachteten Szenario „höhere Flächeneffizienz" alle Nachfragezuwächse bis 2020 in den alten Bundesländern sowie in Berlin erfolgen dürften. Der Bevölkerungsrückgang wiegt auf den ostdeutschen Büromärkten sehr bald und sehr stark. Trotz der erfolgreichen Arbeitsmarktpolitik und trotz des anhaltenden Strukturwandels könnte die Büroflächennachfrage bis 2060 dort um mehr als 30% sinken. Zwar ist es vorstellbar, dass der Strukturwandel aufgrund des Nachholpotenzials in den neuen Bundesländern stärker ausfällt als in den alten Ländern, doch kann diese Differenz allein die Lücke zwischen den beiden Landesteilen nicht schließen. Auch eine schneller sinkende Arbeitslosenquote brächte nur vorübergehend Entspannung, denn die Endwerte blieben natürlich maßgeblich für die langfristige Entwicklung. Zwei Aspekte sind jedoch hierbei einschränkend wichtig: Erstens liegen die Bürobeschäftigungsquoten der ostdeutschen Flächenländer nicht nennenswert unter den Werten der westdeutschen Flächenländer mit Strukturproblemen. Zweitens ist die Annahme stark sinkender Arbeitslosigkeit für strukturschwache Gebiete bereits eine sehr weitreichende Annahme; immerhin lagen die mittleren Arbeitslosenquoten allein für die westdeutschen Bundesländer im Jahr 2011 um 7,8%-Punkte auseinander. Die hohen Ausgleichszahlungen zwischen Bundesländern und Kommunen verhindern, dass die Unterschiede in den Arbeitslosenquoten und bei den Primäreinkommen allein über Migrationsprozesse zum Ausgleich kommen.

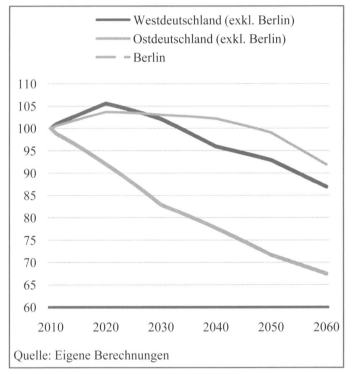

Abbildung 81: Büroflächennachfrage in Ost- und Westdeutschland, Szenario „höhere Flächeneffizienz" in der Variante mit geringerer Zuwanderung, 2010=100

Dass sich die gestrichelte Linie für Ostdeutschland inkl. Berlin oberhalb der durchgezogenen Linie für die neuen Flächenländer bewegt und dass sich der Abstand sogar vergrößert, zeigt, dass Berlin eine Sonderrolle im Osten spielt. Bemerkenswert ist auch die Größe des Abstands: Heute entfallen knapp 25% aller Büroflächen in den neuen Bundesländern auf die Hauptstadt. Im Jahr 2060 werden es mehr als 30% sein. Und dies ist sogar eine konservative Schätzung, denn die Pendlerströme aus dem Verflechtungsgürtel um Berlin sind hier nicht erfasst. Man müsste dafür letztlich eine Einschätzung wagen, ob die Büronachfrage eher in Potsdam bzw. Teltow-Fläming entsteht oder eher in der Innenstadt Berlins.

Obwohl solche Aussagen zu Mikrostandorten mit erheblichen Prognoseunsicherheiten behaftet sind, wird in den folgenden zwei Abschnitten für zwei Städte ein plausibles Szenario entworfen. Hierbei geht es weniger um die (vermeintliche) Exaktheit der Entwicklung, sondern um eine Einschätzung der Dimension. Demary und Voigtländer (2009) prognostizieren die Büroflächennachfrage für knapp 100 deutsche Städte, wobei es eine sehr starke Korrelation zwischen der Entwicklung der Wohnungsnachfrage und der Büroflächennachfrage in den jeweiligen Städten gibt. Die stärksten Standorte in ihrer Analyse sind München, Ingolstadt, Lüneburg, Landshut, Freiburg, Augsburg, Bochum (!) und Köln. Natürlich gilt auch hierbei, dass die Prognosen implizit auf der Annahme einer dauerhaft stabilen Industrieproduktion fußen. Die jüngsten Meldungen zur Werksschließung von Opel-Bochum veranschaulichen die Unsicherheit solcher Regionalprognosen und die Abhängigkeit einiger Städte von einzelnen großen Unternehmen. Gegebenenfalls wird der Nachfragerückgang für viele ostdeutsche Städte durch ihre Annahme dauerhaft konstanter Bürobeschäftigtenquoten überschätzt, denn es ließe sich argumentieren, dass Ostdeutschland im Strukturwandel noch aufholen kann. Für viele ostdeutsche Städte ermitteln Demary und Voigtländer einen Nachfragerückgang bis 2025 um 10 bis 20%. Der Ausblick wäre dann sogar noch schlechter als in Abbildung 81 für Ostdeutschland insgesamt ausgewiesen.

4.5.1   Beispiel 1: München profitiert von Zuwanderung

München ist eine der dynamischsten Wirtschaftsregionen in Deutschland. Insbesondere hat es Bayern geschafft, den wirtschaftlichen Strukturwandel von der agrarisch geprägten Wirtschaft zunächst zur Industrieregion und jetzt zu einer stark auf Dienstleistungen ausgerichteten Wirtschaft zu gestalten. Bayern steht heute nicht mehr nur für große, international tätige Industrieunternehmen wie Siemens oder BMW, sondern eben auch für Informations- und Kommunikationstechnologie, Versicherungswirtschaft und – mit leichten Abstrichen – auch für Medien.

Die Region München ist zwar das wirtschaftliche Schwergewicht in Bayern, in der Entwicklung jedoch weniger einzigartig als man ohne Blick in die Statistik vermuten könnte. Zwar liegt die Bürobeschäftigtenquote für die Stadt München mit heute über 52% deutlich über dem Mittelwert für die Raumordnungsregion München (46%) und erst recht für Bayern insgesamt (37%). Der Anstieg der Bürobeschäftigtenzahlen verlief in München jedoch keineswegs stärker als in der Region. Sogar für Bayern insgesamt wird über die letzten Konjunkturzyklen eine sehr ähnliche Zuwachsrate der Bürobeschäftigtenzahlen ausgewiesen. Von 1999 bis 2010 nahm die Zahl der Bürobeschäftigten in München um insgesamt weniger als 1%-Punkt stärker zu als die Zahl der Bürobeschäftigten in Bayern insgesamt. Tatsächlich wird die Entwicklung in dieser Periode sogar zugunsten Münchens wegen der Sonderkonjunktur im Zuge der Dot-Com-Übertreibung überzeichnet. Binnen drei Jahre – von 1999 bis 2002 – nahm die Zahl der Bürobeschäftigten in München um 15% zu. Als die Blase platzte, gingen jedoch auch gerade in München Büroarbeitsplätze verloren. Im vor der Krise Aufschwung von 2005 bis 2007 wuchs die Zahl der Bürobeschäftigten in Bayern in allen drei Jahren schneller als jene in München. Auch in der längeren Frist ist München weniger herausragend als man meinen könnte: Von 1980 bis zum Jahr 2001 nahm die Zahl der Bürobeschäftigten in München mit gut 30% nicht stärker zu als im Durchschnitt der 15 größten bayerischen Städte. In Ingolstadt, Regensburg und Rosenheim war der Anstieg sogar fast doppelt so stark wie jener in München (Just, 2003).

Offensichtlich verfügt Bayern über eine polyzentrische Wirtschaftsstruktur, die nicht einseitig auf die Landeshauptstadt ausgerichtet ist. Natürlich könnte man die These vertreten, dass die demografischen Trends in Zukunft das Zentrum eher stärken werden als die regionalen Oberzentren. Man sollte sich jedoch im Klaren sein, dass dies einen starken Strukturbruch zu der früheren Entwicklung bedeuten würde. Zwar ist es plausibel, dass Städte als Arbeitgeber in Zukunft attraktiv bleiben und im Vergleich zu ländlichen Regionen gewinnen werden. Doch es gibt keinen Grund für die Annahme, dass solche Ballungsvorteile in Zukunft stärker mit der Stadtgröße korrelieren sollten als in der Vergangenheit. Und hierbei gilt es nicht nur den Strukturbruch zu den letzten 20 Jahren zu betonen. Es gibt unterdessen viele Studien, die für die Entwicklung von Städten das Zipfsche Gesetz nachweisen können. Hierbei geht es um eine bestimmte Größenverteilung der Städte, und diese Verteilung lässt sich darauf zurückführen, dass in der Vergangenheit das Wachstum von Städten unabhängig von ihrer Größe war. Dieser Zusammenhang wird als Gibrat'sches Gesetz bezeichnet. Wenn die Gültigkeit des Zipfschen Gesetzes für Deutschland über mehrere Jahrhunderte nachgewiesen werden konnte (Just, Stephan, 2009), so müsste auch die Größenunabhängigkeit des Städtewachstums so lange gelten (vgl. hierzu Gabaix und Joannides, 2004). Gleichwohl hat sich auch die Erwartung einiger Ökonomen der 1990er Jahre enttäuscht, dass die Informations- und Kommunikationstechnologie dazu führen werde, dass sich Wohn- und Arbeitsstätte stärker dezentralisieren werden. Dies hätte eine Schwächung der Städte – oder besser gesagt, der Agglomerationsräume – bedeutet. Glaeser (1998) war bereits damals skeptisch, dass dieser Effekt ausreicht, um das Wachstum der Städte umzukehren. Und die Daten und Prognosen der Vereinten Nationen legen auch anhaltendes Städtewachstum für die kommenden Jahrzehnte nahe. (United Nations, 2012a).

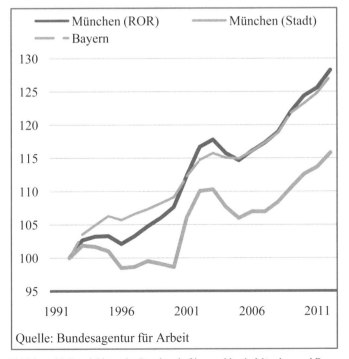

Abbildung 82:Entwicklung der Bürobeschäftigtenzahlen in München und Bayern, 1991=100

Bisher wurde nur geschaut, wie sich München im Vergleich zu Bayern in der Vergangenheit mit Blick auf die Entwicklung der Bürobeschäftigtenzahlen geschlagen hat. Das Urteil ist eindeutig: gut, aber nicht signifikant besser als Bayern insgesamt. Interessant ist daher, dass von den in Abschnitt 2.7.3 vorgestellten regionalen Bevölkerungsprognosen drei von vier für die Raumordnungsregion München einen günstigeren Bevölkerungsausblick bescheinigen als für den Mittelwert der bayerischen Raumordnungsregionen (das empirica-Institut erwartet einen leicht unterdurchschnittlichen Verlauf, wohl teilweise auch deswegen, weil die Referenzperiode den Dot-Com-Boom außen vor lässt, die anderen drei Prognosen jedoch einschließen). Allerdings ist dies zu qualifizieren: Das Institut für Siedlungs- und Wohnungswesen schätzt nur eine ausgesprochen kleine Wachstumsdifferenz zwischen der Region München und den anderen Regionen (kumuliert über 20 Jahre weniger als 0,5%). Das heißt, nur das Bundesamt für Bauwesen und Raumordnung erwartet einen spürbaren Wachstumsvorsprung für München gegenüber Bayern insgesamt, der sich immerhin in der neueren Variante auf 0,2% pro Jahr bis 2020 beläuft. Schaut man nur auf die Entwicklung der Erwerbspersonenzahl ist die Wachstumsdifferenz des BBR sogar noch größer.

Für die weitere Modellierung wird daher unterstellt, dass die Zahl der Erwerbspersonen und damit auch die Zahl der Bürobeschäftigten in München um 0,2% pro Jahr schneller wächst als die Zahl der Erwerbspersonen und Bürobeschäftigten in Bayern insgesamt. Dies entspricht in etwa dem ungewichteten arithmetischen Mittel der vier zuvor zitierten regionalisierten Bevölkerungsprognosen.

Nach Angaben der Gesellschaft für immobilienwirtschaftliche Forschung (gif) gab es im Basisjahr 2010 rd. 12,9 Mio. m² Bürofläche in München; 9,6% davon standen leer (2005 gab es 12,9 Mio. m², von denen noch immer 9,6% unvermietet waren). Bei rd. 430.000 Bürobeschäftigten in München ist die Bürofläche je Bürobeschäftigten vergleichsweise hoch.

Abbildung 83 fasst die Ergebnisse für die zentralen Szenarien unter der Annahme geringerer gesamtdeutscher Zuwanderung zusammen.

Im Szenario „Demografie pur" wird der aktuelle Leerstand von rd. 8% zu keinem Zeitpunkt abgebaut. Im Jahr 2060 würden nur noch rd. 11 Mio. m² Bürofläche absorbiert werden – rd. 25% weniger als derzeit in München angeboten werden. Wie gesagt, dieses Szenario ist nicht sehr wahrscheinlich. Bemerkenswert ist jedoch, dass selbst bei sehr erfolgreicher Arbeitsmarktpolitik, die angesichts der bereits geringen Arbeitslosenquoten in Bayern geringere Wirkung zeigen kann als anderswo, würden in Zukunft zu keinem Zeitpunkt mehr Büroflächen nachgefragt werden als heute bereits bestehen. Allerdings wäre der Leerstand im Jahr 2020 mit etwa 1,5% viel zu niedrig als dass der Markt hinreichend „atmen" könnte. Hinzu kommt, dass in den nächsten zehn Jahren natürlich unmoderne oder nicht ökonomisch sanierungsfähige Büroflächen vom Markt verschwinden werden. In dem Szenario „anhaltender Strukturwandel" gäbe es sogar einen erheblichen Baubedarf, denn bis 2025 könnte die Büroflächennachfrage noch um 1 Mio. im Vergleich zum heutigen Flächenangebot zunehmen. Und sogar im Jahr 2060 würden noch immer 13 Mio. m² Büroflächen in München benötigt werden. Dies berücksichtigt noch nicht den für effizient arbeitende Märkte erforderlichen Leerstand und den Ersatz von veralteten Gebäuden. Eine weitere Million m² Bürofläche würde dann benötigt, falls das optimistischere Zuwanderungsszenario einträfe.

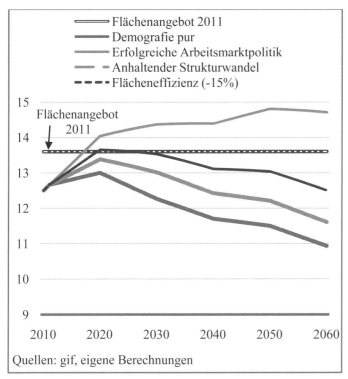

Abbildung 83: Büroflächennachfrage in München, geringere Zuwanderung, in Mio. m²

Falls die Büroflächeninanspruchnahme pro Bürobeschäftigten um 15% sinken würde, müsste sich die Nachfrage in gleichem Ausmaß verringern. Allerdings hat sich die Flächenversorgung pro Kopf in München seit zehn Jahren kaum verändert.

In München gibt es also höchstwahrscheinlich noch über Jahrzehnte zusätzlichen Büroflächenbedarf. Das Angebot müsste noch weiter wachsen, zumal der Ersatzbedarf stetig steigt. Allerdings werden die erforderlichen Zuwächse auch in München deutlich kleiner ausfallen als in früheren Jahren – seit der Wiedervereinigung nahm der Büroflächenbestand in München um fast 3,7 Mio. m² zu, wovon allerdings 1,5 Mio. m² den Leerstand im Vergleich zu 1990 erhöht haben. Unter plausiblen Annahmen und bei vorsichtiger Bestandserweiterung ist für München nicht mit demografisch bedingten Bürohalden zu rechnen und folglich auch nicht mit demografisch bedingten Miet- und Preisrückgängen.

4.5.2 Beispiel 2: Leipzig braucht rechnerisch keine neuen Büroflächen

Der Büromarkt Leipzig wird nach der Abgrenzung der Gesellschaft für immobilienwirtschaftliche Forschung (gif) auf 2,7 Mio. m² geschätzt. 2012 gab es nur unwesentlich mehr Büroflächen als in dem Referenzjahr 2005. Der geringe Neubau lässt sich natürlich durch die enormen Leerstände begründen: 2012 lag die Leerstandsquote mit fast 18% sehr hoch und „nur" ungefähr ein Prozentpunkt unter dem 2010er Wert.

Leipzig leidet also noch immer unter dem Bauboom im Zuge der Wiedervereinigung, der für ein viel zu umfangreiches Büroangebot gesorgt hatte. Hinzu kommt, dass Leipzig in Sachsen liegt, einem Bundesland mit einem sehr ungünstigen demografischen Befund. Immerhin sind sich die vier oben verwendeten regionalen Bevölkerungsprognosen dahingehend einig, dass die Perspektiven für die Raumordnungsregion Westsachsen, in der Leipzig liegt, deutlich besser sind als für Sachsen insgesamt (Die Raumordnungsregion in der Dresden liegt, dürfte sich gemäß der Prognosen ebenfalls spürbar besser entwickeln als Sachsen insgesamt). Tatsächlich nahm die Zahl der Einwohner in Leipzig zuletzt wieder zu – nicht nur durch Eingemeindung, sondern durch Zuzüge. Bis zum Jahr 2020 ist die mittlere Wachstumsdifferenz für Westsachsen insgesamt um 6%-Punkte höher als für Sachsen insgesamt. Bei den folgenden Modellrechnungen wird daher die Entwicklung der sächsischen Erwerbspersonenzahl (und Bürobeschäftigtenzahl) um rd. 0,3%-Punkte pro Jahr für einen Schätzwert für den Büromarkt Leipzig erhöht. Mit Blick zurück ist dies ein optimistischer Ausblick, denn im Jahr 2007 lag die Bürobeschäftigung in Leipzig um rd. 2% über dem Niveau von 1993 – so wie in Sachsen insgesamt. Allerdings waren die Verläufe recht unterschiedlich. In Leipzig nimmt die Bürobeschäftigung seit rd. 10 Jahren stetig zu, in Sachsen insgesamt erst im Zuge des letzten Aufschwungs. Dies könnte für den günstigeren Ausblick für Leipzig sprechen.

Die günstigere Perspektive stellt sich jedoch nur im Vergleich zu den sächsischen Fortzugsregionen dar. Im Falle dauerhafter Nettozuwanderung von 200.000 Menschen nach Deutschland ließe sich die aktuelle Nachfragelücke auf dem Leipziger Büromarkt unter den Annahmen der gewählten Szenarien nicht schließen. Selbst im günstigsten Szenario „anhaltender Strukturwandel" würden zu keinem Zeitpunkt spürbar mehr Büroflächen nachgefragt als heute. Selbst wenn man mit doppelt so viel Zuwanderern nach Deutschland rechnet, kämen hiervon nicht genügend Menschen nach Leipzig, um die Lücke zu schließen. Immerhin würde sich die Leerstandsquote dann bis 2030 auch ohne Flächenabgänge auf 8% reduzieren. Nur für den Fall, dass man die Wachstumsdifferenz zwischen Leipzig und dem restlichen Sachsen noch einmal verdoppelt, könnte das heute bestehende Flächenangebot vollständig absorbiert werden – doch dies wäre natürlich gleichbedeutend mit dramatischen Verwerfungen in Chemnitz oder Hoyerswerda, denn dort würden die Beschäftigten fehlen.

Belastend wirkt für Leipzig, dass der Bürobestand verglichen mit westdeutschen Märkten noch sehr jung ist: Über 40% der aktuellen Büroflächen in Leipzig wurden nach 1990 gebaut; in München beträgt der Anteil der Büroflächen aus den letzten 21 Jahren trotz des Baubooms der 1990er und v.a. im Zuge der Dot-Com-Euphorie nur 25%. Der natürliche Abgang dämpft die demografische Last in München stärker als in Leipzig.

Unter plausiblen Annahmen kommt man wohl nicht umhin, Büroflächen in Leipzig sukzessiv vom Markt zu nehmen, da die Aussicht auf Vermietung mit jedem zusätzlichen Jahr Leerstand zudem steigt. Doch auch hier gilt das Sperrklinkenproblem, das bereits für die Wohnungsmärkte thematisiert wurde: Weil der Abriss Geld kostet, hat kein Investor ein Interesse an einem Abriss, der nur den Markt für alle anderen stabilisiert – es sei denn er hat eine marktbeherrschende Stellung. Eine solche Stellung dürfte wohl kein Investor in einer deutschen Großstadt haben.

Es bleibt der Hinweis, dass für dieses Beispiel zwar eine ostdeutsche Stadt gewählt wurde, deren demografische Perspektive günstiger ist als jene für Ostdeutschland insgesamt. Es wurde jedoch auch eine Stadt mit sehr hohen Leerstandsquoten gewählt. Es gibt auch ostdeutsche Städte mit deutlich geringeren Leerstandsquoten (z.B. Dresden, Magdeburg). In den ostdeutschen Städten mit (vergleichsweise) niedrigen Leerstandsquoten sind die Spitzenmieten in den letzten Jahren im Trend sogar wieder gestiegen. Auch für ostdeutsche Städte lohnt also der genaue Blick.

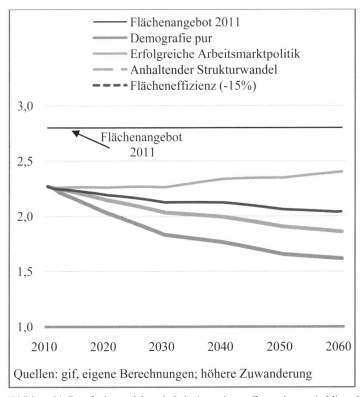

Abbildung 84: Büroflächennachfrage in Leipzig, geringere Zuwanderung, in Mio. m²

4.6   Büroimmobilien der öffentlichen Hand

Nimmt die Zahl der Einwohner in Deutschland ab, dürfte zumindest teilweise auch der Bedarf an öffentlichen Einrichtungen sinken. Dort wären dann auch weniger öffentlich Beschäftigte und weniger Gebäude für diese Beschäftigten nötig. In diesem Abschnitt werden die Überlegungen aus den vorherigen Abschnitten auf den Sonderfall der öffentlichen Hand übertragen. Die Nachfrage der öffentlichen Hand könnte insofern etwas Besonderes sein, da für einige Dienstleistungen angenommen werden kann, dass sie demografieunabhängig erbracht werden müssen (z.B. Verteidigung). Bei anderen gibt es einen abgeschwächten Zusammenhang (z.B. bei der Gewährleistung der Rechtssicherheit, bei der politischen Führung sowie bei der Bildungsgrundversorgung) und schließlich gibt es Bereiche, die direkt mit der demografischen Entwicklung zusammenhängen.

Es soll also im Folgenden modelliert werden, wie sich die Büronachfrage im öffentlichen Dienst in den nächsten Jahrzehnten entwickeln könnte. Hierbei geht es nicht um mögliche Auslagerungen von Dienstleistungen, die derzeit noch von Angestellten der öffentlichen Hand geleistet werden. Es geht auch nicht um die (berechtigte) Frage, ob dieselbe Leistung auch von weniger öffentlich Bediensteten erbracht werden könnte. Immerhin ist die Zahl der Beschäftigten im öffentlichen Dienst von 1996 bis 2011 um fast 673.000 Menschen gesunken. Insbesondere die ostdeutschen Verwaltungen sind noch immer relativ betrachtet größer als ihre westdeutschen Pendants; der öffentliche Dienst dürfte daher auch ohne demografische Trends noch Reduktionspotenziale haben. Es soll in diesem Abschnitt allein der demografische Effekt dargestellt werden. Implizit gilt also die Grundannahme, dass wir heute über angemessen viele Mitarbeiter im öffentlichen Dienst verfügen.

4.6.1   Wie viel Bürofläche benötigt die öffentliche Hand?

Im Jahr 2011 arbeiteten rd. 3,9 Mio. Menschen unmittelbar bei Bund, Ländern und Gemeinden. Zählt man mittelbare Einrichtungen wie die Bundesbank, die Sozialversicherungsträger oder die Bundesagentur für Arbeit sowie die Zweckverbände und das Bundeseisenbahnvermögen hinzu, kam der öffentliche Dienst in dem hier verwendeten Basisjahr 2011 auf ziemlich genau 4,6 Mio. Menschen. Das waren rd. 13% aller Erwerbstätigen. Knapp 45% der Bediensteten entfielen auf die Länder, 30% auf die Gemeinden, der Rest waren zu ähnlich großen Teilen Angestellte des Bundes und der mittelbaren Einrichtungen.

Für die nachgefragte Bürofläche der öffentlichen Hand zum einen und die zukünftige Entwicklung dieser Nachfrage zum anderen, benötigt man zusätzliche Informationen zu den zwei Parametern der Bürobeschäftigungsquote des öffentlichen Dienstes sowie zu der Demografieabhängigkeit eines Dienstes. Zu beiden Aspekten lassen sich Parameterwerte plausibilisieren (Just, 2004, 2007). Insbesondere für die Bürobeschäftigtenquote kann man hierfür auf vorliegende Forschungen zurückgreifen (Dobberstein, 1997). Gerade zu dem Aspekt der Demografieabhängigkeit öffentlicher Dienste gibt es jedoch noch erheblichen Forschungsbedarf.

a) **Bürobeschäftigungsquote.** Je nach überwiegender Berufsgruppe lassen sich Bürobeschäftigungsquoten den einzelnen Aufgabenbereichen des öffentlichen Dienstes zuordnen, z.B. für die Politische Führung, die Finanzverwaltung und den Rechtsschutz wurden Bürobeschäftigungsquoten von 100% angesetzt, für die Außenverteidigung wurden die rd. 25% Beschäftigten der Verwaltung als Bürobeschäftigte gewertet. Im Schulbereich wurde die Bürobeschäftigtenquote auf quasi 0% gesetzt, im Hochschulbereich indes auf 80%. So lässt sich für alle Gebietskörperschaften eine mittlere Bürobeschäftigtenquote von rd. 43% ermitteln. Im mittelbaren öffentlichen Dienst dürfte die Bürobeschäftigtenquote hoch sein, sodass sich für den gesamten öffentlichen Dienst inklusive des mittelbaren Dienstes und des Eisenbahnervermögens ein Wert von knapp 51% ergäbe. Damit würde sich die heutige Büroflächennachfrage des öffentlichen Dienstes bei unterstellter mittlerer Fläche je Mitarbeiter von 22 m² auf 50,6 Mio. m² belaufen. Rechnet man indes mit großzügigeren Flächen, z.B. mit 30 m², weil die Anreize zur effizienten Flächennutzung geringer sind als in der Privatwirtschaft und weil zudem viele, teils historische Bürogebäude der öffentlichen Hand für heutige Arbeitsabläufe ineffizient geschnitten sind, könnte die Bürofläche der öffentlichen Hand sogar bei fast 70 Mio. m² liegen. Hierbei handelt es sich um eine Schätzung der belegten Büroflächen. Für eine Schätzung des gesamten Flächenbestands müsste die ungenutzte Fläche hinzu addiert werden. Eine verlässliche Büroflächenstatistik für die Gebäude der öffentlichen Hand existiert aber nicht.

b) **Demografieabhängigkeit der Nachfrage**: Bei der Einschätzung der Demografieabhängigkeit geht es um die Frage, ob es sich bei der jeweiligen Aufgabe um ein typisches öffentliches Gut handelt oder nicht. Im Falle eines reinen öffentlichen Gutes wie der Außenverteidigung wird das Angebot nicht durch die Zahl der Einwohner bestimmt. Die

Gefährdungslage Deutschlands richtet sich eben nach den Gefahren und Aufgaben außerhalb Deutschlands und nicht danach, wie viele Menschen innerhalb der Grenzen leben. In Schulen und Hochschulen richtet sich die Zahl der Mitarbeiter natürlich nach der Zahl der Schüler und Studenten, in der allgemeinen Verwaltung zum Teil nach der Zahl der Einwohner (Einwohnermeldeamt, Wohnungswesen). In den meisten Fällen dürften sich die demografischen Veränderungen jedoch nicht 1:1 in der Zahl der öffentlich Bediensteten niederschlagen (für eine detaillierte Darstellung vergleiche Just, 2007). Selbstverständlich gibt es einen engen Zusammenhang zwischen der Zahl der Einwohner und der Zahl der Mitarbeiter im öffentlichen Dienst, denn sonst hätten kleine Volkswirtschaften per se einen relativ größeren Staatsapparat als große Volkswirtschaften.

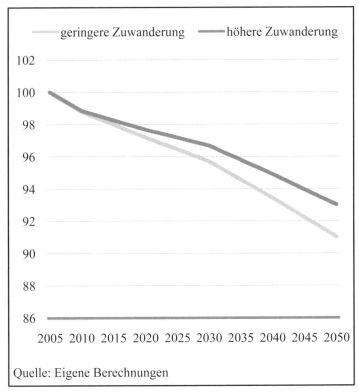

Abbildung 85: Büroflächennachfrage im öffentlichen Dienst, konstante Fläche pro Kopf, 2005=100

Es ist wichtig, dass die Entwicklung der Büroflächennachfrage im öffentlichen Dienst allenfalls mittelbar vom Erfolg der Arbeitsmarktreformen abhängt und auch nur geringfügig vom Strukturwandel zu mehr Bürotätigkeiten betroffen sein dürfte. Dann bestimmt v.a. die Höhe der erwarteten Zuwanderung sowie die Annahme hinsichtlich der Flächeneffizienz die weitere Nachfrage. Drei zentrale Ergebnisse sind interessant: Erstens, die Büroflächennachfrage im öffentlichen Dienst wird in den nächsten Jahren weiter abnehmen – als Folge der demografischen Entwicklung, denn zahlreiche Tätigkeiten lassen eine Verbindung zur Einwohnerzahl zu. Zweitens, könnte dann je nach Szenario der Anteil des öffentlichen Dienstes an der

Gesamtbeschäftigung wachsen oder sinken. Im Szenario „Demografie pur" schrumpft beispielsweise die Zahl der Erwerbstätigen schneller als die Zahl der Beschäftigten im öffentlichen Dienst. Weniger private Arbeitnehmer müssten einen größeren Finanzierungsbeitrag für den öffentlichen Dienst leisten. Bei wirksamen Arbeitsmarktreformen würde der Anteil der Beschäftigten im öffentlichen Dienst indes zunächst sinken, weil die früheren Arbeitslosen und die zusätzlichen Erwerbspersonen überwiegend im privaten Sektor beschäftigt würden. Der Finanzierungsbeitrag für die Personalausgaben und die notwendigen Büroflächen für den öffentlichen Dienst könnten sich auf mehr Schultern verteilen. Das erhöht auch die Wettbewerbsfähigkeit der Wirtschaft.

Insgesamt würde die nachgefragte Bürofläche im öffentlichen Dienst bis 2050 um 7 bis 9% abnehmen. Allerdings wurde hierbei angenommen, dass sich die Flächeneffizienz nicht steigern ließe und dass der öffentliche Sektor heute bereits richtig dimensioniert sei. Bei diesen Flächenrückgängen handelte es sich eben ausschließlich um jene Einbußen, die auf den demografischen Wandel zurückgeführt werden können. Je nach unterstellter Flächenkennziffer je Bürobeschäftigten käme der öffentliche Sektor im Jahr 2050 mit 3,5 bis 6,2 Mio. m² weniger Bürofläche als heute aus. Hinzu könnten dann noch zusätzliche 7,5 bis 10,4 Mio. m² frei werdende Flächen kommen, wenn auch der öffentliche Sektor seine Flächeneffizienz um 15% bis zum Jahr 2050 gesteigert bekäme. Insgesamt könnten also Büroflächen in der Größenordnung des Flächenangebots in Frankfurt am Main oder sogar Berlins bis 2050 auf die Vermietungsmärkte gelangen, bzw. könnten ohne Ersatz abgerissen werden. Allerdings sind dies nicht zusätzliche Leerstände, die zu den oben berechneten Nachfragerückgängen für Gesamtdeutschland noch hinzukämen. Sie würden lediglich von der öffentlichen Hand nicht mehr benötigt und bereichern den privaten Markt. Je nach Szenario und Standort werden sie dort auch absorbiert oder eben nicht.

4.6.2   Strategische Implikationen

Die Akteure der öffentlichen Hand müssen sich also rechtzeitig und ernsthafte Gedanken über eine langfristige Immobilienstrategie machen. Das fängt mit dem Erfassen der Daten an, reicht über ein effizientes Facility Management der eigenen Bestände und sollte in einer regelmäßig überprüften Entscheidung zwischen Halten und Verkaufen (und gegebenenfalls zum anschließenden Mieten) eigener Bestände enden. Im Lichte der Nachfrageprognose dürfte eine Sale-and-lease-back-Strategie häufig für die Zukunft mehr Flexibilität eröffnen als das Halten und Bewirtschaften der Bestände.

In einer Umfrage unter Kommunen und Landkreisen, deren Ergebnisse in der Immobilienzeitung (o.V. 2004) zitiert wurden, gaben 38% der Befragten an, ihren Immobilienbestand systematisch zu erfassen. Das gesamte Ausmaß des Handlungsbedarfs dürfte selbst in dieser Zahl nicht zum Ausdruck kommen, denn die systematische Erfassung der Immobilien ist nur der erste Schritt zur effizienten Verwaltung der Objekte. Interessant ist zudem, dass von 1.100 angeschriebenen Kommunen und Landkreisen nur 180 antworteten. Ein starker Selektionsbias ist wahrscheinlich: Der Anteil der Kommunen mit progressivem Immobilienmanagement dürfte in der Gruppe der Antwortenden größer sein als in der Gruppe der Nicht-Antwortenden. Wenn der Konsolidierungsnotstand zunehmend zur effizienten Nutzung der Ressource Immobilie zwingt, hat dies zwei Auswirkungen für die Immobilienwirtschaft. Erstens dürfte die nachgefragte Fläche von Bund, Ländern und Kommunen sinken, und das Angebot auf den Vermietungs- und Investmentmärkten nimmt zu.

Die hier vorgestellte Szenariorechnung basiert auf der 11. Koordinierten Bevölkerungsprognose und reicht daher nur bis 2050. Sie ist entnommen aus Just (2007). Die Folge wären tendenziell niedrigere Mieten und Preise. Allerdings sollte dieser Effekt nicht überschätzt werden, denn die öffentliche Hand nutzt „nur" rd. 15% des Büroflächenbestands. Würde ein effizientes Flächenmanagement 10% der Flächen auf die Märkte führen, könnte das gesamte Marktangebot um gut 1%-Punkt des Bürobestands zunehmen. Die freien Objekte sind zudem überwiegend keine Topobjekte, sodass die Spitzenmiete kaum, die Mieten für B-Lagen stärker betroffen wären. Zweitens können Beratungsfirmen von der Entwicklung profitieren, denn es entsteht Beratungsbedarf bei der öffentlichen Hand. Dies ist aber kein originäres Demografiethema, sondern ein betriebswirtschaftliches Effizienzthema, bei dem die demografische Entwicklung allenfalls als Katalysator wirkt.

4.7 Kernbotschaften für eilige Leser

1. Die Büroimmobilienmärkte könnten deutlich stärker von den demografischen Trends belastet werden als die Wohnimmobilienmärkte, weil die Zahl der Erwerbsfähigen in einer alternden Gesellschaft früher und heftiger sinkt als die Zahl der Einwohner insgesamt.

2. Es könnte noch erhebliches Potenzial an Büronachfrage realisiert werden, wenn die Frauenerwerbsquote, der Anteil älterer und jüngerer Menschen im Berufsleben zunähme, die Ausbildungsintensität wüchse und die Arbeitsmarktreformen im Trend zu einer deutlich niedrigeren Arbeitslosigkeit führten. Für Deutschland insgesamt könnte die Flächennachfrage bis 2020 um bis zu 16% zunehmen. Scheitern die Maßnahmen, droht jedoch bereits bis zum Jahr 2020 ein leichter Nachfragerückgang im Vergleich zum Basisjahr 2005.

3. Ein umfassender Erfolg bei diesen Reformen könnte für die Immobilienwirtschaft zu großen Herausforderungen führen, da die Mehrnachfrage nach Büroräumen nur für kurze Zeit entstünde. Es müssten neue Büros gebaut werden, die in absehbarer Zeit jedoch wieder frei würden. Der Immobilienwirtschaft sollte an einer stetigen Entwicklung gelegen sein, denn nur diese lässt hinlängliche Anpassungsmöglichkeiten im Bestand zu.

4. Es gibt erhebliche Prognoseunsicherheiten. Es lassen sich plausible Szenarien für Deutschland insgesamt konzipieren, deren Prognosewerte für 2060 um bis zu 40%-Punkte auseinander laufen. Die demografisch bedingte Risikoprämie müsste für Büroimmobilien höher ausfallen als für Wohnimmobilien.

5. Die regionalen Unterschiede werden durch eine Clusterbildung von Büroberufen in Zukunft eher verstärkt. Möglicherweise ist dies in gängigen regionalisierten Bevölkerungsvorausberechnungen noch nicht angemessen berücksichtigt. Eine einseitige Stärkung nur weniger Topstandorte ist indes unwahrscheinlich. Dies würde einen sehr starken Bruch zur bisherigen Entwicklung bedeuten. Es wird auch in Zukunft sehr gute B-Standorte geben, auch im Bürosegment.

6. Es wird Märkte geben, deren heute bestehende Leerstände sich wohl nicht mehr absorbieren lassen. Für diese Städte wird es auch um einen sukzessiven Abriss von Büroraum gehen müssen oder um eine Umwidmung in Wohnungen oder für andere Nutzungen. Hierfür kann es erforderlich sein, dass Bebauungspläne angepasst werden müssen.

7. Ein großer Nachfragerückgang kann durch Anpassungen auf der Angebotsseite kompensiert werden: Es würden dann weniger neue Flächen entstehen und die geplanten Lebenszyklen würden verkürzt. Dies ist eine Herausforderung, weil gleichzeitig die technischen und energetischen Anforderungen an Büroimmobilien zunehmen.

8. Die öffentliche Hand steht vor einer großen Herausforderung: Erstens sind viele Immobilienportfolios unzureichend verwaltet und zweitens gibt es gerade in den neuen Ländern noch überdurchschnittlich viele öffentlich Bedienstete. Dies könnte gerade die Mieten und Preise in peripheren Lagen der betroffenen Städte unter Druck bringen. Es sorgt auf jeden Fall für enormen Beratungsbedarf in den nächsten Jahren, wenn nicht sogar Jahrzehnten, um Effizienzpotenziale im öffentlichen Bestand zu heben.

5 Demografische Trends und Einzelhandelsimmobilien

Es gibt in Deutschland 124 Mio. m² Einzelhandelsfläche. Das sind rd. 1,5 m² je Einwohner. Die Fläche wurde jahrzehntelang sehr stark erweitert: 1990 gab es in Deutschland insgesamt nur 77 Mio. m², davon gerade 6 Mio. in den neuen Bundesländern. In den alten Ländern nahm die Einzelhandelsfläche seit der Wiedervereinigung um über 30% zu, in den neuen Ländern hat sie sich innerhalb von zehn Jahren verdreifacht. Seitdem stagniert die Fläche in Ostdeutschland. Vor der Wiedervereinigung wurde auch in Westdeutschland die Einzelhandelsfläche stark ausgeweitet. 1985 gab es in der damaligen Bundesrepublik gerade gut 60 Mio. m², 1960 waren es sogar nur 26 Mio. – ein Viertel der Fläche, die es heute in Westdeutschland gibt.

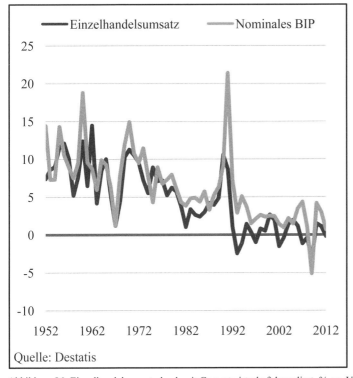

Abbildung 86: Einzelhandelsumsatz hoch mit Gesamtwirtschaft korreliert, % gg. Vj.

Zweifellos, Einzelhandelsimmobilien sind eine wichtige Anlageklasse. Unterstellt man eine Durchschnittsmiete von zehn Euro pro Quadratmeter wären die rd. 124 Mio. m² Einzelhandelsflächen bei einer unterstellten mittleren Mietrendite von 6% gut 248 Mrd. Euro wert. Die hohe Bedeutung zeigt sich auch darin, dass in vielen Jahren Einzelhandelsimmobilien noch vor Büroimmobilien das beliebtere Investitionsziel institutioneller Immobilieninvestoren in Deutschland waren. Einzelhandelsimmobilien versprechen stabile Cashflows und das ist vielen Investoren gerade in turbulenten Phasen wichtig.

Die starke Flächenexpansion in Deutschland war sehr lange das Ergebnis von drei wichtigen Faktoren: In den 50er und 60er Jahren waren Einkaufsflächen noch kriegsbedingt knapp. Das Wirtschaftswunder ermöglichte nun einen kräftigen Anstieg der verfügbaren Einkommen, von dem ein großer Teil in den Einzelhandel floss. Abbildung 86 zeigt die Entwicklung der nominalen Einzelhandelsumsätze und des nominalen Bruttoinlandsprodukts in Deutschland: Beide Kurven folgen einem sehr ähnlichen konjunkturellen Muster. Darüber hinaus ist in beiden Verläufen der säkulare Trend zu niedrigeren Wachstumsraten zu erkennen. Hier spielen nicht nur die sinkenden Inflationsraten eine Rolle, denn auch bei realen Größen würde sich ein zwar flacherer jedoch weiterhin abwärts gerichteter Verlauf zeigen. Offenbar gibt es auch andere Gründe für den Rückgang des gesamtwirtschaftlichen Wachstums in Deutschland (vgl. die Beiträge in Walter und Deutsch, 2004). Bemerkenswert ist, dass bis Mitte der 1970er Jahre der Einzelhandelsumsatz noch in etwa mit derselben Wachstumsrate stieg wie das BIP; seitdem lag die Wachstumsrate im Einzelhandel in fast allen Jahren unterhalb jener für die Gesamtwirtschaft. Das Gewicht des Einzelhandels nimmt seitdem ab.

Der zweite Grund für die starke Flächenausweitung war der technische und organisatorische Wandel im Einzelhandel, der größere und rationalere Flächen ermöglichte. Selbstbedienungskonzepte wurden beliebter, die Sortimente verbreiterten sich. Der Einzelhandel konsolidierte sich und wurde professioneller. Die Wettbewerbsintensität nahm zu, die Preispolitik wurde aggressiver. Der dritte Faktor war die Flächenexpansion als Wettbewerbsfaktor. Dass freilich größere Sortimente und größere Flächen kein Erfolgsfaktor per se sind, zeigt der Erfolg der Discounter. Dass die Angebotsflächen stetig steigen, liegt auch an neuen Formaten, die ausprobiert werden, teilweise ältere ver- oder bedrängen. Die Angebotsflächen verschwinden aber selten gänzlich vom Markt.

Wie intensiv der Wettbewerb im Einzelhandel auch mit dem Instrument Angebotsfläche ausgetragen wird, veranschaulicht Abbildung 87. Von 1960 bis 1990 stieg der nominale Umsatz je Einwohner um fast 550%. In den 1990er Jahre flachte das Wachstum ab. Immerhin, trotz des starken Anstiegs der Bevölkerung in den frühen 1990er Jahren im Zuge der Wiedervereinigung, nahmen die Umsätze pro Kopf weiter zu, in den letzten Jahren allerdings stark gebremst. Im Jahr 2010 lagen die Umsätze im klassischen Einzelhandel, also ohne Tankstellen, Kfz und Apotheken, um nur 7% über dem Umsatz des Jahres 1995. Der leichte Aufwärtstrend bei den Pro-Kopf-Umsätzen kommt also in erster Linie dadurch zustande, dass das Bevölkerungswachstum noch schwächer ausfiel als das Umsatzwachstum bzw. zwischen 2003 und 2010 sogar negativ war.

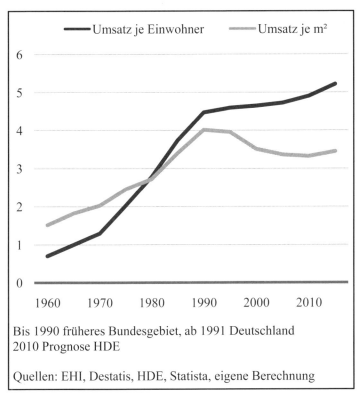

Abbildung 87: Einzelhandelsfläche expandierte zuletzt schneller als Umsätze, Umsätze in Tsd. EUR

Anders verhält es sich mit der Kennziffer „Umsatz je Quadratmeter". Bis Mitte der 1990er Jahre war zwar auch hier der Aufwärtstrend intakt. Die Einzelhandelsflächen wurden „produktiver". Erst in den letzten zehn Jahren nahmen die Umsätze spürbar langsamer zu als die Einzelhandelsflächen. Die Flächenproduktivität sinkt seit Jahren und ist heute nicht höher als Mitte der 1980er Jahre. Das wirft dann die Frage auf, ob sich diese Entwicklung in einer alternden und schrumpfenden Gesellschaft fortsetzen wird? Und damit verbunden, brauchen wir dann weniger oder nur andere Einzelhandelsflächen?

Die Beratungsfirma Dr. Lademann & Partner führte im Jahr 2007 eine Expertenbefragung durch, inwiefern die Einzelhandelsbranche bereits auf den demografischen Wandel eingestellt sei. Das Ergebnis ist in zweierlei Hinsicht interessant, denn auf der einen Seite sagt ein Viertel der Befragten, dass der demografische Wandel bereits jetzt in der Geschäftstätigkeit stark spürbar sei. Für diese Gruppe ist die demografische Entwicklung kein Zukunftsthema mehr. Allerdings sagen auf der anderen Seite auch 40% der Befragten, dass der demografische Wandel für sie noch gar nicht spürbar sei. Da an der Befragung nur 30 Unternehmen teilnahmen, sollte man dieses Auseinanderfallen der Antworten vorsichtig bewerten, zumal der Einzelhandel keine homogene Branche ist. Es zeigt aber, dass die demografischen Veränderungen wahrscheinlich nicht alle Segmente gleich heftig betreffen werden. (Seidel, 2007). Die Ergebnisse lassen sich freilich auch dahingehend interpretieren, dass es für die Befragten nicht einfach ist, die Strukturveränderungen in der Branche klar den Bevölkerungsentwicklungen zuzurechnen. Dies wäre verständlich, denn der Einzelhandel war bereits in den letzten Jahrzehnten durch tiefgreifende Veränderungen bestimmt. Diese Veränderungen eindeutig der Einflussfaktoren zuzuordnen ist nicht einfach, da es zwischen einem der vielen den einzelnen Faktoren Wechselwirkungen gibt, z.B. zwischen der Entwicklung der Einwohnerzahl und der Einkommensentwicklung.

5.1   Strukturwandel im Einzelhandel

Der Einzelhandel setzte im Jahr 2011 über 500 Mrd. Euro in Deutschland um. Zieht man die Umsätze von Kraftfahrzeugen, Brennstoffen, und in Apotheken ab, bleiben noch immer über 421 Mrd. Euro für den Einzelhandel im engeren Sinne. Das sind über 30% des privaten Konsums oder 16,4% des deutschen Bruttoinlandsprodukts. Die Größe des Sektors darf jedoch nicht darüber hinwegtäuschen, dass die Branche seit Jahren mit zahlreichen strukturellen Veränderungen zu kämpfen hat, die weit über die aktuellen konjunkturellen Lasten hinausgehen. Dies wird zum einen daran deutlich, dass die Umsätze im klassischen Einzelhandel, hier der Einzelhandel im engeren Sinne, seit Jahren etwas langsamer zunehmen als die allgemeine Teuerung.

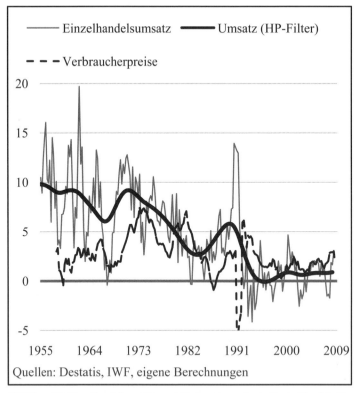

Abbildung 88: Einzelhandelsumsätze und Verbraucherpreise in Deutschland, in % gg. Vj.

Abbildung 88 zeigt die Entwicklung der nominalen Einzelhandelsumsätze und jene der Verbraucherpreise in Deutschland seit den 1950er Jahren. Der HP-Filter, Der Hodrick-Prescott-

Filter, ist ein Algorithmus, der eine Zeitreihe um kurzfristige Schwankungen bereinigt. Die Ergebnisse werden üblicherweise als Trendkomponente einer Zeitreihe interpretiert. Bis zur Wiedervereinigung, v.a. aber bis zur ersten Ölkrise Anfang der 1970er Jahre, lag diese Trendkomponente deutlich oberhalb der Inflationsrate. Seit Anfang der 1990er Jahre gab es jedoch kein einziges Jahr, in dem die nominalen Einzelhandelsumsätze schneller gewachsen wären als der allgemeine Preisauftrieb ausfiel – und das obwohl die Inflationsrate in dieser Zeit keineswegs besonders hoch war. Wie oben bereits argumentiert, kann der Trend zu niedrigeren Inflationsraten das Sinken der Umsatzzuwächse allenfalls zum Teil erklären.

Diese Entwicklung ist Ausdruck der hohen Wettbewerbsintensität im Einzelhandel – aber nicht nur. Die Verbraucher haben in den letzten Jahrzehnten auch allmählich ihre Verbrauchsmuster verändert. Der Anteil des klassischen Einzelhandels am privaten Konsum ist seit 1992 von fast 40% auf heute rd. 30% gesunken. Dies hat unter anderem mit den typischen Einzelhandelssortimenten und dem hohen Ausstattungsgrad vieler Haushalte in Deutschland mit solchen typischen langlebigen Einzelhandelsgütern zu tun.

Hinzu kommt, dass bei vielen Gütern der Grundversorgung, dem wichtigsten Einzelhandelssegment, aufgrund des hohen Einkommensniveaus in Deutschland im wahrsten Sinne des Wortes eine Sättigung eingetreten ist. Etwa ein Drittel aller Einzelhandelsumsätze entfallen auf Nahrungsmittel, knapp 20% auf Haushaltswaren und Artikel des täglichen Bedarfs und rd. 15% sind Ausgaben für Textilien. Zwar lässt sich auch im Nahrungsmitteleinzelhandel grundsätzlich der Umsatz dann steigern, wenn z.B. höherwertige Produkte ihren Preis bei sonst gleichen Brennwerten durch bessere Zutaten (oder Marketing) rechtfertigen. Dies ist jedoch offensichtlich derzeit in Deutschland noch nicht hinlänglich verbreitet, um zu deutlich stärkeren Einzelhandelsumsätzen zu führen. Bei steigenden Einkommen haben die Menschen in Deutschland offenbar mehr Güter außerhalb des klassischen Einzelhandels nachgefragt als Einzelhandelsartikel. Bei Haushaltswaren gilt zudem, dass wenn der Ausstattungsgrad bereits sehr hoch ist und es für viele Güter allenfalls einen geringen Bedarf für ein Zweitgerät gibt, dann kann Umsatzwachstum nur dadurch entstehen, wenn die Ersatzanschaffung wertiger ist als das Altgerät. Nach Angaben des Statistischen Bundesamts (2011) hatten 99,1% aller Haushalte in Deutschland einen Kühlschrank, 96,2% einen Fernseher (davon 48,7 einen Flachbildfernseher), 90,0% eine Mobiltelefon und sogar 82,0% einen PC. Und Zweitgeräte wurden hierbei noch nicht einmal berücksichtigt.

Während der Ausstattungsgrad nicht über 100% steigen kann, ist dies beim Ausstattungsbestand wegen der Zweit- und Drittgeräte durchaus möglich. Der Ausstattungsbestand misst das Verhältnis aller Geräte zur Zahl der Haushalte. So gibt es in den knapp 40 Mio. Haushalten in Deutschland etwa 60 Mio. PCs, der Ausstattungsgrad liegt zwar „nur" bei 82,0%, der Ausstattungsbestand aber bei 145%. Noch höhere Werte werden für Radios, Fernsehgeräte und CD-Spieler erzielt. Das bedeutet, ein Ausstattungsgrad von 100% ist nicht die natürliche Wachstumsgrenze für einen Markt. Allerdings nehmen die Wachstumspotenziale ab. Zudem gibt es einige Produkte, bei denen Zweit- und Drittgeräte sehr selten vorkommen (Bügeleisen, Tiefkühltruhe, Esstisch, Wohnzimmerschrank etc.). Zusätzliches Wachstum in dem für den Einzelhandel wichtigen Segment der dauerhaften Konsumgüter kann häufig nur durch technische oder Design-Neuerungen entstehen.

In einer schrumpfenden Gesellschaft müsste dieser Qualitätssprung schon enorm sein, um den negativen Impuls durch die schrumpfende Bevölkerung zu kompensieren, v.a. da die größten Impulse für langlebige Konsumgüter bei jungen Menschen im Zuge der Haushaltsgründung oder Familiengründung entstehen. Im Alter fehlen ähnliche Impulse. Hinzu kommt, dass im Zuge der Globalisierung gerade bei Haushaltsgeräten starke Preisrückgänge durch globale Beschaffungssysteme entstanden sind. Sprich, es ist sehr unwahrscheinlich, dass in diesem Segment eine alternde Bevölkerung Umsatzzuwächse generieren kann. Gleichzeitig wurden für viele Menschen Dienstleistungen wichtiger. Freizeitkonsum, Ausgaben für touristische Aktivitäten stiegen erheblich, auch Gesundheitsausgaben nahmen stark zu (vgl. hierzu z.B. Auer, 2006, Just, 2008b).

Dies ist kein deutsches Phänomen, sondern lässt sich für alle EU-Länder mit nur leichten Abstufungen finden: Überall gibt es einen deutlichen Zusammenhang zwischen dem Einkommen eines Haushalts und dem Anteil der wichtigsten Einzelhandelssortimente (Nahrungsmittel und Bekleidung). Und dieser Zusammenhang ist negativ; der Anteil sinkt, je höher die Einkommen steigen. Viele typische Einzelhandelsgüter haben eine Einkommenselastizität von unter 1. Steigen die Einkommen um 1%, nehmen die Ausgaben für dieses Segment um weniger als 1% zu. Der Anteil sinkt. Für manche Güter lässt sich sogar ein absolut inferiorer Zusammenhang vermuten. Für diese Güter wird eine Einkommenselastizität von unter Null vermutet; steigende Einkommen führen dann zu rückläufiger Nachfrage nach solchen Gütern. Zum Beispiel werden einige Nahrungsmittel bei steigenden Einkommen durch höherwertige Nahrungsmittel ersetzt (Fleisch statt Kartoffeln). Bei diesen Gütern, hier dann Kartoffeln, ist der Substitutionseffekt stärker ausgeprägt als der Einkommenseffekt.

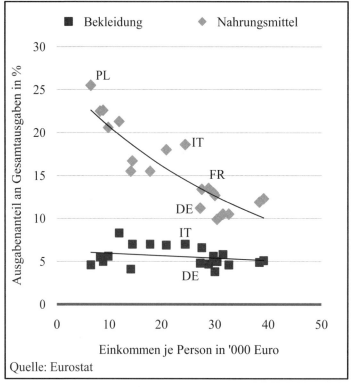

Abbildung 89: Ausgabenanteile für Nahrung und Bekleidung sind einkommensabhängig, 2005

Allerdings gibt es interessante internationale Unterschiede. Trägt man beispielsweise die Höhe der Gesamtausgaben eines Haushalts in europäischen Ländern mit den Ausgabenanteilen für Ernährung und Bekleidung ab, zeigt sich, dass ein typischer Haushalt in Italien einen deutlich größeren Ausgabenanteil für Kleidung ausgibt, als die Trendlinie für die europäischen Länder für ihn nahelegen würde. Mode ist in Italien offenbar wichtiger als in Deutschland. Auch Essen ist in Italien wichtiger als in Deutschland. Der Ausgabenanteil für Italien liegt deutlich oberhalb der Trendlinie – interessanterweise gilt dies nur sehr geringfügig auch für Frankreich. Dies hat dann auch Implikationen für den Einzelhandel in den jeweiligen Ländern.

Schließlich entsteht dem traditionellen Einzelhandel ein neuer Konkurrent im World Wide Web. Die Kunden gehen immer souveräner mit den technischen Möglichkeiten des elektronischen Einkaufs um. Insbesondere bei standardisierten Produkten mit geringer Dringlichkeit (Bücher, DVDs, elektronische Konsumgüter etc.) kann der Händler seine Produkte direkt im Internet anbieten oder die Einzelhandelsstufe wird gleich ganz übersprungen. So oder so führt der Online-Verkauf zu einem geringeren Bedarf an Einzelhandelsflächen. Seit 1999 hat sich der so genannte B2C-Umsatz (Business-to-Consumer), also der Verkauf an Endverbraucher nahezu verzwanzigfacht. Auch wenn sich die Zuwachsraten zuletzt etwas abgeschwächt haben, so waren sie bis 2012 fast immer zweistellig. Dass der gesamte B2C-Umsatz aktuell fast 7% des Einzelhandelsumsatzes erreicht, zeigt allerdings, dass der klassische Vertriebsweg noch keineswegs ausgedient hat. Zumal im B2C-Umsatz natürlich auch solche Umsätze berücksichtigt werden, die zuvor nicht in Einzelhandelsimmobilien getätigt wurden, z.B. wenn es Verschiebungen vom klassischen Versandhandel hin zum Online-Handel gibt. Gleichwohl, die Entwicklung für die kommenden Jahre ist nicht aufzuhalten: Der Wettbewerbsdruck zwischen den Vertriebsformen Online und „Offline" wird weiter zunehmen. Mitunter wird argumentiert, dass ältere Menschen noch überdurchschnittlich häufig traditionell einkaufen und dass der traditionelle Einzelhandel in einer alternden Gesellschaft daher an Bedeutung gewinnt. Das Argument ist nur teilweise richtig, denn mit jedem Jahr werden die älteren Menschen Internet-affiner, manchmal auch, weil sie es bereits in ihrem Job brauchten.

Gleichwohl übernimmt der Einzelhandel auch soziale Funktionen. In einer individualisierten Gesellschaft ist dies eine Chance gegenüber dem virtuellen Einkauf. Bei preissensitiven Gütern dürfte jedoch der erste Aspekt wichtiger sein: Der Anteil am Online-Einkauf wird deutlich zunehmen und Händler müssen Strategien entwickeln, beide Welten zu vermählen – den Laden als Showroom zu benutzen. Das gilt dann aber auch für Online-Dienste. Die Konkurrenz wächst auch aus dem Netz in die Fläche.

5.2   Konsummuster im Wandel

Die künftige Entwicklung des Einzelhandels wird durch vier Bestimmungsfaktoren, die sich unmittelbar oder mittelbar auf die demografischen Trends zurückführen lassen, geprägt:

a) **Zahl der Einwohner**: Unter sonst gleichen Bedingungen konsumieren weniger Menschen auch weniger Güter und Dienstleistungen. Eine rückläufige Bevölkerungszahl ist also belastend.

b) **Bevölkerungsstruktur**: Ältere Menschen haben andere Ausgabenschwerpunkte als junge Menschen. Hier spielen gleichzeitig zwei Effekte eine Rolle: Lebenszykluseffekte, die ja bereits in ähnlicher Form bei der Wohnflächennachfrage vorgestellt wurden, zeigen die Abhängigkeit des Konsums vom Lebensalter. Kohorteneffekte beschreiben den Konsum in Abhängigkeit von der zugehörigen Generation. Auch hier gibt es eine klare Analogie zu den Kohorteneffekten, die für die Wohnungsmärkte vorgestellt wurden. Dass die Einkommen der Älteren gemäß der letzten Einkommens- und Verbrauchsstichprobe geringer ausfallen als für die Menschen in der Mitte ihres Erwerbslebens ist wenig überraschend, immerhin fehlt ja das Erwerbseinkommen. Interessant sind aber die Verschiebungen in der Konsumstruktur: Bei Hochbetagten machen die Ausgaben für Wohnen rd. 40% aus, also 10%-Punkte mehr als bei jüngeren Haushalten. Auch für Gesundheit und Pflege geben Ältere anteilsmäßig deutlich mehr aus als jüngere Menschen. Dafür sparen sie bei Verkehrsleistungen und bei Kommunikationsdiensten. Der Kohorteneffekt dürfte in Zukunft dafür sorgen, dass die Ausgaben der Älteren für Kommunikation steigen, da die Senioren der Zukunft natürlich keine Berührungsängste mehr mit dem Internet haben werden. Sie werden die dann neueste Technologie gegebenenfalls skeptisch betrachten, nicht aber die bis dahin gewohnte. Klassifiziert man die Güter nach für eine Altersgruppe typischen Einzelhandelsartikeln und weniger typischen Einzelhandelssortimenten, zeigen sich nur geringe Unterschiede an den Anteilen der einzelnen Altersgruppen (Just, 2006). Ändert sich hieran nichts, würde der Kohorteneffekt allenfalls dazu führen, dass es Verschiebungen zwischen Einzelhandelssortimenten gibt, nicht aber im Anteil, den Einzelhandelssortimente insgesamt auf sich vereinen können – doch auch dies greift noch zu kurz.

c) **Verfügbare Einkommen**: Wirtschaftliche Dynamik entsteht entweder durch mehr Erwerbsarbeit (mehr Erwerbstätige, längere Arbeitszeiten), größeren Kapitaleinsatz oder eine intelligentere Verbindung zwischen Arbeit und Kapital (technischer Fortschritt=Produktivitätssteigerung). Unter der Annahme, dass sich der Kapitalstock und der technische Fortschritt mit einer konstanten Wachstumsrate entwickeln, müssten wir also stetig länger arbeiten, um den Rückgang des Erwerbspersonenpotenzials langfristig auszugleichen. Mittelfristig lässt sich die Entwicklung wahrscheinlich über einen Rückgang der Arbeitslosigkeit kompensieren. Wahrscheinlich ist allerdings auch, dass zumindest die Wachstumsrate der verfügbaren Einkommen im Zuge der demografischen Entwicklung in Mitleidenschaft gezogen wird (Gräf, 2003). Die Einkommen der schrumpfenden und alternden Gesellschaft nehmen langsamer zu als in der Vergangenheit.

d) **Veränderte Sparneigung**: Ältere Menschen sparen in Relation zu ihrem Einkommen weniger als Erwerbstätige. Allerdings ist bisher nicht zu erkennen, dass ältere Menschen in Deutschland systematisch ihre Reserven bis zum Lebensende aufzehren. In den meisten Fällen ist lediglich ihre Sparquote geringer als zuvor. Das bedeutet jedoch noch nicht, dass auch die volkswirtschaftliche Sparquote bei einer alternden Bevölkerung sinken muss, denn gerade in den nächsten Jahren müssen die Erwerbstätigen mehr sparen, um die sinkenden Renditen aus der gesetzlichen Altersvorsorge aufzufangen. Der Nettoeffekt für die Gesamtwirtschaft ist keineswegs sicher. Tendenziell dürfte die Sparquote dann sinken, wenn die Zinsen aufgrund der nachlassenden Wachstumsdynamik nachhaltig niedrig bleiben oder sogar im Trend sinken. Eine solche Entwicklung ist plausibel, da in einer alternden Gesellschaft Arbeit relativ zu Kapital knapper wird, das Arbeitsentgelt wird tendenziell gegenüber der Kapitalverzinsung steigen. Die gesamtwirtschaftliche Sparquote nimmt dann auch aus diesem Grund ab (Gräf und Schattenberg, 2006).

Aus der Einkommens- und Verbrauchsstichprobe des Statistischen Bundesamts lässt sich die mittlere Konsumstruktur der Menschen in Deutschland nach Einkommens- und Altersgruppen ablesen. Es wurde bereits auf diese Daten verwiesen. Dann lässt sich der direkte demografische Effekt auf die Konsumstruktur in Deutschland bei zunächst unterstellter Konstanz der Konsummuster in jeder Altersgruppe berechnen. Die Annahme ist, dass Ältere in Zukunft ähnlich konsumieren werden wie heutige Ältere. Die Lebenszykluseffekte werden also in diesem ersten Schritt berücksichtigt, die Kohorteneffekte noch nicht.

Für jedes von insgesamt 12 Konsumsegmenten (z.B. Nahrungsmittel, Wohnen etc.) lässt sich dann der Anteil an den Gesamtausgaben ermitteln (vgl. hierzu z.B. Schaffnit-Chatterjee, 2007, Lehmann, 2004 oder Buslei et al., 2007):

$$\text{Anteil des Segments } i \text{ im Jahr } t = \frac{\sum_{j=1}^{8} y_{ij2003} \cdot n_{jt}}{\sum_{i=1}^{12}\sum_{j=1}^{8} y_{ij2003} \cdot n_{jt}}$$

mit

y_{it2003} = Konsum der Altersgruppe j zum Zeitpunkt t gemäß Stichprobe von 2003

n_{jt} = Zahl der Haushalte in der Altersgruppe j zum Zeitpunkt t

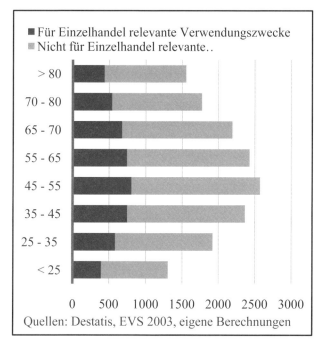

Quellen: Destatis, EVS 2003, eigene Berechnungen

Abbildung 90: Ausgaben nach Altersgruppen und nach Einzelhandelsrelevanz, je Haushalt und Monat, in Euro

Bei dieser Vorgehensweise zeigt sich keine starke Verschiebung der Konsumstruktur, denn bei vielen Konsumsegmenten stehen den relativen Zugewinnen der Älteren relative Verluste bei den jüngeren Haushalten gegenüber. Die Alterung führt halt nicht nur zu mehr älteren Haushalten, sondern eben auch zu weniger jungen Haushalten. Bei unveränderten relativen Konsummustern gäbe es bis 2030 nur geringfügige Verschiebungen in der gesamtwirtschaftlichen Konsumstruktur: Es würde insgesamt etwas mehr für Wohnen und Gesundheit ausgegeben und etwas weniger für Verkehrsleistungen. Die Verschiebungen würden sich jedoch auf nicht mehr als 0,5%-Punkte bis 2050 belaufen. Für alle anderen Konsumgruppen wären die Verschiebungen noch geringer (vgl. Schaffnit-Chatterjee, 2007).

Allerdings ist es gerade wegen der Kohorteneffekte unwahrscheinlich, dass die Älteren der Zukunft tatsächlich ihr Konsumverhalten zum Beispiel hinsichtlich der Kommunikationsausgaben unverändert lassen. Berücksichtigt man zusätzlich solche Kohorteneffekte sowie relative Preiseffekte, also die Tatsache, dass Preisänderungen nicht bei allen Gütern zu gleich starken Nachfrageänderungen führen, gibt es nennenswerte Strukturverschiebungen. Zum Beispiel führt eine Verdoppelung der Nahrungsmittelpreise nicht dazu, dass wir deutlich weniger essen, eher schränken wir unseren Konsum von Luxusgütern ein. Solche Effekte sind überall dort wahrscheinlich, wo sich lebensnotwendige Güter verteuern. Dies könnte für Nahrung, Wohnen und vor allem für die Versorgung und Infrastrukturleistungen zutreffen, denn die demographischen Trends lassen nicht eine Verteuerung von Nahrung oder Wohnen erwarten, wohl aber von vielen Infrastrukturleistungen; dazu später mehr.

Schaffnit-Chatterjee (2007) rechnet unter Berücksichtigung solcher Preiseffekte damit, dass bis 2050 die Ausgabenanteile für Verkehr und Wohnen um insgesamt rd. 2%-Punkte am Gesamtbudget eines durchschnittlichen Haushaltes gewinnen könnten, die Ausgabenanteile für Nahrungsmittel könnten hingegen um insgesamt 4%-Punkte sinken. Wichtig für die weitere Argumentation ist, dass unter plausiblen Annahmen die Ausgabenanteile der typischen Einzelhandelsgüter (Nahrungsmittel, Bekleidung, Gebrauchsgüter) sinken werden. Die Ausgabenanteile für Konsum außerhalb des Einzelhandels steigen indes weiter (Verkehr, Wohnen, Gesundheit, Unterhaltung). Buslei et al. (2007) schätzen ebenfalls, dass die Ausgabenanteile für Nahrungsmittel und Bekleidung deutlich sinken werden. Allerdings differieren ihre Ergebnisse für einige Gebrauchsgüter, v.a. für Haushaltsgüter deutlich – zumindest in ihrem Szenario, in dem sie den reinen demografischen Effekt um Einkommens- und Verhaltensannahmen erweitern. Dieses Szenario dürfte das wahrscheinlichere sein. Freilich fehlen hier die relativen Preiseffekte, die in der Analyse von Schaffnit-Chatterjee wichtig waren. Dies ist ein interessantes Ergebnis, da implizit davon ausgegangen wird, dass es hier entweder ganz neue Produkte geben kann oder dass es zu einer qualitativen Aufwertung kommt, denn gerade bei Haushaltsgeräten gibt es ja bereits einen hohen Ausstattungsgrad. Auf der Gewinnerseite sehen auch Buslei et al. (2007) die Ausgaben für Gesundheit und Freizeitaktivitäten. Für Wohnen und Verkehrsdienste sind ihre Ergebnisse jedoch weniger eindeutig. Bei diesen Studien sind die relativen Zugewinne für Wohnungsausgaben angesichts der obigen Ausführungen bemerkenswert. Es handelt sich hierbei um relative Anteile über alle Kohorten. Wenn Alterung dazu führt, dass es mehr Ältere gibt und wenn deren Ausgabenanteil für Wohnen relativ hoch ist, so kann die Verschiebung den Preisdruck auf Wohnen überkompensieren. Insgesamt würde der Einzelhandel jedoch auch nach den Schätzungen von Buslei und Kollegen weiter an Bedeutung verlieren.

Der Konsum wächst also in Zukunft wohl langsamer als in zurückliegenden Jahrzehnten, und der Anteil des Einzelhandels nimmt wohl weiter ab. Um die Größenordnung einschätzen zu können und mögliche Implikationen für Immobilienmärkte abzuhalten, werden im nächsten Abschnitt Szenarien konzipiert.

5.3   Langfristprognose der Einzelhandelsumsätze

Für eine Einschätzung der langfristigen Entwicklung der Einzelhandelsumsätze muss man Vorstellungen zu drei Größen haben: Erstens über das Trendwachstum der Volkswirtschaft, bzw. der verfügbaren Einkommen, denn dies gibt den Verteilungsrahmen vor, zweitens über die Entwicklung der Sparquote der Haushalte und drittens über den Anteil, den der Einzelhandel an den Konsumausgaben erreicht.

5.3.1   Langfristprognose für Deutschland insgesamt

Die Grundlage für die folgenden Überlegungen bildet ein einfaches Status-quo-Szenario: Die Wachstumsrate der verfügbaren Einkommen möge bis 2050 konstant bei 1,5%, also in etwa bei der heutigen Trendwachstumsrate liegen. Die folgenden Analysen basieren auf Studien von Gräf (2003). Die jüngste Bevölkerungsprognose konnte hier noch nicht eingearbeitet werden, da es keine Aktualisierung der Wachstumseffekte der demografischen Prozesse bis 2060 gibt. Die Ergebnisse sind dennoch indikativ, da die wahrscheinlichen Strukturveränderungen auch in den früheren Bevölkerungsvorausberechnungen in ähnlicher Form prognostiziert wurden. In diesem Status-quo-Szenario bleibt auch die Sparquote konstant bei rd. 11,5%, und schließlich nehmen wir zusätzlich an, dass sich der Anteil der Einzelhandelsausgaben an den deutschen Konsumausgaben ebenfalls nicht weiter verändert. Alle drei Annahmen sind für die nächsten Jahrzehnte unwahrscheinlich. Gräf (2003) hat gezeigt, dass wir nicht nur hohe Nettozuwanderung bräuchten, sondern auch sehr erfolgreiche Arbeitsmarktpolitik, um bis 2050 unsere Trendwachstumsrate konstant zu halten. Immerhin, so zeigen die Berechnungen von Gräf, liegt dieses Ziel im Bereich des Möglichen. Es wurde allerdings auch gezeigt, dass die Sparquote sehr wahrscheinlich als Folge der im Trend niedrigeren Zinsen sinken wird und dass die Einzelhandelsausgaben am gesamten Konsum weiter fallen dürften.

Zunächst wird neben das Status-quo-Szenario ein zweites Szenario gestellt. In diesem Szenario „Rückgang der Wachstumsrate" wird das Scheitern weiterer Arbeitsmarktreformen angenommen, der demografische Effekt schlägt also voll durch. Die Trendwachstumsrate fällt bis 2030 auf fast 0,6% pro Jahr. Und selbst für dieses Ergebnis müssten 200.000 Menschen p.a. mehr nach Deutschland ziehen als das Land verlassen. Im Fall geringerer Zuwanderung fällt die Trendwachstumsrate für die realen Einzelhandelsumsätze bis 2030 fast auf 0%. Das hieße, selbst in konjunkturell normalen Phasen würden die Einzelhandelsumsätze stagnieren.

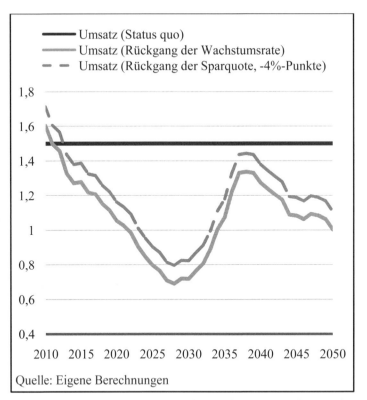

Abbildung 91: Reale Einzelhandelsumsätze in Deutschland, ohne Strukturveränderungen, % gg. Vj.

Dieser demografische Schock lässt sich auch nicht durch die wahrscheinlich fallende Sparquote kompensieren. Nehmen wir an, die Sparquote fällt von heute rd. 11,5% um 4%-Punkte
bis zum Jahr 2050. Dies ist eine starke Annahme, immerhin sparen derzeit selbst die Senioren in Deutschland noch in etwa so viel. Für einen gesamtwirtschaftlichen Rückgang der
Sparquote muss man also schon eine erhebliche Verschiebung der relativen Preise zugunsten
der Arbeit annehmen. Weil sich dieser Rückgang der Sparquote jedoch hier auf über 40 Jahre
verteilt, ist der jährliche Wachstumsbeitrag für den Einzelhandel überschaubar (vgl. Abbildung 91).

In diesen Szenarien wurde jedoch noch nicht berücksichtigt, was passiert, wenn der klassische Einzelhandel auch in Zukunft Anteile an den Konsumausgaben verliert. Aufgrund des
hohen Versorgungsniveaus, aufgrund der niedrigen Einkommenselastizität vieler Einzelhandelssortimente und aufgrund der neuen Vertriebskonkurrenz durch das Internet und andere
Vertriebskanäle (Beispiel Tankstellen) ist es wahrscheinlich, dass es in Zukunft weitere Verschiebungen zugunsten von Ausgaben für die Gesundheit und von Unterhaltung und zu Lasten von Nahrungsmitteln und Bekleidung geben dürfte (Schaffnit-Chatterjee, 2007, und Buslei et al., 2007).

Schaffnit-Chatterjee schätzt, dass die Ausgabenanteile für die Segmente Nahrungsmittel, Bekleidung und dauerhafte Gebrauchsgüter um insgesamt rd. 10%-Punkte bis zur Jahrhundertmitte sinken können. Dies dürfte die Obergrenze für die Anteilsverluste im Einzelhandel darstellen, denn der Einzelhandel profitiert zumindest teilweise von den steigenden Ausgabenanteilen im Gesundheitssektor (im klassischen Einzelhandel freilich ohne die Umsätze in Apotheken und Tankstellen). Diese Obergrenze stellt eine spürbare Verlangsamung der bisherigen Entwicklung dar, denn seit 1990 ist der Anteil der Einzelhandelsausgaben an den gesamten Konsumausgaben bereits um 10%-Punkte gefallen.

In Abbildung 92 zeigen die Kurvenverläufe wie der anhaltende Wandel der Konsummuster auf den Einzelhandelsumsatz wirken könnte: Die hellgraue, durchgezogene Linie ist jetzt das Referenzszenario, in dem die Trendwachstumsrate der Volkswirtschaft durch die demografischen Trends limitiert wird. Die Sparquote sinkt zwar um 4%-Punkte. Dies kann jedoch nicht ausgleichen, dass das Arbeitsvolumen stetig sinkt. Berücksichtigt man zusätzlich, dass bis 2050 der Anteil der Einzelhandelsausgaben um 10%-Punkte sinkt, schrumpfen die Einzelhandelsumsätze zwischen den Jahren 2025 und 2035. Insgesamt wäre real nicht mehr als ein Plus der Umsätze von 0,3% pro Jahr für den gesamten Prognosezeitraum zu erwarten (gestrichelte Linie). Selbst wenn die Arbeitsmarktreformen gelingen, und das Trendwachstum auf der heutigen Rate stabilisiert werden könnte, würde der Struktureffekt zu geringen Einzelhandelsanteilen die Impulse der rückläufigen Sparquote überkompensieren. Die Umsätze würden selbst unter diesen günstigen Umständen verlangsamt wachsen. Im Schnitt der nächsten 40 Jahre wäre das reale Plus kaum größer als 0,6% p.a. (dunkle Linie).

Insgesamt ist für die Einzelhandelsumsätze in Deutschland nur geringfügiges Wachstum zu erwarten. Dies engt auch die Potenziale für Einzelhandelsimmobilien ein, denn häufig werden umsatzabhängige Mieten vereinbart. Bei konstanter Flächenproduktivität (Umsatz je Quadratmeter Einzelhandelsfläche) könnte das Flächenangebot im Szenario mit konstantem Trendwachstum und anhaltendem Strukturwandel bis 2050 um rd. 30%, also etwa 35 Mio. m² zulegen. Das klingt viel, entspricht aber „nur" rd. 800.000 m² pro Jahr und damit etwa einem Drittel weniger als in den vergangenen fünf Jahren durchschnittlich fertig gestellt wurden, und dies waren nicht die stärksten Baujahre. Denn noch dramatischer fällt der Vergleich mit den zurückliegenden Jahrzehnten aus: Von 1960 bis 2005 verdreifachten sich die Einzelhandelsflächen, da erscheint ein Anstieg um ein Drittel in den kommenden Jahrzehnten in einem bereits optimistischen Szenario in einem anderen Licht. Tatsächlich dürfte das Nettobauvolumen sogar geringer ausfallen, falls die Flächenproduktivität wieder ansteigen sollte. Wichtig ist: Es handelt sich bei diesen Angaben um Nettowerte. Das starke Flächenwachstum bis zum Ende der 1990er Jahre muss dazu führen, dass in den kommenden Jahrzehnten der Anteil der Renovierungsmaßnahmen deutlich steigen muss. Die einfache Bauweise von Discountformaten und die Tatsache, dass bei vielen Einzelhandelsimmobilien, gerade bei jenen außerhalb der Städte, die Eigentümersituation unkompliziert ist, erleichtert zudem den Abriss und Neubau, falls dies die günstigere Alternative zur Sanierung darstellt.

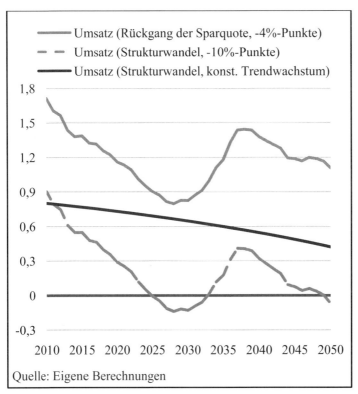

Abbildung 92: Reale Einzelhandelsumsätze in Deutschland, mit Strukturveränderungen, % gg. Vj.

Zwar ist das Wachstumspotenzial im Einzelhandel begrenzt, allerdings wirkt ähnlich wie bei Wohnimmobilien die demografische Entwicklung nicht so rasch und nicht so heftig wie im Falle von Büroimmobilien. Denn die Senioren werden nicht nur weiterhin als Nachfrager auf dem Wohnungsmärkten aktiv, sie bleiben natürlich weiterhin Einzelhandelskunden. Allerdings arbeiten sie nicht mehr. Daher ist der Ausblick für Einzelhandelsimmobilien günstiger als jener für Büroimmobilien. Zwei Einschränkungen sind jedoch vorzunehmen: Erstens gilt auch für Einzelhandelsimmobilien, dass es große regionale Divergenzen nach Maßgabe der unterschiedlichen Entwicklung der Einwohnerzahlen geben wird. Zweitens gibt es innerhalb der Gruppe der Einzelhandelsimmobilien relative Gewinner und Verlierer. Beide Aspekte werden nun etwas ausführlicher beleuchtet.

5.3.2   Langfristprognose nach Regionen

Die Ausführungen zu den regionalen Unterschieden der Bevölkerungsentwicklungen sind auch für Einzelhandelsimmobilienmärkte relevant, da der größte Teil der Einzelhandelsumsätze im Wohn- oder Arbeitsumfeld getätigt wird. Gräf (2003) verwendet ein Wachstumsmodell, das die regionalen demografischen Entwicklungen in Wachstumsraten des realen Bruttoinlandsprodukts für die Regionen überträgt. Dort, wo die Menschen fortziehen, wird das Wachstum stärker begrenzt als in den Zuzugsregionen. Gräf verwendet zwar die 10. koordinierte Vorausberechnung und nicht wie in diesem Buch die 12.Vorausberechnung des Statistischen Bundesamts. Die Unterschiede hinsichtlich der regionalen Verteilung zwischen

Ost- und Westdeutschland sind jedoch weniger ausgeprägt als zwischen einzelnen Bundesländern.

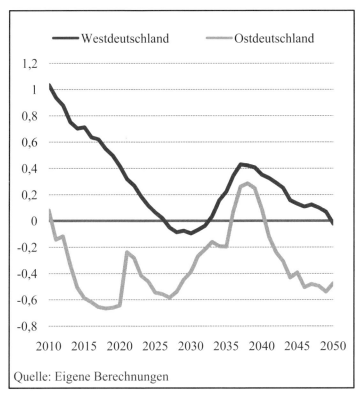

Abbildung 93: Reale Einzelhandelsumsätze in Ost- und Westdeutschland, % gg. Vj.

Insgesamt fällt die Trendwachstumsrate in den neuen Bundesländern deutlich geringer aus als in den alten Ländern. In Abbildung 93 sind die daraus abgeleiteten Verläufe für die Wachstumsraten der Einzelhandelsumsätze dargestellt. Für beide Regionen wurde das Modell mit veränderlichen Wachstumsraten des BIP, mit sinkenden Sparquoten sowie mit den anhaltenden Veränderungen der Konsumstrukturen (Einzelhandelsumsatz an gesamten Konsumausgaben sinkt von heute 30% auf 20%) verwendet. Die Entwicklung in Westdeutschland ähnelt sehr stark jener für Deutschland insgesamt, die Kurve verläuft gut 0,1%-Punkte höher als jene für Deutschland insgesamt. Bemerkenswert ist jedoch der Verlauf für die neuen Länder. Dort rutscht die Trendentwicklung schon bald in den negativen Bereich und bleibt dort nahezu über den gesamten Prognosezeitraum. Nur in dem Zeitabschnitt, in dem die größte Gruppe der Baby-Boomer sterben dürfte, zwischen 2035 und 2040, nimmt die demografische Last etwas ab, sodass vorübergehend wieder leichte Zuwächse möglich sind.

In Westdeutschland hingegen dürften die Einzelhandelsumsätze fast während des gesamten Prognosezeitraums zunehmen. Hierbei geht es natürlich um Trendraten, Konjunkturzyklen bleiben unberücksichtigt. Diese wird es auch in Zukunft geben. Im Durchschnitt werden die in Abbildung 93 dargestellten Trendraten zu erwarten sein.

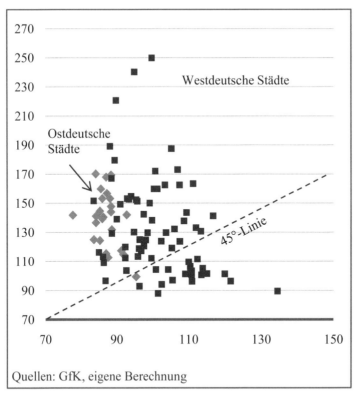

Abbildung 94: Kaufkraftkennziffer (x-Achse) und Umsatzkennziffer (y-Achse) 2012, Deutschland = 100

Neben der Unterscheidung zwischen Fortzugs- und Zuzugsregionen muss auch betont werden, dass die Städte in der Vergangenheit zentrale Einkaufsfunktionen übernommen haben und dies auch in Zukunft tun werden. Für 2012 zeigt die Abbildung 94 den Zusammenhang zwischen der Kaufkraft einer Stadt und dem Umsatz, der dort getätigt wird. Beide Werte wurden von der Gesellschaft für Konsumforschung (GfK) so normiert, dass Deutschland den Wert 100 annimmt. Eine Kaufkraftkennziffer über 100 zeigt also hohe Einkommen in der Stadt an, eine Umsatzkennziffer größer 100 kennzeichnet einen überdurchschnittlich hohen Umsatz. Häufig wird aus beiden Kennziffern die Zentralitätskennziffer berechnet. Hierfür wird die Umsatzkennziffer einer Stadt i durch die Kaufkraftkennziffer dieser Stadt dividiert (und das Ergebnis mit 100 multipliziert).

$$Zentralität skennziffer_i = \frac{Umsatzkennziffer_i}{Kaufkraftkennziffer_i} \cdot 100$$

Eine Zentralitätskennziffer größer 100 zeigt also an, dass die Stadt mehr Umsatz erzielt als die Kaufkraft in dieser Stadt nahelegen würde.

Viele Städte sind Magnete für ihr Umland und für Touristen. In Abbildung 94 zeigt die 45°-Linie die Grenze zwischen Orten mit hoher und niedriger Zentralität. Fast alle dargestellten 100 Städte liegen über der 45°-Linie. Die Städte profitieren von ihrem Umland. Das gilt gleichermaßen für ost- und westdeutsche Städte. Allerdings erreichen viele westdeutsche Städte sowohl bei der Kaufkraftkennziffer als auch bei der Umsatzkennziffer höhere Werte als ostdeutsche Städte. Die höheren Einkommen und die geringere Arbeitslosigkeit erklären dies. Diese Konzentration des Einzelhandels auf die Städte, auf die Zentren, dürfte sich in den kommenden Jahren sogar eher verstärken. Um dies zu begründen, muss jedoch zunächst auf die unterschiedlichen Einkaufsformate eingegangen werden.

5.4 Wo werden wir in Zukunft einkaufen?

Es ist ein Gemeinplatz in der Immobilienwirtschaft, dass es bei Immobilien auf die Lage ankommt. Im vorherigen Abschnitt wurde argumentiert, dass diese Lage von Einzelhandelsimmobilien wohl auch in Zukunft durch das Umsatzpotenzial der Städte bestimmt sein wird. Dies lässt jedoch noch zwei weitere Aspekte offen: Wo in den Agglomerationen werden die Einzelhandelsimmobilien mit möglicher Wertsteigerung liegen – eher in den Stadtzentren, in den Wohngebieten oder in der Peripherie, wo Grund und Boden vergleichsweise günstig sind und große Flächen überhaupt zusammenhängend gebaut werden können? Hinzu kommt, dass der Investor nicht über den Ort, sondern auch über die Art der Einzelhandelsimmobilie entscheiden muss: Rechnen sich eher Einkaufszentren, Fachmarktzentren oder traditionelle Einzelhandelskonzepte?

Viele Faktoren spielen bei der Antwort auf diese Fragen eine Rolle. Hier steht die Einflussgröße Demografie im Vordergrund. Es handelt sich aber ausdrücklich nur um eine Partialanalyse. Andere lokale Einflussgrößen sind ebenfalls bedeutsam. So ist es natürlich maßgebend, welche Einzelhandelsformate an einem Standort bereits realisiert wurden und wie die regionale Kooperation von Kommunen bzw. zwischen öffentlicher Hand und privaten Investoren funktioniert.

5.4.1 Mehr Einkaufszentren – doch wo stehen diese?

In Deutschland gibt es 644 Einkaufszentren mit einer gesamten Verkaufsfläche von rd. 16 Mio. m². Das entspricht fast 15% der gesamten Einzelhandelsfläche in Deutschland. Bemerkenswert ist jedoch nicht die absolute Größe dieses Marktsegments, sondern die Dynamik, mit der die Flächen in den letzten Jahrzehnten ausgeweitet wurden: Das erste Einkaufszentrum wurde in Deutschland erst in den 1960er Jahren eröffnet. Bis zur Wiedervereinigung nahm die gesamte Angebotsfläche auf 3 Mio. m² zu. Doch seit 1990 explodierte der Markt regelrecht. Sowohl die Zahl als auch die Fläche hat sich in weniger als 20 Jahren vervierfacht.

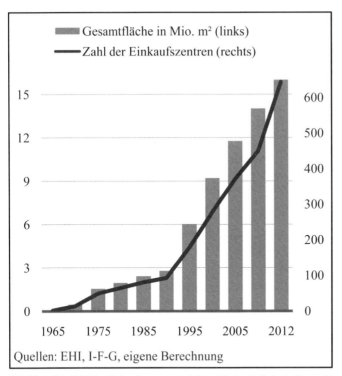

Abbildung 95: Zahl der Einkaufszentren und deren Einkaufsfläche in Deutschland

Ist mittlerweile eine Sättigung eingetreten? Dies könnte man vermuten, immerhin kommen mittlerweile rd. 150 m² Einkaufszentrenfläche auf 1.000 Einwohner in Deutschland. Allerdings liegt Deutschland im internationalen Vergleich damit eher am unteren Ende: In Frankreich oder Spanien gibt es je 1.000 Einwohner etwa 200 m², in den Niederlanden sind es 300 m², und in Schweden werden sogar mehr als 300 m² je 1.000 Menschen ausgewiesen. Es ist also keineswegs so, dass es in Deutschland keinen Platz für zusätzliche Zentren mehr gäbe – zumindest, wenn man die ausländischen Vergleichswerte als Maßstab anlegt. Richtig ist jedoch, dass jedes neue Einkaufszentrum den Konkurrenzdruck im deutschen Einzelhandel erhöht, denn es wurde ja oben gezeigt, dass die Einzelhandelsumsätze zuletzt langsamer zulegten als die Einzelhandelsflächen. Für die kommenden Jahre werden weitere Einkaufszentren erwartet. Die Gesamtfläche könnte um rd. 1 Mio. m² zunehmen. Die meisten Zentren sollen in Nordrhein-Westfalen, Hessen und Berlin entstehen. Gerade die Entwicklung in Berlin ist bemerkenswert, denn in der deutschen Hauptstadt sind bereits heute überdurchschnittlich viele Flächen in Einkaufszentren vorhanden.

Allerdings gab es im Laufe der letzten Jahre eine deutliche Verschiebung in der Ansiedlungsstrategie von Einkaufszentren. Viele Städte haben die zunehmende Angebotskonkurrenz erkannt und haben gelernt, dass Flächenausweitungen auf der grünen Wiese, also vor der Stadt, auch die eigenen Innenstädte schwächen. Häufig wurde mit großformatigen Einkaufszentren auf der grünen Wiese die Hoffnung verbunden, dass man Kaufkraft aus anderen Städten oder Kreisen abziehen kann. Dies gelingt tatsächlich; v.a. dann, wenn die Angebote etwas Neues zu bieten haben (z.B. großer Einkaufskomfort, neue Läden, breite und tiefe Sortimente, kulturelle oder soziale Einrichtungen sowie Unterhaltungsangebote). Leider hält die Wirkung nur so lange, bis die anderen Regionen ihrerseits mit neuem Angebot antworten. So ließ sich sehr gut beobachten, dass nach dem Bau des großen Einkaufszentrums CentrO in Oberhausen mit 83.000 m² nicht nur die Umsatzkennziffer in Oberhausen anstieg, sondern auch jene des benachbarten Mülheims zeitgleich sank. Als dann Mülheim das Rhein-Ruhr-Zentrum erweiterte, stieg die Umsatzkennziffer in Mülheim und jene in Oberhausen fiel ab (blieb freilich dauerhaft über dem Niveau vor dem CentrO-Bau). Gleichzeitig wurde jedoch auch Kaufkraft aus der Innenstadt in das CentrO umgelenkt.

Die Projekte auf der grünen Wiese, die in den frühen 1990er Jahren eine Boomzeit erlebten, werden heute daher nur noch in Ausnahmefällen gebaut. Innenstadtzentren, die vorhandene Einkaufsstraßen ergänzen, überwiegen. Stadtteilzentren haben weiterhin eine hohe Bedeutung. Jedes dritte Einkaufszentrum entsteht innerhalb des Stadtgebiets, doch abseits der City. Fußläufigkeit und Erreichbarkeit sprechen für solche Lösungen. Ein großer Teil des Angebots in diesen Stadtteilzentren muss daher auf den Versorgungseinzelhandel entfallen. Es ist selbstverständlich, dass diese Zentren in Konkurrenz zu den etablierten Geschäften in den Stadtteilen stehen und diese verdrängen können.

Tabelle 16: Einkaufszentren nach Lage und Eröffnungsjahr, in %

	1964–1990	1991–1995	1996–2008	Gesamt
Innenstadt	46,6	24,5	54,3	43,4
Stadtteil	45,6	36,0	37,2	39,3
Grüne Wiese	7,8	39,5	8,5	17,3
Gesamt	100,0	100,0	100,0	100,0

Quelle: EHI Retail Institute (2008)

Tendenziell erhöht das zusätzliche Angebot an standardisierten Zentren den Druck auf den traditionellen Einzelhandel in den Stadtteillagen stärker als in den Toplagen der City. Dies lässt sich durch einen einfachen Indikator veranschaulichen. Bildet man den Quotienten aus der Spitzenmiete für Einzelhandelsläden in der Innenstadt und der Spitzenmiete in den Stadtteillagen, erhält man nicht nur als Ergebnis, dass die Topstandorte im Durchschnitt der hier untersuchten knapp 130 deutschen Städte fünfmal teurer sind als die Ladenmieten in den Stadtteilen. Es zeigt sich auch, dass dieser Faktor in den letzten Jahren stetig gestiegen ist.

Zudem ist die Standardabweichung des Indikators für diese Städte gestiegen. Das heißt, die Spanne zwischen den absolut besten Lagen in Deutschland zu deren Stadtteillagen hat sich stetig erhöht. Der Faktor Lage ist also in den letzten Jahren noch wichtiger geworden als er sowieso immer gewesen ist. Da Innenstadtflächen auch in Zukunft nicht einfach vermehrt werden können, dürfte die Differenz auch in der Zukunft so hoch bleiben. Allerdings dürfte in Zukunft weniger neues Angebot auf der grünen Wiese entstehen. Der sinkende Angebotsdruck dort könnte etwas höheres Mietwachstum in der Peripherie zulassen. Dies bedeutet eine politisch gewollte Verknappung der eigentlich weniger knappen grünen Wiese. Auch daher standen großformatige Einzelhandelsflächen in Deutschland in den letzten Jahren bei Investoren hoch im Kurs.

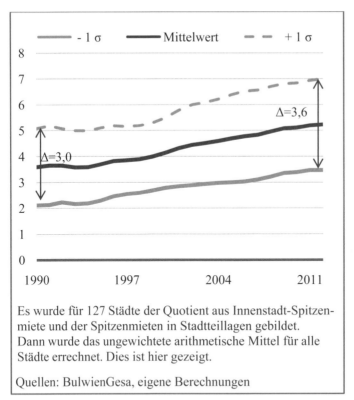

Abbildung 96: Quotient aus Innenstadt- und Stadtteilmieten, Vielfaches

Bleibt der Hinweis, dass Factory Outlet Center, also große Einzelhandelsflächen für Fabrik-verkäufe in speziellen, künstlichen „Einkaufsstädten" bisher keine große Marktbedeutung erlangt haben. Insgesamt gibt es in Deutschland neun solcher Outlet Center mit insgesamt etwa 120.000 m² Einkaufsfläche. Das entspricht nur 0,1% der gesamten Einzelhandelsfläche und nur 1% der Fläche in Einkaufszentren (Ecostra, 2011). In anderen Ländern spielen Out-lets eine deutlich größere Rolle: In Europa gibt es insgesamt etwa 160 Outlets mit über 3 Mio. m² Einkaufsflächen. Natürlich haben auch diese Center Konsum aus anderen Läden umgelenkt. Eine nennenswerte Verzerrung dürfte jedoch kaum nachweisbar sein. Dafür ist das Marktsegment zu klein. Derzeit gibt es einige Pläne für neue Outlets: Insgesamt sind in Deutschland derzeit sechs weitere Center in konkreter Planung. Damit würde der Flächenan-teil am gesamten Einzelhandel freilich nur auf 0,2% ansteigen. Zudem ist nicht sicher, ob alle Pläne umgesetzt werden, denn mittlerweile gibt es auch für diese Outlet Center immer öfter starke Beschränkungen. Mit solchen Beschränkungen soll v.a. gewährleistet werden, dass zusätzlicher Konsum für das jeweilige Bundesland entsteht. Für bestehende Outlets ist diese Genehmigungshürde natürlich eine gute Nachricht, da diese Entscheidung den Bestand stärkt.

5.4.2   Regionale Unterschiede auch für Einzelhandel wichtig

Die wichtigsten Bestimmungsfaktoren für den Wert einer Einzelhandelsimmobilie sind die Kaufkraft einer Region und das konkrete Einzugsgebiet der Einzelhändler in der Immobilie.

Solche Einzugsgebiete richten sich nicht nach Stadtgrenzen, sondern nach den wirtschaftlichen Verflechtungen, nach der bestehenden Verkehrsinfrastruktur sowie möglichen Wettbewerbern und natürlich nach der Zahl der möglichen Kunden. Daher sind die regionalen Unterschiede in der Bevölkerungsentwicklung auch direkt maßgeblich für die weitere Wertentwicklung von Einzelhandelsimmobilien.

Just und Braun (2012) haben rd. 400 Kreise Deutschlands nach zwei Indikatoren in vier Gruppen geclustert. Die beiden Indikatoren waren die heutige Bevölkerungsdichte und die Bevölkerungsprognosen des BBSR von 2009: Abbildung 97 zeigt die vier Gruppen in einem einfachen Scatter-Plot, bei dem auf der x-Achse die (logarithmierte) Bevölkerungsdichte aus dem Jahr 2005 und auf der y-Achse das erwartete Bevölkerungswachstum bis zum Jahr 2025 (gegenüber dem Jahr 2005) abgetragen wurde. Das heißt, rechts oben liegen die großen Metropolregionen mit positiven Bevölkerungsausblick, links unten die dünn besiedelten ländlichen Kreise mit schlechter Bevölkerungsperspektive. Da es gravierende Unterschiede in der Bevölkerungsdichte zwischen den Ballungsräumen und den ländlichen Regionen gibt, wurden die Werte für die Bevölkerungsdichte logarithmiert. Die dunklen Achsen sind die Mittelwerte der jeweiligen Indikatoren.

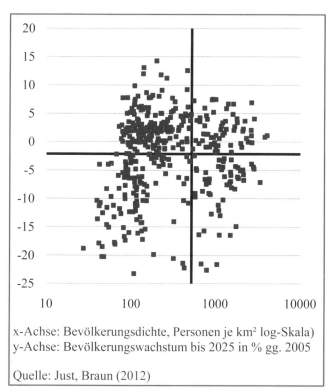

x-Achse: Bevölkerungsdichte, Personen je km² log-Skala)
y-Achse: Bevölkerungswachstum bis 2025 in % gg. 2005

Quelle: Just, Braun (2012)

Abbildung 97: Bevölkerungsdichte und Bevölkerungsentwicklung in deutschen Kreisen

Durch diese Achsen lassen sich vier Quadranten unterscheiden. Rechts oben ist der Quadrant, der die besonders dicht besiedelten Kreise mit günstiger Bevölkerungsperspektive zusammenfasst (I Quadrant). Hierzu zählen z.B. München, Berlin und Stuttgart (jeweils nur der Stadtbereich).

Gleichzeitig gibt es sehr dünn besiedelte Räume, in denen die Bevölkerung stark schrumpft. Diese Kreise liegen im Quadranten links unten (III Quadrant). Hier gibt es bereits heute Herausforderungen für Händler, und diese werden sich in den nächsten Jahrzehnten vergrößern. Wahrscheinlich gibt es dort immer häufiger digitale Lösungen – große Versorgungszentren, die ein sehr großes Einzugsgebiet versorgen sowie ein verstärktes Nutzen von Online-Angeboten oder eine Rückkehr von dörflichen Tante-Emma-Läden.

Für Immobilieninvestoren könnten die Kreise im Quadranten links oben besonders interessant sein (II Quadrant). Dies sind vergleichsweise dünn besiedelte Regionen, für die zum Teil starkes Bevölkerungswachstum erwartet wird. Dieses Wachstum könnte dafür sorgen, dass sich Einzelhandelsformate lohnen, die zuvor noch nicht möglich waren. Schließlich gibt es im Quadranten rechts unten Märkte, in denen der Wettbewerb aufgrund der sinkenden Bevölkerungsdichte in Zukunft stark zunehmen wird. Auch hier wird es immer häufiger dünnere Filialnetze geben.

Die folgende Tabelle gibt für jeden der vier Quadranten ein paar Beispiele.

Tabelle 17: Beispielkreise aus dem 4-Quadrantenschema

I Quadrant (rechts oben)	Bevölkerungs-dichte Personen/km²	Bevölkerungs-wachstum in % 2025 gg. 2005
München, Kreisfreie Stadt	4.050,5	1,1
Berlin	3.806,3	0,8
Stuttgart, Kreisfreie Stadt	2.862,8	4,1
Offenbach am Main, Kreisfreie Stadt	2.653,3	6,9
Frankfurt am Main, Kreisfreie Stadt	2.628,6	2,1
II Quadrant (links oben)		
Freising	200,9	14,3
Erding	141,33	13,1
München (Kreis)	463,4	12,6
Landsberg am Lech	139,4	12,0
Starnberg	264,6	11,2
III Quadrant (links unten)		
Frankfurt (Oder), Kreisfreie Stadt	430,4	−22,2
Suhl, Kreisfreie Stadt	414,6	−21,4
Dessau-Roßlau, Stadt	320,0	−20,6
Uecker-Randow	47,5	−20,3
Demmin	45,2	−20,2
IV Quadrant (rechts unten)		
Gera, Kreisfreie Stadt	683,6	−21,5
Chemnitz, Stadt	1.115,8	−16,4
Herne, Kreisfreie Stadt	3.352,9	−7,1
Nürnberg, Kreisfreie Stadt	2.683,9	−0,1
Köln, Kreisfreie Stadt	2.427,9	−0,03

Quelle: Just, Braun (2012)

5.4.3 Demografiefeste Einzelhandelsimmobilien

Es geht aber nicht nur um die Frage, ob eine Immobilie in der City oder in der Peripherie liegt. Auch die Entwicklung zu mehr Einkaufszentren ist nur eine starke Vereinfachung der aus demografischen Trends abgeleiteten Nachfrageverschiebungen. Insgesamt zeichnet sich eine demografiefeste Immobilie durch geeignete Lösungen in (mindestens) 13 Kategorien in vier Gruppen aus. Abbildung 98 veranschaulicht diese Gruppen. Die Pyramide suggeriert zwar eine Hierarchie, diese spielt jedoch keine Rolle. Die Reihenfolge wurde sozusagen in der räumlichen Annäherung an die Immobilie gewählt. Es ist nicht so, dass unten die unabdingbaren Kategorien sind und oben jene, auf die man verzichten könnte. Dies wird am deutlichsten bei dem Punkt der Sortimentsgestaltung: Natürlich kann eine Einzelhandelsimmobilie nur dauerhaft erfolgreich sein, wenn die darin verkauften Produkte auch Käufer finden.

a) **Geografische Nähe**: Viele ältere Menschen sind in ihrer Bewegung stärker eingeschränkt als junge Menschen, wobei die Einschränkungen bei den meisten Menschen erst deutlich nach dem Renteneintritt gravierend werden. Sie möchten daher ihre Einkäufe in ihrer Nähe erledigen können. Dies kann Fußläufigkeit bedeuten, erfordert aber zumindest eine gute Anbindung an das Netz des Öffentlichen Personennahverkehrs. Dadurch erhalten mehr ältere Menschen ein höheres Maß an Selbstständigkeit. Für Zentren, die vornehmlich mit dem Pkw erreicht werden müssen (Grüne Wiese), dürfte neben der Erreichbarkeit der Zugang zu den Einkaufsläden wichtiger werden. Eine größere Zahl an großzügigen Parkplätzen erleichtert das Ein- und Aussteigen. Unabhängig vom demografischen Wandel hat in den letzten Jahren der Wandel zu höher motorisierten und größeren Autos dazu geführt, dass in vielen Parkhäusern das Ein- und Ausparken zur Geschicklichkeitsübung wurde. Ob hier die nächste Generation im Durchschnitt wieder kleinere Autos nutzen wird, bleibt abzuwarten. Aktuell gibt es Hinweise auf die vermehrte Nutzung von Carsharing, aber gleichzeitig sind SUV (Sport Utility Vehicle) weiterhin ein wachsendes Marktsegment. Bei größeren Autos würden breitere Parkplätze jedenfalls nicht nur älteren Menschen entgegen kommen.

b) **Ladenmerkmale**: Bei der Ladengestaltung sollten ebenfalls die körperlichen Einschränkungen der älteren Menschen ernst genommen werden. Denn dies entscheidet mitunter darüber, ob die Produkte wahrgenommen und erreicht werden können. Produkte, die sehr weit unten oder sehr weit oben im Regal liegen, können von sehbehinderten Menschen nicht entdeckt werden und von bewegungsbeschränkten Menschen nicht erreicht werden. Bei der Ladenkonzeption geht es zudem um die Breite der Gänge, um möglichst kurze Wege. Diese Ziele lassen sich häufig nur dann im Bestand erreichen, wenn die Angebotsbreite reduziert wird. Der demografiefeste Laden hat also einen Preis in Form eines reduzierten Angebots und geringeren Umsatzpotenzials pro Quadratmeter. Zusätzlich sollten die Geschäfte die Möglichkeit zum Ausruhen bieten – und sei es eine Sitzgelegenheit am Eingang. Günstiger ist die Verbindung mit Produkten (Warentesten, Kaffeetrinken), denn dies ist zudem eine Verbindung zwischen dem Einkauf und dem Erlebnis. Solche Verbindungen werden in Zukunft eine größere Rolle spielen, denn Senioren sind „zeitreich". Unterhaltung, Kultur, Interaktion, Treffpunkte etc. haben einen hohen Wert für Menschen mit frei gestaltbarer Zeit. Zwar dürfte es auch mehr wohlhabende Rentner geben, die für Unterhaltung, Kulturangebote etc. in Einkaufszentren bezahlen können und wollen. Es darf jedoch nicht vernachlässigt werden, dass die Mehrzahl der Senioren auch in Zukunft weniger Geld für den Konsum zur Verfügung haben wird als während ihres Berufslebens. Erschwinglichkeit der Sortimente bleibt weiterhin sehr wichtig.

c) **Produkte**: Es ist eine Selbstverständlichkeit, dass ältere Menschen auch geeignete Produkte benötigen. Was dies bedeutet, zeigt sich bereits heute: Die Packungsgrößen werden kleiner. Gesundheitliche Aspekte gewinnen an Bedeutung. Immer mehr Sortimente für Kinder und Jugendliche werden durch Online-Formate bedient. Die Warenpräsentation darf darüber hinaus nicht unübersichtlich werden. Das spiegelt sich dann auch in der Größe der Preis- und Informationsschilder.

d) **Service**: Geschäfte, die bei den Lagekriterien schlechter abschneiden, können versuchen, diese Nachteile durch Online-Angebote auszugleichen, denn natürlich wird der Anteil der Internetnutzer im Alter sehr stark steigen. Für alle Läden dürfte Service wichtiger werden: Beratung, Lieferservice, Aufbauservice sind naheliegende Beispiele. Mitunter könnte aber auch die einfache soziale Interaktion wertvoll sein.

e) **Multi-Channel-Strategie**: Der stationäre Einzelhandel wird in den nächsten Jahren die Konkurrenz durch das Netz immer stärker spüren. Er kann hier Multi-Channel Strategien dagegen halten – sozusagen die Fläche als Showroom nutzen und die Käufer dann im Internet bestellen lassen. Er sollte aber v.a. darauf setzen, was sich im Netz noch nicht so gut ersetzen lässt: Erlebnis, Haptik und persönliche, kompetente Beratung, die soziale Interaktion ist. Eine Qualifizierung des Personals ist ein wichtiges Abgrenzungsmerkmal gegenüber Online und könnte für Ältere in einer individualisierten Gesellschaft und weniger familiären Bindungen wertvoll sein.

Diese Kriterien demografiefester Immobilien beschreiben eine idealtypische Immobilie, die den Alterungstrend adressiert. Die für diese Immobilien nötigen Investitionen sollten jedoch gründlich geprüft werden, denn Einzelhandelsformate und Einzelhandelsimmobilien werden auch in Zukunft nicht allein deswegen zur Erfolgsgeschichte, weil sie diesen Kriterienkatalog perfekt abbilden. Erstens wird ein großer Teil der Senioren nicht unter nennenswerten körperlichen Einschränkungen leiden. Diese fitten Senioren fühlen sich nicht alt und v.a. müssen sie ihr Einkaufsverhalten noch nicht ändern. Für diese Zielgruppe wäre der Umbau zumindest noch nicht nötig. Schlägt er sich in einem geringeren Angebot oder höheren Preisen nieder, wäre er sogar lästig. Dem Mehrumsatz bei den Hochbetagten steht also ein Minderumsatz bei den fitten Älteren gegenüber. Dasselbe gilt natürlich für alle anderen körperlich gesunden Menschen. Die Menschen werden zwar immer älter, aber eben nicht alle gleich morgen. Der Anteil der Senioren steigt zwar, die Zahl der Menschen unter 65 Jahren überwiegt jedoch noch sehr deutlich. Wir brauchen also mehr seniorengerechte Einzelhandelsimmobilien, aber nicht ausschließlich und nicht morgen.

In Zukunft könnte zudem ein Einkaufsformat an Bedeutung gewinnen, das sich sehr direkt an die Zeitarmen richtet, also an die jungen Menschen, die z.B. eine Familie haben oder lange arbeiten (wollen oder müssen). Online-Angebote werden höchstwahrscheinlich für diese Menschen wichtiger. Der Einzelhandel sollte sich also darauf einstellen, dass bei dieser Kundengruppe der härteste Konkurrent immer das bessere Zeitangebot hat. Für zahlungsfähige Kunden ließe sich hier ebenfalls über mehr und bessere Serviceangebote ein Mehrwert bieten. Für die Kunden mit einem geringen finanziellen Spielraum bleibt der Preis ausschlaggebend. Discountformate werden daher für diese Kundengruppe unabdingbar bleiben. Sollte der Anteil an Altersarmen zunehmen, wofür einiges spricht, z.B. die langen Jahre hoher Arbeitslosigkeit sowie die gestiegene Zahl alleinerziehender und gering bezahlter

Mütter, werden diese Discountformate aber häufiger wohngebietsnah liegen müssen, um die „Rüstzeiten" des Einkaufens zu beschränken.

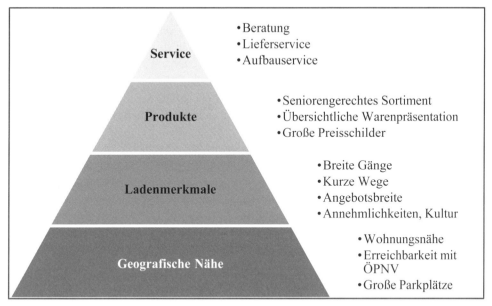

Abbildung 98: Kriterien für demografiefeste *Einzelhandelsimmobilien*

Quelle: Eigene Darstellung in Anlehnung an Seidel (2007)

5.5   Kernbotschaften für eilige Leser

1. Die Einzelhandelsumsätze legen seit Jahren langsamer zu als der private Verbrauch insgesamt. Dies wird sich in der Zukunft wahrscheinlich nicht ändern, da wichtige Strukturfaktoren das Wachstumspotenzial im klassischen Einzelhandel in Läden begrenzen (Sättigungstendenz vieler typischer Einzelhandelsprodukte, Konkurrenz durch das Internet).

2. Die Einzelhandelsflächen sind zuletzt schneller gewachsen als die Umsätze. Die Flächenproduktivität nahm folglich ab. Dies erhöht den Wettbewerbsdruck in der Branche und engt das Mietsteigerungspotenzial ein. Dies gilt freilich viel stärker für periphere Lagen als für die innerstädtischen Toplagen.

3. Die rückläufige Bevölkerungszahl reduziert das Umsatzwachstum in der Zukunft, weil weniger Menschen c.p. auch weniger konsumieren werden. Zusätzlich sinkt die Zuwachsrate der verfügbaren Einkommen.

4. Die Auswirkungen der veränderten Altersstruktur auf den Einzelhandel sind günstigstenfalls neutral. Allerdings dürfte es in der Konsumstruktur der Menschen in Deutschland zu umfangreichen Verschiebungen zu Lasten typischer Einzelhandelsprodukte kommen. Es gibt freilich auch Gewinner dieser Strukturveränderungen innerhalb des Einzelhandels: So werden z.B. die Gesundheitsausgaben deutlich zunehmen.

5. Städte hatten in der Vergangenheit große Sogwirkung auf die Kaufkraft im Umland. Die Umsätze in Städten lagen regelmäßig spürbar über der Kaufkraft der Städter. Die Städte werden auch in Zukunft die zentrale Bedeutung für den Einzelhandel behalten.

6. Einkaufszentren werden beliebter. Das Flächenangebot ist bereits in den letzten 20 Jahren sehr stark gewachsen, liegt im internationalen Durchschnitt jedoch noch immer relativ niedrig. Wahrscheinlich werden Einkaufszentren in den kommenden Jahren weiterhin Angebotsflächen in den Stadtteilen und in der Peripherie verdrängen.

7. Viele Kommunen in Deutschland sind sehr vorsichtig mit der Ausweisung neuen Baulands für Einkaufszentren auf der grünen Wiese geworden. Sie möchten nicht mehr ihre eigenen innenstädtischen Lagen schwächen. In Zukunft dürften die meisten neuen Zentren in den Städten entstehen. Die Konkurrenz für Stadtteillagen nimmt dann deutlich zu. Bei weniger Baugenehmigungen für Projekte auf der grünen Wiese bietet sich freilich im Bestand Wertsteigerungspotenzial, weil dort der Angebotsdruck künftig fehlt.

8. Dann könnte die Differenz zwischen den Spitzenmieten in der City und den Stadtteilmieten weiter zunehmen. Dies muss in den Renditeerwartungen berücksichtigt werden.

9. Demografiefeste Einzelhandelsimmobilien zeichnen sich durch eine konsistente Strategie auf vier Ebenen aus: Geografische Nähe, typische Immobilienmerkmale, ein geeignetes Sortiment und einen umfangreichen Service.

10. Einzelhändler sollten stärker darauf setzen, was sich nicht einfach online bieten lässt: Erlebnis, soziale Interaktion und persönliche, kompetente Beratung.

11. Es darf nicht vergessen werden, dass auch in 50 Jahren nicht alle Menschen hochbetagt sein werden. Es müssen keineswegs alle Einzelhandelsimmobilien die Kriterien einer demografiefesten Immobilie erfüllen. Eine genaue Analyse des Standorts, des Einzugsgebiets und seiner Kundenstruktur sowie die genaue Wettbewerbsanalyse für den konkreten Standort werden auch in der Zukunft nicht obsolet.

6 Die Nachfrage nach Pflegeimmobilien

Die demografischen Veränderungen in der Zukunft, also v.a. sinkende Einwohnerzahl und starke Alterung der Bevölkerung, bergen für viele Immobilienklassen umfangreiche Lasten. Es wurde jedoch bereits im Abschnitt 3.5.5 zum Thema des altengerechten Wohnens deutlich gemacht, dass innerhalb einer Immobilienklasse durch die veränderte Nachfragestruktur auch Chancen in den Gewinnersegmenten entstehen. Dies gilt insbesondere auch für Pflegeimmobilien, denn die Wahrscheinlichkeit, ein Pflegefall zu werden, ist sehr stark altersabhängig. Wenn also die Zahl der Hochbetagten immer größer wird, liegt es nahe, sich mit diesem Markt auseinander zu setzen.

6.1 Überblick über den Pflegemarkt

Es gab im Jahr 2011 rd. 2,5 Mio. pflegebedürftige Menschen in Deutschland. Diese wurden durch Angehörige, einen der rd. 11.600 ambulanten Pflegedienste oder in einem der über 11.000 Pflegeheime betreut. Sowohl die Zahl der Pflegedienste als auch die Zahl der Pflegeheime ist in den letzten vier Jahren um etwa 10% gestiegen – die Zahl der Pflegeheime etwas stärker, die Zahl der Pflegedienste etwas weniger stark. Pflegebedürftig im Sinne des Pflegegesetzes ist eine Person, die aufgrund einer körperlichen, geistigen oder seelischen Behinderung dauerhaft auf Hilfe bei der Körperpflege, Ernährung, Mobilität oder häuslichen Versorgung angewiesen ist. Es werden grundsätzlich drei Pflegestufen nach dem Grad der notwendigen Hilfe unterschieden (Härtefallregelungen werden mitunter zusätzlich als Pflegestufe IV bezeichnet):

a) **Pflegestufe I** (erhebliche Pflegebedürftigkeit): der Aufwand für die Grundpflege (also Körperpflege, Ernährung oder Mobilität) muss im Tagesdurchschnitt bei mindestens 45 Minuten liegen. Der gesamte Pflegeaufwand muss sich auf mindestens 90 Minuten pro Tag belaufen. Rund 55% aller Pflegefälle fallen in die Pflegestufe I.

b) **Pflegestufe II** (Schwerpflegebedürftigkeit): Der Aufwand für die Grundpflege liegt bei täglich 120 Minuten und der gesamte Pflegeaufwand bei mindestens 180 Minuten am Tag. Gut 33% aller Pflegefälle fallen in die Pflegestufe II.

c) **Pflegestufe III** (Schwerstpflegebedürftigkeit): Jeden Tag muss mindestens für die Grundpflege 240 Minuten kalkuliert werden und für die Gesamtpflege 300 Minuten. Gut. 12% aller Pflegefälle sind Schwerstpflegefälle.

Tabelle 18: Struktur der Pflegeleistungen in Deutschland, 2011

Zu Hause versorgt: 1,76 Mio. Menschen		In Heimen versorgt: 743.000 Menschen
Durch Angehörige: 1,18 Mio. Menschen	Durch Pflegedienste: 576.000 Menschen	
Stufe I: 64,5%	Stufe I: 56,3%	Stufe I: 38,4%
Stufe II: 27,9%	Stufe II: 32,8%	Stufe II: 40,4%
Stufe III: 7,6%	Stufe III: 10,9%	Stufe III: 19,9%
		o. Zuordnung: 1,3%
	Durch 12.350 Pflegedienste mit 242.000 Beschäftigten	In 11.029 Pflegeheimen mit 579.000 Beschäftigten

Quelle: Destatis (2011)

Zusätzlich können Härtefallregeln greifen, und seit der Pflegereform 2008 wurde eine „Pflegestufe 0" für jene Fälle konzipiert, die im Alltag sehr eingeschränkt sind aber noch nicht die Kriterien für die Pflegestufe I erfüllen.

Von den rd. 2,5 Mio. Pflegefällen in Deutschland wird fast die Hälfte von Angehörigen zu Hause gepflegt – meistens durch die Lebenspartnerin oder eine Tochter. Ein knappes Viertel aller Fälle wird zu Hause durch professionelle, ambulante Pflegedienste versorgt. Insgesamt werden also etwas mehr als zwei von drei Pflegefällen zu Hause versorgt. 743.000 Menschen, also fast jeder dritte Fall, wird in einer stationären Pflegeeinrichtung betreut.

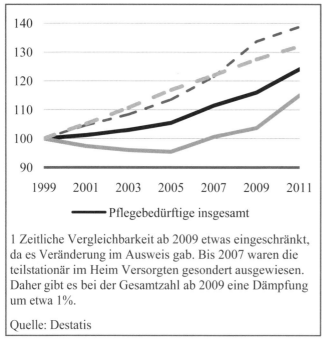

1 Zeitliche Vergleichbarkeit ab 2009 etwas eingeschränkt, da es Veränderung im Ausweis gab. Bis 2007 waren die teilstationär im Heim Versorgten gesondert ausgewiesen. Daher gibt es bei der Gesamtzahl ab 2009 eine Dämpfung um etwa 1%.

Quelle: Destatis

Abbildung 99: Entwicklung der Pflegebedürftigkeit in Deutschland, 1999=100

Bemerkenswert ist die rasche Strukturverschiebung in den Jahren seit 1999: Insgesamt ist die Zahl der Pflegefälle seitdem um 25% gestiegen. Dieser Anstieg verteilt sich jedoch sehr unterschiedlich auf die Segmente. Die Betreuung durch Angehörige bleibt zwar bis zuletzt die mit Abstand wichtigste Betreuungsform, hat aber bis 2009 etwas an Bedeutung verloren. 1999 wurden noch 51% aller Pflegefälle durch Angehörige versorgt, heute sind es nur 47,2%; tatsächlich kam es sogar zu einem absoluten Rückgang bis 2005. Von 1999 bis 2011 nahm die Zahl der Pflegefälle, die durch ambulante Dienste betreut werden um fast 40% zu, die Zahl der Menschen in voll stationärer Pflege um gut 30%. Seit 2005 stieg die Zahl der Menschen in Pflegeheimen nur geringfügig weniger als die Zahl der Personen, die durch ambulante Dienste versorgt werden.

Es ist naheliegend, dass der Anteil der Schwerstpflegefälle in Pflegeheimen relativ groß ist, und Angehörige insbesondere mit Pflege der Bedürftigen in der Pflegestufe I betraut sind. Bemerkenswert ist allerdings, dass selbst in der Pflegestufe III nicht einmal die Hälfte aller Pflegefälle in stationären Heimen untergebracht ist.

Es liegt in der Natur der Alterung, dass insbesondere im Alter Hilfe erforderlich wird: Während in 2011 bei den 70- bis unter 75-Jährigen nur jeder Zwanzigste (5%) pflegebedürftig war, beträgt die Quote für die ab 90-Jährigen 58% (Destatis, 2013). Diese Verteilung der Pflegefallzahlen auf die Altersgruppen lässt bereits erwarten, dass im Zuge der gesellschaftlichen Alterung die Zahl der Pflegefälle deutlich ansteigen dürfte.

6.2   Prognose der Pflegefallzahlen

Eine Prognose der zukünftigen Pflegefallzahlen ist auf den ersten Blick sehr einfach. Man benötigt die Pflegeeintrittswahrscheinlichkeit für eine Altersgruppe und die erwartete Bevölkerungsverteilung auf die einzelnen Altersgruppen und kann daraus die Entwicklung der gesamten Fallzahlen berechnen. Die unterschiedlichen Zuwanderungsszenarien müssen dann nicht unterschieden werden, wenn die Pflegeeintrittswahrscheinlichkeiten mit dem Alter sehr stark zunehmen, denn dann leben die Pflegebedürftigen des Jahres 2060 überwiegend bereits heute; die Zugewanderten in den kommenden fünf Jahrzehnten erreichen in den meisten Fällen bis 2060 noch nicht das Pflegealter.

Möchte man jedoch mehr über die Struktur der Pflegefälle wissen, also z.B. ob es sich um Pflegefälle in Heimen oder zu Hause handelt, bedarf es konkreter Annahmen, denn dies hängt auch von der Verteilung der Pflegefallzahlen auf die drei Pflegestufen, von gesetzgeberischen Akzenten und v.a. von gesellschaftlichen Veränderungen ab. Schließlich lohnt auch die Frage, ob die implizite Annahme konstanter Pflegeeintrittswahrscheinlichkeiten angemessen für die nächsten vier Jahrzehnte ist.

Im Folgenden wird also schrittweise eine Vorausberechnung des Pflegebedarfs nach den Einzelsegmenten entwickelt, wobei mit der Bevölkerungsvariante mit geringerer Zuwanderung gerechnet wird. Die Variante mit höherer Zuwanderung führt nicht zu nennenswert höherem Bedarf bis 2050 – wohl aber in den Jahrzehnten danach. Im Weiteren werden die Berechnungen anders als in den Kapiteln zuvor nur bis 2050 ausgewiesen, weil eine wichtige Quelle für die angebotsseitige Restriktion nur bis dahin rechnet.

6.2.1   Basisprognose

Die Pflegewahrscheinlichkeit, oder auch Pflegequote genannt, gerechnet als Anteil der Pflegebedürftigen in einer Altersgruppe an der Gesamtzahl der Einwohner in dieser Altersgruppe, ist altersabhängig: Ab dem 65. Lebensjahr verdoppelt sie sich in etwa alle fünf Jahre. Bis
zum 90. Lebensjahr überwiegt noch die häusliche Pflege. Erst danach, wenn Lebenspartner
kaum noch die Aufgabe übernehmen können, dominiert die professionelle Pflege in Pflegeheimen. Dann verlangsamt sich auch der Anstieg der altersabhängigen Pflegewahrscheinlichkeit, erreicht freilich mit rd. 60% ein sehr hohes Niveau. Bei Frauen steigt die Pflegewahrscheinlichkeit übrigens deutlich stärker an als bei Männern gleichen Alters. Bei den
über 90-Jährigen übersteigt die Pflegewahrscheinlichkeit der Frauen jene der Männer um rd.
30%-Punkte.

Lässt man diese Pflegewahrscheinlichkeit zunächst konstant, lässt sich die Zahl der Pflegefälle in der Zukunft mit Hilfe der Altersstruktur der Bevölkerungsvorausberechnungen ermitteln: Sei $P_{t,i}$ die Zahl der Menschen in der Altersgruppe i zum Zeitpunkt t, und sei p_i die
Pflegewahrscheinlichkeit in der Altersgruppe i zu jedem Zeitpunkt t, so lässt sich PI_t, die
Zahl der Pflegefälle in der Periode t, offenbar wie folgt ermitteln:

$$PI_t = \sum_{i=1}^{k} P_{t,i} \cdot p_i$$

Insgesamt würde sich die Zahl der Pflegefälle von gut 2,5 Mio. im Jahr 2011 auf rd. 4,5 Mio.
fast verdoppeln.

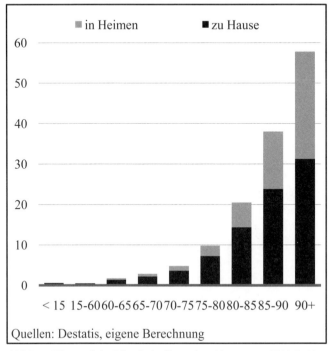

Abbildung 100: Anteil der Pflegebedürftigen einer Altersgruppe 2011, in %

Sehr ähnliche Werte werden auch von Blinkert und Gräf (2009), Schulz (2008) Enste und Pimpertz (2008) sowie vom Statistischen Bundesamt (2008) ausgewiesen. Die Schätzungen für das Jahr 2050 reichen von 4,1 Mio. (Enste und Pimpertz) bis 4,6 Mio. (Schulz). Auf den ersten Blick sieht das nach sehr ähnlichen Prognosen aus – und tatsächlich sind dies geringe Abweichungen für einen Horizont von 40 Jahren. Doch bei der Prognose der zusätzlichen Pflegeheimplätze gibt es gravierende Unterschiede – bereits zum Jahr 2030 weichen die Prognosen um bis zu 100% voneinander ab. Dies wird später noch erläutert. Die jeweilige Vorgehensweise unterscheidet sich für dieses Basisszenario nur sehr geringfügig. Die Schätzunterschiede resultieren zu großem Teil aus unterschiedlichen Abschneidegrenzen und der Verwendung verschiedener Referenzjahre. So ist die Zahl der Menschen über 90 Jahre von 2005 bis 2007 stärker gestiegen als in früheren Vorausberechnungen erwartet. Die Pflegewahrscheinlichkeit in dieser sehr wichtigen Altersgruppe ist etwas gesunken.

Im Zuge der gesellschaftlichen Alterung dürfte der Anteil der pflegebedürftigen Höchstbetagten deutlich ansteigen – nicht weil die Pflegewahrscheinlichkeit je Altersgruppe steigt, sondern weil das Durchschnittsalter der „Höchstbetagten", also der über 85-jährigen im Zuge der Alterung steigt: Heute sind etwa 35% aller Pflegefälle älter als 85 Jahre und 16% sogar älter als 90 Jahre. Bis zum Jahr 2050 würden diese Anteilswerte stark steigen. Dann wären 58% aller Pflegefälle älter als 85 Jahre alt und 30% sogar älter als 90 Jahre.

Dies hätte weit reichende Konsequenzen auch für den Bedarf an Pflegeeinrichtungen, denn mit dem Alter steigt nicht nur die (statistische) Pflegewahrscheinlichkeit, sondern auch die Wahrscheinlichkeit, in einem Pflegeheim versorgt zu werden. Setzt man die jeweiligen Pflegewahrscheinlichkeiten für stationäre Pflege im Heim und häusliche Pflege (entweder durch einen ambulanten Dienst oder durch Angehörige) ebenfalls konstant, lassen sich die künftigen Bedarfe für Pflegeeinrichtungen vorausberechnen.

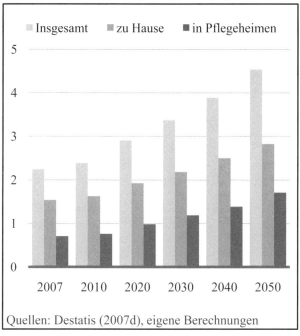

Abbildung 101: Pflegebedarfsprognose, Basisszenario, Mio. Pflegefälle

Abbildung 101 zeigt die berechnete Entwicklung bis 2050 für das Basisszenario, in dem die Eintrittswahrscheinlichkeiten konstant bleiben. Bis zum Jahr 2030 würde in diesem Basisszenario die Zahl der Pflegefälle, die zu Hause betreut würden um 40% steigen, bis zur Jahrhundertmitte sogar um über 80% auf dann 2,8 Mio. Menschen. Noch stärker fällt der Anstieg bei den Pflegebedürftigen in stationärer Pflege aus: Bis 2030 würde die Zahl von aktuell 743.000 auf dann 1,2 Mio. Menschen zunehmen; 2050 wären sogar 1,7 Mio. Menschen in Pflegeheimen zu versorgen. Das wären 140% mehr als heute. Blinkert und Gräf (2009) unterscheiden in ihrer Prognose zusätzlich die häusliche Pflege in Pflegeleistungen durch ambulante Dienste und Pflege durch Angehörige (informell). Da es in diesem Kapitel aber in erster Linie um die Potenziale stationärer Pflege geht, lohnt diese weitere Differenzierung hier nicht. Der Aspekt wird später aber noch wichtig sein.

In der Variante mit höherer Zuwanderung (200.000 Nettozuwanderer pro Jahr) würde die Zahl der Pflegefälle bis 2050 auf etwa 4,6 Mio. Menschen steigen. Der Unterschied zu der Variante mit geringerer Zuwanderung (100.000 Nettozuwanderer) beläuft sich auf lediglich 3,1% – und das über einen Zeitraum von immerhin 40 Jahren. Die Zahl der Pflegefälle in Pflegeheimen unterscheidet sich sogar nur um knapp 1%, da in den jüngeren Jahrgängen die häusliche Pflege dominiert und die meisten Zuwanderer bis 2050 noch nicht das Alter erreichen, in dem die Pflege in Heimen stark zunimmt. Investoren in Pflegeimmobilien benötigen also anders als Investoren in die anderen Immobilienklassen keine eigene Annahme zur Zuwanderung zu setzen.

Allerdings müssen sie sich um eine ganze Reihe anderer Einflussfaktoren Gedanken machen. Denn die Basisprognose greift an mindestens zwei wichtigen Punkten viel zu kurz. Dies soll in den nächsten Abschnitten erläutert werden.

6.2.2   Gesündere Senioren

In der Basisvariante wurde unterstellt, dass die Pflegewahrscheinlichkeiten konstant bleiben, dass sich aber die Lebenserwartung gemäß der Vorausberechnung des Statistischen Bundesamts bis zum Jahr 2050 um rd. fünf Jahre erhöht. Das Basisszenario enthält also implizit die Annahme, dass wir keine zusätzlichen Jahre in vollständiger Gesundheit gewinnen werden. Zugespitzt könnte man sagen, wir leben länger, weil der medizinisch-technische Fortschritt ein längeres Leben in Pflege ermöglicht.

Dies ist nicht nur ein unschöner Ausblick für die nächsten Seniorengenerationen, sondern würde auch dem aktuellen Forschungsstand widersprechen (Hackmann und Moog, 2008 sowie Ziegler und Doblhammer, 2008). Für 2011 werden zwar für die Alterskohorten der 80 bis 90-Jährigen marginal höhere Pflegequoten ausgewiesen, der Unterschied ist aber statistisch nicht signifikant. Gleichzeitig sind die Pflegequoten bei den über 90-Jährigen heute um fast 4%-Punkte niedriger als 2007 (Destatis 2013, Destatis 2007d). Es ist plausibel, dass die Pflegewahrscheinlichkeiten für alle Pflegestufen in der Zukunft für alle Altersgruppen etwas sinken. Um dies zu verstehen, hilft ein Blick auf die häufigsten Ursachen für Pflege. Hierzu zählen Krankheiten des Kreislaufsystems (v.a. Schlaganfall und Herzinsuffizienz), psychische und Verhaltensstörungen (Demenz), Krankheiten des Nervensystems (Parkinson Syndrom, Alzheimer Krankheit), Krankheiten des Muskel- und Skelettsystems und des Bindegewebes (Arthrose, Osteoporose), bösartige Neubildungen (Krebserkrankungen) sowie Symptome und abnorme klinische Befunde (Senilität). Die genauen Prozentanteile lassen sich zum Beispiel den Pflegeberichten des Medizinischen Dienstes der Spitzenverbände der Krankenkassen entnehmen (Wagner und Fleer, 2007).

Bei einigen dieser Ursachen lässt sich durch geänderte Verhaltensweisen und präventive Maßnahmen das Pflegerisiko deutlich senken. Dies gilt zum Beispiel im Falle des Alkohol- und Tabakkonsums für die bösartigen Neubildungen und Krankheiten des Kreislaufsystems. Eine gesündere Ernährung, mehr Bewegung und neue medikamentöse Therapien helfen die Risiken zu reduzieren. Hinzu kommt, dass die postindustrielle Arbeitswelt deutlich geringere Arbeitsrisiken birgt. Die wachsende Bedeutung von Büroberufen in den letzten Jahrzehnten führt auch zu geringeren Arbeitsplatzrisiken und damit zu weniger Pflegefällen. Schließlich gibt es einen signifikanten Zusammenhang zwischen dem Bildungsniveau und der Pflege- wahrscheinlichkeit: Gut ausgebildete Menschen leben tendenziell gesünder als gering quali- fizierte Menschen. Je höher der Ausbildungsgrad in Zukunft ist, desto stärker könnten die Pflegewahrscheinlichkeiten in jeder Altersgruppe sinken (Schulz, 2008).

Blinkert und Gräf (2009) zeigen, dass sich von 1999 bis 2007 die altersspezifischen Pflege- wahrscheinlichkeiten (Pflegequoten) bereits in den Altersgruppen bis 90 Jahre teilweise deutlich verringert haben. Nur bei den Menschen über 90 Jahre gab es einen Anstieg der Pflegewahrscheinlichkeiten. Dies hat sich nun wieder normalisiert. Schulz (2008) kommt jedoch im Vergleich der Jahre 1997 und 2006 zu dem Ergebnis, dass es keine nennenswerten Veränderungen bisher gab. Man sollte aus zwei Gründen vorsichtig mit solchen empirischen Indikationen umgehen: Erstens sind die Zeiträume relativ kurz verglichen mit dem Progno- sezeitraum bis 2050. Die Kohorteneffekte, die gerade für Verhaltensänderungen in der Zu- kunft wichtig werden, fallen bei einem zehnjährigen Betrachtungszeitraum relativ klein aus. Zweitens sind die Betrachtungszeiträume hier nicht deckungsgleich. Die unterschiedlichen Ergebnisse sind also zum Teil die Folge von verschobenen Zeitfenstern. Da es unwahr- scheinlich ist, dass binnen zwei Jahren ein sehr unterschiedliches Gesundheitszeugnis für die Senioren in Deutschland ausgestellt werden kann, muss als Grund für diese Unterschiede in den Ergebnissen v.a. eine geänderte Gesetzgebung vermutet werden. Die Pflegewahrschein- lichkeit kann nämlich nicht nur dann steigen, wenn die Menschen faktisch gebrechlicher geworden sind, sondern auch, wenn der Gesetzgeber den Kriterienkatalog für die Pflege erweitert oder einschränkt. Menschen, die vorher keinen gesetzlichen Anspruch auf Pflege hatten, würden nun als Pflegefall zählen, obwohl sich an ihrem Gesundheitszustand nichts geändert hat.

Falls die Pflegewahrscheinlichkeiten also sinken, dürften die Pflegefallzahlen in der Zukunft geringer ausfallen als im Basisszenario präsentiert. Just (2005), Schulz (2008) sowie Blinkert und Gräf (2009) zeigen freilich, dass unter plausiblen Annahmen in Bezug auf die veränderte Pflegewahrscheinlichkeit ein starker Anstieg der Pflegefallzahlen in der Größenordnung von 50 bis 65% bis zur Jahrhundertmitte auch dann wahrscheinlich bliebe. Allerdings gäbe es in diesem Fall 0,8 bis 1 Mio. weniger Pflegefälle im Jahr 2050 als in der Basisvariante. Zu Hause würden dann etwa 2,3 Mio. Menschen versorgt werden, und in Pflegeheimen 1,3 Mio. Menschen. Der Anteil der Pflegefälle in Pflegeheimen würde sich dann im Jahr 2050 auf rd. 36,5% belaufen (gegenüber 37,8% im Basisszenario und 32% heute), es gäbe also eine rela- tive Stärkung der stationären Pflege. Für Investoren ist es wichtig, diese mögliche Entwick- lung bei der Planung von Pflegekapazitäten zu berücksichtigen, denn ansonsten könnten trotz starkem Nachfrageanstiegs Überkapazitäten entstehen.

Selbst für den (unwahrscheinlichen) Fall, dass die zusätzlichen Lebensjahre in vollem Um- fang gesund verbracht werden können, dass also die Pflegewahrscheinlichkeit in voller Höhe der zusätzlichen Lebenserwartung in den Alterskohorten nach hinten geschoben würde, würde das Pflegepotenzial im Jahr 2050 noch um 20% höher ausfallen als heute (Just, 2005). Dieses Szenario ist allerdings auch deswegen unwahrscheinlich, weil es medizinische Indikationen dafür gibt, dass gerade die geänderten Verhaltensweisen in Zukunft neue Pflegenotwendigkeiten schaffen können. So wird zum Beispiel mit einem weiteren Anstieg von Zivilisationskrankheiten, z.B. Diabetes, gerechnet (Perlitz, 2009). Diese Veränderungen dämpfen den Rückgang der Pflegewahrscheinlichkeiten und führen wohl zu einer Strukturverschiebung innerhalb der Ursachen für Pflege. Solche Prozesse laufen allerdings sehr langsam ab. Die häufig beklagte Bewegungsarmut von Kindern wird bis 2050 kaum in der Pflegestatistik nachzuweisen sein.

6.2.3   Gesellschaftliche Veränderungen

Im Basisszenario mit festen Pflegewahrscheinlichkeiten wurde unterstellt, dass die Struktur der Pflege durch das Pflegebedürfnis der Pflegefälle und somit in erster Linie vom Alter der Pflegebedürftigen abhängt. Die Verschiebung zu mehr stationärer Pflege folgt also in diesem Szenario ausschließlich der demografischen Entwicklung und der damit verbundenen zunehmenden Wahrscheinlichkeit ein Pflegefall einer höheren Pflegestufe zu werden, der dann seltener zu Hause versorgt werden kann.

Diese Modellierung lässt sozusagen die Angebotsseite außer Acht und greift daher zu kurz, denn natürlich ist das Potenzial jener, die grundsätzlich Pflegeleistungen erbringen können, nicht ohne Weiteres erweiterbar. Tatsächlich verändert es sich im Zuge der demografischen Entwicklungen. Es muss also die Frage gestellt werden, wer in Zukunft die Pflege zu Hause noch leisten kann (vergleiche zu den folgenden Ausführungen die ausführlichen Modellrechnungen von Gräf und Blinkert, 2009)? Häusliche Pflege, die nicht durch ambulante Dienste geleistet wird, erfolgt heute in über 90% der Fälle durch Angehörige. Das Potenzial der häuslichen Pflege – und damit im Umkehrschluss auch das Potenzial der stationären Pflege – wird also durch das Angebot dieser informellen Pflegeleistenden mitbestimmt. Dieses informelle Potenzial beläuft sich auf derzeit rd. 20 Mio. Menschen.

Unterstellt man, dass die Relation aus den derzeit zu Hause versorgten Pflegefällen und dem informellen Pflegepotenzial in etwa konstant bleibt, weil es quasi Ausdruck kultureller Wertvorstellungen ist, so wird der starke Anstieg der Pflegefallzahlen im Basisszenario notwendig machen, dass ein größerer Teil der Pflegebedürftigen in stationären Einrichtungen betreut wird. Während sich nämlich die Zahl der Pflegebedürftigen im Basisszenario mehr als verdoppelt, läge das informelle Pflegepotenzial im Jahr 2050 in etwa auf dem heutigen Niveau. Es öffnet sich also eine Schere zwischen Angebot und Nachfrage von Pflegeleistungen zu Hause. Stationäre Pflegeeinrichtungen könnten helfen, diese Lücke zu schließen. Dies würde allerdings bedeuten, dass bei konstanter Pflegefallzahl zu Hause die Zahl der Pflegefälle in Heimen erheblich zunähme – im Basisszenario um 330% auf dann etwa 3 Mio.

Selbst wenn man mit deutlich sinkenden Pflegewahrscheinlichkeiten rechnet, wenn sich also die Zahl der Pflegefälle „nur" auf 3,5 Mio. Menschen erhöht, könnte die Berücksichtigung der Angebotsrestriktion eines in etwa konstanten informellen Pflegepotenzials dazu führen, dass der Bedarf an Pflegeeinrichtungen deutlich zunehmen muss. Der Anstieg der Pflegebedürftigenzahl in Pflegeheimen würde sich dann von heute 743.000 auf rd. 2 Mio. im Jahr 2050 belaufen. Das entspräche einer Zunahme um 170%.

Dies könnte sogar insofern noch eine konservative Schätzung sein, weil hierbei kein weiterer Anstieg der Frauenerwerbstätigkeit unterstellt wurde. Wie bereits im Abschnitt 4.4 zu den Büroflächenprognosen argumentiert wurde, ist es plausibel, dass in einer alternden Gesellschaft der Anteil erwerbstätiger Frauen zunimmt. Diese Frauen stehen dann natürlich nicht mehr dem informellen Pflegepotenzial zur Verfügung – es sei denn, die „Einkommensrelation" ist so attraktiv, dass ein großer Teil der zusätzlichen Erwerbstätigkeit in diesem Sektor geschieht. Umgekehrt gilt also, je mehr man erwartet, dass die Büronachfrage aufgrund steigender Frauenerwerbstätigkeit zunimmt, umso mehr Chancen bietet das Bedarfswachstum im stationären Pflegesegment. Hinzu kommt, dass ein gesellschaftlicher Wandel hin zu mehr pflegefernen gesellschaftlichen Milieus den Bedarf an stationärer Pflege zusätzlich erhöhen würde. Und schließlich macht die gestiegene berufliche Flexibilität auch immer häufiger informelle Pflegeleistungen unmöglich – zumindest ohne den Pflegebedürftigen aus seinem gewohnten Umfeld zu nehmen.

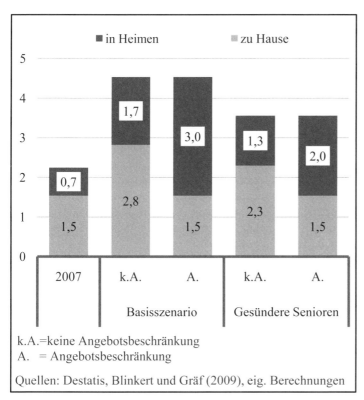

Abbildung 102: Pflegebedarfsprognose in vier Szenarien, in Mio.

Die oben skizzierten Szenarien würden auch bedeuten, dass die finanziellen Herausforderungen für die öffentliche Hand deutlich zunehmen müssen (Blinkert und Gräf, 2009). Es ist daher wahrscheinlich, dass der Gesetzgeber versuchen wird, diese Entwicklung zu bremsen. Er kann dies dadurch erreichen, dass die Leistungen für häusliche Pflege attraktiver werden. Auch könnten institutionelle und infrastrukturelle Maßnahmen ergriffen werden, sodass Erwerbstätigkeit und Pflegeleistungen zu Hause besser vereinbar werden. Diese Maßnahmen könnten dazu führen, dass das informelle Pflegepotenzial etwas zunimmt, der Bedarf an stationären Pflegeeinrichtungen würde dann etwas weniger zulegen. In den Berechnungen von Blinkert und Gräf würden diese Maßnahmen rd. 400.000 Pflegefälle aus der stationären in die ambulante Pflege verschieben können.

In allen Szenarien nimmt der Bedarf an Pflegeimmobilien also deutlich zu. Bis 2050 dürfte sich der Bedarf verdoppeln, und dies setzt bereits voraus, dass die Pflegeeintrittswahrscheinlichkeit in Zukunft tatsächlich sinkt und dass es weiterhin quasi unbeschränkt die Möglichkeit informeller Pflege zu Hause gibt. Gerade der zweite Aspekt ist jedoch unwahrscheinlich. Zur Finanzierung der künftigen öffentlichen Aufgaben werden in Zukunft mehr Frauen erwerbstätig sein müssen. Dann fallen sie jedoch als Pflegekräfte zu Hause aus. Falls die Pflegeeintrittswahrscheinlichkeit nicht für jede Altersgruppe gesenkt werden kann, wird der Bedarf an Pflegeplätzen in stationären Einrichtungen bis zum Jahr 2050 sogar um weit mehr als 100% steigen.

Eine direkte Implikation folgt aus diesen Überlegungen: Eine spürbare Entspannung sowohl in der ambulanten als auch stationären Pflege ist wohl nur durch umfangreiche Zuwanderung von Pflegepersonal möglich. Bereits heute gibt es einen formellen und starken informellen Sektor zur Anwerbung von Pflegekräften. Wir befinden uns hier erst am Anfang einer Aufwärtsbewegung – und natürlich werden die Anwerbebemühungen immer weiter ins außereuropäische Ausland reichen müssen.

6.2.4   Umrechnung in Pflegeheimzahlen

Derzeit werden die 743.000 Pflegebedürftigen in stationärer Pflege in rd. 11.000 Einrichtungen betreut. Damit werden in einem durchschnittlichen Pflegeheim 67 Menschen betreut. Bei einer Belegungsquote von aktuell gut 90% bietet also ein durchschnittliches Pflegeheim etwa 72 Betten. Die Größenstruktur variiert allerdings sehr stark: Etwa 15% aller Pflegeplätze befinden sich in Pflegeheimen, in denen maximal 20 Pflegebedürftige betreut werden. Insbesondere die Heime öffentlicher Träger sind indes vergleichsweise groß; 25% der Pflegeheime in öffentlicher Trägerschaft bieten mindestens 100 Pflegebedürftigen einen Platz.

Nimmt man diese Zahlen als Referenzgröße bräuchte man in dem Szenario mit sinkender Pflegewahrscheinlichkeit und einer starken Restriktion durch das informelle Pflegepotenzial Platz für weitere 1,3 Mio. stationär untergebrachte Pflegefälle: Bei einer mittleren Pflegeheimgröße von 72 Betten wären dies nicht weniger als 18.000 zusätzliche Pflegeheime – also jährlich 430 neue Pflegeheime. Gemessen an den Zahlen, die Blinkert und Gräf (2009) in ihren Szenarien mit demografischem und gesellschaftlichem Wandel ausweisen, wäre dies sogar ein konservativer Ausblick.

Mitunter wird bei Investoren die optimale Größe eines Pflegeheims mit mindestens 100 Betten beziffert. Würden alle weiteren Pflegeheime tatsächlich dieser Daumenregel folgen, würden immer noch jährlich über 300 neue Pflegeheime fertig werden müssen – und dies berücksichtigt noch nicht den Ersatzbedarf für alte Heime. Man sollte jedoch vorsichtig mit solch einer Vereinfachung sein, denn gerade im gehobenen Segment ist intensive und exklusive Betreuung ein Wert. Kleinere Heime sind in diesem Qualitätssegment unumgänglich. Auch sind große Objekte in strukturschwachen Gebieten mit einer geringen Bevölkerungsdichte unsinnig, da die Nachfrage aus der Region fehlt. Kleine Heime ließen sich auch leichter in gewohnte Quartiere einbinden. Dies ist gerade für Pflegefälle der Pflegestufe I sehr sinnvoll, da sie so weitgehend ihr gewohntes Leben fortsetzen könnten. Ob jedoch in

Zukunft solche kleinen Pflegeheimformen dominieren werden, ist fraglich, denn natürlich hat sowohl die geringe Größe als auch die Integration in bestehende Quartiere ihren Preis (höhere Betreuungskosten und höhere Bodenpreise). Wahrscheinlich muss man gerade für die gemeinschaftlich finanzierte Pflege ein umfangreiches Angebot an bezahlbaren Einrichtungen bereitstellen. Dies würde dann tendenziell größere Einrichtungen implizieren. Würde die mittlere Heimgröße neuer Heime in Zukunft lediglich 20 Betten umfassen, müssten jedes Jahr mindestens 1.500 neue Einrichtungen bereitgestellt werden.

Zudem wird es wahrscheinlich schwer genug, für den stark steigenden Bedarf an Pflegekräften hinreichend qualifiziertes Personal zu finden. Wahrscheinlich ist dies nur möglich, wenn die Löhne im Pflegesektor deutlich steigen, es zu deutlich mehr Zuwanderung in dieses Marktsegment kommt oder wenn Skalenvorteile realisiert werden. Solche Skalenvorteile sind für Verwaltungstätigkeiten vorstellbar, in der direkten Pflege der Menschen sind sie allenfalls gering. Dies spräche dann gegen einen starken Anstieg der Zahl kleiner Einrichtungen außerhalb des gehobenen Marktsegments.

Es muss auch betont werden, dass natürlich die Nachfrage auf den Wohnungsmärkten umso stärker beschränkt wird, je stärker der Strukturwandel zu stationärer Pflege erfolgt, denn die Pflegebedürftigen würden beim Umzug ins Heim ihre Wohnung freimachen. Aus diesem Grund spricht also vieles dafür, für den Wohnungsmarkt eher mit dem im Abschnitt 3.5.3 zur Ungewissheit zukünftiger Kohorteneffekte skizzierten Szenario mit schwächerer Remanenz zu rechnen.

Für institutionelle Investoren hat dies eine weitere Implikation für ihre Portfoliosteuerung: Die Nachfrage nach Pflegeimmobilien bietet für Wohnungsinvestoren mehr Möglichkeiten zur Risikodiversifikation (des demografischen Risikos) als für Büroinvestoren. Die demografischen Trends führen zu korrelierten Schocks auf Büro- und Pflegeimmobilienmärkten, große Diversifikationsmöglichkeiten, zur Reduktion des demografischen Risikos, bieten sich nicht. Bei Wohnungsinvestoren ist dies anders. Sie können das demografische Risiko durch ein Engagement auf dem Pflegeimmobilienmarkt reduzieren. Freilich ist hiermit allein das Diversifikationspotenzial gemeint. Gerade weil das demografische Risiko wie erläutert auf dem Büromarkt größer ist als auf dem Wohnungsmarkt sollten Büroinvestoren ihr Gesamtengagement vorsichtiger bewerten.

6.3 Pflegeimmobilien im Portfolio: Was ist zu beachten?

Der demografische und gesellschaftliche Wandel lassen den Bedarf an Pflegeeinrichtungen in den kommenden Jahren sehr stark steigen. Für Investoren ist ein Engagement gleichwohl nicht risikolos. Die spezifischen Risiken lassen sich in vier Gruppen zusammenfassen:

a) **Betreiberrisiko**: Ähnlich wie Hotels sind Pflegeimmobilien in der Regel Betreiberimmobilien. Die Rendite hängt nicht nur vom Standort, Bauqualität oder gesellschaftlichen und gesamtwirtschaftlichen Entwicklungen ab, sondern auch von der Qualität der Betreiberfirma. Es besteht ein Prinzipal-Agenten-Problem: Der Prinzipal (Immobilieneigentümer) muss sich darauf verlassen, dass der Agent (der Betreiber) auch im Sinne des Eigentümers handelt. Opportunistisches Verhalten und v.a. Managementfehler lassen sich durch Vertragsgestaltung nie ganz ausschalten. Daher ist es sinnvoll, einen Betreiber auszuwählen, der über langjährige Markterfahrung verfügt. Er hat sich durch die lange

Marktbewährung seine Reputation verdient, und diese Reputation reduziert das Betreiberrisiko. Gänzlich lässt es sich jedoch auch dann nicht vermeiden. Bisher gibt es freilich nur sehr wenige nationale Akteure. Die Kooperation mit vielen kleinen Betreibern mit lokaler Expertise ist gegenwärtig wohl unumgänglich, wenn man ein breit gestreutes Portfolio sucht. Mittelfristig dürfte die Konzentration in der Branche zunehmen – insbesondere in den Ballungsräumen.

b) **Standortrisiko**: Grundsätzlich bieten Investitionen in Ballungsräumen zwar auf dem Papier den Vorteil des großen Einzugsgebietes und deswegen der größeren Auslastungswahrscheinlichkeit. Zudem wurde in Kapitel 2 argumentiert, dass die Wanderungsbewegungen in Zukunft wahrscheinlich die etablierten Cluster stärken werden. Eine alleinige Fokussierung auf „die üblichen Verdächtigen" bietet allerdings das Risiko, dass diese Standorte von allen Investoren aus demselben Grund auch zuerst geprüft werden. Gerade um zu vermeiden, mit vielen kleinen Betreibern einzeln verhandeln zu müssen und so die Transaktionskosten in die Höhe schnellen zu lassen, werden sich viele große Investoren zunächst auf wenige große Standorte konzentrieren. Dadurch steigt das Angebotsrisiko gerade an den vermeintlich risikoärmeren Standorten. Hinzu kommt, dass die Zuwanderung, die heute Standorte begünstigt, erst in 50 Jahren auf dem Pflegemarkt ankommen wird. Denn die Menschen wandern eher mit 25 als mit 85 Jahren (siehe Abbildung 48). Folglich sind die besten Investitionsstandorte nicht die aktuellen Zuwanderungshochburgen, sondern die Zuwanderungsregionen der 1950er und 1960er Jahre.

c) **Geänderte Förderlandschaft**: Pflegeimmobilien hängen sehr stark von der weiteren Entwicklung der Pflegesätze ab, denn diese sichern die Mietzahlungen. Eine Indexierung der Leistungen ist sinnvoll, wobei die Wahl des Index nicht einfach ist. Selbst wenn die Leistungen um 1,5% pro Jahr angepasst würden, könnte der Betreiber dann permanent unter Produktivitätsdruck bleiben, wenn die Löhne des knapp werdenden Pflegepersonals spürbar schneller steigen. Hinzu kommt, dass jede Maßnahme zur Stärkung der ambulanten Pflege – ob sinnvoll oder nicht – immer eine Schwächung der stationären Pflege darstellt. Investoren könnten dieses Risiko auffangen, indem sie in unterschiedliche Betreiberkonzepte investieren, die auch Mischformen zwischen ambulanter und stationärer Pflege sein können. Es gibt eine Vielzahl unterschiedlicher Wohnformen und Betreuungsmöglichkeiten: barrierefreies, unabhängiges Wohnen, Wohnen und Concierge, betreutes Wohnen, Pflegewohnen und die stationäre Pflege. Eine Möglichkeit unterschiedliche Wohnungsformen über den Lebenszyklus mit unterschiedlichen Behandlungsintensitäten in einem Objekt zu bündeln. So können Mieter im Objekt altern.

d) **Pflegewahrscheinlichkeit**: Es wurde zwar gezeigt, dass selbst bei deutlich gesünderen Senioren in der Zukunft noch ein hinreichend großes Potenzial für zukünftiges Wachstum im Pflegeimmobilienmarkt bleibt. Eine Garantie, dass dies auch tatsächlich die Untergrenze der Entwicklung darstellt, folgt hieraus nicht. Wichtiger als das Risiko, den Bedarf hiermit zu unterschätzen, ist das Risiko, dass viele Investoren den Bedarf überschätzen werden. Gerade weil die Logik des steigenden Pflegebedarfs so schön zwingend ist, eignet sich die Immobilienklasse sehr gut zur Vermarktung. Dann entstehen sogar zu viele Immobilien – oder was wahrscheinlicher ist, sie entstehen zu früh. Die damit verbundene geringere Auslastung in der Anfangszeit reduziert jedoch die Rendite. Für Bestandsimmobilien heißt dies, dass die Preise stärker steigen als die Mieten und die Mietrenditen werden sinken. Von 2005 bis 2007 waren die Mietrenditen bereits um über 100 Basispunkte gefallen.

Für Investoren folgt aus diesen Überlegungen zu den spezifischen Risiken, dass regionale und qualitative Streuung in einem Pflegeimmobilienportfolio genauso sinnvoll sind wie in einem Portfolio gewerblicher Immobilien. Die Streuung sollte über Regionen, Betreiber und Betreiberkonzepte erfolgen, wobei mindestens ein überregionaler Betreiber vertreten sein sollte, der im Falle eines Ausfalls eines lokalen Betreibers gegebenenfalls rasch einspringen könnte.

Tabelle 19: Prüfkriterien für Pflegeimmobilien (Auswahl)

Kriterium	Merkmal
Mikrostandort	Gute infrastrukturelle Anbindung
	Nähe zu größerem Einzugsgebiet (gewachsene Wohngebiete)
Betreiber/ Nutzungskonzept	Gute Bonität, standortbezogene Erfahrung, nachgewiesene, gesundheitspolitische und sozialgesetzliche Expertise
Technische Ausstattung	Insgesamt 80–200 Pflegebetten mit ca. 20–40 Betten/Station
	Mindestens 50% der Zimmer als 1-Bett Zimmer
	Ca. 38 m² bis 50 m² Nettogeschossfläche pro. Pflegebett
	Eine Nasszelle pro Bewohnerzimmer
	Mindestens ein bettentauglicher Aufzug
	Berücksichtigung der DIN 18025 Teil 2 bezüglich Barrierefreiheit
Baulicher Zustand	Baujahr/Modernisierung ab 1990
Instandhaltungs-/ Instandsetzungsstau	Die Kosten für Instandhaltung und Instandsetzung gering halten bzw. im Kaufpreis berücksichtigen
Bewirtschaftungskosten	Höhe der Bewirtschaftungskosten (Verwaltung, Betrieb, Mietausfälle) kontrollieren
Mietvertragsstruktur	Lange Laufzeiten
Mietrückstand	Im Kaufpreis berücksichtigen
Belegung	Auslastungsgrad > 80%
Altlasten	Altlastenfreiheit, mindestens Nachweis durch die Vorlage eines aktuellen Altlastenkatasterauszugs
	Die Kosten für die Erstellung des Altlastenkatasterauszugs beim Kaufpreis berücksichtigen

Quellen: Terranus, RREEF Research, Just (2005)

Immobilienanlageprodukte sollten zwar Streuung erlauben, sie dürfen jedoch nicht so groß werden, dass sie zu einem kurzfristigen Investment in zahlreiche neue Projektentwicklungen gezwungen werden. Von den rd. 11.000 Pflegeheimen sind rd. 39% in privater Trägerschaft, der Rest verteilt sich auf die freie Wohlfahrtspflege, sonstige gemeinnützige Träger sowie auf die öffentliche Hand als Träger. Es gibt nicht zu jedem Zeitpunkt und an jedem Standort die Möglichkeit, ohne Projektierung zu investieren. Zu große Fondsgrößen könnten dazu führen, dass neben die spezifischen Risiken ein nennenswertes Projektrisiko tritt.

Tabelle 19 gibt einen Überblick über wichtige Prüfkriterien für den Kauf/Bau einer Pflegeimmobilie. Dies ist kein Katalog, bei dem alle Kriterien zu 100% erfüllt sein müssen – insbesondere mit Blick auf die Mindestgröße wurde bereits ausgeführt, dass es gute Gründe dafür gibt, in Einzelfällen von der Empfehlung sogar deutlich nach unten abzuweichen.

6.4   Kernbotschaften für eilige Leser

1. In Deutschland lebten im Jahr 2011 2,5 Mio. Pflegebedürftige; 743.000 davon wurden in einem der 11.000 Pflegeheime in Deutschland versorgt.

2. Seit 1999 nahm die Zahl der Menschen in stationärer Pflege um jährlich 4,2% zu, seit 2003 betrug die Zuwachsrate „nur noch" etwa 2,5% und fiel damit ähnlich gering aus wie die Zuwachsrate für das Angebot an Pflegeeinrichtungen. Die Zahl der Pflegeheime legte von 2003 bis 2011 von 9.700 auf etwas über 11.000 zu, also um 1,7% pro Jahr.

3. Die Zahl der Pflegefälle wird in den nächsten Jahrzehnten weiter zulegen. Im Referenzszenario, bei dem sich die Pflegewahrscheinlichkeit nicht ändert und es keine Beschränkungen in der häuslichen Pflege gibt, würde sich die Zahl der Pflegefälle verdoppeln. Die Zahl der Pflegebedürftigen in Pflegeheimen würde sogar um 140% wachsen.

4. Zuwanderung kann als Einflussparameter für die Prognose (weitgehend) vernachlässigt werden, denn die meisten Pflegebedürftigen im Jahr 2050 leben bereits heute in Deutschland. Das Risiko einer Fehleinschätzung der Zuwanderung und Einwohnerzahlen ist im Falle von Pflegeimmobilien also weniger bedeutsam als im Falle von Wohn-, Büro- oder Einzelhandelsimmobilien, denn in diesen Immobilienklassen werden zusätzliche Einwanderer teilweise bereits im Jahr ihres Zuzugs nachfragewirksam. Bei Pflegeimmobilien beträgt die Wirkungsverzögerung etwa 50 Jahre.

5. Unter der plausiblen Annahme, dass die zukünftigen Senioren gesünder sind als die heutigen, dass die Pflegewahrscheinlichkeiten in jeder Altersklasse also sinken, käme es gleichwohl zu einem deutlichen Anstieg der Pflegefallzahlen. Zur Mitte des Jahrhunderts müsste es selbst in diesem Szenario doppelt so viele Heimplätze geben wie heute.

6. Der demografische Wandel dürfte auch dazu führen, dass weniger Menschen bereit bzw. in der Lage sind, häusliche Pflege zu erbringen. Das informelle Pflegepotenzial hält nicht mit der Nachfrage nach Pflegeleistungen mit. Stationäre Pflege muss daher im Trend an Bedeutung gewinnen. Daher ist bis zum Jahr 2050 mit einem Anstieg der Pflegefälle in Pflegeheimen auf bis zu 1,6 Mio. zu rechnen – selbst wenn man mit deutlich sinkenden Pflegewahrscheinlichkeiten rechnet, wird der Anstieg deutlich ausfallen.

7. Bis zum Jahr 2050 müssten in Deutschland dann 200 bis 300 neue Pflegeheime pro Jahr gebaut werden. Das entspricht in etwa dem Angebotsanstieg der letzten vier Jahre.

8. Investoren müssen die spezifischen Risiken der Anlageklasse berücksichtigen, v.a. das Betreiberrisiko, das Standortrisiko, das Risiko einer geänderten Förderlandschaft und die Unsicherheit über die Entwicklung der zukünftigen Pflegewahrscheinlichkeit.

9. Die Investition in Pflegeimmobilien bietet grundsätzlich gute Diversifikationsmöglichkeiten für gemischte Portfolios. Das Diversifikationspotenzial könnte in Wohnungsportfolios größer ausfallen als in Büroportfolios. Nimmt nämlich die Frauenerwerbstätigkeit zu, so führt dies nicht nur zu einer Zunahme der Büroarbeitsplätze, sondern eben auch zu einer Abnahme der informellen Pflegemöglichkeiten, und dies zwingt geradezu zu einer Ausweitung der stationären Pflege. Wohnimmobilien bilden aus demselben Grund dann eher ein Substitut zu Pflegeimmobilien, da der private Wohnraum dann für den Pflegefall nicht mehr benötigt wird.

10. Regionale Streuung und Streuung über unterschiedliche Immobilien- und Betreiberkonzepte reduzieren die spezifischen Risiken.

7 Demografische Trends und Infrastruktur

Zahlreiche Anlagegesellschaften widmen sich in den letzten Jahren zunehmend Infrastrukturprojekten. Der weltweite Investitionsbedarf geht in den kommenden Jahrzehnten in die Billionen. Allein für die kommunale Infrastruktur Deutschlands schätzt das Deutsche Institut für Urbanistik (Difu) den Investitionsbedarf bis zum Jahr 2020 auf über 700 Mrd. Euro (Difu, 2008) und Viren Doshi, Gary Schulman und Daniel Gabaldon (2007) von der Beratungsgesellschaft Booz, Allen, Hamilton veranschlagen das globale Investitionspotenzial in städtische Infrastruktur bis zum Jahr 2030 auf 40 Bill. US-Dollar. Beide Studien stehen für eine Vielzahl von Analysen mit ähnlichem Tenor: Der Investitionsbedarf ist gigantisch. Und ebenso unisono kommen (fast) alle Analysen zu dem Ergebnis, dass die öffentliche Hand alleine dieses Investitionsvolumen nicht heben kann. Mehr Kooperation mit privaten Geldgebern und Projektentwicklern ist unumgänglich. Weil viele Infrastruktureinrichtungen einige verwandte Merkmale mit Immobilien aufweisen, liegt es nahe, dass sich auch Immobiliengesellschaften vermehrt diesem Thema zuwenden, denn es gibt durchaus Ähnlichkeiten zwischen Investitionen in Immobilien und Investitionen in Infrastruktur: Es handelt sich in beiden Fällen um langlebige Investitionsgüter, die einen langen Planungsvorlauf erfordern; hohe Transaktionskosten sind nötig, und es handelt sich um Investitionen mit einem hohen Klumpenrisiko. Diese Ähnlichkeiten dürfen jedoch über die Unterschiede beider Anlageklassen nicht hinwegtäuschen. Insbesondere die regulatorischen Rahmen für Infrastrukturinvestitionen unterscheiden sich sehr deutlich von jenen für Immobilien.

Für Immobilienanalysten kommt hinzu, dass Infrastrukturen quasi als das Rückgrat der Wirtschaft auch den Wert von Immobilien mitbestimmen. Auch Immobilieninvestoren sollten sich also über die Trends in der Infrastrukturentwicklung informieren, denn dies kann Rückwirkungen auf ihr Immobilienportfolio haben. Darüber hinaus gibt es empirische Belege, dass sich durch Infrastrukturinvestitionen Anlagerisiken in gemischten Portfolios weiter reduzieren lassen (Finkenzeller, 2012, sowie Finkenzeller et al., 2012).

Im Folgenden werden also die Auswirkungen der demografischen Entwicklung in Deutschland auf ausgewählte Infrastruktureinrichtungen skizziert. Auf den Aspekt der öffentlichen Verwaltung wurde ja bereits in Abschnitt 4.6 (Büroimmobilien der öffentlichen Hand) eingegangen. Zunächst wird jedoch kurz begründet, warum Immobilieninvestoren auf die Ausstattung und Entwicklung von Infrastrukturen achten sollten und was die gedankliche Nähe von Infrastrukturinvestitionen zur Immobilieninvestition begründet.

7.1   Immobilien brauchen Infrastruktur

Der Wert einer Immobilie wird auch durch die Güte der örtlichen Infrastruktur mitbestimmt: Eine gute Verkehrsanbindung ist für Büroangestellte in einer arbeitsteiligen Welt mit hohem Reisebedarf wertvoll, denn so werden Reisezeiten verkürzt, und das senkt die „Produktionskosten". Verlässliche Strom-, Wasser- und Abwassersysteme sind ebenfalls wertvoll. Für Industrieunternehmen sind dies entscheidende Faktoren, für private Haushalte in Deutschland unterdessen eine Selbstverständlichkeit.

Ohne die grundlegenden leitungsgebundenen Infrastrukturen ist eine Immobilie in Deutschland quasi wertlos. Doch auch andere Infrastruktureinrichtungen wirken auf den Immobilienwert: Familien achten bei der Immobilienwahl darauf, ob das Angebot an Schulen, Kindergärten, Kindertagesstätten in dem Quartier zufriedenstellend ist. Viele kleinere Städte in Deutschland sind nicht wegen ihres abwechslungsreichen Nachtlebens bei jungen Menschen so beliebt, sondern weil es sich um Universitätsstädte handelt. Die Universität bestimmt maßgeblich den Zuzug junger Menschen und damit die Nachfrage nach Wohnraum in Städten wie Tübingen, Bamberg, Heidelberg, Freiburg oder Greifswald.

Der kabellose Internetzugang hat in den letzten Jahren größere Beliebtheit gewonnen. Die Möglichkeit, überall online zu gehen, bedeutet mittlerweile für viele Menschen einen Wert. Ähnliches galt auch früher für herkömmliche Kulturangebote. Theater- und Opernliebhaber werden sich nicht mit einer Stadt oder einem Quartier anfreunden, wo das kulturelle Angebot ihren Ansprüchen nicht genügt oder eine unzureichende Verkehrsinfrastruktur den regelmäßigen Kulturgenuss verhindert oder zumindest deutlich erschwert, also verteuert. Dasselbe gilt für Sportler und die Erreichbarkeit von Sportstätten. Der kabellose Internetzugang ist aber weit mehr als eine neue Möglichkeit, Kulturangebote zu nutzen, denn mobile Datennutzung ist produktivitätssteigernd; Entscheidungen können früher getroffen werden, dies verschafft mitunter Wettbewerbsvorteile.

Zwar wurden bisher nur Beispiele genannt, in denen Infrastruktureinrichtungen den Wert von Immobilien positiv beeinflussen. Es gibt jedoch auch zahlreiche negative Beispiele: Viele Verkehrswege verursachen Lärm und Schmutz. Das mindert den Wohnwert in der direkten Nähe von großen Straßen oder Flughäfen. Der Bau von Kraftwerken oder Müllverbrennungsanlagen wird regelmäßig durch die Anwohner bekämpft. Solche NIMBY-Infrastrukturen (Not In My BackYard) werden zwar als grundsätzlich sinnvoll und nötig erkannt, jedoch bitteschön nicht in der direkten Nachbarschaft (Hart und Pommerehne, 1994). Ähnliches gilt für Strafvollzugsanstalten, Obdachlosenasyle oder Drogenberatungsstellen. Doch weder die Lärmbelästigung von Verkehrswegen noch die NIMBY-Eigenschaften mancher Infrastrukturen können an der grundsätzlichen Aussage, dass Immobilien ohne Infrastruktur (nahezu) wertlos wären, etwas ändern. Allerdings verteilen sich die Vor- und Nachteile offensichtlich ungleichmäßig. Die Nettonutzen von Infrastruktur sind für einzelne Immobilien höchst unterschiedlich.

7.2   Kennzeichen von Infrastruktur

Gemäß Gabler Wirtschaftslexikon (1993, S. 1616) beschreibt der Begriff Infrastruktur „*[...]*
die (meist) öffentlichen Einrichtungen, die eine Grundvoraussetzung für das wirtschaftliche
Leben sind, [...]". Sie sind somit das Fundament einer arbeitsteiligen Wirtschaft. Meistens
wird zwischen der institutionellen Infrastruktur und der materiellen Infrastruktur unterschieden. Erstere kennzeichnet z.B. gesetzliche Vorgaben, gesellschaftliche Normen oder religiöse Gebote, letztere umfasst die greifbare Infrastruktur. Diese wird häufig in ökonomische
(bzw. technische) und soziale Infrastruktur unterteilt. Zur sozialen Infrastruktur zählen zum
Beispiel die Einrichtungen für Bildung und Forschung, Kultureinrichtungen, die Gesund-
heitsinfrastruktur sowie die Verwaltungen. Auch die Einrichtungen zur Gewährleistung der
inneren und äußeren Sicherheit könnte man hierunter subsumieren. Zwar spielen für diese
Infrastrukturen auch die Gebäude insofern eine Rolle, als dass sie zur Leistungserstellung
notwendig sind. Die Kernleistung erfolgt jedoch durch Menschen in den Gebäuden. Bei der
materiellen Infrastruktur ist dies anders: Das reine Netzangebot steht im Mittelpunkt. Zur
ökonomischen (technischen) Infrastruktur sind die Verkehrsinfrastruktur, die Kommunikationsnetze, Ver- und Entsorgungsnetze zu zählen. Mitunter wird zusätzlich die personelle
Infrastruktur unterschieden. Dies wären z.B. Personen mit besonderer Vollmacht oder die
agierenden Menschen in Infrastruktureinrichtungen.

Die folgenden Ausführungen beschränken sich auf die materielle Infrastruktur. Dies bedeutet
nicht, dass die institutionelle Infrastruktur für Immobilieninvestitionen unwichtig wäre. Die
Fülle an Regelungen im Mietrecht, Baurecht und Vergaberecht zeugen von sehr umfangreichen Wirkungskanälen. Freilich fehlen hierzu Studien, wie die demografischen Trends solche Institutionen verändern könnten. Dies gilt noch stärker für gesellschaftliche Normen oder
religiöse Gebote. Die ökonomische Forschung konzentriert sich auch deshalb auf die materielle Infrastruktur, weil sie leichter zu quantifizieren ist und weil die demografischen Auswirkungen eher zu plausibilisieren sind als die Rückkoppelungen auf die institutionellen
Infrastrukturen.

Tabelle 20: Abgrenzung von Infrastruktur

Infrastruktur		
Institutionelle	**Materielle**	
	Ökonomische	Soziale
Gesetzliche Vorgaben	Verkehr	Bildung
Normen	Kommunikation	Forschung
Religiöse Gebote	Versorgung	Gesundheit
	Entsorgung	Kultur
		Verwaltung
		Sicherheit

Quelle: Eigene Darstellung

Als weitere Eingrenzung wird ausschließlich auf die Verkehrsinfrastruktur, die Bildungsinfrastruktur und auf die leitungsgebundene Infrastruktur (also Ver- und Entsorgungsnetze) eingegangen, da hier die stärksten und direktesten Auswirkungen für Immobilien vermutet werden. Natürlich lassen sich auch für die anderen Infrastruktureinrichtungen Wirkungskanäle skizzieren und analysieren. Die hier vorgenommene Beschränkung soll auch als Einladung verstanden werden, die bleibenden Forschungslücken zu schließen.

7.3   Falsche Planung lässt Kosten explodieren

Das Zusammenwirken von hohen Fixkosten, einer langen Planungs- und Bauzeit und v.a. einer langen Lebensdauer führt zu einem gefährlichen Cocktail in einem Umfeld, das durch einen demografischen Strukturbruch gekennzeichnet ist. Bei vielen Infrastruktureinrichtungen belaufen sich die Fixkosten auf rd. 80% der Gesamtkosten, bei leitungsgebundener Infrastruktur könnten sie sogar darüber liegen. Zudem ist die technische Nutzungsdauer von Abwasserkanälen, Straßen, Häfen etc. häufig länger als 50 Jahre, sodass viele heutige Infrastrukturentscheidungen noch über das Jahr 2060 hinaus wirken.

Dies kann zu einem schwierigen Entscheidungsproblem führen, wie Abbildung 103 veranschaulicht: Dargestellt ist eine Entscheidungssituation für eine Infrastruktureinrichtung, beispielsweise für eine Müllverbrennungsanlage einer Kommune. Diese Kommune möchte in eine neue Müllverbrennungsanlage investieren und hat zwei Anlagen zur Auswahl. Die erste, Anlage A, ist größer als die andere, Anlage B. Anlage A hat also höhere Fixkosten, verursacht jedoch geringere variable Kosten. Die variablen Kosten lassen sich bei konstanten Müllentstehungsquoten je Einwohner als direkt von der Einwohnerzahl abhängige Größe verstehen – auch wenn sie natürlich letztlich von der Müllmenge abhängen. In der Ausgangssituation leben E_0 Menschen in der Stadt. Bleibt die Zahl der Einwohner konstant, sollte die Kommune in die Anlage A investieren, denn dort sichert die größere Anlage einen dauerhaften Kostenvorteil gegenüber der Anlage B in der Größe von Δ_0. Dieser Vorteil wächst sogar noch weiter, wenn es sich um eine Zuzugsgemeinde handelt, denn rechts vom Break-even-Punkt P ist Anlage A immer günstiger als Anlage B – zumindest unter der Annahme, dass es keine zusätzlichen Finanzierungsrestriktionen gibt. Davon soll abstrahiert werden, da allein auf die Entscheidungsprobleme hingewiesen werden soll, die sich aus der demografischen Entwicklung ergeben.

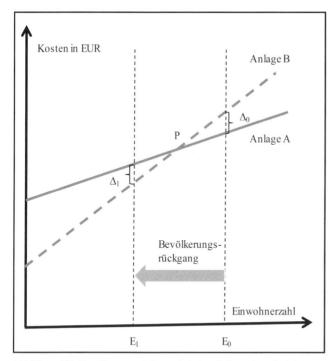

Abbildung 103: Bevölkerungsrückgang bei einer Infrastruktureinrichtung

Quelle: Eigene Darstellung

Das Entscheidungskalkül ändert sich nämlich, wenn die Gemeinde entweder bereits schrumpft oder wenn für die kommenden Jahre ein Bevölkerungsrückgang erwartet wird. Sinkt die Zahl der Einwohner unter die Break-even-Größe, z.B. auf E_1, ist die kleinere Anlage kostengünstiger. Der Kostenvorteil beträgt Δ_1. Nun machen sich die geringeren Fixkosten bemerkbar. Jeder weitere Bevölkerungsrückgang erhärtet die Vorteilhaftigkeit der kleineren Anlage B.

Freilich entwickelt sich die Bevölkerungszahl in einer schrumpfenden Gemeinde nicht sprunghaft von E_0 zu E_1. Das heißt, der Vergleich der Kostenfunktionen zum Bevölkerungsstand E_1 benötigt eine weitere Information: Wann wird E_1 erreicht? Sinkt die Bevölkerungszahl dergestalt, dass sie noch einige Jahre rechts vom Break-even-Punkt P bleibt, so kann sich angesichts einer befristeten Lebensdauer der Anlage dennoch Anlage A rechnen. In stark schrumpfenden Kommunen dürften jedoch häufig die kleineren Anlagen vorzuziehen sein – insbesondere bei Investitionen mit sehr langer Verweildauer am Markt.

Dies führt nun zu zahlreichen Herausforderungen: Erstens benötigt man für die Vergleichsrechnung nicht nur eine Punktprognose für das Ende der Lebensdauer des Investitionsgutes. Letztlich benötigt man auch eine möglichst exakte Verlaufsprognose für die Bevölkerungszahl bis dorthin. Dass dies keine einfache Aufgabe ist, wurde in Abschnitt 2.7.3 mittels des Vergleichs der unterschiedlichen regionalen Bevölkerungsprognosen gezeigt. Zweitens, in schrumpfenden Regionen müssen Politiker mitunter ihre Wähler davon überzeugen, dass es sinnvoll sein kann, eine vorübergehend ineffizient kleine Anlage anzuschaffen. Die Wähler müssen also verstehen, dass weniger Arbeitsplätze für den Bau und Betrieb der Anlage und vorübergehend höhere Kosten die richtige Entscheidung sein können. Dass hier Raum für populistische Argumente („wir sind attraktiv und werden auch in Zukunft für junge Arbeitskräfte attraktiv bleiben") besteht und dass kinderlose Senioren kaum aus Eigennutz für die kleinere Anlage stimmen werden, erschwert die politische Diskussion. Wenn der Break-even Punkt erst in zehn Jahren unterschritten wird, würde sich ein durchschnittlicher Rentner, dessen Alter nicht mehr als 10 Jahre unterhalb der statistischen Restlebenszeit liegt, monetär besserstellen, wenn er für die langfristig ineffizient große Anlage abstimmt, denn er hätte (wahrscheinlich) nichts von den später wirkenden Kosten und ein wahltaktischer Politiker würde diese Konstellation ebenfalls ausnutzen. In schrumpfenden Regionen drohen dauerhaft ineffizient große Anlagen, die die Wohnnebenkosten gerade in den weniger attraktiven Fortzugsregionen in die Höhe treiben.

Fehlplanungen sind deswegen zwar noch nicht systemimmanent, das Risiko ist aber sicherlich groß. Dies ist wegen der langen Lebensdauer von Infrastruktureinrichtungen ein gewaltiges Problem, denn ein zu groß geratenes Abwasserkanalsystem lässt sich nicht mal eben neu dimensionieren. Die Kapitalbindung bleibt, und die hohen Fixkosten führen bei rückläufiger Bevölkerungszahl zu steigender Belastung für die verbleibenden Einwohner. Da der Fixkostenblock ausschlaggebend ist, haben die bleibenden Bürger nicht einmal die Möglichkeit, durch geeignete Verhaltensänderung, ihre Kostenbelastung spürbar zu vermindern. Dies soll an einem stilisierten, aber realistischen Beispiel veranschaulicht werden.

In einer kleinen Gemeinde mögen 1.000 Menschen wohnen. Sie haben ein gut funktionierendes Wasserversorgungssystem, das bei einem Verbrauch von 50 m^3 Wasser pro Einwohner im Jahr zu Ausgaben von 150 Euro je Einwohner führt. Die Fixkosten belaufen sich in allen drei Szenarien auf 125.000 Euro und die variablen Kosten auf 0,5 Euro je m^3 Wasser. Die Kosten für einen m^3 Wasser liegen also bei etwa 3 Euro. Es wird unterstellt, dass die Fixkosten gut 80% ausmachen (genau 83,3%). Der Wasserverbrauch liegt mit rd. 135 Litern pro Tag im Rahmen eines durchschnittlichen Einpersonenhaushalts, und die Kostenbelastung liegt leicht unter dem Mittelwert für Deutschland (Angaben gemäß Verivox, 2009). Letztlich sind die Größenordnungen für das Argument irrelevant, solange die Fixkosten bedeutsam bleiben.

In Tabelle 21 werden drei Szenarien unterschieden. Im Ausgangsszenario leben 1.000 Menschen in der Gemeinde, sie verbrauchen ihre 50 m^3 Wasser im Jahr und müssen dafür 150 Euro bezahlen, davon eben rd. 83% für die Fixkosten. Sinkt die Einwohnerzahl auf 500 Einwohner – und dies ist für kleine Fortzugsregionen durchaus eine mögliche Entwicklung innerhalb von 50 Jahren – so ändert sich das Bild erheblich (Szenario Einwohnerschwund): Werden die Kosten weiterhin allein von den Nutzern getragen, müssten die Kosten je Einwohner um über 80% auf 275 Euro pro Jahr ansteigen, denn die Fixkosten von 125.000 Euro müssen nun von halb so vielen Menschen übernommen werden. Diese Entwicklung lässt sich nur geringfügig durch Verhaltensänderungen anpassen. Selbst wenn die Einwohner ihren Wasserverbrauch halbierten, würde die Kostenlast mit 262,50 Euro im Szenario „Reduzierter Verbrauch" noch immer fast 60% über dem Ausgangsniveau liegen. Die hohen Fixkosten prägen die Entwicklung der gesamten Kostenbelastung.

Tabelle 21: Beispielrechnung für Kostenexplosion bei Bevölkerungsschwund

Szenario	Zahl der Einwohner	Wasser- verbrauch	Gesamt- kosten	Kosten je Einwohner	Kosten je m³ Wasser
		m³ je Kopf	Euro	Euro	Euro
Basisszenario	1.000	50	150.000	150,00	3,00
Einwohner- schwund	500	50	137.500	275,00	5,50
Reduzierter Verbrauch	500	25	131.250	262,50	10,50

Quelle: Eigene Berechnungen

Nun könnte man einräumen, dass die Annahme einer halbierten Einwohnerzahl doch sehr stark sei. Tatsächlich bedeutet jedoch ein Fixkostenblock von 83%, dass selbst wenn die Zahl der Einwohner „nur" um 17% schrumpft, dass die Einwohner bei unverändertem Wasserverbrauch 17% höhere Wasserpreise zu bezahlen hätten. Tatsächlich könnten die Einwohner ihren Konsum vollständig auf Null senken und würden noch immer bei ihrem Ausgangsniveau von 150 Euro landen (dies ist natürlich ein reines Gedankenspiel!). Unter realistischen Annahmen werden die Kosten sogar noch stärker steigen, wie später gezeigt wird.

Die Konsequenzen für die Wohnnebenkosten sind also eindeutig: In Fortzugsgebieten mit vorgegebener Infrastruktur drohen die Nebenkosten spürbar zu steigen. Dies könnte den Einspareffekt, den Mieter bei der Kaltmiete erhoffen könnten, weil Leerstände zu Angebotsüberhängen führen, zumindest teilweise wettmachen. Wenn das Argument des günstigen Wohnens in Fortzugsgemeinden also abgeschwächt wird, erhöht sich der Fortwanderungsdruck zusätzlich.

Bliebe die Hoffnung, dass es im Zuge der demografischen Entwicklung andere Einsparmöglichkeiten im Infrastrukturbereich geben könnte, beispielsweise weil weniger Menschen einen geringeren Bedarf an Verkehrsinfrastruktur haben, weil weniger Kinder auch weniger Bildungseinrichtungen benötigen oder weil neue leitungsgebundene Infrastruktur kleiner ausfallen kann. Dies wird in den folgenden drei Abschnitten näher untersucht.

7.4   Weniger neue Straßen, mehr Bestandsinvestitionen

Viele Menschen denken bei dem Begriff Infrastruktur als erstes an die Verkehrsinfrastruktur. Mit gutem Recht, denn Straßen, Schienen sowie Luft- und Wasserverkehrswege ermöglichen den reibungsarmen Transport von Gütern, die Reisetätigkeit von Privat- und Geschäftspersonen und sind damit das Netzwerk, das eine offene und arbeitsteilige Volkswirtschaft überhaupt erst möglich macht. Für Immobilien kann die Anbindung an das Verkehrsnetz zum entscheidenden Standortfaktor werden. Das gilt auf nationaler Ebene, auf regionaler Ebene und auch für konkrete Standorte in einer Stadt. Die Entwicklung der Verkehrsnetze ist daher ein sehr wichtiger Parameter bei der Analyse langfristiger Bestimmungsfaktoren von Immobilien.

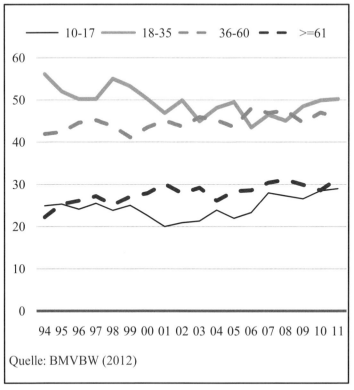

Abbildung 104: Verkehrsleistung in Deutschland nach Altersgruppen, in km pro Tag

Für die Auswirkungen der demografischen Entwicklungen auf die Verkehrsinfrastruktur sind drei Aspekte maßgeblich: Erstens, weniger Menschen werden c.p. weniger Verkehrsleistungen in Anspruch nehmen. Zweitens, die Verkehrsbeteiligung ist abhängig vom Alter der Nutzer: Die Gruppe der Erwerbsfähigen (hier die 18- bis 60-Jährigen) ist heute am mobilsten. Jeder Mensch in dieser Altersgruppe legt jeden Tag statistisch zwischen 45 und 50 km zurück, wobei die Verkehrsleistung der 18- bis 35-Jährigen bis zum Jahr 2009 abnahm und erst seit der Krise wieder etwas ausstieg. Der Rückgang bis 2009 lässt sich gegebenenfalls. noch mit den Anpassungen im Zuge der Wiedervereinigung begründen. In den frühen 1990er Jahren sind viele junge Menschen v.a. von Ostdeutschland nach Westdeutschland gezogen. Dies hat in den ersten Jahren Pendelfahrten und Wochenendfahrten in die Heimat bedeutet. Gleichzeitig gingen viele Westdeutsche in die neuen Länder, um für ihre Arbeitgeber diese Märkte zu erobern. Auch hier wurden viele Pendelfahrten erzeugt. Die Gruppe der Älteren (61 Jahre und mehr) kommt nach den Zahlen des Mobilitätspanels 2012 hingegen nur auf gut 30 km pro Tag, und Kinder und Jugendliche reisen täglich knapp 30 km (BMVBW, 2012). Bemerkenswert ist neben dem stetigen Rückgang bei den jüngeren Erwerbsfähigen v.a. der sukzessive Anstieg der Verkehrsleistung bei den Älteren: Heute liegt die Verkehrsleistung der älteren Menschen in Deutschland um rd. ein Drittel über dem Wert Mitte der 1990er

Jahre. Insbesondere der stetig steigende Anteil älterer Frauen mit Führerschein sorgt für diese Entwicklung.

Bliebe die Verkehrsleistung in den Alterskohorten auf dem heutigen Niveau konstant, wäre mittelfristig mit geringerer Gesamtverkehrsleistung zu rechnen – zumindest beim Personenverkehr. Dann würde die Verkehrsleistung im Personenverkehr bis 2050 um über 10% sinken (Just, 2007).

Diese Entwicklung ist jedoch nicht sehr wahrscheinlich: Erstens gibt es – wie in Abbildung 104 zu erkennen – deutliche Trends bei der Verkehrsleistung je Alterskohorte. Es werden in Zukunft mehr Senioren einen Führerschein besitzen, mehr Frauen werden berufstätig und daher auch geschäftlich unterwegs sein, und die Menschen könnten im Alter gesünder sein als heute, und dies wird zu mehr Freizeitverkehr führen.

Das Deutsche Institut für Wirtschaftsforschung (DIW) hat im Auftrag des ifmo (Institut für Mobilitätsforschung) im Jahr 2008 eine Studie vorgestellt, in der Szenarien für die Mobilität entwickelt wurden. Hierfür wurden zahlreiche Einflussfaktoren kontrolliert:

a) **Einkommen**: Höhere Einkommen ermöglichen mehr Freizeitkonsum. Ein stetiger Anstieg der Einkommen führt zu mehr Verkehr. Steigende Einkommen werden es in Zukunft mehr Familien ermöglichen, ein eigenes Auto oder sogar ein Zweitauto zu besitzen.

b) **Bildung**: Es gibt eine Korrelation zwischen Reisetätigkeit und Bildungsniveau. Besser Qualifizierte sind mehr unterwegs als Geringqualifizierte. Hier gibt es natürlich einen Wirkungszusammenhang zu dem Bestimmungsfaktor der Einkommen. Höherqualifizierte haben im Durchschnitt höhere Einkommen und können sich daher mehr Mobilität leisten.

c) **Staatliche Eingriffe**: Wenn der Staat z.B. durch Mautsysteme die Mobilität der Menschen verteuert, wird dies natürlich die Verkehrsleistung mindern.

d) **Mobilitätskosten**: Neben einer Straßennutzungsgebühr gehören hierzu die Entwicklung der Benzinpreise bzw. die Kosten alternativer Energien sowie der Effizienzgrad der Technologien. Ein Anstieg der Benzinpreise führt c.p. zu weniger Verkehr.

Nach den Berechnungen des DIW (2008a) nimmt die Verkehrsleistung bis 2025 noch um 13% zu. Diese Zunahme lässt sich jedoch in erster Linie auf einen Anstieg der Reiseweiten erklären. Es sind nicht mehr Autos und v.a. nicht mehr Menschen auf den Straßen, sondern die Reiseziele liegen immer häufiger weit entfernt. Die aggregierte Schätzung unterscheidet sich nicht sehr stark von der Schätzung von Just (2007) in dessen Szenario, bei dem ebenfalls steigende Einkommen und steigende Verkehrsleistungen je Person unterstellt wurden. In diesem Szenario sinkt die individuelle Verkehrsleistung erst nach dem Jahr 2040.

Unter plausiblen Annahmen ist also für die kommenden Jahrzehnte trotz des Bevölkerungsrückgangs und der Alterung der Gesellschaft mit einer Zunahme der Verkehrsleistung zu rechnen. Hinsichtlich des Modal Split, also der Aufteilung auf die einzelnen Verkehrsträger, kommen die Forscher des DIW zumindest bis zum Jahr 2025 zu keiner nennenswerten Verschiebung. Dies bedeutet, der Straßenverkehr nimmt trotz Bevölkerungsrückgang und Alterung zu. Es gibt keine Verlagerung von der Straße auf die Schiene, sodass keine demografisch bedingten Einsparmöglichkeiten im Verkehrssektor zu vermuten sind.

Tatsächlich könnte die Entwicklung der Ausgaben, die für den Erhalt der Verkehrsinfrastruktur nötig sind, sogar noch ungünstiger verlaufen, denn bisher stand der individuelle Personenverkehr im Mittelpunkt. Für die Abnutzung einer Straße hat in den letzten Jahrzehnten jedoch der Güterverkehr viel stärker an Bedeutung gewonnen als der Personenverkehr. Es lohnt daher ein kurzer Blick auf die künftige Entwicklung des Güterverkehrs.

Straßengüterverkehr nimmt weiterhin deutlich zu

Selbst unter der Annahme, dass die Personenverkehrsleistung nicht weiter zunimmt, lassen die Schätzungen der ProgTrans AG (2008), die in einem Gutachten für das Institut für Mobilitätsforschung (ifmo) präsentiert wurden, einen drastischen Anstieg der Inanspruchnahme der Straßeninfrastruktur erwarten. In ihrem Gutachten prognostizieren die Forscher eine Verdopplung des Güterverkehrs zwischen West- und Osteuropa bis zum Jahr 2030. Die geografische Lage Deutschlands in der Mitte Europas bedeutet dann, dass ein großer Teil – etwa drei Viertel – dieses Anstiegs auch auf deutschen Straßen stattfinden wird. Hinzu käme, dass die Straße gegenüber Schiene und Schifffahrt (und Luftfahrt) sogar noch Marktanteile gewinnen dürfte.

Diese Entwicklung könnte sogar als vergleichsweise konservativ bewertet werden, denn der prognostizierte Anstieg bis 2030 ist im Vergleich zu früheren Wachstumsraten vergleichsweise klein: Seit 1990 hat sich die Verkehrsleistung ausländischer Lastkraftwagen auf deutschen Straßen vervierfacht, seit 1975 sogar nahezu verzwölffacht. Die Verkehrsleistung der inländischen Lkw hat sich in den letzten dreißig Jahren „nur" vervierfacht, der Verkehr auf der Schiene in etwa verdoppelt. Das Wachstum des grenzüberschreitenden Verkehrs nimmt v.a. nach dem Jahr 2015 in der ProgTrans-Prognose deutlich ab – die Vorteile weiterer Arbeitsteilung zwischen Ost und West wären dann weitgehend ausgeschöpft oder würden durch politische „Weichenstellungen" anders gelenkt. Bisher gibt es aber eben noch überhaupt keine Anhaltspunkte für eine Wachstumsverlangsamung. Natürlich wird die Entwicklung durch die Weltrezession 2008/2009 stark gebremst. Ein Trendbruch gilt jedoch als unwahrscheinlich.

Gemessen in zurückgelegten Kilometern ist der Personenverkehr zwar noch bedeutsamer als der Güterverkehr, die Straßenabnutzung wird aber bereits heute stärker durch den Güterverkehr bestimmt. Während die deutschen Lkw und Sattelzugmaschinen heute 77 Mrd. km pro Jahr fahren, beträgt die gesamte Fahrleistung der fast 43 Mio. Pkw in Deutschland knapp 600 Mrd. km (ADAC, 2012). Da sich die Straßenbeanspruchung jedoch mit der vierten Potenz zur Achslast verhält, ist die Straßennutzung durch den Güterverkehr bereits heute um ein Vielfaches höher als durch den Personenverkehr (Friedrich, 1998). Ein 10 Tonnen Lkw nutzt nach dieser Gesetzmäßigkeit die Straße nämlich nicht so stark ab wie fünf Pkw, die jeweils zwei Tonnen wiegen, sondern wie $5^4=625$ Pkw. Das bedeutet, solange der Güterverkehr zunimmt, würde selbst ein moderater demografisch bedingter Rückgang im Personenverkehr durch den Anstieg des Güterverkehrsaufkommens überkompensiert. Dies könnte dadurch verstärkt werden, wenn die Achslast der Lkw weiter zunähme.

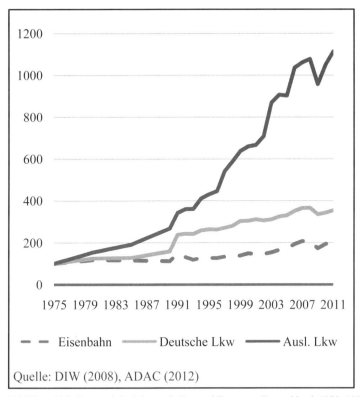

Quelle: DIW (2008), ADAC (2012)

Abbildung 105: Güterverkehrsleistung in Tonnenkilometern, Deutschland, 1975=100

Was bedeutet dies nun für weitere Investitionen in die Verkehrsinfrastruktur und davon ab-geleitet für Immobilieninvestitionen? Die höhere Inanspruchnahme der Verkehrsinfrastruktur bedeutet, dass mehr Investitionen in den Erhalt der Verkehrswege fließen müssen und dass somit c.p. weniger Mittel für Neubaumaßnahmen zur Verfügung stehen. Dies wird tendenzi-ell bestehende Verkehrswege und v.a. bestehende Knotenpunkte relativ zu strukturschwa-chen Regionen stärken. Die Entwicklung unterstützt damit bestehende Cluster. Dies könnte zu einem umfangreichen Rückgriff auf private Finanzierungsmodelle zwingen, wenn etab-lierte Finanzierungswege unzureichend geworden sind. Gleichzeitig wird die öffentliche Hand die Nutzung der Infrastruktur – insbesondere die Straßennutzung – weiter verteuern. Eine relative Stärkung der Schiene wäre dann die Folge. Die erwarteten Politikmaßnahmen reichen jedoch wohl nur aus, um die Entwicklungen zu dämpfen. Eine Trendumkehr ist – wie oben geschildert – bisher nicht angelegt.

Für einzelne Städte könnte sich hieraus ein zusätzliches Argument für einen geringen Aus-weis zusätzlichen Baulands ableiten: Wenn die Verkehrsleistung weiterhin stark zunimmt und mehr Mittel in den Erhalt der Verkehrsinfrastruktur fließen müssen, so könnte diese Entwicklung zumindest durch eine geringere Zersiedelung unterstützt werden. Dies wiede-rum hätte Implikationen für das Angebot von Öffentlichen Personennahverkehrsdienstleis-tungen. Hier wären zwei unterschiedliche Entwicklungen vorstellbar: Eine Kommune könnte den Öffentlichen Personennahverkehr (ÖPNV) attraktiver gestalten, um so die Straßen zu-sätzlich zu entlasten. Geschieht dies über Auflagen oder Abgaben auf den motorisierten

Individualverkehr, z.B. in Form einer City-Maut oder durch höhere Parkgebühren, ergäben sich nicht unbedingt Finanzierungsprobleme. Eine Subventionierung des ÖPNV durch niedrigere Fahrkartenpreise dürfte hingegen in Rezessionsjahren rasch auf den Prüfstand kommen. Diese Stärkung des ÖPNV könnte jedoch bei demografisch stark belasteten Kommunen nur eine Zwischenphase darstellen. Wenn das Umland sukzessiv an Attraktivität und Einwohner zu Gunsten der kompakteren Stadt verliert, werden sich immer weniger Buslinien in die Peripherie rechnen. Das Angebot wird dann reduziert werden müssen. Dies kann durch kleinere Fahrzeuge oder geringere Taktung erfolgen. In Extremfällen wird eine Anbindung ganz gestrichen. Dies wird den Trend zurück in die Städte zusätzlich verstärken. Insofern werden die Entwicklungen auf den Wohnungsmärkten dann durch das Angebot der Verkehrsinfrastruktur verstärkt.

7.5   Schulen und Universitäten modernisieren

Schul- und Universitätsgebäude gehören natürlich zum Immobiliensektor. Darüber hinaus hat das Angebot an Schulen und Universitäten jedoch auch Rückwirkungen auf andere Immobilienklassen, v.a. auf den Wohnungsmarkt: Familien mit Kindern schauen bei der Wohnungssuche auch auf das Schulangebot in der Nähe. Zudem sorgen Universitäten für Zuzug junger Menschen. Dies stabilisiert die Wohnungsmärkte, denn neben der studentischen Nachfrage entsteht Wohnungsnachfrage des Universitätspersonals. Daneben steht die Vermutung, dass rückläufige Schülerzahlen auch weniger Schulen und Universitäten mittelfristig erfordern könnten und dass dadurch der öffentliche Finanzierungsbedarf in Zukunft geringer ausfallen könnte als heute. Welche dieser ad hoc-Vermutungen ist belastbar?

7.5.1   Schulen

Tatsächlich prägen die demografischen Trends bereits vielerorts das Schulangebot. Für das Schuljahr 2011/2012 weist das Statistische Bundesamt für Deutschland rd. 34.530 Schulen aus, davon rd. 16.100 Grundschulen, 3.600 Hauptschulen, rd. 2.530 Realschulen und etwa 3.100 Gymnasien. Damit wurden in diesem Schuljahr bereits 7.000 Schulen weniger in Deutschland gezählt als im Schuljahr 2001/2002.

Bis 2060 sinkt die Zahl der Kinder im Alter von 6 bis 15 Jahren, dem Alter der Schulpflicht, um 2,2 Mio. Die Zahl der Jugendlichen im Alter von 16 bis 20 Jahre um fast 1,4 Mio. gegenüber dem heutigen Wert. Unterstellt man eine durchschnittliche Schulgröße von 300 Schülern (Gymnasien sind üblicherweise deutlich größer, Grundschulen kleiner), bräuchte man bei konstanter Schulgröße im Jahr 2060 allein für die Altersgruppe der 6- bis 15-Jährigen deutschlandweit rd. 7.400 Schulen weniger als heute.

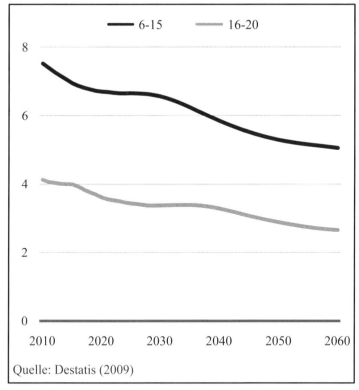

Quelle: Destatis (2009)

Abbildung 106: Zahl der Kinder im schulfähigen Alter nach Altersgruppen, in Mio.

Doch dieser Rückgang ist sehr schematisch errechnet worden. Regionale Notwendigkeiten wurden nicht berücksichtigt. Und es gibt ein Gebot zur Mindestversorgung. In Fortzugsgebieten dürfte daraus resultieren, dass die Schulen ineffizient klein werden. Zwar sind kleine Klassenverbände zur Ausbildung der Kinder in vielerlei Hinsicht wünschenswert, doch dies bedeutet nicht den Ruf nach möglichst kleinen Klassen und Schulen. Hinzu kommt für die Kommunen und Länder, dass auch der Schulbetrieb Größenvorteile aufweist. Seitz (2002) schätzt, dass die Pro-Kopf-Aufwendungen für die Grund- und Hauptschulausbildung in dünn besiedelten Gemeinden bereits zum Zeitpunkt der Untersuchung um 40 bis 50% über dem Vergleichswert von Ballungsräumen lagen. Allein der Kostenunterschied im Bildungssektor führt nach Seitz zu einem Kostennachteil der dünn besiedelten Länder und Gemeinden von 1,5 bis 2,5% ihrer Gesamtbudgets. In Zukunft wird sich dieser Effizienznachteil sogar noch verstärken. Die Ausbildung in Fortzugsgebieten verteuert sich relativ zu den Ballungsgebieten.

Zwar gibt es die begrenzte Möglichkeit, Schulen zusammenzuführen und damit die Größenvorteile zu realisieren, doch geht damit Vielfalt unterschiedlicher Schulangebote am Ort verloren, und Vielfalt ist gerade für Eltern mit großem Interesse an einer guten Ausbildung ihrer Kinder wertvoll. Mithin schwächen beide möglichen Entwicklungen – der Trend zu sehr kleinen Schulen sowie die größeren Schulen mit längeren mittleren Anfahrtswegen bei geringer Vielfalt – einen sowieso schon schwachen Standort. Die Fortzugstendenz könnte dadurch verstärkt werden.

Mit Blick auf die möglichen Einsparpotenziale bleibt zudem anzumerken, dass Ausbildung für Deutschland natürlich die wichtigste Investition bleiben muss. Selbst wenn es Einsparmöglichkeiten bei den Gebäuden gibt, so wird dies zumindest teilweise dadurch zu kompensieren sein, dass mehr Mittel in die Ausbildungstätigkeit fließen sollten. Tatsächlich dürfte selbst das Einsparpotenzial im Gebäudebestand überschaubar sein. Das Deutsche Institut für Urbanistik (Difu, 2008) schätzt, dass sich der Investitionsbedarf in Schulen bis zum Jahr 2020 auf über 65 Mrd. Euro belaufen könnte. Davon entfallen etwa 80% auf Bauinvestitionen, und nur 20% auf Ausrüstungen. Neben Ersatzinvestitionen werden explizit auch Erweiterungsbedarfe aufgezeichnet. Wenn das Angebot an Ganztagsschulen ausgeweitet werden soll, muss sich dies natürlich auch in den Immobilien widerspiegeln. Die Schulen benötigen mehr Aufenthaltsräume, Räume für Schularbeiten und v.a. auch eine Schulkantine. Beim Erweiterungsbedarf hat das Difu freilich auch den Rückbaubedarf sowie die Notwendigkeit zur energetischen Sanierung erfasst. Doch dies ändert nichts an der Aussage, dass es enormen Investitionsbedarf gibt und dass folglich das Einsparpotenzial im Schulbereich in Zukunft trotz der demografischen Trends gering sein dürfte.

7.5.2   Hochschulen

In Deutschland gibt es etwa 2,4 Mio. Studenten an insgesamt 421 Hochschulen (Universitäten, Fachhochschulen und sonstige Hochschulen) (Destatis, 2013a). Mit Blick auf die Bevölkerungsentwicklung in der Altersgruppe der 19- bis 27-Jährigen liegt der Schluss nahe, dass es einen starken Rückgang der Studierendenzahlen in den nächsten Jahren geben könnte. Denn die Zahl der Twens nimmt bis zur Jahrhundertmitte um rd. ein Viertel ab.

Allerdings dürfte die Zahl der Studienberechtigten in den kommenden Jahren noch etwas ansteigen. Dies legt die Entwicklung der Schülerzahlen nahe. Unterstellt man eine stabile Quote aus Studierenden zu Studienberechtigten, lässt sich zunächst die Zahl der Studienanfänger und dann auch die Zahl der Studenten schätzen. Die Kultusministerkonferenz (KMK) geht in ihrer letzten Prognose zur Entwicklung der Studierendenzahlen von 2005 davon aus, dass diese Quote weiterhin zwischen 75% (Untergrenze) und 85% (Obergrenze) liegen wird. Für die obere Grenze wird die Zahl der Studierenden in Deutschland noch bis zum Jahr 2013 zunehmen. Die Reduktion der Schuljahre von 13 auf 12 Schuljahre wird in der näheren Zukunft vorübergehend für zusätzliche Impulse darüber hinaus sorgen. Dieser Effekt ist aber transitorisch und könnte dann negativ verstärkt werden, wenn aus dem Gymnasium mit G8 wieder G9-Gymnasien würden, also Gymnasien, die mit Abschluss der 13. Klasse erst das Abiturzeugnis überreichen. Letztlich liegt dies allein am politischen Willen.

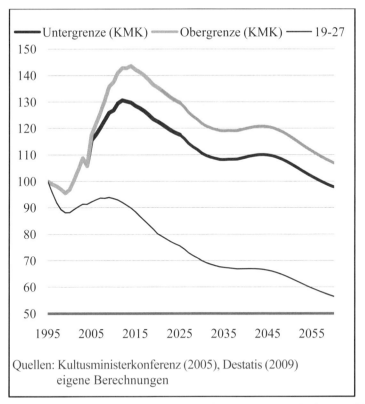

Abbildung 107: Vorausberechnung der Studierendenzahlen in Deutschland, 1995=100

Die KMK prognostiziert freilich nur bis zum Jahr 2025. Unter plausiblen Annahmen dürfte die Zahl der Studierenden bis zum Jahr 2030 auf etwa das Niveau des Jahres 2005 zurückfallen und dann bis 2050 etwa konstant bleiben. Erst danach käme es zu einer beschleunigten Abwärtsbewegung Für diese Fortschreibung wurde ein weiterer leichter Anstieg der Zahl der Studienberechtigten angenommen und dass sich ansonsten alle anderen Parameter gemäß der KMK-Prognose auch in den Jahrzehnten bis 2060 wie von der KMK bis 2025 gesetzt verhalten.

Allerdings wird bei der Prognose der KMK nicht berücksichtigt, dass die Studiendauer an Universitäten sinken könnte, wenn nämlich stärkere Preisanreize sowie der vollzogene europäische Bildungsharmonisierungsprozess (Bologna) in Bachelor- und Masterabschlüssen entweder zu schnelleren Studienabschlüssen oder zum Ende von Langzeitstudien führen. Just (2007) hat gezeigt, dass in diesem Fall bereits im Jahr 2020 wieder die Studierendenzahl von 2005 erreicht würde. Bis 2050 beliefe sich der Rückgang gegenüber 2005 auf etwa 10%. Dies wäre eine spürbare Veränderung, angesichts des langen Zeitraums wäre sie gleichwohl überschaubar. Die Implikation für die Versorgung der Wirtschaft und Gesellschaft mit Hochqualifizierten ist jedoch wichtig. In vielen Ländern – insbesondere in Asien – stieg die Zahl der Studienabsolventen stetig an. Dieser Anstieg des Humankapitals in diesen Ländern ist der wichtigste Grund für die Erwartung dauerhaft höherer Wachstumsraten, denn die Qualifizierung der Arbeitskräfte ist der bedeutendste Faktor für langfristiges Wirtschaftswachstum.

Für die Immobilienwirtschaft lassen sich hieraus vier zentrale Implikationen ableiten:

a) Der Neubaubedarf wird auch im Hochschulbereich zurückgehen. Es werden Verwaltungseinrichtungen konsolidiert, um so Effizienzpotenziale zu heben. Sprich, es ist zu erwarten, dass mehr Hochschulen wenigstens in den Verwaltungsaufgaben kooperieren werden. Dies ist auch ohne demografische Herausforderungen in vielen Fällen sinnvoll, um Größenvorteile zu realisieren.

b) Die Sanierung, gerade auch die energetische Sanierung, könnte in stärkerer Kooperation mit privaten Finanzierungsmodellen erfolgen.

c) Universitätsstandorte sind vergleichsweise stabile Immobilienstandorte, denn die jungen Studierenden sorgen für eine konjunkturunabhängige Grundnachfrage. Dies gilt insbesondere für etablierte, sprich alte, Universitätsstädte und die gekürten Eliteuniversitäten, bzw. die Hochschulen mit besonders geförderten Studiengängen oder Fakultäten.

d) Die indirekten Wirkungen rückläufiger Studierendenzahlen auf die Wirtschaft dürften gravierender für die Immobilienwirtschaft sein als die direkten Nachfragefolgen. Diese indirekten Kopplungen belasten das Wachstumspotenzial der Wirtschaft, und dies wird flächendeckend die Dynamik drosseln. Dies dämpft dann auch die Nachfrage nach gewerblichen Immobilien – nicht nur an den Hochschulstandorten.

7.6   Leitungsgebundene Infrastruktur erneuern

Die Auswirkungen der demografischen Entwicklungen auf die leitungsgebundene Infrastruktur sind massiv: Erstens sichern Strom-, Gas-, Fernwärme- sowie Trink- und Abwassernetze die Grundversorgung. Auch die Netze für Kommunikationsdienste haben in einer modernen Informationsgesellschaft Grundversorgungscharakter. Zweitens sind es auch mit Blick auf die absoluten Ausgaben für die öffentlichen Hände bedeutsame Kostenblöcke: Allein auf die Abwasserentsorgung gehen 20% der öffentlichen Bauinvestitionen von Ländern und Gemeinden in Westdeutschland zurück. Drittens sind die Größenvorteile von Leitungsnetzen erheblich: in den meisten Fällen lohnt die parallele Existenz von zwei oder mehreren Netzen nicht. Viertens haben Netze einen sehr langen Investitionszyklus: Trinkwasserleitungen werden beispielsweise über 25 Jahre abgeschrieben und haben eine betriebsgewöhnliche Nutzungsdauer von bis zu 80 Jahren. Bei Abwasser- und Gasleitungen liegen die Vergleichswerte sogar noch höher. Fünftens und verbunden mit den bedeutsamen Größenvorteilen des dritten Punktes spielen variable Kosten bei der Netzinfrastruktur nur eine untergeordnete Rolle. So fallen bei der Abwasserentsorgung drei Viertel der Kosten unabhängig von der nachgefragten Menge an. Ein demografisch bedingter Nachfragerückgang führt dann nicht zu proportional sinkenden Produktionskosten, d.h. die Kostenbelastung pro Kopf nimmt zu. Man möge sich noch einmal das Beispiel von Tabelle 21 vor Augen führen. Fällt der Bevölkerungsrückgang größer aus als der prozentuale Anteil der variablen Kosten, hat ein verbleibender Haushalt selbst bei vollständigem Konsumverzicht mit höheren Ausgaben zu rechnen – solange die Fixkosten zwischen allen Ortsansässigen aufgeteilt werden.

Die demografischen Schrumpfungstrends müssen also bereits heute bei der Infrastrukturplanung berücksichtigt werden. Das gilt v.a. für die Fortzugsgebiete in Ostdeutschland, denn dort ist die Infrastruktur zum Teil bereits heute überdimensioniert, sprich viel zu teuer. Die hohen Fixkosten werden von immer weniger Einwohnern getragen, die Wohnnebenkosten nehmen folglich zu. In einigen Fortzugsgebieten könnten sich die Wohnnebenkosten sogar verdoppeln (Freudenberg und Koziol, 2003). Dies wäre fatal, denn dadurch würde ein Standortfaktor, die niedrigen Mieten, durch die vergleichsweise hohen Nebenkosten zumindest teilweise geschwächt. Die Folge wäre, dass der Fortzugsdruck sogar noch erhöht würde.

Stadtumbau muss also immer integriert erfolgen; die Netzinfrastruktur muss berücksichtigt werden. Natürlich geht es hierbei in erster Linie um das Ziel kleinerer Netze. Der optimale Weg ist freilich keineswegs einfach, denn bei jedem Rückbauvorhaben sind immer drei Kostenpunkte abzuklopfen (vgl. hierzu z.B. Just, 2007):

a) **Ersatzinvestitionen**: Bei Trink- und Abwassernetzen lässt sich im Falle von Ersatzinvestitionen z.B. der Querschnitt von Rohren reduzieren. Diese Maßnahme senkt die Kapitalkosten zwar nur geringfügig, es werden aber indirekte Kosten der Unterauslastung in Zukunft vermieden. Solch eine Größenanpassung ist häufig nur im Falle echter Ersatzinvestitionen sinnvoll, d.h. wenn das Netz an die Grenzen der betriebsüblichen Nutzung stößt oder zumindest vollständig abgeschrieben ist. Da geschätzt wird, dass rd. ein Viertel des gesamten (Abwasser)-kanalsystems an oder sogar jenseits der Grenze seiner technischen Nutzungsdauer ist, könnte es einen nennenswerten Ersatzinvestitionsbedarf geben (Rothenberger, 2003). Dies sollte auch als Chance begriffen werden, zukünftige Ineffizienzen zu reduzieren. Es wird aber insbesondere die kommunalen Budgets vor sehr große Herausforderungen stellen – die gesamte Infrastruktur, die nach dem 2. Weltkrieg gebaut wurde, ist spätestens jetzt renovierungsbedürftig.

b) **Direkte Rückbaukosten**: Für eine Wohneinheit wird geschätzt, dass die direkten Kosten für den Rückbau nicht mehr benötigter Leitungen und für die Anpassung von Pumpstationen etc. zwischen 800 und 1.500 Euro liegen. Die direkten Kosten je Wohneinheit nehmen zu, je großflächiger abgerissen wird. Wenn beispielsweise nur die Zahl der Stockwerke einer Siedlung vermindert wird, bleiben die Zuleitungen zu den Häusern erhalten. Bei vollständigem Abriss einer Siedlung müssten auch sämtliche Zuleitungen abgebaut werden. Daher steigen die direkten Kosten bei großflächigem Rückbau. Da diese Kosten sehr zeitnah anfallen und eben direkt auszahlungswirksam sind, besteht die Gefahr, dass diesem Kostenblock die größte Aufmerksamkeit geschenkt wird. Das wäre natürlich ungerechtfertigt, da es sich auch beim Rückbau letztlich um eine Investitionsentscheidung handelt. Die eingesparten zukünftigen und dann diskontierten Kosten können die direkten Rückbaukosten deutlich übersteigen. Kaufmännisch ergibt es nur dann Sinn, den direkten Kosten Vorrang einzuräumen, wenn es akute Finanzierungsengpässe gibt.

c) **Indirekte Rückbaukosten**: Hierbei geht es v.a. um jene indirekten Kosten, die das Resultat beeinträchtigter Funktionalität eines zu großen Netzes sind. Wird die kritische Nutzerzahl für Trink- und Abwassersysteme unterschritten, kann dies gravierende hygienische Probleme zur Folge haben. Hohe Leitungsdurchmesser bei rückläufiger Siedlungsdichte senken die Durchflussgeschwindigkeit. Bei Trinkwasser können sich dann schädliche Keime bilden, in Abwassernetzen können sich Ablagerungen entwickeln, und die Korrosion wird beschleunigt (Freudenberg und Koziol, 2003). Büttner et al. (2004) finden gerade im Bereich Wohnungswirtschaft, Raumplanung, Energie und Wasserversorgung starke Kostenvorteile in dicht besiedelten Gebieten. Dies ist ein klarer Hinweis für die Sinnhaftigkeit kompakter Strukturen, erst recht wenn die Zahl der Einwohner in Zukunft sinkt.

Der Stadtumbau Ost (und später auch West) sollte also gleichzeitig Wohnungsmärkte und die Netzinfrastruktur berücksichtigen. In vielen Fällen dürfte der großflächige Abriss von Wohnungen und der dazu gehörenden Netzinfrastruktur günstiger sein als der verstreute, punktuelle Abriss im Bestand. Solche Flächenreduktion sollte prioritär an den Netzenden – also an den Gemeindegrenzen – vorgenommen werden, denn allein dies ermöglicht eine dauerhafte Verkleinerung des Netzes und damit eine nachhaltige Reduktion der Kapitalbindung. Bei hohem Fixkostenanteil ist dies langfristig entscheidend. Im Umkehrschluss heißt das auch, dass neue Wohnflächen nur dann ausgewiesen werden sollten, wenn die spezifische Wohnraumnachfrage nicht aus dem Bestand oder innerhalb bereits erschlossener Gebiete befriedigt werden kann. Einer Nachverdichtung wäre dann der Vorzug gegenüber einer lockeren zersiedelten Bebauung zu geben. Es gibt kein Grundrecht auf große Einfamilienhäuser im Grünen. Zudem wurde bereits darauf verwiesen, dass die Flächenreserven in den Innenstädten häufig unterschätzt werden (Siedentop, 2009). Eine Kommune muss abwägen, ob die steigenden Kosten, die durch eine weniger kompakte Siedlungsstruktur entstehen, den Vorteil der befriedigten Nachfrage für eine Minderheit rechtfertigen.

Glaeser (2011) zeigt, dass es klare Kostenvorteile für kompakte Wohn- und Arbeitsstrukturen gibt, da die Wohnkosten (relativ) sinken können. Die Wohnraumversorgung würde sich durch Verdichtung verbessern. Gleichzeitig weisen Glaeser et al. (2008) nach, dass der energetische Fußabdruck gemessen in CO_2-Emissionen pro Kopf in Städten in der Regel deutlich geringer ist als in stark zersiedelten Strukturen, weil die Leistungen des motorisierten Individualverkehrs sowie die Wohnflächen kleiner sind.

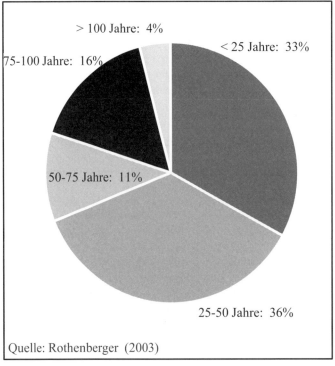

Abbildung 108: Alter des deutschen Abwassernetzes (öffentliche Kanalisation)

Diese Thematik ist zusätzlich wegen des oben skizzierten erheblichen Ersatzinvestitionsbedarfs besonders relevant. 20 bis 30% des gesamten deutschen Abwassernetzes gelten heute als sanierungsbedürftig – in Ostdeutschland sind es gemäß einigen Schätzungen sogar über 50%. Der gesamte Sanierungsbedarf allein im öffentlichen Abwassersystem wird auf etwa 45 Mrd. Euro taxiert (Just, 2004 sowie Difu, 2008).

Falls es gelingt, die kommunalen Finanzen wieder tragfähig zu machen, bietet dieser Investitionsstau die Chance zum systematischen Gesundschrumpfen, z.B. durch die Verkleinerung der Rohrdurchmesser. Für die langfristige Effizienz der Neuinvestitionen wäre aber entscheidend, dass die Kommunen den zukünftig (noch) geringeren Bedarf als Orientierungsgröße heranziehen. Offenbar gibt es erhebliches Baupotenzial im Tiefbau, selbst dann, wenn die demografischen Trends bereits enge Grenzen für das Netzwachstum ziehen.

7.7 Kernbotschaften für eilige Leser

1. Im Infrastrukturbereich gibt es einen gewaltigen Investitionsbedarf. Allein in der kommunalen Infrastruktur wird der Bedarf bis 2020 auf bis zu 700 Mrd. Euro geschätzt. Dies stellt die öffentlichen Haushalte vor große Herausforderungen.

2. Die lange Planungs- und Lebensdauer sowie der hohe Fixkostenanteil von Infrastrukturinvestitionen machen sie sehr anfällig für demografische Schocks.

3. Überinvestitionen sind insbesondere in Regionen mit noch wachsenden Einwohnerzahlen möglich, denn dort wird die Herausforderung langfristig schrumpfender Einwohnerzahlen noch nicht erkannt oder politisch verdrängt. Die Anpassung der Größenstruktur ist politisch sensibel und könnte daher zu spät umgesetzt werden. Informationen für die Wahlbevölkerung sind hier sehr wichtig.

4. Das Einsparpotenzial bei der Verkehrsinfrastruktur ist sehr begrenzt. Solange das Güterverkehrsaufkommen wächst, dürfte der Investitionsbedarf trotz demografisch bedingter Einsparungen im Individualverkehr hoch bleiben müssen.

5. Zwar ist der Neubaubedarf bei Schulen gering, es gibt aber nennenswerten Bedarf an Sanierungsmaßnahmen. Die demografische Entwicklung kommt deutlich später im Hochschulbereich an als im Schulbereich. Zudem bleibt Bildung die wichtigste Ressource für die nächsten Jahrzehnte. Folglich ist das Einsparpotenzial im gesamten Bildungssektor auch in den kommenden Jahrzehnten allenfalls gering.

6. Bei der leitungsgebundenen Infrastruktur sind drei Kostenblöcke zu beachten: die direkten Rückbaukosten zu groß geratener Infrastruktur, die nötigen Ersatz- und Erhaltungsinvestitionen und schließlich indirekte Rückbaukosten, bzw. Kosten unterlassenen Rückbaus. Bei letzterem Kostenblock geht es um Kosten, die aus zu großer Infrastruktur resultieren und Folgekosten induzieren, z.B. künstlich erhöhte Durchflussleistungen sowie die Gefahr einer Verkeimung von Wasserleitungen.

7. Die Anpassung der Infrastruktur muss folglich beim Stadtumbau unbedingt berücksichtigt werden. Der Rückbau an Netzenden ist vorteilhaft, da so Infrastrukturkosten reduziert werden können (mehr dazu im Schlusskapitel).

8   Der Blick ins Ausland

Zwar sind die Auswirkungen der demografischen Entwicklungen in Deutschland komplexer als auf einen ersten Blick vielleicht vermutet werden könnte, dennoch ist es sicherlich richtig, dass sehr viele Immobilienklassen durch die rückläufige Bevölkerungszahl wenigstens relativ zu anderen Assetklassen bzw. relativ zu früheren Jahrzehnten, teilweise auch absolut belastet werden. Dies reduziert die Wertänderungspotenziale von Immobilienanlagen und v.a. die Baupotenziale in Deutschland.

Nun sind die Immobilieninvestmentmärkte schon lange keine national abgeschotteten Märkte mehr. Allein in gewerbliche Immobilien wurden im Jahr 2012 weltweit rd. 440 Mrd. US-Dollar investiert, 2007 waren es sogar über 1.000 Mrd. US-Dollar. Der Anteil der grenzüberschreitenden Investitionen ist hierbei stetig auf zuletzt knapp die Hälfte aller Investitionen gestiegen. Internationalisierungsstrategien sind für viele Investoren sinnvoll. Es lassen sich die Risiken eines einzigen Marktes reduzieren, zumindest dann, wenn die internationalen Märkte nicht völlig synchron laufen (vgl. hierzu ausführlich die Beiträge in Mayrzedt et al., 2007). Zwar verlaufen die Konjunkturen vieler Länder in den letzten Jahren stärker im Gleichlauf als früher. Letztlich ist dies der Ausdruck der Globalisierung, und die Wirtschaftskrise zeigt die Schattenseiten dieser gegenseitigen Abhängigkeit. Allerdings sind wir noch weit davon entfernt, die globalen Immobilienmärkte als einen Markt verstehen zu müssen. Selbst innerhalb Deutschlands gibt es gravierende regionale Unterschiede und folglich Arbitragemöglichkeiten und Diversifizierungspotenziale.

Auch mit Blick auf die demografischen Trends gibt es viel Verbindendes zwischen den meisten Volkswirtschaften: Die Menschen werden in den meisten Ländern immer älter, und die Geburtenraten sinken in sehr vielen Ländern. Allerdings sind die Niveaus, von denen diese Entwicklungen aus erfolgen, sehr unterschiedlich. Die Lebenserwartung unterscheidet sich in Schwellenländern noch immer spürbar von jener in Industrieländern, und selbst zwischen den Industrieländern gibt es zum Teil beachtliche Unterschiede.

Noch deutlicher zeigen sich die international uneinheitlichen demografischen Trends jedoch beim Blick auf die Geburtenraten. Die sehr niedrige Geburtenrate Deutschlands, von unter 1,4 Kindern je Frau, wird weltweit nur von sehr wenigen Ländern unterboten. In einigen Industrieländern liegt die Geburtenhäufigkeit auch heute noch in der Nähe von zwei Kindern je Frau.

In Abbildung 109 zeigt sich eindrucksvoll, dass die Herausforderung der demografischen Entwicklung lediglich in Europa einen Bevölkerungsrückgang impliziert. In Asien, Afrika und sogar in Amerika (hier Nord- und Südamerika zusammen) steigt die Einwohnerzahl nach den Vorausberechnungen der Population Division der United Nations (2011b) bis über das Jahr 2050 hinaus. 2050 könnten dann rd. 9 Mrd. Menschen auf der Erde leben (in der Darstellung fehlt Ozeanien, die Werte würden bei diesem Maßstab verschwinden).

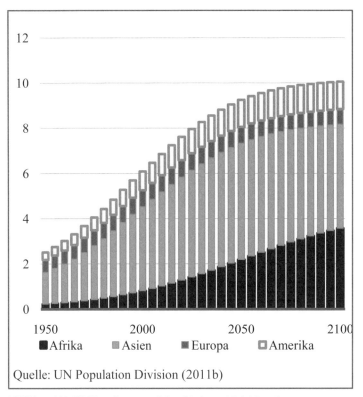

Abbildung 109: Weltbevölkerung, mittlere Variante, Mrd. Menschen

Das hier dargestellte mittlere Szenario (medium variant) basiert auf der Annahme, dass in allen Nationen allmählich eine Geburtenhäufigkeit von fast 1,9 Kindern je Frau erreicht wird. Dies würde dann für die Schwellenländer einen zum Teil deutlichen Rückgang der Geburtenhäufigkeit bedeuten; die Opportunitätskosten steigen auch in diesen Ländern mit höheren Einkommen. In den Industrieländern wird in den Ländern mit niedriger Geburtenhäufigkeit eine erfolgreichere Familienpolitik unterstellt, die zu einem langsamen Anstieg der Geburtenhäufigkeit führt. In Deutschland steigt die Geburtenhäufigkeit beispielsweise in diesem Szenario auf fast 1,7 Kinder je Frau im Jahr 2050. Neben diese mittlere Variante, die jetzt deutlich besser zu vielen europäischen Vorausberechnungen passt als die frühere Basisvariante der Vereinten Nationen, werden mehrere Szenarien gestellt: In der hohen Variante wird für jedes Land eine Geburtenhäufigkeit angenommen, die um 0,5 Kinder höher ausfällt als im mittleren Szenario. In der niedrigeren Variante liegt die Geburtenhäufigkeit um 0,5 Kinder darunter. Das Szenario der konstanten Geburtenhäufigkeit führt für die afrikanischen und asiatischen Länder zu sehr starken Zuwachsraten. Letztlich wird mit dieser Variante allerdings unterstellt, das Opportunitätskostenprinzip gelte für diese Länder nicht. Das ist nicht plausibel.

Tabelle 22: Entwicklung der Weltbevölkerung, in Mio.

	Konstante Fertilität	Hohe Fertilität	Niedrige Fertilität	Mittlere Fertilität
2000	6.115	6.115	6.115	6.115
2010	6.909	6.909	6.909	6.909
2020	7.799	7.851	7.499	7.675
2030	8.741	8.762	7.856	8.309
2040	9.782	9.606	8.025	8.801
2050	10.943	10,614	8.112	9.306
2100	26.844	15.805	6.177	10.125

Quelle: UN Population Division (2011)

Diese Szenarien sollen im Wesentlichen zwei Dinge veranschaulichen: Erstens, es ist sehr schwer, für alle Länder dieser Welt konsistente Annahmen zu treffen, die der Komplexität der Entwicklung gerecht werden. Die Vorausberechnungen geben allerdings eine gute Orientierung, in welchem Zielkorridor die Bevölkerungsentwicklung wahrscheinlich verläuft. Zweitens, für eine konkrete Strategieentwicklung, beispielsweise, ob man in einen ausländischen Markt investieren möchte, lohnt eine granulare Betrachtung mindestens auf Länderebene. Dies wurde in den Kapiteln zu Deutschland bereits vielfach deutlich.

Auch Europa insgesamt ist kein homogener Raum. Es gibt sehr unterschiedliche Dynamiken: Die Zahl der Einwohner in Europa nimmt in dem Szenario mit konstanten Geburtenhäufigkeiten noch bis zum Jahr 2015 zu. In Deutschland sank die Zahl der Einwohner allerdings in den Jahren von 2003 bis einschließlich 2010 bereits. Die Entwicklung in Deutschland wird offensichtlich durch gegenläufige Entwicklungen in anderen Ländern noch einige Jahre kompensiert. Falls die starke Zuwanderung aus Süd- und Osteuropa anhalten sollte, bedeutet dies für Deutschland einen günstigeren Verlauf, nicht aber für Europa insgesamt, denn die Menschen fehlen ja dann in Spanien oder in Griechenland.

Die Erkenntnisse zu den Auswirkungen der demografischen Entwicklungen für die deutschen Immobilienmärkte, lassen sich also nur begrenzt auf andere Länder übertragen. Zwar gibt es grundsätzliche Gesetzmäßigkeiten, die für alle Länder gelten dürften, wie zum Beispiel, dass bei rückläufiger Geburtenhäufigkeit und steigenden Einkommen die Zahl der Haushalte noch länger zunehmen wird als die Zahl der Einwohner oder dass der wirtschaftliche Strukturwandel die Zahl der Bürobeschäftigten länger steigen lässt als die Zahl der Industriearbeitnehmer und dass dieser Trend sogar über Jahrzehnte den demografischen Prozess rückläufiger Erwerbsfähigenzahlen für das Segment der Büroimmobilien kompensieren kann. Doch dies reicht für eine Investitionsentscheidung nicht. Es werden weitere Informationen benötigt: Wie weit ist ein Land konkret im Strukturwandel? Gibt es Nachholbedarf bei der Wohnfläche je Person? Wie sind die aktuellen Niveaus der Geburtenhäufigkeit und der Lebenserwartung? Es lohnt also zu differenzieren. Im Folgenden werden zunächst die demografischen Entwicklungen in den wichtigsten Regionen der Erde skizziert, bevor daraus die Implikationen für Immobilienmärkte abgeleitet werden. Ob eine Region „wichtig" ist oder nicht, richtet sich hierbei allein nach ihrer Bedeutung für die grenzüberschreitenden Immobilieninvestitionen, nicht nach dem Gewicht ihrer Bevölkerungszahl oder gar dem politischen Gewicht. Daher beschränkt sich die Darstellung auf Europa, die USA und Asien. Afrika und Südamerika sind bisher keine bedeutenden Immobilieninvestitionsziele.

8.1 Die Entwicklungen in Europa

Europa ist ein jahrtausendealter Kulturraum. In den USA spricht man gerne vom „alten Kontinent", wenn man von Europa spricht. Natürlich bezieht sich diese Bezeichnung nicht auf die Bevölkerung, sondern auf den Kulturraum. Gleichwohl lässt sich die Redewendung mit gutem Recht auch zu „good old Europeans" abändern, denn 2009 waren nach Angaben der Population Division der Vereinten Nationen unter den zehn Ländern mit dem höchsten Medianalter acht europäische Länder vertreten; 1950 waren es sogar zehn von zehn (vgl. Tabelle 23). Das Medianalter kennzeichnet sozusagen das mittlere Alter der Bevölkerung – die eine Hälfte der Einwohner ist jünger als der Median, die andere Hälfte ist älter.

Tabelle 23: Die Länder mit dem weltweit höchsten Medianalter, in Jahren

Medianalter 1950			Medianalter 2009		
1	Kanalinseln	35,7	1	Japan	44,7
2	Österreich	35,7	2	Deutschland	44,3
3	Belgien	35,5	3	Italien	43,2
4	Deutschland	35,4	4	Kanalinseln	42,6
5	Luxemburg	35,0	5	Finnland	42,0
6	Großbritannien	34,6	6	Österreich	41,8
7	Frankreich	34,5	7	China, Hongkong	41,8
8	Schweden	34,3	8	Slowenien	41,7
9	Schweiz	33,2	9	Bulgarien	41,6
10	Norwegen	32,7	10	Schweiz	41,5

Quelle: UN (2008b), UN (2011b)

Drei Dinge fallen an dieser Tabelle neben der Dominanz der Europäer auf: Erstens unterscheiden sich die beiden Listen der europäischen Länder aus den Jahren 1950 und 2009 deutlich voneinander. Die Hälfte der neuen Top-10 war 1950 noch nicht auf einem Spitzenplatz zu finden. Zweitens war der Anstieg des Medianalters auch bei jenen Ländern, die in beiden Listen enthalten sind, mit über sieben Jahren sehr stark. Diese Alterung fiel übrigens in den Jahren zwischen 1980 und 2009 viel stärker aus als in den Jahren zwischen 1950 und 1980. Drittens sind mit Bulgarien und Slowenien bereits zwei osteuropäische Länder unter den Top-10 des Jahres 2009. Dies mag auf den ersten Blick verwundern, sollte doch für die westeuropäischen Länder mit ihren höheren Pro-Kopf-Einkommen auch eine höhere Lebenserwartung vermutet werden. Tatsächlich darf die Aussage des Medianalters nicht mit einer Aussage zur Lebenserwartung verwechselt werden: Das Medianalter einer Gesellschaft nimmt nämlich nicht nur dann zu, wenn die Menschen länger leben, sondern auch, wenn weniger Kinder geboren werden oder wenn die jungen Menschen fortziehen. Dies erklärt auch die stärkere Alterung der Gesellschaften in dem zweiten Zeitabschnitt von 1980 bis 2009. Dies war die Zeit, in der die meisten europäischen Länder bereits sehr stark rückläufige Fertilitätsraten aufwiesen.

Offensichtlich gibt es unterschiedliche demografische Entwicklungen innerhalb Europas, sonst würde sich die Reihenfolge der Länder nicht so deutlich ändern. Dies galt für die Vergangenheit und wird in den kommenden Jahrzehnten kaum anders sein. Dies veranschaulichen die Statistiken der UN (2011). So liegt die mittlere Geburtenhäufigkeit für 38 ost- und westeuropäische Länder bei 1,53 Kindern je Frau. In Island sind es freilich im Schnitt etwas über 2,1 Kinder und in Bosnien-Herzegowina nur 1,21 Kinder je Frau. Auf regionaler Ebene sind die Unterschiede wohl noch größer. Das legen die Vergleiche deutscher Regionen in Abschnitt 2.7 zu den regionalen Unterschieden nahe. Bei der Lebenserwartung gibt es ebenfalls gravierende Differenzen zwischen den europäischen Ländern: In Russland werden die Menschen im Schnitt nur 66,5 Jahre alt, in der Schweiz sind es fast 82 Jahre. Der Mittelwert liegt bei rd. 75,4 Jahren.

Natürlich ist es für Länder mit einer geringen Basis immer einfacher zu wachsen als für Länder mit hohem Ausgangswert. Daher erwarten die Bevölkerungsforscher der UN auch in den osteuropäischen Ländern bis zum Jahr 2050 den stärksten Anstieg der Lebenserwartung in Europa. Doch auch dann dürften zwischen dem Land mit der höchsten Lebenserwartung und dem Land mit der geringsten Lebenserwartung noch immer elf Lebensjahre Differenz liegen. Der demografische Konvergenzprozess verläuft sehr langsam.

Die zukünftige Entwicklung der Geburtenhäufigkeit wird in dem mittleren Szenario per Konstruktion des Szenarios allmählich konvergieren. Bemerkenswert ist hier neben dem aktuellen Unterschied daher vor allem die Beobachtung, dass die höchsten Geburtenhäufigkeiten in vergleichsweise wohlhabenden Ländern zu finden sind. In Schweden, Norwegen oder Frankreich liegen die Fertilitätsraten bei über 1,8 Kindern je Frau, in den deutlich ärmeren osteuropäischen Ländern Polen, Russland, Rumänien hingegen nur bei rd. 1,3 Kindern. Offensichtlich gibt es Wege, die Last der steigenden Opportunitätskosten in hoch entwickelten Ländern zu tragen.

Abbildung 110 fasst für 38 europäische Länder die aktuelle Geburtenhäufigkeit und die erwartete zusätzliche Lebenserwartung zusammen. Das eingezeichnete Koordinatenkreuz verläuft hier durch die europäischen Mittelwerte. Am günstigsten ist der demografische Ausblick (ohne Wanderungsbewegungen) für Länder mit überdurchschnittlich hoher Geburtenrate und überdurchschnittlich hohem Anstieg der Lebenserwartung. Davon gibt es freilich nicht sehr viele. Allenfalls Estland ist hervorzuheben. Am schlechtesten ist die Entwicklung in Ländern, die gleichzeitig eine geringe Geburtenhäufigkeit aufweisen und für die nur ein moderater Anstieg der Lebenserwartung prognostiziert wird. Zu dieser Gruppe zählen Deutschland, Italien oder Spanien. Diese Länder sind in den kommenden Jahrzehnten am stärksten auf Zuwanderung angewiesen, um die natürlichen Bevölkerungslasten auszugleichen. Es bleibt festzuhalten, dass diese Bewertung wegen der Fokussierung auf die Zahl der Einwohner zu einfach sein dürfte. Letztlich wird auch ein starker Anstieg der Lebenserwartung bei dauerhaft niedriger Geburtenhäufigkeit wie in Russland, Rumänien oder Polen die jeweiligen Gesellschaften vor enorme Finanzierungsprobleme stellen.

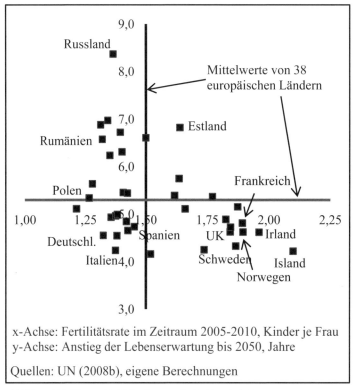

Abbildung 110: Unterschiedliche demografische Trends in Europa

Gemeinsam ist allen Ländern die deutliche Verschiebung der Altersstruktur. Der Anteil der Senioren nimmt in allen europäischen Ländern bis zur Jahrhundertmitte deutlich zu, denn die Lebenserwartung steigt weiterhin gemäß den Vorausberechnungen der UN. Allerdings gibt es mit Blick auf die Verschiebungen der Altersstruktur Unterschiede im Ausmaß der Entwicklung, denn die Anteilsgewinne der Senioren hängen natürlich nicht nur vom Anstieg der Lebenserwartung, sondern auch von der Fertilitätsrate ab.

Abbildung 111: Veränderung des Anteils der über 80-Jährigen 2010–2050, in %

Quelle: Just (2011)

Die Abbildung 111 fasst die unterschiedlichen Alterungstrends für Europa zusammen. Noch stärker unterscheiden sich die Veränderungen der gesamten Einwohnerzahl der einzelnen europäischen Länder. Hier schlagen nun nicht nur die unterschiedlich hohen Fertilitätsraten und Lebenserwartungen, sondern zudem auch noch unterschiedliche Migrationstrends durch. Anhaltende Ost-West-Migration verstärkt den Bevölkerungsrückgang im Osten und dämpft die Entwicklung im Westen. Zwar ist es plausibel, dass der Wanderungsdruck in den kommenden Jahren abnimmt. Den Vorausberechnungen der Vereinten Nationen liegt z.B. zugrunde, dass Polen noch bis zum Jahr 2015 jedes Jahr netto 25.000 Einwohner durch Fortzüge verliert. Rumänien würde nach der Einschätzung der UN sogar erst im Jahr 2020 eine ausgeglichene Wanderungsbilanz vorzeigen können. Auf der anderen Seite steht z.B. Deutschland, für das bis 2050 ein jährlicher Zuzug von 110.000 Menschen unterstellt wurde.

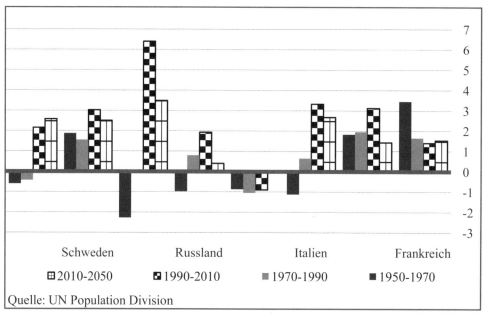

Abbildung 112: Nettozuwanderung in europäischen Ländern

Wie schwer allerdings Wanderungsprognosen sind, zeigen nicht nur die aktuellen Wanderungsverläufe aus Süd- und Osteuropa nach Deutschland, sondern eigentlich der Blick in nahezu jede zurückliegende Dekade, Abbildung 112 zeigt die Nettozuwanderungsraten für wichtige europäische Länder und die letzten Jahrzehnte. Gerade für Spanien und Italien werden deutliche Umschwünge erkennbar.

Tabelle 24 fasst wichtige Eckdaten der Vorausberechnung der UN für die größten europäischen Länder zusammen: In allen zehn Ländern nimmt der Anteil der über 80-Jährigen um mindestens 80% zu; in Deutschland, Polen, Rumänien und den Niederlanden beläuft sich der Anstieg sogar auf deutlich mehr als 150%. Da die Lebenserwartung der osteuropäischen Länder noch immer unter jener in Westeuropa liegt und nur allmählich aufschließt, sind die Anteile der über 80-Jährigen an der Gesamtbevölkerung in den westeuropäischen Ländern auch im Jahr 2050 noch deutlich höher als jene in Osteuropa. Diese Differenz dürfte sich freilich in der zweiten Hälfte des Jahrhunderts schließen. Dies ist bereits daran zu erkennen, dass der Anteil der erwerbsfähigen Bevölkerung (in der Abgrenzung der UN genähert durch die Altersgruppe der Menschen zwischen 15 und 59 Jahren) in Osteuropa stärker fällt als in Westeuropa. Noch sind die osteuropäischen Gesellschaften vergleichsweise jung, sprich der Anteil der Erwerbsfähigen ist relativ hoch. Doch bis zur Jahrhundertmitte sinkt der Anteil in den hier erfassten osteuropäischen Ländern um über 15%-Punkte, in den westeuropäischen Ländern sind dies „nur" 10%-Punkte. Die damit verbundenen (rein demografisch bedingten) Herausforderungen für die Arbeitsmärkte – und damit verbunden – für die gewerblichen Immobilienmärkte sind also dort größer als im Westen. Immerhin werden die osteuropäischen Märkte noch viele Jahre von dem hohen Nachholbedarf begünstigt. Dies dämpft den Druck, der durch die demografischen Veränderungen entsteht. Dazu später mehr.

Tabelle 24: Demografische Prognosedaten für die zehn größten Länder in Europa

	Zahl der Einwohner (Mio.)	Einwohner 2050 in % gg. 2011	Anteil der Menschen zwischen 15 und 59 Jahren		Anteil der Menschen über 80 Jahre	
	2011	2050	2011	2050	2011	2050
Russland	142,8	−11,7	66,5	51,9	3,0	6,0
Deutschland	82,1	−9,0	60,3	8,0	5,2	13,5
Frankreich	63,1	+14,8	58,3	51,9	5,5	10,0
UK	62,4	+16,7	59,8	53,2	4,7	9,0
Italien	60,8	−2,7	59,2	47,3	6,0	12,9
Ukraine	45,2	−20,2	64,7	51,7	3,5	6,1
Spanien	46,5	+10,5	62,4	47,0	5,1	11,6
Polen	38,3	−8,9	65,4	50,0	3,6	7,7
Rumänien	21,4	−13,5	64,2	49,3	3,3	7,5
Niederlande	16,7	2,9	60,2	51,7	4,0	10,7

Quelle: UN Population Division (2011), mittlere Variante

Schließlich ist die große Spanne zwischen den Bevölkerungsveränderungen in den Ländern zu betonen. Während die Zahl der Einwohner in Russland bis 2050 in diesem mittleren Szenario um fast 18% sinkt, legt sie in Frankreich sogar um über 8% zu, für UK erwarten die Bevölkerungsforscher der UN sogar einen Bevölkerungszuwachs von fast 15%. An dieser Stelle sollte aber noch einmal auf die mit den Wanderungsprognosen verbundene Unsicherheit verwiesen werden. Die UN unterstellen für UK eine Nettozuwanderung von jährlich 170.000 Menschen. Das wären nur geringfügig weniger als in den Jahren zwischen 2000 und 2007 nach UK jährlich zuwanderten. Solch hohe Zuwanderungszahlen wurden jedoch in keinem anderen Jahrzehnt seit 1950 erreicht. Das mittlere Szenario für UK rechnet also damit, dass die (möglicherweise nur Zeitlich begrenzen) Ausnahmejahre zwischen 2000 und 2007, die auch durch den zum Teil nicht nachhaltigen Boom an den Finanzmärkten getragen wurden, zum Dauerzustand werden. Tatsächlich möchte die britische Regierung die Nettozuwanderung ab 2015 auf rd. 100.000 Personen pro Jahr begrenzen – halb so viele wie im ersten Jahrzehnt des neuen Jahrtausends pro Jahr netto nach UK wanderten. Wahrscheinlich sind die 15% Bevölkerungszuwachs für UK als Obergrenze zu interpretieren.

Es sollte auch berücksichtigt werden, dass es innerhalb Russlands genauso Gewinner- und Verliererregionen gibt wie in Frankreich oder UK. Die Differenzen zwischen den europäischen Gewinner- und Verliererregionen sind also noch deutlich größer als in Tabelle 24 dargestellt.

8.2   Die Bevölkerungstrends in den USA

Die Analyse der Auswirkungen der demografischen Entwicklungen auf die Immobilienmärkte wurde von Mankiw und Weil mit ihrer Studie für die USA angestoßen (siehe Kapitel 1). Die Bevölkerungsprognosen, mit denen Mankiw und Weil arbeiteten, ließen jedoch nicht so wie die Vorausberechnungen für Deutschland, Italien oder Polen auf einen raschen Bevölkerungsverlust schließen, sondern signalisierten lediglich für die folgenden Jahrzehnte deutlich langsameres Bevölkerungswachstum und eine starke Alterung der Gesellschaft.

Zwanzig Jahre später hat sich der grundsätzliche Ausblick für die USA kaum geändert: Die Zahl der Geburten ist zwar mit über zwei Kindern je Frau deutlich höher als in Westeuropa. Der Unterschied zu den 1950er Jahren, als in den USA noch gut 3,5 Kinder je Frau geboren wurden, ist jedoch noch größer als in Westeuropa. Der Alterungseffekt der Baby-Boomer-Generation ist in den USA also stärker als in Europa. Mit dem Alterungseffekt ist gemeint, dass die 1950 geborenen Menschen nun allmählich in Rente gehen und durch eine deutlich kleinere Kohorte ersetzt werden – zumindest mit Blick auf die natürliche Bevölkerungsentwicklung.

In ihrer mittleren Variante nehmen die Bevölkerungsforscher der UN an, dass die Geburtenhäufigkeit in nahezu allen Ländern langsam zum Wert 1,85 konvergiert. Während dies in Westeuropa einen stetigen Anstieg bedeutet, müsste die Geburtenhäufigkeit in den USA um rd. 0,3 Kinder je Frau sinken.

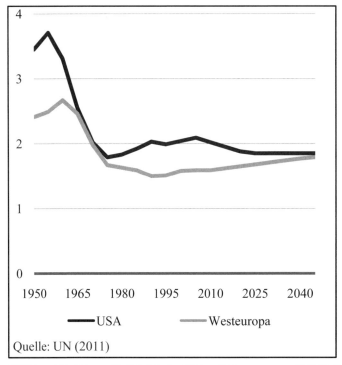

Abbildung 113: Geburtenhäufigkeit in den USA und Westeuropa von 1950 bis 2045

Seit 1950 wanderten jährlich über 420.000 Menschen netto in die USA, seit 1985 belief sich der Wanderungssaldo sogar auf über eine Million Menschen. Je 1.000 Menschen wanderten damit seit 1950 jährlich etwa drei Menschen (netto) in die USA ein, nach Westeuropa kamen „nur" zwei Menschen jährlich durch Zuwanderung hinzu. Selbst für einzelne europäische Länder liegt die Nettozuwanderungsquote mit beispielsweise 2,2 Personen je 1.000 Menschen für Frankreich oder 2,4 Personen für Deutschland spürbar unter dem Referenzwert der USA. Und dabei könnte man vermuten, dass die Wanderungssalden in europäischen Ländern wegen der kleineren Länder, v.a. aber wegen des Binnenmarktes größer ausfallen müssten als in den USA. Europa ist damit zwar weit von dem Bild einer Festung entfernt, doch offensichtlich ist der Bevölkerungsausblick für die USA auch wegen der stärkeren Zuwanderung günstiger als jener für Westeuropa, geschweige denn jener für Osteuropa.

Die Lebenserwartung liegt in den USA sowohl für Männer als auch für Frauen etwa ein Jahr unter der Lebenserwartung eines Westeuropäers. Gleichwohl werden die beiden anderen Faktoren (hohe Geburtenhäufigkeit und umfangreiche Zuwanderung) die Bevölkerungsentwicklung für die kommenden Jahrzehnte prägen: Nach den Projektionen des US Census Bureau (2004) nimmt die Zahl der Einwohner gegenüber dem Basisjahr von 2005 bis 2030 um knapp ein Viertel zu. Dann würden über 360 Mio. Menschen in den USA leben, und im Jahr 2050 würden dann knapp 420 Mio. Menschen dort leben, während die UN in ihrer aktuellen Berechnung von 403 Mio. Menschen für 2050 ausgeht. Weil die UN keine regionalisierten Prognosedaten für die USA anbieten, werden für die regionalisierten Prognosen die Daten des US Census Bureaus verwendet.

Gemäß den Projektionen des Census Bureaus wird es auch in den Vereinigten Staaten gravierende regionale Unterschiede geben: Während die Zahl der Einwohner in Arizona um mehr als 80% zunehmen könnte, wird für 14 der 50 Bundesstaaten bereits für die nächsten Jahre ein Ende des Bevölkerungsanstiegs erwartet. Für das District of Columbia (Washington DC) wird sogar ein Rückgang um über 20% ausgewiesen. Auch wenn es sich hierbei wohl nur um eine Extrapolation der früheren Entwicklung handelt, macht die Projektion deutlich, dass auch in den USA einige Schrumpfungsregionen neben Wachstumsregionen vorkommen. Im Unterschied zu Deutschland ist die Zahl der Wachstumsregionen noch deutlich größer als die Zahl der Schrumpfungsregionen. Auch sind – mit Ausnahme der Projektion für Washington DC – alle bis 2030 ausgewiesenen Bevölkerungsrückgänge überschaubar. Am stärksten wären North Dakota und West Virginia mit etwa 5% weniger Einwohnern im Jahr 2030 im Vergleich zum Basisjahr 2005 betroffen. Insgesamt hätten nach dieser Projektion nur vier Bundesstaaten im Jahr 2030 weniger Einwohner als im Jahr 2005.

Tabelle 25: Bevölkerungsentwicklung in ausgewählten US-Bundesstaaten

Top-5		Bottom-5	
Bundesstaat	Bevölkerung 2030 im Vergleich zu 2005 in %	Bundesstaat	Bevölkerung 2030 im Vergleich zu 2005 in %
Arizona	82,6	Dist. of Columbia	−21,4
Nevada	82,1	West Virginia	−5,4
Florida	63,8	North Dakota	−4,6
Texas	46,3	Iowa	−0,6
Utah	44,1	Ohio	0,6

Quelle: US Census Bureau (2004)

Bemerkenswert ist jedoch, dass die Streubreite der Ergebnisse deutlich größer ist als jene für die deutschen Bundesländer; die mittlere Einwohnerzahl in den US-Bundesstaaten ist nicht viel größer als jene der deutschen Bundesländer.

Allerdings zeigt der Blick zurück, dass diese Projektionen für die USA möglicherweise für potenzielle Schrumpfungsregionen zu optimistisch sind. Die USA haben sehr flexible Arbeitsmärkte, wenn es Strukturprobleme in einer Region gibt, kommt es zu erheblichen Fortzügen. In den letzten Jahrzehnten verloren einzelne Städte im „Rust belt" um Detroit bis zu 50% ihrer Einwohner. Der günstige Gesamtausblick ist keine Garantie für einzelne Standorte (Glaeser, 2011).

Auch die Altersstruktur wird sich deutlich verändern: Bis zum Jahr 2030 wird die Zahl der über 85-Jährigen in den USA um rd. 90% steigen. Gegen Ende des Projektionszeitraums wird sich der Anstieg sogar verstärken, weil dann die letzten geburtenstarken Jahrgänge der Nachkriegszeit dieses Alter erreichen werden. Anders als in Deutschland werden die Zahl der Erwerbsfähigen und die Zahl der Kinder in den USA bis 2030 noch stetig zunehmen. Im Vergleich zum Referenzjahr 2005 wächst die Zahl der Erwerbsfähigen um über 10%, die Zahl der Kinder sogar um gut 15%. Die demografischen Herausforderungen in den USA sind also deutlich geringer als jene in Deutschland, auch wenn sich die Alterung der Gesellschaft auch dort fortsetzt. Tatsächlich bergen die sehr hohen Geburtenraten der 1950er Jahre und der sehr starke Rückgang der Geburtenhäufigkeit noch erhebliche Lasten für die sozialen Sicherungssysteme. Die größten Herausforderungen warten hier jedoch wohl erst nach dem Jahr 2025. Immobilienmarktakteure müssen aber trotz des guten Ausblicks auch für die USA die regionalen Unsicherheiten ernst nehmen.

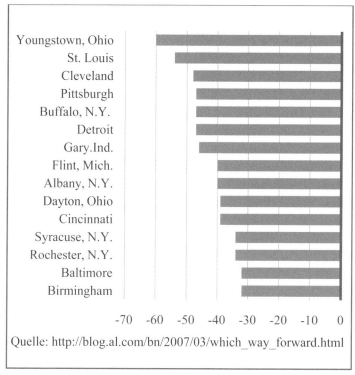

Quelle: http://blog.al.com/bn/2007/03/which_way_forward.html

Abbildung 114: Bevölkerungsentwicklung in ausgewählten US Städten von 1960 bis 2007 in %

8.3 Demografische Trends in Asien

In Asien leben derzeit rd. 4 Mrd. Menschen, das entspricht etwa 60% der Weltbevölkerung, und die Zahl der Menschen in Asien wird weiter stark steigen: Gemäß der mittleren Variante der Vereinten Nationen dürften zur Jahrhundertmitte über 5,2 Mrd. Menschen in Asien wohnen. Schaut man noch einmal zurück auf Abbildung 109 könnte man den Eindruck haben, dass der Anteil der Asiaten in den kommenden Jahrzehnten angesichts des starken Bevölkerungswachstums sogar noch steigen wird. Dies ist jedoch nicht zutreffend. Tatsächlich sinkt der Bevölkerungsanteil sogar leicht, weil das Bevölkerungswachstum in Afrika noch stärker ausfällt und v.a. weil die Einwohnerzahl einiger großer Länder in Asien in den nächsten Jahrzehnten deutlich langsamer wachsen oder sogar schrumpfen werden. Insgesamt bleibt zwar für die gesamte Region ein kräftiger Bevölkerungsgewinn übrig, doch die Entwicklung verlangsamt sich. Außerdem gibt es erhebliche Unterschiede in den demografischen Trends der asiatischen Länder. Tatsächlich ist die Entwicklung sogar heterogener als jene in Europa; dieser kurze Überblick kann daher nur einen Ausschnitt zeigen und muss sich auf die größten bzw. auf die für Investoren derzeit wichtigsten asiatischen Länder konzentrieren.

Heute ist China noch das bevölkerungsreichste Land der Welt. Über 1,3 Mrd. Menschen leben in China, etwa ein Drittel aller Menschen in Asien. Zwar dürfte die Zahl der Menschen in China noch bis etwa 2030 leicht zunehmen, doch die Wachstumsrate ist bereits seit Jahren stark rückläufig. Mit seiner deutlich höheren Geburtenrate dürfte bis dahin Indien das bevölkerungsreichste Land der Erde geworden sein. In Japan geht die Zahl der Einwohner sogar jetzt schon zurück. Und bis zum Jahr 2050 wird sich der Bevölkerungsrückgang in Japan auf über 20% belaufen. Deutlich steigen wird die Zahl der Menschen in vielen anderen asiatischen Ländern. In Indonesien wird nach den Projektionen der Vereinten Nationen die Zahl der Einwohner bis 2050 um über 30% zulegen, in Malaysia um knapp 45%, auf den Philippinen um 60%, in Pakistan um 86% und in Afghanistan sogar um 160%. Einige dieser Länder sind sicherlich weit davon entfernt, für ausländische Immobilieninvestoren geeignet zu sein. Doch sollte man nicht vergessen, dass viele Menschen vor 50 Jahren wohl ähnlich über ein Investment in China geurteilt hätten. Die Marktgröße dieses „restlichen" Asiens (aktuell über 1,2 Mrd. Menschen) ist zu groß, um dauerhaft ignoriert zu werden.

Das starke Bevölkerungswachstum resultiert sowohl aus sehr hohen Geburtenraten als auch aus einer deutlich steigenden Lebenserwartung, wobei es bei beiden Merkmalen zwischen den Ländern deutliche Unterschiede gibt: In Südkorea liegt die Geburtenhäufigkeit mit rd. 1,2 Kindern je Frau sogar noch unter dem deutschen Vergleichswert. Und auch in Japan sowie in den Stadtgebieten Macao, Hong Kong und Singapur werden ähnlich niedrige Werte erzielt. Gleichzeitig zählt Afghanistan mit gut 6,0 Kindern je Frau zu den Ländern mit den weltweit höchsten Geburtenhäufigkeiten. In China liegt die Geburtenhäufigkeit mit 1,6 Kindern ebenfalls vergleichsweise niedrig. Für Indonesien und Indien werden noch immer mehr als 2,5 Kinder je Frau ausgewiesen – in Indien sind es mit 2,8 Kindern sogar gut ein Kind je Frau mehr als in China. Eine besondere Herausforderung für Bevölkerungsforscher ist der in einigen asiatischen Ländern hohe Anteil von männlichen Geburten. Diese Selektion schmälert in diesen Ländern künftig das Wachstumspotenzial zusätzlich. Für China kommen auf 100 neugeborene Mädchen derzeit 110 Jungen, in Indien sind es sogar 112 Jungen (Central Intelligence Agency, 2009). Als natürliches sekundäres Geschlechterverhältnis gilt ein Wert von 105 Jungen je 100 Mädchen. Die mit dieser pränatalen Selektion verbundenen Knappheiten erreichen Chinas Heiratsmärkte bereits heute. Dies wird Zuwanderung junger Frauen in der Zukunft erzwingen und mittelfristig womöglich eine vollständige Aufgabe der Ein-Kind-Politik.

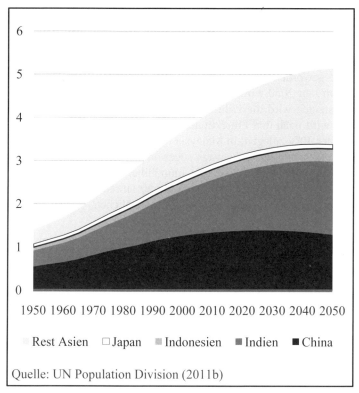

1950 1960 1970 1980 1990 2000 2010 2020 2030 2040 2050

Rest Asien ☐ Japan ▨ Indonesien ▦ Indien ■ China

Quelle: UN Population Division (2011b)

Abbildung 115: Bevölkerungsentwicklung in Asien, Mrd. Menschen

Auch mit Blick auf die Lebenserwartung gibt es in Asien starke Unterschiede. In Japan und Singapur werden die Menschen bereits heute über 80 Jahre alt, in Indien nicht einmal 66 Jahre und in Afghanistan rd. 47 Jahre. Zwar begründen diese Unterschiede auch verschieden starke Niveaueffekte; es gibt einen deutlich negativen Zusammenhang zwischen der heutigen Lebenserwartung und dem erwarteten Anstieg der Lebenserwartung bis zum Jahr 2050. Doch auch für das Jahr 2050 rechnen die Bevölkerungsforscher der UN noch mit sehr starken Differenzen: ein durchschnittlicher Inder lebt auch dann noch etwa 14 Jahre weniger als ein durchschnittlicher Japaner. In Afghanistan würde die Lebenserwartung gemäß dieser Projektion noch immer unterhalb des heute in Indien erreichten Niveaus liegen.

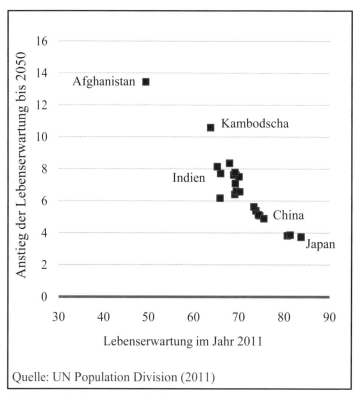

Quelle: UN Population Division (2011)

Abbildung 116: Lebenserwartung (beide Geschlechter) bei Geburt in Asien, in Jahren

Gemeinsam ist allen Ländern, dass die Lebenserwartung steigt. Das ist Ausdruck steigenden Wohlstands und verbesserter gesundheitlicher Versorgung. Während die bessere Versorgung die Überlebenswahrscheinlichkeit Neugeborener erhöht, dürfte der wachsende Wohlstand ähnlich wie in Europa und den industrialisierten Ländern Asiens (Japan und Südkorea) in vielen anderen Ländern die Geburtenhäufigkeit senken. Beide Effekte, die höhere Lebenserwartung und die sinkenden Geburtenhäufigkeiten, werden auch Asiens Bevölkerung altern lassen. In Südkorea könnte nach den Projektionen der UN der Anteil der Erwerbsfähigen (hier die 15 bis 60 Jahre alten Personen) bis zur Jahrhundertmitte um 20%-Punkte abnehmen, der Anteil der Hochbetagten indes um gut 10%-Punkte ansteigen. Auch in China wird der Anteil der Erwerbsfähigen bis 2050 um fast 15%-Punkte sinken. In Indien wird zwar der Anteil der Erwerbsfähigen im Jahr 2050 noch immer etwas über dem heutigen Niveau liegen, der Anteil der über 60-Jährigen wird jedoch auch in Indien in den kommenden Jahren stetig steigen. Offensichtlich sind diese Strukturverschiebungen zwar in der Richtung ähnlich, doch in der Dimension sehr verschieden. Die Implikationen für die Immobilienmärkte sind dann regional höchst uneinheitlich, denn das Wachstumspotenzial richtet sich nach den relativen Nachfrageveränderungen und nicht nach den bereits heute erreichten Niveaus. Wie später noch gezeigt wird, sind diese Differenzen jedoch mit Blick auf das Vorzeichen der Wertänderungsrendite weniger gravierend als in Europa, da die aktuellen Versorgungsniveaus mit hochwertigen Wohn- und Büroraum in Asien noch immer viel Raum für Expansion lassen.

Hinzu kommt, dass bisher die asiatischen Länder als jeweils homogene Wirtschaftsräume dargestellt wurden. Das ist natürlich nicht der Fall. Die Wirtschaftsentwicklung und folglich auch die Bevölkerungsentwicklung werden auch in Indien und China sehr uneinheitlich verlaufen. Wahrscheinlich fallen die regionalen Disparitäten in den Schwellen- und Entwicklungsländern sogar noch deutlich stärker aus als jene in den Industrieländern, weil der anhaltende Produktivitätsfortschritt in der Landwirtschaft sowie der Bevölkerungsdruck auf dem Land für umfangreiche Binnenwanderung aus den ländlichen Räumen in die Städte sorgen werden. Weil die Ausgangsniveaus in diesem Urbanisierungsprozess in vielen asiatischen Ländern noch sehr niedrig sind, dürfte diese Entwicklung gravierende Nachfrageverschiebungen bedeuten. Die Immobiliennachfrage würde dann in China und Indien viel stärker steigen als die nationale Bevölkerungsentwicklung vermuten ließe. Es lohnt sich also, die Trends zur Verstädterung etwas genauer anzuschauen.

8.4 Urbanisierung als globaler Trend

Nach Schätzung der Vereinten Nationen (2012) lebten im Jahr 2007 zum ersten Mal in der Geschichte der Menschheit mehr Menschen in Städten als auf dem Land. Dieser Urbanisierungstrend begann vor rd. 10.000 Jahren als die ersten Städte gegründet wurden, doch v.a. im Zuge der Industrialisierung hat sich die Entwicklung stark beschleunigt.

8.4.1 Wie Städte entstehen

Die ökonomischen Gründe für die Entstehung von Städten und das Wachstum von Städten sind heute im Grundsatz nicht viel anders als vor 10.000 Jahren. Städte entstanden aus Marktplätzen. Ihre Lage an Handelsrouten war in ihrer weiteren Entwicklungsgeschichte häufig entscheidend. Handel schafft Effizienzvorteile, weil sich Menschen auf ihre Stärken konzentrieren können. Die Spezialisierung der Handeltreibenden und die damit verbundenen Effizienzvorteile waren Voraussetzungen, damit die Menschen Überschüsse erzeugen und somit die reine Subsistenzwirtschaft überwinden konnten. Eine weitere Voraussetzung waren Produktivitätssteigerungen in der Landwirtschaft, denn die Städter mussten ja durch die Produktion auf dem Land ernährt werden. Diese Produktivitätsfortschritte sorgten dann gleichzeitig für Wanderungsdruck, denn es waren nicht mehr alle Arbeitskräfte benötigt.

Städte entstehen also letztlich aus Spezialisierungsvorteilen. Eine wachsende Stadt schafft einen höheren Spezialisierungsgrad, denn für viele Produkte und Dienstleistungen gibt es Größenvorteile in der Produktion, bzw. im Konsum. Erreichen Produzenten in einem Agglomerationsraum mehr Abnehmer, lohnen sich größere Produktionsanlagen. Die Herstellungskosten fallen. Die stärkste Expansionsphase der Städte in der Welt begann also nicht zufällig während der Industrialisierung, zumal der Kapitalismus die Investitionen in Realkapital erleichterte. Doch auch Rom war vor rd. 2.000 Jahren einen Millionenstadt so wie Xi'an (bzw. Chang'an) 700 Jahre später.

Bei den Größenvorteilen geht es jedoch nicht nur um Produktionsvorteile. Auch im Konsum gibt es Größenvorteile, z.B. bei kulturellen Einrichtungen. Ein Opernhaus rechnet sich nicht in jeder Kleinstadt. In einer Großstadt gibt es mehr Interessenten und v.a. mehr Menschen, die den Unterhalt finanzieren können. Auch bei anderen materiellen Infrastruktureinrichtungen gibt es eindeutige Größenvorteile in Städten: Ein Wasser- oder Stromnetz ist auf dicht besiedeltem Raum für jeden einzelnen günstiger als in dünn besiedelten Regionen. Im Falle von Bildungseinrichtungen gibt es dann auch wichtige Spill-over-Effekte. Das Wissen verbreitet sich in einem dicht besiedelten Raum schnell, und dies ermöglicht einen höheren Wachstumstrend. Selbst in Zeiten von Internet und globalem Medienkonsum gibt es viele regional begrenzte Spill-over-Effekte. Ballung lohnt sich; Wirtschaftscluster entstehen (vgl. hierzu Döring und Schnellenbach, 2004 sowie die dort zitierte Literatur). Eine sehr gute Darstellung der ökonomischen Entstehungsgründe für Städte bietet Quigley (1998) sowie Glaeser (2011), zur Begründung der Stadtstrukturen in einem Land vgl. u.a. Gabaix und Ioannides (2004) sowie Duranton (2007).

Schließlich spricht vieles dafür, dass in größeren Städten die Transaktionskosten auf den Arbeitsmärkten geringer ausfallen als in kleineren Städten oder gar auf dem Land. Geht man davon aus, dass die Menschen nicht über identische Qualifikationen verfügen und die Anforderungen für verschiedene Jobs ebenfalls sehr stark ausdifferenziert sind, so ist es offensichtlich nicht einfach, für eine bestimmte Stelle einen geeigneten Kandidaten zu finden. Je umfangreicher der Pool an potenziellen Arbeitskräften ist, desto einfacher lassen sich Arbeitsnachfrage und -angebot in solch einem ausdifferenzierten Markt zusammenbringen. Die Menschen werden dann gemäß ihren Qualifikationen in einer Stadt besser eingesetzt als auf dem Land mit einem weniger aufgefächerten Angebot. Dies erhöht ebenfalls die Produktivität von Arbeitskräften in der Stadt.

Tatsächlich wurde in zahlreichen empirischen Studien gezeigt, dass die Produktivität von Erwerbstätigen mit der Größe einer Stadt korreliert. Je nach Branche und Analysemethode wurden Produktivitätssprünge von 3 bis 30% bei einer Verdoppelung der Einwohnerzahl ermittelt. Quigley (1998, S. 134.) resümiert: *„Larger cities contribute more than proportionately to national output."*

8.4.2   Das Zeitalter der Städte

Vor 200 Jahren lebten etwa 3% aller Menschen in Städten, 1950 waren es etwa 30% und heute bereits mehr als die Hälfte. Daher wird heute zu Recht vom Zeitalter der Städte gesprochen. Die Ende der 1990er Jahre geführte Diskussion, ob der technologische Fortschritt in der Informations- und Kommunikationstechnik die räumliche Konzentration überhaupt noch notwendig macht, wird derzeit nicht mehr geführt. Glaeser (1998) lieferte bereits vor 15 Jahren alle Argumente, warum diese Erwartung zumindest auf absehbare Zeit unerfüllt bleiben dürfte.

Es gibt wahrscheinlich kein besseres Beispiel für das Zeitalter der Städte als die chinesische Stadt Shenzhen: 1980 war Shenzhen mit etwa 30.000 Einwohnern nicht größer als Bad Vilbel. Die günstige geografische Lage im Perl-Fluss-Delta, der politische Wille Chinas, sich stärker in die internationale Arbeitsteilung zu integrieren sowie die direkte Begünstigung der Stadt durch das Einrichten einer Sonderwirtschaftszone verhalfen Shenzhen zu einem unvergleichlichen Aufschwung: Heute leben in der Stadt über 10 Mio. Einwohner, und bis zum Jahr 2025 erwarten die Vereinten Nationen noch einmal gut 5 Mio. zusätzliche Einwohner in der Stadt (wobei hier immer vom Agglomerationsraum und nicht vom Stadtgebiet im engeren Sinne gesprochen wird). Dies ist freilich gar nicht einfach, da die Weltstadt Hong Kong fast fußläufig ist und die Megastadt Guangzhou ebenfalls nur eine Stunde mit dem Zug entfernt liegt.

Nach den Schätzungen der UN ist der Prozess zu mehr sowie zu größeren Städten insgesamt – losgelöst vom Beispiel Shenzhen – noch lange nicht abgeschlossen. Zwar gibt es in vielen Industriestaaten nur noch geringe Veränderungen, weil erstens die Gesamtbevölkerung nur noch geringfügig wächst oder sogar schrumpft und weil zweitens bereits sehr hohe Urbanisierungsquoten erreicht sind. So liegt der Anteil der Stadtbevölkerung in Deutschland bei rd. 74%, in Frankreich, Spanien und den USA bei über 80%, in Großbritannien bei knapp 90% und in Belgien sogar bei 97%. In vielen bevölkerungsreichen Ländern der Erde leben allerdings noch immer sehr viele Menschen auf dem Land, auch wenn die Bilder von den Metropolen Mumbai, Beijing oder Shanghai einen anderen Eindruck vermitteln. In China beträgt der Anteil der Stadtbevölkerung über 50%, in Indien sind es nur etwas mehr als 30%. Für einige afrikanische Staaten werden sogar noch deutlich niedrigere Quoten ausgewiesen. Das Wachstum der Städte wird in den kommenden Jahrzehnten also überwiegend in den Entwicklungs- und Schwellenländern stattfinden.

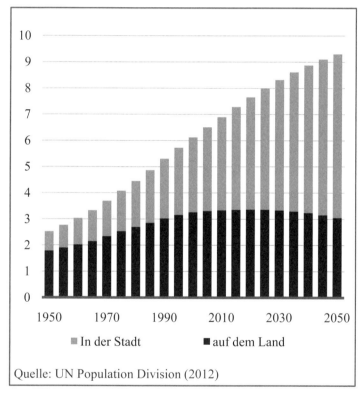

Quelle: UN Population Division (2012)

Abbildung 117: Entwicklung der Weltbevölkerung in Städten und auf dem Land bis 2050, in Mrd.

In absoluten Zahlen werden die Städte in China und Indien die Entwicklung prägen. Doch das sehr niedrige Ausgangsniveau in vielen afrikanischen Ländern wird dort die größten Veränderungen bedingen. Abbildung 118 veranschaulicht dies anhand der Entwicklungspfade für ausgewählte Schwellen- und Entwicklungsländer im Vergleich zu Deutschland und den USA.

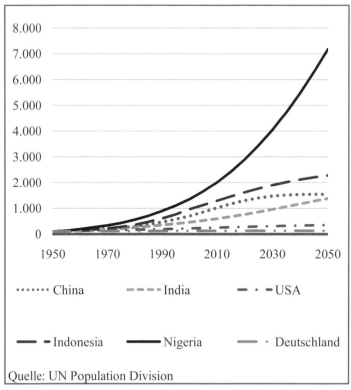

Abbildung 118: Entwicklung der Bevölkerung in Städten, indexiert.

Und die Verschiebungen dürften nach den Schätzungen der UN auch in Zukunft gravierend sein: Während die Landbevölkerung bereits in den nächsten Jahren ihren zahlenmäßigen Höchststand überschreiten dürfte, wächst die Stadtbevölkerung bis zum Ende des Prognosezeitraums 2050 weiter. Bis zur Jahrhundertmitte würde sich die Zahl der Städter gemäß den UN-Schätzungen noch einmal auf nahezu 6,4 Mrd. Menschen verdoppeln. Das entspräche dann knapp 70% der Erdbevölkerung. Die größten Zuwächse kommen aus Asien und Afrika: In Asien wächst die Stadtbevölkerung um insgesamt 1,8 Mrd. Menschen, in Afrika um 850 Mio. Menschen. Um eine Vorstellung zu bekommen, wie gewaltig dieser Anstieg ausfällt, sollte man sich vergegenwärtigen, dass heute in Europa, Nord- und Lateinamerika zusammen „nur" 1,2 Mrd. Menschen in Städten leben.

Zwar schwächt sich das Wachstum der Städte allmählich ab, doch auch im Jahr 2050 liegt die jährliche Wachstumsrate noch immer bei etwa 1% gemäß den Schätzungen der UN.

8.4.3   Megastädte als Sonderfall

Starkes Bevölkerungswachstum und anhaltende Landflucht hat nicht nur mehr Städte, sondern v.a. immer größere Städte entstehen lassen. Als erste Millionenstadt gilt Rom, das bereits im vierten Jahrhundert nach Christus diese Grenze überschritten haben soll. Im Jahr 1975 wurden weltweit bereits 179 Millionenstädte gezählt, und danach setzte eine weitere Beschleunigung ein: Für das Jahr 2011 weisen die UN (2012) rd. 450 Millionenstädte aus.

Allein in Indien gibt es rd. 50 Städte mit mindestens einer Million Einwohnern, in China sind es sogar über 100 solcher Städte, und natürlich ist diese Entwicklung noch nicht zu Ende.

Nun gelten Städte ab einer Einwohnerzahl von 100.000 Personen in Deutschland bereits als Großstadt, Millionenstädte sind also hierzulande etwas Besonderes. Im internationalen Vergleich gilt dies jedoch nicht: Die größte Stadt Deutschlands und die zweit größte Stadt der Europäischen Union, Berlin, erreicht mit ihren 3,5 Mio. Einwohnern nur Platz 86 in einer weltweiten Rangfolge. Es gibt deutlich größere Städte, eben echte Megastädte.

Was ist eine Megastadt?

Gemäß der gebräuchlichsten Definition der Vereinten Nationen gilt eine Stadt mit mehr als 10 Mio. Einwohnern als Megastadt. Zwei Dinge sind hierbei allerdings bedeutsam: Erstens haben Grenzen von Gebietskörperschaften immer etwas Zufälliges. In den meisten Fällen gibt eine Stadtgrenze Auskunft über die funktionale Grenze zu einem bestimmten Zeitpunkt in der Vergangenheit. Mitunter kann dieser Zeitpunkt Jahrhunderte zurückliegen. Um die Bedeutung von einer Stadt zu erfassen, ist es daher sinnvoll, nicht allein auf die Grenzen der Gebietskörperschaft zu achten, sondern auf den gesamten Agglomerationsraum, also die Stadt inklusive ihrer verflochtenen Umlandgemeinden. So wäre zum Beispiel New York City mit seinen rd. 8 Mio. Einwohnern keine echte Megastadt nach der Definition der Vereinten Nationen. Der Agglomerationsraum New York-Newark indes zählt knapp 19 Mio. Einwohner. Noch deutlicher wird dies am Beispiel Tokio: Tokio-Stadt hat ebenfalls etwa 9 Mio. Einwohner, der gesamte Agglomerationsraum erreicht freilich über 37 Mio. Das sind beinahe doppelt so viele Menschen wie in ganz Nordrhein-Westfalen leben.

Zweitens, die globalen Städtestatistiken sind immer mit Vorsicht zu genießen. So beziehen sich die UN in ihrer weltweiten Statistik zu Millionenstädten zu Recht auf die Agglomerationsräume, um die Bedeutung des Wirtschaftsraumes „Stadt" angemessen abzubilden. Allerdings gelingt dies nicht überall gleich gut. Für Deutschland beispielsweise werden nur die reinen Stadtgrößen ausgewiesen. Das Ruhrgebiet als urbaner Ballungsraum fehlt gänzlich in der Statistik. Der Agglomerationsraum Berlin mit rd. 5 Mio. Einwohnern käme in der globalen Rangfolge auf Platz 99, wird jedoch in der UN-Statistik nur unzureichend durch die Stadtgröße abgebildet.

Hinzu kommt, dass es gerade für Entwicklungs- und Schwellenländer keine verlässlichen offiziellen Daten zu den Einwohnerzahlen gibt. Die Entwicklung verläuft sehr ungeordnet. Oftmals werden Einwohnerzahlen mit Hilfe von Luftbildern aus dem Weltraum geschätzt. Dies ist natürlich sehr ungenau, und folglich schwanken Schätzungen zu manchen Agglomerationsräumen in Entwicklungs- und Schwellenländern je nach Bearbeiter um bis zu 30% (Tibaijuka, 2006). Man darf sich daher nicht wundern, dass es keinen Konsens hinsichtlich der Liste der Megastädte gibt (vgl. z.B. Bronger, 2004). Letztlich ist es auch müßig, die exakte Grenze von Megastädten zu diskutieren: Eine Stadt mit 9 Mio. Einwohnern hat sicherlich dieselben Probleme und Chancen wie eine Stadt mit 10 Mio. Einwohnern.

Die klare Definition einer Megastadt durch die Einwohnerzahl grenzt eine Megastadt auch von Weltstädten, Global Cities, ab. Eine Weltstadt hat überragende wirtschaftliche, politische oder kulturelle Bedeutung für die gesamte Welt. Hierzu zählen neben New York und Tokio noch London und Paris, die Megastädte Karatschi oder Manila jedoch sicher nicht.

Entwicklung von Megastädten

Mitte der 1970er Jahre gab es weltweit nur drei Megastädte: Tokio, New York und Mexiko-Stadt. Immerhin kratzten sowohl São Paulo als auch die Agglomeration Osaka-Kobe bereits damals an der Grenze zur Megastadt. Bis heute hat sich das Bild gewandelt: Die UN zählen heute bereits knapp 23 Megastädte, davon allein drei in Indien und vier in China. Die Metropolregion Tokio ist auf insgesamt über 37 Mio. Menschen angewachsen, und vier weitere Agglomerationen übertreffen die Marke von 20 Mio. Menschen. Manchmal werden für diese Städte bereits die Begriffe „Hyperstadt" oder „Metastadt" verwandt.

Dass viele Städte sich gerade in den letzten dreißig Jahren zur Megastadt aufgeschwungen haben, liegt an drei sich gegenseitig verstärkenden Gründen: Erstens lag es an dem starken Anstieg der Weltbevölkerung insgesamt. In einigen Entwicklungsländern vertrieb die reine Not die wachsende Bevölkerung vom Land in die Stadt – in der Hoffnung, dass dort die Überlebenschancen höher sind als auf dem Land. Zweitens lässt es sich auf Produktivitätssteigerungen in der Landwirtschaft und drittens auf die Öffnung vieler Volkswirtschaften für den internationalen Güter- und Kapitalaustausch zurückführen. Die dadurch entstandenen Weltmärkte sorgten für globale Größenvorteile von Städten. Es ließen sich nie gekannte Spezialisierungsvorteile realisieren (vgl. Just und Thater, 2008).

Für das Jahr 2025 erwarten die UN 37 Megastädte, davon allein zehn Hyperstädte mit mehr als 20 Mio. Einwohnern. 21 Megastädte liegen in Asien, wobei Istanbul noch nicht einmal mitgezählt wurde, neun in Nord- und Südamerika, vier in Europa (inklusive Istanbul) und drei in Afrika. Neben der regionalen Verteilung der Megastädte fällt bei der UN-Projektion vor allem auf, dass die Bevölkerungsforscher für alle Megastädte mit einer zum Teil deutlichen Wachstumsverlangsamung rechnen. Demnach könnte es Grenzen für das Wachstum der Städte geben – zumindest gemäß diesen Projektionen.

Tabelle 26: Megastädte in der Welt

Agglomeration	Land	Einwohnerzahl in Mio.		
		1975	2011	2025
Tokio	Japan	26,6	37,2	38,7
New York-Nw.	USA	15,9	20,4	23,6
Mexiko-Stadt	Mexiko	10,7	20,4	24,6
Mumbai	Indien	7,1	19,7	26,6
São Paulo	Brasilien	9,6	19,9	23,2
Delhi	Indien	4,4	22,7	32,9
Shanghai	China	7,3	20,2	28,4
Kolkata	Indien	7,9	14,4	18,7
Dhaka	Bangladesch	2,2	15,4	22,9
Buenos Aires	Argentinien	8,7	13,5	15,5

Los Angeles	USA	8,9	13,4	15,7
Karatschi	Pakistan	4,0	13,91	20,2
Kairo	Ägypten	6,4	11,2	14,7
Rio de Janeiro	Brasilien	7,6	12,0	13,6
Osaka-Kobe	Japan	9,8	11,5	12,0
Beijing	China	6,0	15,6	22,6
Manila	Philippinen	5,0	11,9	16,3
Moskau	Russland	7,6	11,6	12,6
Istanbul	Türkei	3,6	11,3	14,9
Lagos	Nigeria	1,3	10,8	18,9
Guangzhou	China	4,3	10,8	15,5
Shenzhen	China	< 0,1	10,6	15,5
Paris	Frankreich	8,6	10,6	12,2

Quelle: UN Population Division (2012)

Zwei Dinge sind hierbei freilich wichtig: Erstens, das verlangsamte Wachstum ist natürlich zum Teil das Ergebnis eines geringeren Anstiegs der Weltbevölkerung insgesamt sowie eines höheren Urbanisierungsniveaus im Vergleich zu früheren Jahrzehnten. Zweitens zeigt das Beispiel Tokios, dass die Grenzen sehr weit nach außen verschoben werden können, falls es gelingt, Infrastrukturengpässe aufzulösen. Den Agglomerationsnachteilen stehen eben auch starke Agglomerationsvorteile gegenüber – auch wenn es sich wie im Falle von einigen Megastädten in Entwicklungsländern (Lagos, Kinshasa, Dhaka) nur um relative Vorteile im Vergleich zu dem Leben auf dem Land handelt.

Die größten Herausforderungen

Städte sind Ballungsräume, und Ballungen bedeuten, dass es zu Knappheiten kommt, denn neu Zuziehende stehen in Konkurrenz auf den Arbeitsmärkten und den Immobilienmärkten mit den Ansässigen. Knappheiten nehmen zu, und dies bedeutet letztlich finanzielle Belastungen oder zumindest den Verlust an Lebensqualität für die Stadtbewohner. Es gibt nennenswerte Ballungsnachteile (vgl. hierzu auch Burdett, 2007). Die wichtigsten vier sind:

a) **Hohe Immobilien- und Bodenpreise**: Am deutlichsten zeigt sich die steigende Knappheit auf den städtischen Immobilienmärkten. Alle Flächennutzungsarten stehen in Konkurrenz: Wohnen, Handel, Büro, Hotel und Freizeitaktivitäten. In großen Städten ist Wohnen nicht nur absolut, sondern auch relativ teuer (vgl. Just, 2008 sowie Just und Thater, 2008). Ein Teil der höheren Löhne in Welt- und Megastädten, die dank der höheren Produktivität erzielt werden können, geht also durch die höheren Immobilienpreise verloren – aber eben nur ein Teil. Eine ähnliche Logik gilt für zahlreiche Konsumgüter, die in großen Städten erworben werden. Daneben führt die Verknappung in den Innenstädten auch dazu, dass für sehr viele Menschen angemessene Wohnbedingungen unerschwinglich werden. Slums und moderne Wohn- und Bürokomplexe entstehen parallel. Auf den ersten Blick mag dieses Nebeneinander widersprüchlich erscheinen. Tatsächlich sind es jedoch – zumindest in der frühen Entwicklungsphase – zwei Seiten derselben Medaille: Die Knappheit des Bodens lässt Topobjekte als rentierliche Form für zahlungskräftige Unternehmen und Privatpersonen entstehen und drängt gleichzeitig nicht zahlungskräftige Menschen in menschenunwürdige Behausungen. Die Organisation UN-Habitat schätzt, dass es heute insgesamt eine Milliarde Slumbewohner auf der Welt gibt. In den letzten dreißig Jahren hat sich die Zahl der Slumbewohner verdoppelt, und trotz ehrgeiziger Ziele und Deklarationen ist ein weiterer Anstieg kaum zu verhindern. Für Menschen in Slums gelten die meisten der oben skizzierten Verbesserungsmöglichkeiten in Städten nicht. Ihre Lebenserwartung, ihr Gesundheitszustand, ihre Beschäftigungschancen und ihr Ausbildungsgrad sind nicht höher als auf dem Land, häufig sogar niedriger. Auf jeden Fall liegen die Vergleichswerte laut UN-Habitat deutlich unter den Werten für die Städter, die nicht in Slums wohnen müssen (Moreno und Warah, 2009). Allerdings werden hier Durchschnittswerte verglichen – ein personenbezogener Vergleich ist nicht möglich. Außerdem entlastet jeder Fortzug vom Land in die Stadt eher die Konkurrenzbeziehungen auf dem Land. Schließlich gilt aber auch, dass es bei Fortzugsentscheidungen um den Vergleich von unsicheren Entwicklungen geht. Der Erwartungswert eines Umzugs kann höher ausfallen – aber eben nicht jede mögliche Entwicklung.

b) **Verkehr – immer am Rande des Kollaps**: Gerade in Schwellenländern fehlt es häufig an einem ausreichenden öffentlichen Nahverkehrssystem. Der Neubau ist extrem teuer, die Planungszeiten sehr lang und beim Bau von U-Bahn-Systemen müssen existierende Strukturen durchbrochen werden. Insbesondere in schnell und ungeplant wachsenden Städten nimmt der Individualverkehr viel schneller zu als die Verkehrsinfrastruktur. Staus sind unvermeidlich. Motorisierter Individualverkehr, also mehr Autos, ist in der Regel keine gute Antwort auf Ballungsprobleme, da die verbrauchte Fläche je Fahrgast viel zu groß ist. Ein kollektives Nahverkehrssystem nutzt die Knappheiten viel effizienter. Gerade in Entwicklungs- und Schwellenländern ist jedoch ein U-Bahnnetz nicht zwangsläufig die beste Antwort. Zwar nutzen U-Bahnen den Platz sehr gut. Doch zum einen ist der Bau bzw. Ausbau sehr teuer und zum anderen müssen mögliche Verkehrsströme der Zukunft bereits heute bekannt sein. In sehr dynamischen Städten ist dies deutlich schwieriger als in Städten mit einer bereits gefestigten Struktur. Daher sind Bussysteme zumindest für einige Jahrzehnte sinnvolle Alternativen zu Schienensystemen. Der Bau einer Bustrasse kostet nur einen Bruchteil (ein Zehntel oder sogar nur 2%) einer vergleichbaren U-Bahnstrecke.

c) **Umweltprobleme**: Die wachsende Verkehrsbelastung sowie zunehmende Industrieanlagen in den Stadtgebieten bedeuten nicht nur Staus, sondern bewirken auch steigende Umwelt- und Gesundheitsschäden. Die Weltbank schätzt, dass 16 der 20 Städte mit der stärksten Umweltverschmutzung 2007 in China lagen (Lagorio, 2007). Spiegelbildlich hierzu führt der wirtschaftliche Aufstieg der Städte in Schwellenländern zu einem rasch steigenden Energieverbrauch: In einer Studie von Booz, Allen, Hamilton zum Investitionsbedarf in städtische Infrastruktur kommen Doshi, Schulman und Gabaldon (2007) zu dem Ergebnis, dass allein in Asien bis zum Jahr 2030 fast 4,5 Bill. US-Dollar in die Energienetze und Kraftwerke fließen müssten. Das entspräche nahezu der Hälfte des weltweiten Investitionsbedarfs in kommunale Energienetze.

d) **Soziale Herausforderungen**: Der starke Bevölkerungsanstieg in den Städten der Schwellen- und Entwicklungsländer ist Beleg dafür, dass insgesamt die Vorteile der Stadt ihre Nachteile überwiegen, zumindest im Vergleich zur Alterative auf dem Land. Denn wäre die Differenz aus Vor- und Nachteilen dauerhaft negativ, kämen solch starke und persistente Migrationsströme nicht zustande. Allerdings zeigte bereits der Hinweis auf die Slumproblematik, dass die einzel- und gesamtwirtschaftliche Vorteilhaftigkeit nichts über die Verteilungsprobleme aussagt: Die Nutzen und Kosten der Urbanisierung – gerade in Megastädten – verteilen sich nicht gleichmäßig. Hierbei geht es zunächst um die heutige Einkommens- und Vermögensverteilung sowie um die zentralen Faktoren, die die Einkommens- und Vermögensverteilung von morgen bestimmen, also die Durchlässigkeit einer Gesellschaft, Chancengleichheit bei Bildung, Integration von Zugewanderten und eine angemessene politische und kulturelle Teilhabe.

8.5   Nachfrage nach Wohnungen in der Welt

Für die kommenden Jahrzehnte werden die demografischen Trends also in den meisten Ländern der Erde zu einem starken Anstieg der Nachfrage nach Wohnraum sorgen: Die Zahl der Menschen wird sich deutlich erhöhen, weil die Lebenserwartung zunimmt und weil in vielen Ländern noch immer mehr als zwei Kinder je Frau geboren werden. Diese Entwicklung wird durch den Urbanisierungstrend verstärkt. Zudem werden steigende Einkommen auch die quantitative und qualitative Nachfrage nach Wohnraum erhöhen.

In Kapitel 1 wurde für Deutschland veranschaulicht, wie viele Parameter selbst in einem einfachen Prognosemodell für die Wohnflächennachfrage berücksichtigt werden müssen. Gerade für Entwicklungs- und Schwellenländer stehen ähnlich granulare Daten nicht zur Verfügung. Daher wird im Folgenden ein einfaches Modell präsentiert, das eine Vorstellung über die zukünftige Entwicklung in ausgewählten Ländern gibt. Die Ergebnisse dieses Modells werden mit der „offiziellen" internationalen Haushaltsprognose von UN-Habitat (2001) verglichen.

8.5.1   Eine Milliarde zusätzliche Haushalte bis 2030

UN-Habitat hat für über 170 Länder der Erde die Zahl der Haushalte bis zum Jahr 2030 auf der Basis einer (früheren) Bevölkerungsprognose der UN publiziert. Insgesamt wird es gemäß den Berechnungen von UN-Habitat im Jahr 2030 etwa eine Milliarde mehr Haushalte auf der Welt geben als im Jahr 2000. Allerdings liegt der Berechnung ein Anstieg der Weltbevölkerung bis 2030 auf 8,1 Mrd. Menschen zugrunde. Das sind rd. 200 Mio. Menschen weniger als in der aktuellen, mittleren Variante der UN bis 2030 erwartet wird. Bei einer mittleren Haushaltsgröße von dann gut 3 Personen entspräche das Heranziehen der neuen Prognose zusätzlichen 60 Mio. Haushalten bis 2030.

Natürlich verteilt sich der Anstieg sehr uneinheitlich: Für Europa wird nur ein Zuwachs von 16% erwartet, für Asien von 75% und für Afrika sogar von 130%. Insgesamt zeigt sich hierin dahingehend ein ähnliches Bild zu der Prognose für Deutschland, als dass die Zahl der Haushalte in allen Regionen deutlich stärker zulegt als die Zahl der Einwohner.

Tabelle 27: Entwicklung der Zahl der Haushalte in der Welt

	Zahl der Haushalte (in Tsd.)		Anstieg in %
	2000	2030	
Afrika	173.413	399.055	130,1
Asien	854.709	1.501.652	75,7
Europa	289.735	336.943	16,3
Lateinamerika	127.264	226.703	78,1
Nordamerika	119.986	175.169	46,0
Ozeanien	10.170	16.511	62,4
Welt	1.575.277	2.656.033	68,6

Quelle: UN-Habitat (2001)

Die Zahl der Personen je Haushalt sinkt also sehr stark. Weltweit lebten im Jahr 2000 noch rd. 3,8 Personen in einem Haushalt. Nach den Berechnungen von UN-Habitat dürften es 2030 knapp über 3 Personen sein. Dieser Effekt sinkender Haushaltsgrößen erklärt in den Schätzungen von UN-Habitat rd. 40% des Anstiegs der Haushaltszahlen. Sprich, selbst wenn die Weltbevölkerung nicht mehr zunehmen würde, kämen bis 2030 über 400 Mio. zusätzliche Haushalte auf der Welt hinzu.

Aus dieser Entwicklung resultiert ein enormer Baubedarf neuer Wohnungen. Die zunehmende Urbanisierung ist offensichtlich ein wichtiger Treiber dieses Baubedarfs. Der aus diesem Trend resultierende Baubedarf könnte sogar noch stärker ausfallen als in dem Anstieg der Haushaltszahlen zum Ausdruck kommt. Ein einfaches Beispiel kann dies illustrieren: Zieht ein junger Mensch vom Land in die Stadt, entsteht ein neuer Haushalt in der Stadt während die Zahl der Haushalte auf dem Land unbeeinflusst bleibt, da er aus einem bestehenden Haushaltsverbund auszog. Es entsteht ein neuer Haushalt und Bedarf für eine Wohnung. Wird jedoch der gesamte Haushalt auf dem Land aufgelöst, bleibt durch den Umzug die Zahl der Haushalte konstant, es entsteht aber Baubedarf für einen neuen Haushalt in der Stadt. Solange es auf dem Land positives Bevölkerungswachstum gibt, könnte der frei gewordene Wohnraum (grundsätzlich) für neue Haushalte genutzt werden. Es wurde aber gezeigt, dass sich das Bevölkerungswachstum auf dem Land sehr stark abschwächen wird und in den kommenden Jahrzehnten sogar negativ werden dürfte. Dann würde die Urbanisierung zu einem höheren Wohnungsbedarf führen als die Entwicklung der Haushalte nahelegt. Natürlich darf dieses Argument gerade für Entwicklungsländer nicht überstrapaziert werden, und erst recht darf man mit Blick auf den Baubedarf nicht westliche Standards anlegen. Doch es ist ebenfalls klar, dass steigende Einkommen in vielen Ländern auch höhere durchschnittliche Wohnstandards in den Städten ermöglichen werden. Auch dies sorgt für das Sinken der mittleren Haushaltsgröße.

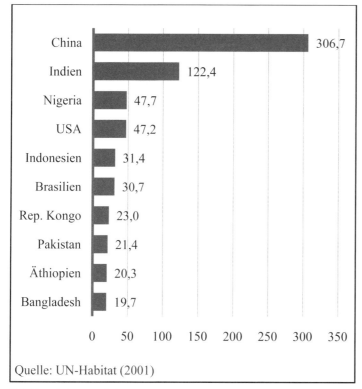

Abbildung 119: Zusätzliche Haushalte von 2000 bis 2030, in Mio.

Abbildung 119 zeigt die zehn Länder, die gemäß UN-Habitat mit dem stärksten Anstieg der Haushaltszahlen zu rechnen haben. Dass China und Indien die Liste anführen, mag wenig überraschen. Da die Berechnung von UN-Habitat bereits 2001 publiziert wurde, könnte die Dynamik Indiens sogar unterschätzt worden sein, denn für Indien wurde nur ein moderater Rückgang der Haushaltsgrößen unterstellt. Bemerkenswert ist, dass für die USA weitere 47 Mio. Haushalte bis 2030 erwartet werden – so viele wie für Europa insgesamt. Der absolut stärkste Anstieg in Europa wird für Russland ermittelt (+16 Mio. bis zum Jahr 2030). Danach folgen Großbritannien (+7,3 Mio.) und Frankreich (+5,2 Mio.). Für die Türkei schätzt UN-Habitat den Anstieg auf fast 13 Mio. zusätzliche Haushalte.

Man sollte jedoch auch mit diesen Zahlen vorsicht₁g umgehen, denn kleine Änderungen in den Annahmen zur Nettoz· ˖ ˖rung beziehun ˖˖ ˖ ˖ zu Entwicklung der mittleren Haushaltsgröße haben gravieren ˖ Auswirkungen au˖ ˖as ˖esamtergebnis. Dies zeigt sich eindrucksvoll am Beispiel Spaniens. Die günstige wirtschaftliche Entwicklung Spaniens vor Beginn der Rezession 2008 zog sehr viele Menschen an. Die Zahl der Einwohner stieg binnen zehn Jahren um 6 Mio. an. Den Schätzungen von UN-Habitat lag jedoch ein Rückgang der Einwohnerzahl bis 2030 um 3 Mio. zugrunde. Die Bevölkerungsprognose hatte den tatsächlichen, sehr starken Anstieg der Einwohnerzahlen in Spanien nicht erfasst. Auch für die Entwicklung der mittleren Haushaltsgröße wurde für Spanien ein vergleichsweise konservatives Szenario berechnet. Die Quote würde bei einem Niveau von gut drei Personen je Haushalt im Jahr 2001 innerhalb von dreißig Jahren nur etwa halb so schnell sinken wie dies in

Deutschland in den dreißig Jahren von 1960 bis 1990 geschah. Würde man beispielsweise mit der aktuellen Bevölkerungsvorausberechnung der UN für Spanien rechnen, erhielte man bis 2030 einen Bevölkerungsanstieg um fast 10 Mio. Menschen im Vergleich zum Jahr 2000. Sinkt die mittlere Haushaltsgröße wie von UN-Habitat angenommen um 0,3 Personen würde hieraus ein Anstieg der Haushaltszahlen um gut 5 Mio. resultieren. Würde man nun sogar einen Rückgang der mittleren Haushaltszahl bis 2030 um 0,6 unterstellen (dies entspräche in etwa der Entwicklung in Westdeutschland von 1960 bis 1990), so entstünden in Spanien bis 2030 sogar fast 8 Mio. zusätzliche Haushalte – und nicht wie in der UN-Habitat Vorausberechnung von 2001 nur 20.000. Und im Zuge der Wirtschaftskrise erlebte Spanien eine neue „Kurswende". Die Nettowanderungsrate, also der Nettowanderungssaldo je 1.000 Einwohner fiel von 15,6 im Jahr 2007 auf 2,3 im Jahr 2010 und dürfte 2011 erstmals seit 1990 negativ gewesen sein (Eurostat 2013).

Auch im internationalen Vergleich gilt folglich dasselbe wie bereits für die regionalen Prognosen für Deutschland gezeigt wurde: Es gibt erhebliche Unterschiede zwischen den Prognosen. Eine Plausibilitätsprüfung und eine zweite Meinung sind daher immer sinnvoll – gerade für die Analyse von Schwellenländern, wo es nur sehr wenige belastbare Immobilienmarktdaten gibt. Außerdem lohnt offensichtlich die ausführlichere Beschäftigung mit der mittleren Haushaltsgröße.

8.5.2   Ein Prognosemodell für die Entwicklung der Haushaltszahlen

Das nun skizzierte Prognosemodell basiert auf einer Studie von Deutsche Bank Research, allerdings wurden nur die Ergebnisse für den türkischen Wohnungsmarkt dargestellt (vgl. Kudatgobilik et al., 2008).

Die Vereinten Nationen erstellen umfangreiche Bevölkerungsprognosen. Von diesen Prognosen lässt sich dann direkt auf die Entwicklung der Zahl der Haushalte schließen, wenn man die Zahl der durchschnittlichen Haushaltsgröße schätzen kann. Diese Größe hängt neben soziokulturellen Faktoren – wie oben gezeigt – auch von ökonomischen Faktoren ab. Die Höhe der Einkommen bestimmt u.a. auch das Haushaltsbildungsverhalten. Höhere Einkommen ermöglichen jungen Familien das Bilden eigener Haushalte. Natürlich ist die Geburtenhäufigkeit ein direkter Bestimmungsfaktor für die mittlere Haushaltsgröße in einem Land. Zusätzlich wurde die Urbanisierungsquote berücksichtigt, da die Haushaltsgrößen in Städten üblicherweise geringer sind als auf dem Land. Dies geschieht nicht nur deshalb, weil die Lebenshaltungskosten und die Opportunitätskosten für Kinder in Städten höher sind, denn das wäre bereits implizit in der Entwicklung der Geburtenhäufigkeit enthalten. Es geht hierbei vielmehr um ein zusätzliches Individualisierungsmoment in Städten, das sich in späteren Geburten, späterem Zusammenziehen oder im Scheidungsverhalten äußert.

Die endogene, zu erklärende, Variable ist also die durchschnittliche Haushaltsgröße (HH), und als exogene, also erklärende, Variable gehen das reale logarithmierte Pro-Kopf-Einkommen (GDP), die Geburtenhäufigkeit (GH) und die Urbanisierungsquote (UQ) in die Schätzgleichung ein. Die Schätzung wurde für 38 Länder (Länder i) und für die Jahre zwischen 1960 und 2006 (Jahre t) durchgeführt. Es wurde eine OLS-Panelregression mit fixen Effekten geschätzt; so erhält jedes Land eine eigene Konstante zugeordnet und Landesspezifika, die nicht in den drei Faktoren berücksichtigt werden, können zumindest teilweise durch diese Konstanten erfasst werden.

$$HH_{i,t} = \alpha_i + \beta_1 \cdot GDP_{i,t} + \beta_2 \cdot GH_{i,t} + \beta_3 \cdot UQ_{i,t} + \varepsilon_{i,t}$$

Alle Koeffizienten hatten das erwartete Vorzeichen und waren mindestens auf dem 1%-Niveau signifikant von Null verschieden. Das heißt, ein höheres Einkommen geht auch in diesem Panel mit einer geringeren Haushaltsgröße einher. Eine geringe Geburtenhäufigkeit bedeutet (natürlich) tendenziell kleinere Haushalte und ein hoher Anteil an Stadtbevölkerung senkt tendenziell die Haushaltsgröße (natürlich gibt es eine Korrelation zwischen der Höhe der Einkommen und der Urbanisierungsquote, doch konnte die Güte der Schätzung durch das Hinzunehmen der Urbanisierungsquote erhöht werden – nicht aber beispielsweise durch eine zusätzliche Berücksichtigung einer Alterungsvariable).

Die Auswahl der Variablen wurde auch mit Blick auf verwertbare Langfristprognosen für die exogenen Variablen getroffen. Für die Vorausberechnungen wurden die Schätzungen der UN Population Division zur Urbanisierung und Fertilitätsentwicklung verwendet und die Trendwachstumsraten von IHS Global Insight für das Pro-Kopf-Einkommen. Im Folgenden werden für sechs Länder des Panels die Prognosen mit der Prognose von UN-Habitat verglichen. Diese Länder sind China, Indien, Türkei, Polen, Spanien und Großbritannien. Es handelt sich also um typische Wachstumsmärkte (emerging markets) in Asien und Europa sowie um zwei etablierte europäische Industriestaaten.

Für China, Indien und die Türkei wurden die veränderlichen Fertilitätsraten der mittleren Variante verwendet, für UK, Spanien und Polen konstante Fertilitätsraten. Insgesamt ist gemäß diesem einfachen Modell für alle Länder ein Rückgang der mittleren Haushaltsgröße zu erwarten. Abbildung 120 zeigt für diese sechs Länder die Entwicklung und vergleicht sie mit den Werten aus der UN-Habitat Haushaltsprognose. Die Auswahl der Länder erfolgte, um zu zeigen, dass sowohl für Entwicklungs- und Schwellenländer als auch für Industrieländer kein eindeutiges Muster im Über- oder Unterschätzen der Entwicklung im Vergleich zu UN-Habitat existiert. Für einige Länder gibt es sehr gute Übereinstimmung, für andere gibt es große Unterschiede. Im Falle Chinas beläuft sich die aus dieser Prognose abzuleitende Differenz zwischen den beiden Prognosen auf mehr als 115 Mio. Haushalte bis zum Jahr 2030.

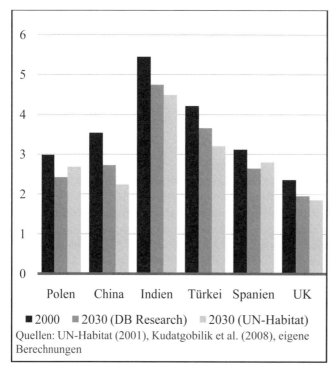

Abbildung 120: Vorausberechnung der mittleren Haushaltsgröße bis 2030, Personen je Haushalt

Bei den anderen Ländern sind die Abweichungen nicht nur absolut, sondern auch relativ deutlich kleiner. Es lohnt sich also immer, die konkreten Annahmen der Vorausberechnungen zu prüfen. Für Spanien wurde dies bereits erläutert. Am Beispiel Chinas lässt sich dies in ähnlicher Weise tun. Für das Jahr 2030 erwartet UN-Habitat einen Rückgang der chinesischen Haushaltsgröße auf 2,2 Personen. Das wären dann fast so kleine Haushalte wie wir sie in Deutschland haben, bei einer auch dann noch deutlich geringeren Urbanisierungsquote und einem spürbar geringeren Pro-Kopf-Einkommen. Dies ließe vermuten, dass die Werte von UN-Habitat eher am oberen Prognoseende liegen dürften. Ein gangbarer Weg für Planer könnte daher sein, einen Mittelwert aus solchen Prognosen zu bilden – zumindest für die Länder mit gravierenden Abweichungen zwischen den beiden Prognosen.

Das Beispiel Spaniens veranschaulicht, dass demografische Trends keineswegs deterministisch sind. Die großen Unterschiede in den Vorausberechnungen zeigen, dass der Unternehmer nicht obsolet wird, und dass Strategien regelmäßig angepasst werden müssen, da vermeintlich sichere Trends sogar auf nationaler Ebene durch geänderte Migrationsströme verändert werden können. Im Beispiel Spaniens geht es um eine Differenz von immerhin fast 7 Mio. Haushalten bis zur Jahrhundertmitte – gemäß des Schätzansatzes von Deutsche Bank Research ist mit einem Rückgang der Haushaltsgröße auf etwa 2,5 Personen bis zum Jahr 2050 zu rechnen. Unterstellt man einen Bevölkerungsanstieg von rd. 10 Mio. Menschen wie dies in der letzten Prognose der UN geschieht, entspräche dies einem Plus von fast 7 Mio. Haushalten in Spanien. In der intensiven Bauphase bis Ende 2007 sind zwar umfangreiche Angebotsüberhänge in Spanien entstanden, innerhalb von einigen Jahren wären diese jedoch vollständig absorbiert, da der Anstieg der Haushaltszahlen natürlich auch in Spanien nicht linear erfolgen wird.

Dies schließt allerdings auch den Hinweis ein, dass die aktuelle UN Bevölkerungsprognose, nur weil sie aktueller ist, nicht zwangsläufig die bessere – im Sinne von näher an der tatsächlichen Entwicklung – sein muss. Zwar können mehr Informationen berücksichtigt werden, auch können die Modelle verbessert worden sein, doch werden Migrationstrends dadurch nicht einfacher zu prognostizieren. Auch hier ist das Beispiel Spanien aufschlussreich: In der aktuellen Bevölkerungsprognose der UN wird bis zum Jahr 2020 ein jährlicher Nettozuwanderungssaldo für Spanien von rd. 250.000 Personen pro Jahr unterstellt. Das ist zwar nur noch halb so viel wie in den fünf Jahren von 2000 bis 2005, aber noch immer fast viermal so viel wie in den fünf Jahren zwischen 1990 und 1995. Während der heftigen Anpassungen auf den Bau- und Immobilienmärkten Spaniens verwandelte sich das dicke Migrationsplus in einen negativen Nettowanderungssaldo: Die hohe Arbeitslosenquote ist wahrlich kein Magnet für junge Arbeitssuchende aus Osteuropa oder Südamerika. Auch hier ist die wichtige Botschaft, dass es immer sinnvoll ist, die Annahmen einer koordinierten Bevölkerungsvorausberechnung regelmäßig auf Plausibilität zu prüfen. Auch hier könnte als gangbarer Weg der Mittelwert der sehr pessimistischen Prognose von UN-Habitat und der deutlich optimistischeren Prognose auf der Basis des DB Research-Modells gewählt werden

8.5.3   Enormer Nachholbedarf

Das Investitionspotenzial richtet sich nicht nur nach der Veränderung der Zahl der Haushalte, sondern auch nach der Veränderung der Wohnqualitäten. Hierbei spielen sowohl die Wohnungsgröße als auch andere Qualitätsmerkmale wichtige Rollen, und beides hängt von der zukünftigen Einkommensentwicklung der Haushalte ab, weil die Wohnungsnachfrage eben ökonomisch „normal" auf Einkommensveränderungen reagiert.

In Deutschland bewohnt beispielsweise jeder Mensch im Durchschnitt rd. 45 m² (vergleiche Abbildung 41), im Jahr 2002 waren es noch gut 40 m². An dieser Stelle ist dies deswegen relevant, weil für das Jahr 2002 für viele europäische Länder Vergleichszahlen vorliegen (vgl. Federcasa, 2006). So wohnte beispielsweise jeder Mensch in Dänemark durchschnittlich auf rd. 52 m², in Italien waren es etwa 36 m², in Spanien sogar nur 31 m² und in vielen osteuropäischen Ländern wurden Werte von zum Teil deutlich unter 30 m² je Person gemessen. In Polen waren es beispielsweise 23 m² pro Person. Es ist sehr wahrscheinlich, dass sich diese Lücke zwischen den ost- und westeuropäischen Wohnstandards bei steigenden Einkommen schließt, zumindest wird die Flächennachfrage pro Kopf weiter zunehmen. Hieraus könnte im Falle Spanien ein zusätzlicher Nachfrageimpuls von über 10% (gegenüber dem deutschen Referenzwert heute entstehen). Für Polen beträgt dieser zusätzliche Stimulus sogar 75%. Natürlich verteilt sich dieser Aufholprozess auf viele Jahre, denn in Spanien liegen die realen Pro-Kopf-Einkommen noch immer unter den deutschen Einkommen.

Hinzu kommt, dass bei steigenden Einkommen zahlreiche Wohnungen v.a. in Osteuropa modernisiert und saniert werden müssen. Während in Deutschland über 90% der Wohnungen über eine Zentralheizung verfügen, sind es in Ungarn oder Estland nicht einmal 60%. Mit Blick auf die energetische Effizienz der Immobilien dürfte die Bilanz sogar noch schlechter ausfallen. Aufschlussreich sind hierzu die Daten des SILC von Eurostat (Eurostat, 2009). Bei dieser europäischen Statistik zu Lebensbedingungen werden auch zahlreiche Wohnungsmerkmale erfasst. Die Ausstattung mit Grundmerkmalen in vielen südeuropäischen Ländern fällt bereits deutlich schlechter aus als in Deutschland. Auch dies lässt auf umfangreichen Modernisierungsbedarf schließen.

In Entwicklungs- und Schwellenländern stellt sich das Problem, bzw. das damit verbundene Verbesserungspotenzial, als noch weitaus größer dar. Allein für Indien wird geschätzt, dass 5% der Haushalte in baufälligen Wohnungen leben und dass es eine Angebotslücke von etwa 20 bis 30 Mio. Wohnungen gibt (Just et al., 2006), die sich letztlich in den Slumsiedlungen zeigt. Die Spannweite dieser Schätzungen sagt wiederum viel über die Genauigkeit von solchen Schätzungen aus. Wird diese Lücke allmählich geschlossen und zudem jedes Jahr etwa 1% des Wohnungsbestands wegen Abriss erneuert, müssten allein deswegen jährlich 3 Mio. Wohneinheiten in Indien fertig werden. Berücksichtigt man dann noch die sinkende Haushaltszahl aufgrund steigender Einkommen sowie die wachsende Bevölkerung müssten in Indien jedes Jahr mindestens 7 Mio. Wohnungen neu fertiggestellt werden. Ähnliche Dimensionen lassen sich für China errechnen. Vergleicht man dies mit der aktuellen Fertigstellungszahl in Deutschland von etwa 200.000 Wohneinheiten für das Jahr 2011, wird deutlich, dass die demografische Last nur ein Phänomen einiger westlicher Industriestaaten ist bzw. einiger Fortzugsregionen in diesen Ländern. Der Nachholbedarf in Asien und Afrika wird die in Europa zu beobachtende rückläufige Neubautätigkeit für Jahrzehnte global überkompensieren.

8.6   Büromärkte profitieren von Strukturwandel

Es wurde in Kapitel 4 gezeigt, warum es für Deutschland sehr wahrscheinlich ist, dass die Nachfrage nach Büroflächen demografisch bedingt in den kommenden Jahrzehnten unter Druck geraten wird. Erstens, weil die Zahl der Erwerbsfähigen sinken wird und zweitens, weil die Bürofläche je Mitarbeiter wahrscheinlich zurückgeht. Diese Effekte werden höchstwahrscheinlich noch einige Jahre durch den Strukturwandel zu mehr Dienstleistungsberufen und eine Verbreiterung im Arbeitsangebot überkompensiert. Ein lang anhaltender Anstieg der Nachfrage ist aber unwahrscheinlich.

Gemäß Wheaton (1999) muss dies dann zwangsläufig zu geringeren Fertigstellungszahlen oder sinkenden Büromieten und Preisen für Bürogebäude führen. Sehr ähnliche Argumente lassen sich für alle Länder mit rückläufigen Geburtenhäufigkeiten, v.a. aber für die Länder mit Fertilitätsraten unter zwei Kindern je Frau vorbringen – zumindest für die lange Frist. Je länger solch niedrige Geburtenraten vorliegen, desto eher werden die Zahl der Erwerbsfähigen und mittelfristig dann auch die Zahl der Erwerbstätigen sinken. In Europa gilt dies neben Deutschland insbesondere für Spanien, Italien und zahlreiche osteuropäische Länder (vgl. hierzu auch Brounen und Eichholtz, 2004). Dennoch wäre es falsch, eine generelle Warnung vor Investitionen in Büromärkte im Ausland auszusprechen, und zwar aus vier Gründen:

e)   **Besonders Schwellenländer stehen erst am Anfang des Strukturwandels zu einer Dienstleistungsgesellschaft.** In Deutschland sind rd. 70% der Beschäftigten in Dienstleistungsberufen tätig. Die Bedeutung der Büroberufe hat lange Jahre deutlich zugenommen. Der Strukturwandel hin zu mehr Dienstleistungen ist das Ergebnis starker Produktivitätsgewinne in der Landwirtschaft und im Produzierenden Gewerbe einerseits und dem hohen Sättigungsniveau bei vielen industriellen Gütern bzw. dem noch nicht vergleichbar hohen Sättigungsniveau bei Dienstleistungen andererseits. Ein Teil der Entwicklung ist freilich auch das Ergebnis einer Reallokation von Arbeit, die in einer globalisierten Welt dazu geführt hat, dass Industriearbeitsplätze aus Industrieländern in

Schwellenländer verlagert wurden. Dies hat dort den Strukturwandel von der landwirtschaftlich geprägten hin zur industriell geprägten Wirtschaft beschleunigt. Tatsächlich wurde China so erfolgreich zur Manufaktur der Welt, dass der Anteil der Dienstleistungen im letzten Aufschwung sogar leicht zurückging. Der Anteil der Dienstleistungen in China und Polen ist noch fast 15%-Punkte niedriger als jener in Deutschland und sogar mehr als 25%-Punkte niedriger als der Anteil der Dienstleistungen in den USA, Großbritannien oder Spanien. Es ist unwahrscheinlich, dass der Strukturwandel in den Schwellenländern nun Halt macht. Das heißt, der Anteil der Dienstleistungen wird allmählich in die Richtung westlicher Niveaus klettern. Dies wird freilich sehr langsam ablaufen. Es wäre auch falsch zu vermuten, dass die heutigen Schwellenländer die heutigen Dienstleistungsanteile der westlichen Industrieländer schicksalsgleich erreichen müssen. Selbst zwischen Industrieländern ähnlicher Entwicklungsstufen kann es nennenswerte Unterschiede geben – in Großbritannien liegt der Anteil der Dienstleistungen um 10%-Punkte über dem deutschen Wert. Die Entwicklungsrichtung dürfte jedoch im Trend für die allermeisten Schwellenländer klar sein: Es wird mehr Dienstleistungen und dann auch mehr Bürodienste geben. Dies wird in den osteuropäischen Ländern die demografische Last für die Büromärkte trotz des ungünstigen demografischen Ausblicks noch einige Jahre deutlich überkompensieren.

Für China und v.a. für Indien stellt sich die Lage für die Büroimmobilienmärkte sogar noch entspannter dar, da hier die Gesamtzahl der Erwerbstätigen noch lange steigen wird. Tatsächlich dürfte die größte Herausforderung für China und Indien in den kommenden zwei Jahrzehnten eher sein, dass sehr viele Investoren von den günstigen demografischen Perspektiven profitieren möchten und mit ihren Investitionen für heftige Bewegungen auf den Immobilienmärkten sorgen. Denn natürlich kann es auch auf Märkten mit dauerhaft günstigem Marktausblick zu vorübergehenden Angebotsüberhangen kommen.

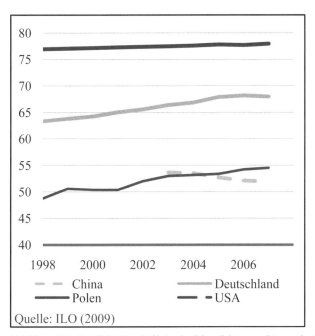

Abbildung 121: Anteil der Beschäftigten im Dienstleistungssektor an der Gesamtbeschäftigtenzahl, in %

f) **Die Flächeneffizienz ist international sehr unterschiedlich.** Es wurde in dem Szenario „Höhere Flächeneffizienz" in Abschnitt 4.4.4 argumentiert, dass es sehr gute Gründe für die Annahme gibt, dass der Flächenverbrauch je Arbeitsplatz in Deutschland in den kommenden Jahren sinken wird. Zum einen werden mehr Dienstleistungen im internationalen Wettbewerb stehen, und dies wird viele Kostenparameter, also auch den Flächenverbrauch, auf den Prüfstand zwingen. Im Bankensektor lässt sich dies bereits heute erkennen. Zweitens sind die Mobilitätsanforderungen sowie die Mobilitätswünsche gerade hoch qualifizierter Mitarbeiter groß. Sie können, möchten oder müssen häufiger von unterwegs, beim Kunden oder von zu Hause arbeiten. Die technischen Möglichkeiten für diese Flexibilität sind vorhanden. Gleichzeitig sinkt dadurch der Platzbedarf im Büro. Die modernen Speichermedien reduzieren zusätzlich den Bedarf an Ablageflächen, oder Flächeneffizienzprogramme zwingen zu verringerter Ablagetätigkeit der Mitarbeiter. Im internationalen Vergleich heißt dies nun im Umkehrschluss, dass Länder mit bereits sehr niedrigem Flächenverbrauch je Arbeitsplatz weniger Einsparpotenzial bieten als Länder mit vergleichsweise hohem Flächenverbrauch. Dies hat eine positive und eine negative Implikation für Frankfurt oder Oslo. Die positive Implikation für Unternehmen in Frankfurt und Oslo ist, dass sie durch ähnliche Maßnahmen wie sie bereits in London oder Tokio realisiert wurden, ihre Wettbewerbsfähigkeit erhöhen können. Für die Unternehmen in London oder Tokio ist dies offensichtlich deutlich schwieriger, da sie ihren Flächenverbrauch ja schwerlich auf Null reduzieren könnten. Die negative Implikation betrifft jedoch die Büroflächennachfrage: Während der Kostendruck und das damit verbundene Einsparpotenzial an Bürofläche in Tokio und London allenfalls ein geringes Nachfragerisiko bedeutet, ist dieses in Frankfurt und Oslo deutlich größer. Es wäre wünschenswert, wenn hierzu tiefer geforscht würde, denn natürlich greift diese Analyse noch viel zu kurz. Nicht alle Dienstleistungen stehen im internationalen Wettbewerb. Politikberatende Dienstleistungen werden auch in Zukunft vornehmlich in Berlin oder Washington DC angeboten und nicht offshore. Daher ist das „Effizienzrisiko" für die Büromärkte in Frankfurt größer als jenes in Berlin und in New York größer als in Washington, obwohl der Flächenverbrauch je Arbeitsplatz in diesen Städten jeweils etwa gleich groß ist. Hinzu kommt, dass sich nicht alle Bürogebäude für Effizienzmaßnahmen eignen. Moderne Gebäude sind viel stärker auf Flexibilität und damit auch auf Effizienz ausgerichtet als ältere Gebäude. Städte mit sehr altem Bürobestand werden daher geringere Nachfragerisiken zu befürchten haben als Städte mit vergleichsweise jungem Flächenbestand. Auch hierzu fehlen jedoch noch komparative Studien zur Quantifizierung der relativen Risiken. Schließlich ist es möglich, dass die Bürofläche auch als Motivation für die Arbeitskräfte genutzt wird. Denn qualifizierte Mitarbeiter drohen knapp zu werden. Um die besten Köpfe anzuwerben, könnten auch die Gestalt und Größe von Büroflächen eine Rolle spielen – eventuell aber auch das Angebot von Telearbeitsmöglichkeiten.

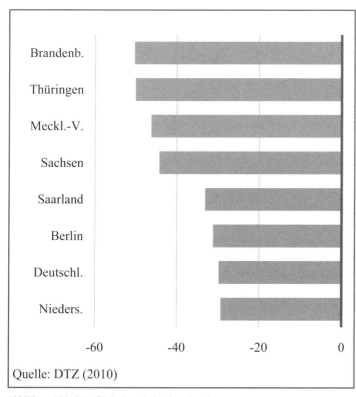

Abbildung 122: Bürofläche je Arbeitsplatz, in m²

g) **Das Flächenangebot ist in Schwellenländern häufig noch qualitativ verbesserungs-fähig**. Es ist keineswegs sicher, dass der weltweite Wettbewerb zwischen einzelnen Standorten zu geringeren Flächen je Arbeitsplatz führen muss. Je dynamischer eine Wirtschaft expandiert, je stärker die Nachfrage nach beratenden Dienstleistungen zu-nimmt, desto stärker wird auch die Nachfrage nach hochwertigem Büroraum steigen. Der Anteil hochwertiger (Class A) Immobilien ist in Städten wie Delhi oder Mumbai verschwindend gering für Städte mit 20 Mio. Einwohnern. In den kommenden Jahrzehn-ten wird nicht nur die Nachfrage nach neuen Büroimmobilien steigen, es wird v.a. auch die Nachfrage nach modernen und effizienten Gebäuden stark zunehmen, denn die hochwertigen IT-Dienstleistungen lassen sich nur in modernen Gebäuden mit verlässli-cher Stromversorgung anbieten. Es müssen also zahlreiche alte Immobilien ersetzt wer-den.

h) **Änderungen in den Erwerbsstrukturen sind sehr wahrscheinlich**. Deutschland ist keineswegs das einzige Land, in dem die Lebenserwartung deutlich stärker gestiegen ist als die Lebensarbeitszeit. Gerade für Schwellenländer öffnet sich hier in den kommen-den Jahrzehnten dasselbe Fenster für zusätzliche Erwerbstätigkeit. Und auch hier sollten die Implikationen zwischen den bereits erreichten Niveaus und dem damit verbundenen Potenzial für Verbesserungen klar getrennt werden. Zwar arbeiten wir in Deutschland nicht so lange wie in den USA oder in Japan. Auch ist die Frauenerwerbsbeteiligung deutlich geringer als in Frankreich oder Skandinavien. Doch dies heißt im Umkehr-schluss, dass es hierzulande einfacher ist, diese Werte zu verbessern und dadurch die

Zahl der Erwerbstätigen in Zukunft zu erhöhen. In den USA, in Frankreich oder in Skandinavien ist dies logischerweise deutlich schwieriger. Unser relativ geringes Renteneintrittsalter und unsere geringe Frauenerwerbsquote sind also für Büroinvestments zumindest relativ gesehen ein Vorteil. Damit dieser Vorteil jedoch auch materialisiert werden kann, müssen freilich die richtigen Politikmaßnahmen umgesetzt werden. Auch zu diesen Wirkungsketten für die Büronachfrage fehlen noch belastbare internationale Vergleichsstudien. Die Quantifizierung steht auch hier noch aus.

Die folgende Tabelle veranschaulicht das Zusammenspiel aus vier Bestimmungsfaktoren für die langfristige Büromarktnachfrage: erstens, die Entwicklung der Erwerbsfähigenzahl, zweitens die Entlastungen durch den Strukturwandel, drittens die Entwicklung des Wirtschaftswachstums und schließlich, ob die Büroflächen heute schon effizient genutzt werden. Die Einteilung ist schematisch in hohe, mittlere oder geringe partiale Belastung (vgl. hierzu auch Just, 2011).

Die dunkel eingefärbten Felder signalisieren, dass für diese Länder (im Durchschnitt) die jeweiligen Einflussfaktoren belastend wirken Für Deutschland ist demnach nicht nur der Rückgang der Erwerbsfähigenzahl belastend, hinzu kommt, dass der Strukturwandel weit gediehen ist, dass das Trendwachstum in den kommenden Jahrzehnten unterdurchschnittlich bleiben dürfte und dass die Flächenversorgung noch sehr großzügig ist. Erkennbar sind viele europäische Märkte spürbar stärker belastet als beispielsweise die US-amerikanischen Büromärkte oder China und Indien. Bemerkenswert ist, dass China deutlich höhere langfristige Risiken für Büroinvestoren birgt als der indische Markt. Hierbei ist freilich wichtig, dass dies nur für diese vier ausgewählten Faktoren gilt. Weitere Bestimmungsfaktoren wie Rechtssicherheit, Tiefe der Kapitalmärkte, Zugang zum Investmentmarkt etc. spielen natürlich weiterhin eine Rolle, fehlen hier aber in der stark reduzierten Faktorauswahl.

Tabelle 28: Zusammenfassung der Belastungs- und Entlastungsfaktoren der europäischen Büromärkte

Belastungsfaktoren für ausgewählte Büromärkte

	BIP Wachstum	Bürofläche pro Kopf (m²)	Bevölkerungs- wachstum 2010-2030	Strukturwandel
DE	hoch	hoch	hoch	hoch
ES	mittel	mittel	mittel	hoch
FR	mittel	mittel	hoch	hoch
NL	hoch	hoch	hoch	hoch
PO	gering	gering	hoch	mittel
RU	gering	gering	hoch	gering
UK	hoch	gering	mittel	hoch
US	mittel	hoch	mittel	hoch
CN	gering	hoch	mittel	gering
IN	gering	gering	gering	gering

Quelle: eigene Darstellung

8.7   Kernbotschaften für eilige Leser

1. Immobilieninvestoren erkennen die Vorteile internationaler Diversifikation ihrer Portfolios. Im Trend steigen die Volumen grenzüberschreitender Investitionen. Diese Entwicklung wird nach Beenden der aktuellen konjunkturellen Verwerfung wieder aufgenommen. Daher sollten auch deutsche Investoren sich über die demografischen Entwicklungen im Ausland informieren.

2. Insgesamt dürfte die Zahl der Menschen auf der Erde bis zum Jahr 2050 noch um etwa 2,5 Mrd. zunehmen. Insbesondere wird die Zahl der Einwohner in Asien oder Afrika kräftig ansteigen.

3. In Europa fällt das Bevölkerungswachstum in den kommenden Jahrzehnten zwar nur noch sehr gering aus. Es gibt jedoch Länder mit überdurchschnittlich günstigem Ausblick. Frankreich, Irland, Großbritannien und die skandinavischen Länder profitieren von einer hohen Geburtenrate. Für viele osteuropäische Länder wird mit einem kräftigen Anstieg der Lebenserwartung (ausgehend von niedrigem Niveau) gerechnet.

4. Gemeinsam ist allen europäischen Ländern, dass es in Zukunft deutlich mehr Hoch- und Höchstbetagte geben wird. Der Bedarf an senioren- und pflegegerechten Immobilien wird also in allen Ländern spürbar zunehmen.

5. Das Bevölkerungswachstum in den USA ist stärker als in Europa, weil die Geburtenhäufigkeit zwar niedriger als in den 1950er Jahren, jedoch noch immer hoch ist. Zudem profitieren die USA von hoher Zuwanderung. Ähnlich wie in Europa sind die regionalen Unterschiede jedoch sehr stark ausgeprägt.

6. Das Bevölkerungswachstum findet in den kommenden Jahrzehnten überwiegend in urbanen Strukturen statt. Bereits heute leben mehr als 50% der Menschen weltweit in Städten. Zur Jahrhundertmitte könnten es rd. 70% sein.

7. Das Wachstum der Städte beschränkt sich nicht nur auf große oder sogar Megastädte. Allerdings haben sich mit den Megastädten mit mehr 10 Mio. Einwohnern neue Strukturen mit sehr spezifischen Problemen und Chancen gebildet. Solche Megastädte gibt es heute zunehmend in den asiatischen Schwellen- und Entwicklungsländern. „Kleinere" Millionenstädte in Schwellenländern sollten jedoch nicht vom Radar der international tätigen Investoren verschwinden.

8. Die Zahl der Haushalte auf der Welt dürfte bis zum Jahr 2030 um gut eine Milliarde zunehmen. Es gibt also einen sehr massiven Baubedarf an Wohnraum. Steigende Einkommen sorgen gerade in den Schwellen- und Entwicklungsländern für Haushalte mit weniger Mitgliedern, die aber im Durchschnitt auf mehr Wohnfläche leben werden.

9. Sowohl bei der Haushaltsprognose als auch bei der regionalen Verteilung des Bevölkerungswachstums gibt es jedoch nennenswerte Prognoseunsicherheiten. Das Berücksichtigen mehrerer Prognosen oder Modelle hilft, solche Unsicherheiten zu reduzieren oder bringt zumindest die Unsicherheiten explizit zu Tage. Dies dürfte für die Bemessung der Risikoprämie wichtig sein.

10. Zwar wird die Zahl der Erwerbsfähigen in allen Ländern mit zu geringer Geburtenhäufigkeit spürbar zurückgehen. Dennoch wäre es viel zu einfach, den Büroflächenbedarf in der Zukunft allein auf eine Vorausberechnung der Erwerbsfähigenzahlen zu stützen. Für eine internationale Strategie müssen zudem die Qualität des Bürobestands, das Erwerbs-

personenpotenzial, der mögliche wirtschaftliche Strukturwandel und die Flächeneffizienz heutiger Standorte berücksichtigt werden. Hierzu gibt es bisher nur sehr wenig Literatur. Die angemessene Berücksichtigung all dieser Faktoren führt keineswegs zu denselben Ergebnissen wie die Entwicklung der Erwerbsfähigenzahlen nahelegen würde.

11. Insgesamt gibt es noch sehr viele Märkte, für die die demografischen Trends noch jahrzehntelanges Flächenwachstum versprechen. Diese Märkte liegen v.a. in Asien, aber auch in Amerika. Allerdings kann gerade dieser erwartete Nachfrageschub zu heftigen Zyklen gerade in den Schwellenländern führen, wenn internationale Investoren gleichzeitig derselben Logik folgen und auf ein begrenztes Angebot stoßen.

9 Schlussbemerkungen

Ziel dieses Buches war es, einen Überblick über die komplexen Wirkungszusammenhänge zwischen den demografischen Entwicklungen (v.a. in Deutschland) und dem Angebot und insbesondere der Nachfrage nach wichtigen Immobilienanlageklassen zu geben. Angesichts dieser Aufgabenstellung müssen viele Detailfragen offen bleiben. Letztlich sind die Unterschiede zwischen regionalen Immobilienmärkten zu groß, als dass man jedem Markt in solch kompakter Darstellung gerecht werden kann. Die hier vorgestellten Analysen sollten v.a. einen Analyserahmen anbieten und Antworten für aggregierte Märkte liefern, vereinzelt sind Teilmärkte betrachtet worden. Es wurde aber wiederholt auch auf die Grenzen einer zu schematischen Vorgehensweise hingewiesen.

In diesem Schlusskapitel werden die zentralen Aussagen des Buches noch einmal kurz zusammengefasst. Den wohnungs- und wirtschaftspolitischen Implikationen wird hierbei etwas mehr Raum eingeräumt, da dies in den Hauptkapiteln kurz gehalten wurde. Außerdem werden Management-Antworten auf die Herausforderungen für Immobilien- und Bauunternehmen skizziert. Zudem werden kurze Schlaglichter auf vernachlässigte, kleinere Immobilienanlageklassen geworfen (Hotels, Industrieimmobilien). In diesem Schlusskapitel werden nur die Entwicklungen in Deutschland und auf den deutschen Immobilienmärkten betrachtet, da die Unterschiedlichkeit der Trends im Ausland eine kurze und sehr allgemeine Schlussbetrachtung aufgrund der Heterogenität der Märkte quasi unmöglich macht.

9.1 Kurze Zusammenfassung der Ergebnisse

9.1.1 Demografische Trends nicht aufzuhalten

Die Zahl der Einwohner in Deutschland nahm von 2003 bis 2010 ab. Der wichtigste Grund für diese Entwicklung ist die seit fast 40 Jahren zu niedrige Geburtenrate in Deutschland. Mit nicht einmal 1,4 Kindern je Frau kommen viel zu wenige Kinder in Deutschland zur Welt, um die Zahl der Einwohner ohne Zuwanderung zumindest konstant zu halten. Gleichzeitig steigt die Zahl der Sterbefälle, weil das Bevölkerungswachstum bis Mitte der 1970er Jahre noch sehr hoch war. Konnte das Geburtendefizit in den meisten Jahren bis 2002 noch durch Zuwanderung aus dem Ausland mehr als ausgeglichen werden, fiel der Nettozuwanderungssaldo in den Jahren bis 2010 offensichtlich zu klein aus. 2011 und 2012 kamen wegen Sondereffekten wieder mehr Personen nach Deutschland, doch hierbei handelt es sich wahrscheinlich um vorübergehende Entwicklungen, nicht um eine Trendumkehr. Mittelfristig dürfte die Zuwanderung nicht ausreichen, um den Druck der natürlichen Bevölkerungsentwicklung zu kompensieren. Zum einen wächst das Geburtendefizit und zum anderen sind die Gründe für sehr starke Zuwanderung in der Zukunft nicht überzeugend. Nicht nur die Zahl der Geburten wird weiter sinken, auch die Zahl der Sterbefälle wird weiter steigen, weil die geburtenstarke Baby-Boomer-Generation in den nächsten Jahrzehnten ihr Lebensende erreichen wird. Der Bevölkerungsrückgang ist daher unter plausiblen Annahmen nicht aufzuhalten. In den in diesem Buch überwiegend verwendeten zwei Bevölkerungsszenarien des Statistischen Bundesamts wird sich der Rückgang bis 2060 auf 14 bis 20% belaufen.

Gleichzeitig nimmt die Lebenserwartung der Menschen weiter zu. Im Zusammenspiel mit der anhaltend zu niedrigen Geburtenrate resultiert hieraus ein sehr starker Anstieg des Anteils der Älteren an der Gesamtbevölkerung. Im Jahr 2060 wird wohl jeder dritte Einwohner in Deutschland älter als 65 Jahre sein. Heute beträgt dieser Anteil nur etwa 20%. Bei den Höchstbetagten, also den Menschen über 80 Jahre ist der Anstieg mit über 200% sogar noch deutlich stärker ausgeprägt. Diese Entwicklung ist sogar weitgehend unabhängig vom verwendeten Zuwanderungsszenario, weil die meisten Menschen, die im Jahr 2060 über 80 Jahre alt sein werden, bereits heute in Deutschland leben.

Sowohl die Entwicklung der Einwohnerzahl als auch die Alterung der Gesellschaft verläuft regional sehr unterschiedlich. Nach den gängigen regionalen Prognosemodellen wird es insbesondere in Ostdeutschland, aber auch in Nordhessen, im Saarland oder im Ruhrgebiet Fortzugsregionen geben, in denen bis 2050 selbst im günstigen Szenario mehr als 20% der Einwohner gegenüber heute fehlen werden. Gleichzeitig ist für viele Oberzentren in Süddeutschland, für Hamburg oder die Bundeshauptstadt noch mehrere Jahrzehnte mit steigenden Einwohnerzahlen zu rechnen. Die Menschen in Deutschland werden auch in Zukunft dem Angebot an Arbeitsplätzen folgen. Weil vornehmlich junge Menschen über Kreisgrenzen umziehen, werden die regionalen Bevölkerungstrends in der nächsten Generation dadurch verstärkt. Allerdings zeigte ein Vergleich regionaler Bevölkerungsprognosen, dass es keineswegs Einigkeit unter Bevölkerungsforschern hinsichtlich der zukünftigen regionalen Wanderungsgewinner und -verlierer gibt. Dies ist kaum überraschend, weil für kleinräumige Prognosen marginale Annahmeänderungen zu sehr unterschiedlichen Ergebnissen führen können.

Daraus sollten Nutzer solcher regionalen Prognosen folgern, dass am besten mehrere Prognosen verwendet werden sollten, um ein verlässlicheres Bild der Gewinner- und Verliererregionen zu erhalten. Wenn möglich, sollten Immobilienanlagen regional diversifiziert werden. Indirekte Immobilienanlagen eignen sich dazu für die meisten Menschen besser als direkte Anlagen. Allerdings müssen solche Diversifikationsvorteile immer mit den sonstigen Vorteilen einer direkten Immobilienanlage verglichen werden (z.B. besseres Abbilden einer Immobilienrendite, Realisieren eines zusätzlichen Konsumnutzens bei der selbstgenutzten Immobilie, etwas besserer (langfristiger) Schutz vor Geldentwertung).

9.1.2   Nachfrage nach Wohnungen nimmt noch weiter zu

Für die Nachfrage nach Wohnimmobilien entscheidet weniger die Zahl der Einwohner in einer Region als vielmehr die Zahl der Haushalte und die durchschnittlich nachgefragte Wohnfläche je Haushalt. Die für Deutschland vorliegenden Prognosen der Haushaltszahlen deuten weitgehend übereinstimmend in dieselbe Richtung: Die Zahl der Haushalte wird in Deutschland noch etwa zehn Jahre zunehmen und danach beschleunigt sinken. Dass die Zahl der Haushalte trotz der unvorteilhaften Bevölkerungsentwicklung noch weiter steigt, liegt daran, dass aufgrund der Alterung sowie aufgrund der zunehmenden Individualisierung der Gesellschaft die durchschnittliche Haushaltsgröße weiter sinken wird; ältere Menschen leben üblicherweise in kleineren Haushalten als junge Familien. Folgerichtig wird sich auch die Struktur der Haushalte spürbar verändern.

Darüber hinaus ist es wahrscheinlich, dass die mittlere Wohnfläche je Haushalt (und je Person) weiter zunimmt. Der Wohnflächenverbrauch je Person wird maßgeblich durch die Entwicklung der verfügbaren Einkommen, durch die Entwicklung der Baukosten und damit auch durch die Entwicklung der relativen Preise zu anderen Konsumgütern bestimmt. Die demografischen Trends dürften zwar die Einkommensentwicklung in Deutschland etwas dämpfen, pro Kopf werden jedoch auch in Zukunft höhere Einkommen erzielt werden als heute. Hinzu kommt, dass sich viele Senioren insofern remanent verhalten, als dass sie ihre Familienwohnungen nicht mit dem Renteneintritt aufgeben, um in kleinere Wohnungen zu ziehen. Dieser Remanenzeffekt könnte in Zukunft für höheren Wohnflächenverbrauch bei den älteren Menschen insbesondere in Ostdeutschland und im Vergleich zu früheren Seniorengenerationen führen. Dann ist es plausibel, dass die Wohnflächennachfrage in Deutschland trotz des Bevölkerungsrückgangs sogar noch stärker zunehmen wird als die Zahl der Haushalte. Im optimistischeren Szenario könnte die nachgefragte Wohnfläche noch bis über das Jahr 2030 hinaus um mehr als 10% zulegen. Und selbst in dem Szenario mit geringerer Zuwanderung würde die Wohnflächennachfrage noch bis etwa 2025 um etwa 8% zulegen, wobei der größte Teil des Zuwachses in beiden Szenarien natürlich vor dem Jahr 2020 erfolgen wird. Gleichwohl würde dieser Flächenzuwachs eine deutliche Wachstumsverlangsamung im Vergleich zu früheren Jahrzehnten bedeuten. Das Neubaupotenzial nimmt also stetig ab. Natürlich muss zunehmend in den Ersatz von Wohnungsabgängen investiert werden, weil der deutsche Wohnungsbestand altert.

Dieser vergleichsweise positive Befund muss jedoch in zweifacher Hinsicht relativiert werden: Zum einen sind die Daten zu dem hierbei implizierten Kohortenverhalten der Wohnungsnachfrager nicht eindeutig. Die Daten der Einkommens- und Verbrauchsstichprobe (EVS) des Statistischen Bundesamts deuten auf einen stärkeren Kohorteneffekt hin als die Daten des Sozioökonomischen Panels. Allerdings deuten die jüngsten Ergebnisse des EVS 208 einen deutlich schwächeren Remanenzeffekt an als frühere EVS Studien. Zum anderen gibt es gute Gründe für die Annahme, dass die Remanenzeffekte, also die Beharrungstendenz der Senioren in relativ großen Wohnungen zu bleiben, in Zukunft weniger stark ausgeprägt sein dürfte als in der Vergangenheit. Tatsächlich gibt es deutliche empirische Hinweise, dass sie bereits heute an Bedeutung eingebüßt haben. Hierfür spräche die gestiegene Mobilität der Menschen, auch der älteren Menschen, ebenso wie die Notwendigkeit für einige Rentner, angesichts erwarteter Rentenlücken in der Zukunft, ihren Wohnflächenverbrauch zu reduzieren. Auch könnten wohlhabende und fitte Senioren Innenstadtlagen suchen, um näher an der kulturellen und medizinischen Versorgung der Städte zu sein. Bisher sind diese möglichen Umzugsmotive zwar plausibel aber nicht in der amtlichen Statistik nachweisbar. Sie könnten aber das Wachstumspotenzial für die Wohnflächennachfrage deutlich reduzieren.

Angesichts der unterschiedlichen regionalen Bevölkerungstrends ist es zudem folgerichtig, dass sich auch die Wohnflächennachfrage uneinheitlich entwickeln wird. Zudem ist es wahrscheinlich, dass sich das Spektrum des Wohnungsmarktes nach anderen Qualitätsmerkmalen weiter auffächert. Einkommen und Vermögen sind sehr ungleich verteilt, die Entwicklung der Durchschnittsflächenverbräuche und Durchschnittsqualitäten verdeckt, dass das Angebot in Zukunft (noch) stärker gespreizt sein dürfte als es heute bereits ist. Dies erzwingt Anpassungen sowohl im oberen als auch im unteren Qualitätssegment. Für das untere Segment stellt sich zudem die sehr wichtige Verteilungsfrage, wie gesellschaftlich vereinbarte Mindeststandards gewährleistet werden können. Dies erstreckt sich auch auf den vielfach notwendigen Umbau von Bestandswohnungen in altengerechte Wohnungen. Hierbei geht es weniger um stationäre Einrichtungen für alte Menschen, sondern v.a. um Umbaumaßnahmen in ihren eigenen Wohnungen, die es ihnen erlauben, den Alltag selbstständig und in gewohntem Umfeld zu meistern. Doch natürlich sind Situationen gerade dort schwierig, wo die älteren Menschen, solche Umbaumaßnahmen nicht mit eigenen Finanzmitteln bewerkstelligen können. Der Bestand an seniorengerechten Wohnungen wird vom BBSR (2011) auf aktuell rd. 500.000 Wohneinheiten geschätzt. Dieser Wert muss nach den Überlegungen der Gutachter in den nächsten 10 Jahren um 2,5 Mio. Einheiten steigen, Langfristig ist der Sanierungsbedarf noch deutlich höher.

Natürlich setzen der Bevölkerungsrückgang sowie das geringe Trendwachstum auch dem Bedarf für Neubaumaßnahmen enge Grenzen. Obwohl der Wohnungsbestand in Deutschland altert, ist die herrschende Meinung unter Immobilienmarktforschern, die sich mit der demografischen Entwicklung auseinandergesetzt haben, dass in den kommenden zwei Jahrzehnten nicht mehr als 250.000 Wohnungen pro Jahr fertig werden müssen – in späteren Jahren sogar deutlich weniger. Je weniger der Wohnungsbestand wächst, desto geringer könnten zudem die Preisrisiken ausfallen, denn gerade in den Fortzugsregionen folgen aus den Nachfragerückgängen wachsende Leerstände und folglich Druck auf die Preise und Mieten. Geringe Bautätigkeit, bzw. steigende Abrisstätigkeit, sind dann die Gewähr dafür, dass (für die verbleibenden Objekte) die Preisrückgänge überschaubar bleiben. Für wirtschaftsstarke Regionen lassen sich jedoch auch in Zukunft leichte Preiszuwächse rechtfertigen. Da sich sicherheitsorientierte Investoren in Zukunft noch stärker aus den Fortzugsregionen zurückziehen dürften, könnten sich dort gerade für opportunistische Investoren sogar begrenzte risikobehaftete Anlagechancen ergeben (Just, 2009). Hinzu kommt, dass es in einigen Fortzugsregionen bereits in den letzten Jahren zu sehr heftigen Preiskorrekturen gekommen ist – auch weil sich einige Investoren bereits zurückzogen haben. Ein großer Teil der demografischen Last dürfte also bereits heute in den Preisen Ausdruck finden. Da die Immobilien in Deutschland nicht gleichmäßig über die letzten Jahrzehnte erstellt wurden, könnte es in wenigen Jahrzehnten zu Neubaumaßnahmen kommen müssen, wenn die Nachkriegsbauten ersetzt werden müssen. Dies könnte 2040–2060 relevant werden.

9.1.3   Nennenswerte Risiken bei Büroimmobilien

Viele institutionelle Immobilieninvestoren haben in der Vergangenheit stark auf Büroimmobilien gesetzt. Diese Strategie ließ sich nur dadurch rechtfertigen, dass Büroimmobilien einfacher zu verwalten sind als Wohnimmobilien, weil die Zahl der Nutzer kleiner ist und das Mietrecht bei gewerblichen Immobilien weniger restriktiv ausgestaltet ist als für den Wohnungsmarkt. Hinzu kam der säkulare Trend zu mehr Bürobeschäftigung. Dennoch war es bereits in den letzten zehn Jahren schwierig, eine nachhaltig hohe Gesamtrendite mit Büroinvestments in Deutschland zu erzielen.

Nun könnten die demografischen Trends es jedoch notwendig machen, diese Schwerpunktsetzung zumindest für das Engagement in Deutschland zu prüfen. Es ist nicht nur mathematisch unmöglich, dass der Strukturwandel zu mehr Bürotätigkeit ungebremst weiter anhält, v.a. aber setzt die Entwicklung der Erwerbsfähigenzahl enge Grenzen für das künftige Wachstumspotenzial auf den Büromärkten. Die Alterung der Gesellschaft sowie die geringen

Geburtenzahlen führen dazu, dass die Zahl der Erwerbsfähigen früher und deutlich stärker sinken wird als die Zahl der Einwohner insgesamt.

Natürlich gibt es in Deutschland noch umfangreiche Beschäftigungsreserven: So ist die Frauenerwerbsquote im internationalen Vergleich niedrig. Auch ließe sich die Lebensarbeitszeit verlängern. Sicherlich ist auch vorstellbar, dass der Trend zu mehr Bürotätigkeiten noch einige Jahre anhält, auch wenn eine alternde Bevölkerung im steigenden Maße soziale Dienste benötigt. Doch gleichzeitig gelten deutsche Büros noch immer als vergleichsweise großzügig gestaltet. Die Fläche je Arbeitsplatz ist größer als in den meisten anderen Ländern – zumindest wenn man den Vergleich auf die wichtigsten Bürostandorte beschränkt.

Insgesamt ist es deutlich einfacher, unterschiedliche, plausible Szenarien für die Büromärkte zu konzipieren als für die Wohnungsmärkte. Daher sollte die Risikoprämie für Büroinvestments in Zukunft relativ zu jener für Wohnungsinvestments ansteigen. Isoliert betrachtet ist das demografisch bedingte Risiko auf jeden Fall größer als jenes für Wohnungsmärkte. Dies liegt in der Natur der Nutzer. Die größten Nachfrageimpulse auf den Wohnungsmärkten kommen in den nächsten Jahren aus der Altersgruppe der über 65-Jährigen. Die Nachfrageimpulse für die Büromärkte aus dieser Altersgruppe sind jedoch selbst nach der beschlossenen Verschiebung des Renteneintritts deutlich geringer als in den letzten Jahren. Dieser Ausblick bedeutet dann auch, dass Immobilieninvestoren noch stärker auf international diversifizierte Portfolios bei Büroimmobilien achten müssen.

Letztlich gilt auch für die Büromärkte, dass die Büromieten dann stabil bleiben können, wenn den Nachfragerückgängen angemessene Anpassungen des Angebots gegenüber stehen: Für die Zukunft stehen also entweder weniger Neubauten oder mehr Abrisse an – oder sowohl als auch. Ein kleiner Teil der Büros könnte auch alternativen Nutzungen zugeführt werden – z.B. Wohnnutzungen. In diesem Marktsegment dürfte folglich die Bauwirtschaft den größeren Teil der demografischen Last zu schultern haben. Eine Verlagerung von Neubau- zu Bestandsmaßnahmen ist zudem wirtschaftlich notwendig.

Eine offene Frage ist, ob zentrale oder periphere Lagen eher von den Nachfragerückgängen betroffen sein werden. Dies dürfte sich weniger nach der demografischen Entwicklung als viel mehr nach dem Kostendruck der wichtigsten Nachfragegruppen in einer Stadt richten. Eine allgemeine Antwort für alle deutschen Bürostandorte dürfte zu kurz greifen, da dies vom konkreten Branchenmix einer Stadt sowie von dessen jeweiliger Wettbewerbsintensität abhängt. Wahrscheinlich ist jedoch, dass Kommunen ihre planerischen Anstrengungen eher in Richtung kompakte Städte richten werden. Dies könnte dann relativ die innerstädtischen Lagen durch mehr Angebotsflächen begünstigen. Gleichzeitig wird dadurch das Angebotsrisiko in der Peripherie reduziert. Das könnte die Mieten dort stabilisieren helfen.

9.1.4 Einzelhandelsimmobilien mit Anpassungsbedarf

Die Einzelhandelsumsätze stiegen in den letzten Jahren regelmäßig langsamer als der private Konsum sowie die gesamte Wirtschaftsleistung in Deutschland. Der hohe Versorgungsgrad bei vielen typischen Einzelhandelsgütern sowie die neuen Vertriebsmöglichkeiten über das Internet engten das Wachstumspotenzial des deutschen Einzelhandels bereits in den letzten Jahren ein. Gleichzeitig wurde die Angebotsfläche jedoch stetig erhöht, die Flächenproduktivität nahm ab, und dies hat den Wettbewerb in der Branche weiter erhöht.

Die demografischen Veränderungen wirken in zweifacher Weise auf die Einzelhandelsumsätze: Der Rückgang der Einwohnerzahl in Deutschland reduziert das Wachstumspotenzial. Hinzu kommt, dass die Veränderung der Altersstruktur bestenfalls neutral auf den Einzelhandel wirken dürfte. Immerhin gibt es innerhalb des Einzelhandels eindeutige Gewinner, z.B. die Händler mit Gesundheitsartikeln sowie Apotheken.

Es ist zu erwarten, dass im Zuge der demografischen Entwicklungen Einkaufszentren weiterhin zu den relativen Gewinnern zählen werden, insbesondere innerstädtische Zentren, die sich in eine gewachsene Stadtumgebung einbetten können. In Zukunft werden Entwickler von Einkaufszentren (noch mehr) darauf zu achten haben, dass es in den Einkaufszentren einen breiten Mix an Geschäften, Freizeitangeboten und medizinischen Versorgungseinrichtungen gibt. So werden sie letztlich zur Anlaufstelle für immer mehr Bedarfe des täglichen Lebens. Dies wird nicht der „Todesstoß" für die Innenstädte, denn die Innenstädte werden sich in Richtung der Zentrenkonzepte wandeln. Damit dies gelingt, müssten aber weniger Flächen auf der grünen Wiese ausgewiesen werden.

Die neuen Einkaufszentren werden weniger zu einer Konkurrenz zu den Toplagen in der City, sondern treten eher in Konkurrenz zu den Stadtteillagen. Innerstädtische Lagen sind per se kaum vermehrbar und haben damit Alleinstellungsmerkmale. Die Differenz zwischen Innenstadt- und Einkaufszentrenmieten einerseits und den Mieten für herkömmliche Stadtteillagen dürfte dann weiter zunehmen.

Demografiefeste Einzelhandelsimmobilien zeichnen sich durch eine konsistente Strategie in vier Feldern aus. Sie sind geografisch nah zu ihren Kunden, sie bieten einfache Wege und hinreichend Platz, verfügen über die spezifischen Warensortimente in geeigneten Größen und v.a. bieten sie mehr Service. Immobilien- und Centermanager sollten diese Aspekte bei der Mieterauswahl in Zukunft häufiger mitberücksichtigen. Allerdings sollte bei der Konzeption von demografiefesten Einzelhandelsimmobilien nicht vernachlässigt werden, dass auch in 50 Jahren der überwiegende Teil der Bevölkerung nicht hochbetagt ist und auch nicht das Gefühl haben möchte, in einem „Seniorenladen" einzukaufen. Bei der Strategie ist letztlich immer zu fragen, ob eine bestimmte Maßnahme auch für den Rest der Bevölkerung sinnvoll ist. Dies gilt z.B. für die Breite von Wegen oder von Parkplätzen. Hier erleichtert man allen Menschen das Einkaufen. Der Trend zu einer stärkeren Einbeziehung von Freizeitangeboten in Einkaufszentren wird sich fortsetzen, um Zeitreiche möglichst lange in den Zentren zu halten.

Neben den Konzepten für Hochbetagte bedeutet der demografische Wandel aber auch, dass es Einzelhandelsformate für die „Zeitarmen" geben muss. Wenn die Finanzierung von sozialen Umverteilungssystemen schwieriger wird, muss die Erwerbspersonenquote steigen und die Lebensarbeitszeit zunehmen. Auch für diese Gruppe wird Service, rasche Erreichbarkeit der Immobilie und kurze Wege in den Immobilien wichtiger werden müssen.

9.1.5   Infrastruktur: kleiner kann feiner sein

Infrastruktur umfasst alle Basiseinrichtungen, die wirtschaftliches Handeln möglich machen. Daher sind Infrastruktureinrichtungen auch für die Entwicklung von Immobilien entscheidend. Eine moderne Immobilie benötigt eine zeitgemäße infrastrukturelle Anbindung. Wird dies durch die demografische Entwicklung erschwert oder verteuert, hat dies auch direkte Auswirkungen auf die Wertentwicklung von Immobilien. Die lange Planungs- und Entwicklungsdauer von vielen Infrastruktureinrichtungen sowie die sehr lange Verweildauer z.B. von

Leitungssystemen erfordern eine zeitnahe Berücksichtigung der demografischen Entwicklungen, da der Rückbau später zu hohen direkten und im Falle eines zu späten Rückbaus zu indirekten Kosten in Form von Verkeimung oder zu geringen Durchflussgeschwindigkeiten führen würde. Der hohe Fixkostenanteil von Infrastruktureinrichtungen bedeutet zudem, dass selbst geringe Bevölkerungsrückgänge zu deutlich höheren Kosten führen. Die Netze können häufig nicht einfach an die schrumpfende Bevölkerungszahl angepasst werden.

Insgesamt ist damit zu rechnen, dass es allenfalls geringes demografisch bedingtes Einsparpotenzial bei Infrastrukturausgaben gibt, da in den kommenden Jahrzehnten der Modernisierungs- und Erhaltungsaufwand steigen wird. Viele Nachkriegsbauten erreichen in den nächsten Jahren ihre technische Nutzungsgrenze – einige haben sie bereits überschritten. Es ist daher notwendig, in der Verkehrsinfrastruktur, bei Schulen und auch bei der leitungsgebundenen Infrastruktur Erweiterungsmaßnahmen auf wenige neuralgische Knotenpunkte zu beschränken. Der Kostendruck im Infrastrukturbereich könnte daher das Gebot einer kompakteren europäischen Stadt verstärken.

Gerade weil der Abriss von Wohn- und Gewerbeimmobilien in Fortzugsregionen unvermeidlich ist, sollte wenigstens darauf geachtet werden, dass diese Bestandsanpassung mit Blick auf die Infrastruktursysteme erfolgt. Eine integrierte Lösung ist immer vorzuziehen. Nur so wird vermieden, dass für die Wohnbevölkerung mögliche Verbesserungen im Wohnumfeld durch einen zusätzlichen Anstieg der zweiten Miete erkauft werden. Der Abriss an den Netzrändern ist daher in der Regel immer zuerst zu prüfen. Kleine, dezentrale Teilnetze könnten die Anpassungsflexibilität in Zukunft erhöhen, denn sie erlauben den kleinteiligen Aus- und Abbau.

9.2 Auswirkungen für weitere Immobilienklassen

Es gibt drei Gründe, warum einzelnen Immobilienanlageklassen in diesem Buch bislang kein Platz eingeräumt wurde: Erstens handelt es sich mitunter um vergleichsweise kleine Anlageklassen (Hotels, Freizeitimmobilien). Zweitens sind die Auswirkungen der demografischen Entwicklung überschaubar (Industrieimmobilien und Logistik). Drittens – und wahrscheinlich als Resultat der anderen beiden Gründe – liegen für einige Immobilienklassen nur wenige oder gar keine wissenschaftlichen Studien vor. Hier werden nun die wichtigsten noch fehlenden Immobilienklassen, Hotel- und Industrieimmobilien, als Exkurs behandelt.

9.2.1 Hotelimmobilien

Übernachtungsgäste in Hotels lassen sich in Urlaubsgäste und Geschäftskunden unterteilen; Tagungs- und Konferenzgäste gelten in dieser einfachen Zweiteilung als Geschäftskunden. Diese Trennung ist auch für die Frage nach den demografischen Auswirkungen für Hotelimmobilien sinnvoll, denn erstens werden beide Segmente unterschiedlich von den demografischen Trends betroffen sein. Zweitens legen sich Hotelplaner mit ihrem Raumangebot, Freizeitangebot, Tagungsflächen sowie ihrer Standortwahl fest, welches Kundensegment für sie dauerhaft wichtiger ist.

Es ist offensichtlich, dass unter sonst gleichen Bedingungen ein Rückgang der Bevölkerungszahl auch das Potenzial der gesamten Übernachtungen reduziert. Dies gilt sowohl für den Urlaubstourismus als auch für Geschäftsreisende. Hiermit unterscheidet sich das Hotelsegment (natürlich) nicht von den anderen Immobilienanlageklassen: Denn unter sonst gleichen Bedingungen fragen natürlich weniger Menschen auch weniger Hotelzimmer und Ferienwohnungen nach als mehr Menschen. Die Frage ist also, gibt es neben diesen direkten Effekten weitere Auswirkungen, die eine Rolle für die Nachfrage nach Übernachtungsdienstleistungen spielen werden? Für Urlaubsgäste sind die wichtigsten Bestimmungsfaktoren für ihre Nachfrage nach Hoteldienstleistungen die Entwicklung der verfügbaren Einkommen, die verfügbare Zeit und die relative Attraktivität der Destination.

Alle drei Treiberfaktoren werden durch die demografischen Entwicklungen beeinflusst. Die negativen Wirkungen der rückläufigen und alternden Bevölkerung auf die Einkommen wurden von Gräf und Schattenberg (2006) berechnet und im Abschnitt 3.2 bereits skizziert. Daneben spielt der Verteilungsaspekt eine Rolle dafür, ob in Zukunft die Erwerbstätigen eher mehr zu bezahlen haben, um die wachsende Zahl der Rentenempfänger zu finanzieren oder ob es stärkere Einschnitte bei den Rentenempfängern gibt. Es ist plausibel, dass in einer alternden Gesellschaft die politische Bedeutung der Rentner (noch) größer wird und dass Rentenabschläge oder zumindest sehr geringe Zuwächse – selbst wenn sie geboten wären – noch schwerer vorzunehmen wären als heute. Ist damit bereits gesagt, dass Hotels in Zukunft stärker die Senioren in den Fokus nehmen müssen? Ja, denn die Zahl der Hoch- und Höchstbetagten wird in Zukunft deutlich steigen, und sie werden reisefreudiger sein als frühere Senioren in der jeweiligen Altersgruppe.

Allerdings wird es in den kommenden Jahrzehnten immer mehr Rentenempfänger geben, die eine gebrochene Erwerbsbiografie haben. Altersarmut könnte damit häufiger vorkommen als heute, und dies würde das Wachstumspotenzial natürlich reduzieren (Bräuninger, 2008). Low-Budget-Formate sind zwar grundsätzlich eine angemessene Antwort auf diese Änderungen, doch für viele Senioren werden selbst solche Angebote zu teuer sein.

Eine weitere Polarisierung ist zudem dann wahrscheinlich, wenn es nicht gelingt, das Qualifizierungsniveau der Erwerbsbevölkerung zu erhöhen, denn dann werden qualifizierte Mitarbeiter deutlich knapper werden als Geringqualifizierte. Die Einkommen der Hochqualifizierten steigen dann (relativ) stärker als jene der Geringqualifizierten. Eine solche Polarisierung wird sich dann auch im Freizeit- und Hotelangebot spiegeln. Das heißt, es wird etwas mehr Nachfrage nach vier- und fünf-Sterne-Hotels geben und spürbar mehr im Segment der ein- und zwei-Sterne-Hotels. Das untere Preissegment könnte zudem davon profitieren, dass die klimatischen Veränderungen auf der Erde zu höheren preislichen Belastungen für Langstreckenflüge führen dürften. Nah gelegene Ziele werden relativ günstiger und damit attraktiver (Ehmer und Heymann, 2008). Dieser Substitutionseffekt könnte durch die Verschiebung in der Altersstruktur verstärkt werden, denn weit entfernte Destinationen bedeuten auch eine verhältnismäßig anstrengende Anreise. Ältere Menschen mit körperlichen Einschränkungen werden dann nähere Ziele vorziehen. Es mag auf den ersten Blick überraschen, dass die demografischen Trends sogar die relative Attraktivität von Destinationen beeinflussen, denn natürlich ändert sich die Destination selbst nicht durch die Bevölkerungsentwicklung – wohl aber die Einschätzung, was als relativ attraktiv gilt, und natürlich sind die Mühen der Anreise für Menschen mit Bewegungseinschränkung ein relevanter Punkt.

Insgesamt dürfte in Deutschland zukünftig mehr Zeit für private Reisezwecke zur Verfügung stehen, weil die Zahl der Menschen in Rente zunehmen wird. Dies wird freilich zum Teil dadurch gedämpft, dass der Trend zu einer stetig verkürzten Lebensarbeitszeit gestoppt ist. Es ist jedoch keineswegs klar, wie die zusätzlich verfügbare Zeit der Rentner verbracht wird.

Vermehrte Kurzreisen und längere Urlaubsreisen lassen sich sicherlich nicht von allen Rentnern finanzieren. Freizeitangebote in der Nähe des Lebensmittelpunktes werden wahrscheinlich überwiegend die zusätzliche Zeit absorbieren.

Die Entwicklung der Geschäftsreisen könnte zwar auf den ersten Blick massiv durch den Rückgang der Erwerbsfähigenzahl belastet werden. Auch das durch die demografische Entwicklung reduzierte wirtschaftliche Wachstumspotenzial schmälert die Entwicklungschancen im Geschäftsverkehr. Und natürlich könnte dies durch moderne Informations- und Kommunikationstechnologien dann verstärkt werden, wenn die Technik direkte Begegnungen unwichtiger werden lassen würde. Allerdings müsste sich für solch eine Entwicklung die Erfahrung der letzten Jahre grundsätzlich ändern. Seit Mitte der 1990er Jahre hat das Internet immer mehr Geschäftsbereiche erfasst, dennoch nahmen Geschäftsreisen ebenso weiter zu wie auch der Trend zur Arbeit in wichtigen Agglomerationsräumen nicht gestoppt wurde. Offensichtlich gibt es neben dem Technologietrend weitere dominante Trends, die zu mehr Kontakten und mehr direkten Austausch geführt haben. Ohne Anspruch hiermit bereits eine abschließende Antwort zu geben, sind dies die drei Trends der wachsenden technischen und organisatorischen Komplexität zum ersten, der Trend zu vermehrter nationaler und internationaler Arbeitsteilung zum zweiten und der Trend zu verkürzten Halbwertszeiten des Wissens zum dritten (vgl. Hofmann et al., 2006).

Wenn nun die Arbeitsabläufe und Technologien an Komplexität gewinnen, so lassen sich Lösungen immer häufiger durch die Zusammenarbeit hoch spezialisierter Expertenteams finden. Diese müssen eng zusammenarbeiten und sich austauschen. Diese Projekte erfordern direkte Kontakte und führen damit auch zu mehr Reisetätigkeiten.

Der höhere Grad der Arbeitsteilung ist letztlich ein Spezialfall einer organisatorischen Neuerung. Hierbei begegnen sich aber nicht nur unterschiedliche Organisationen mit unterschiedlichen Abläufen, es treffen auch verschiedene Kulturen und Sprachen zusammen. All dies macht die Abstimmung aufwändiger. Die Interaktion bleibt notwendig.

In einer global vernetzten Wissensgesellschaft, Thomas Friedman (2005) würde von einer flachen Welt sprechen, entsteht Wissen schneller und verbreitet sich rasant weltweit. Wenn Wissen also schneller entsteht und nicht zuletzt auch dadurch die Abläufe und Technologien komplizierter werden, wächst der Bedarf an Weiterbildungsmaßnahmen. Solange sich eine persönliche Schulung nicht durch Bücher oder Internet-Anwendungen vollwertig ersetzen lässt, wird die Nachfrage nach Weiterbildung zunehmen (müssen). Dass dieser Markt konjunkturanfällig ist und Weiterbildungsbudgets während Rezessionen mit als erste gekürzt werden, ändert an der Trendaussage nichts.

Diese drei Trends dürften auch in den kommenden Jahren dazu führen, dass Geschäftsreisen zunehmen. Mit besserer Technik und höheren Energiepreisen in der Zukunft ist es freilich plausibel, dass der Wachstumspfad flacher verlaufen wird als in den letzten zehn Jahren.

Für die deutsche (und europäische) Hotellerie ist schließlich ein weiterer demografischer Trend in den nächsten Jahrzehnten prägend: Das starke Bevölkerungswachstum in Schwellenländern, das mit einem (im Trend) anhaltenden Wirtschaftswachstum eine neue, schnell wachsende Mittelschicht entstehen lässt (im Jahr 2011 wurden in deutschen Herbergen 1,3 Mio. Übernachtungen von Chinesen gezählt das sind fast 150% mehr als 2001). Diese neue chinesische Mittelschicht wird ihren Urlaub auch in den Kulturstädten Europas verbringen und dürfte zumindest in den kulturellen und wirtschaftlichen Zentren für signifikante Mehrnachfrage sorgen. Dies könnte mögliche Nachfrageausfälle von fehlenden Deutschen leicht überkompensieren, wenn dieses Wachstum noch ein paar Jahre anhält. Allein 2011 belief sich der Zuwachs auf 21%. Die demografischen Lasten für das Hotelsegment sind also insgesamt begrenzt, es gäbe freilich eine spürbare Verschiebung in den Kundensegmenten.

9.2.2   Industrieimmobilien/Logistikimmobilien

Bei der Frage, wie Industrie- und Logistikimmobilien von der demografischen Entwicklung betroffen sein könnten, drängt sich sofort der Verdacht auf, dass diese gewerblich genutzten Immobilien nicht anders betroffen sein müssten als Büroimmobilien. Der Rückgang der Erwerbsfähigenzahl limitiert auch die Entwicklung von Industrie- oder Lagerarbeitsplätzen. Das ist zwar als allgemeine Aussage richtig, dennoch sind die demografischen Auswirkungen für Büroflächen wichtiger als für Logistik- oder Industrieimmobilien, und zwar aus zwei Gründen: Zum einen gibt es bei vielen einfachen Logistikflächen noch Automatisierungspotenzial. In einigen Fällen, in denen der Faktor Arbeit knapp zu werden droht, lohnt dann die Investition in Realkapital. Bei industrieller Fertigung und bei Lagerflächen funktioniert die Substitution von Arbeit durch Kapital einfacher als bei Bürotätigkeiten. Denn in Büroimmobilien entsteht die Wertschöpfung überwiegend in den Köpfen der Mitarbeiter. Zum anderen gibt es gerade bei Tätigkeiten mit geringer Qualifikationsanforderung eher die Möglichkeit, auf das bisher ungenutzte Potenzial, das aktuell noch in den Arbeitslosenzahlen zum Ausdruck kommt, zurückzugreifen. Für die hoch qualifizierten Fachkräfte in der Industrie und in der Logistik gilt dies freilich nicht. Insgesamt müsste dann die demografisch bedingte Risikoprämie für die Anlageklasse der Industrie- und Logistikimmobilien geringer ausfallen als jene für Büroimmobilien.

Daraus sollte man jedoch nicht ableiten, dass die gesamte Risikoprämie für Industrieimmobilien in Zukunft geringer ausfallen könnte als jene für Büroimmobilien. Das würde letztlich alle zukünftigen Entwicklungen auf den demografischen Trend reduzieren; man würde einen Partialeffekt mit dem Gesamteffekt verwechseln. Das wäre nur dann gerechtfertigt, wenn man annähme, dass der Strukturwandel zu mehr Bürotätigkeiten beendet ist und dass die Verlagerung von industrieller Produktion in andere Länder im Zuge der letzten Rezession ebenfalls gestoppt wäre. Beides ist bisher durch die Datenlage nicht gesichert. Insgesamt sind diese Trends für Industrie- und Logistikimmobilien viel entscheidender als die demografische Entwicklung. Immerhin müsste die etwas geringere demografische Last für Industrieimmobilien die auch in Zukunft gerechtfertigte Renditedifferenz zwischen Industrie- und Büroimmobilien etwas mindern.

9.3   Management-Implikationen

9.3.1   Entwicklung einer Strategien

Mitunter wird der Eindruck erweckt, dass Unternehmen die demografischen Entwicklungen als Datum akzeptieren müssen und dass ihr Handlungsspielraum dadurch stark begrenzt wird. Dies ist jedoch in zweierlei Hinsicht nicht korrekt. Es wurde mehrfach schon auf die gravierenden Prognoseunsicherheiten hingewiesen. Dann werden die demografischen Trends auch nicht alle Unternehmen in gleichem Maße belasten, sondern je nach Strategiewahl sehr unterschiedlich. Leider lässt sich allein aus der Unsicherheit nicht die ex post richtige Strategie ableiten, denn sonst könnte man Unsicherheit einfach durch zusätzliche Information und Informationsverarbeitung reduzieren. Dies ist jedoch nur teilweise möglich. Selbst ohne die ökonomische Restriktion, dass Informationsverarbeitung Kosten verursacht und es folglich ein Optimum an Informationsverarbeitung gibt, wird immer ein Rest Unsicherheit bleiben. Wichtiger ist der zweite Aspekt, dass sich Unternehmen der Vielschichtigkeit der Implikationen demografischer Prozesse eine konsistente Strategie ableiten müssen. Diese kann für unterschiedliche Unternehmen und unterschiedliche Szenarien der Unternehmensführung sehr unterschiedlich ausfallen. Doch für alle Marktteilnehmer gilt, dass sie für alle hinter diesen Aspekten verborgenen Fragen Antworten finden müssen.

Um einen Markt zu analysieren, hilft für die Strukturierung das 5-Kräfte-Modell von Michael Porter. Das Modell lässt sich auf alle Branchen anwenden und hilft beim Erkennen von Schwachstellen und Chancen und hilft dadurch eine Strategie zu konzipieren. Im Mittelpunkt steht der Wettbewerb innerhalb der Branche. Dieser Wettbewerb kann zum Beispiel über den Preis oder die Produktqualität ausgetragen werden. Die vier Felder, die auf den innersektoralen Wettbewerb einwirken, sind nun unterschiedlich stark von den demografischen Entwicklungen betroffen. Um eine demografiefeste Strategie zu entwerfen, sollte man daher priorisieren.

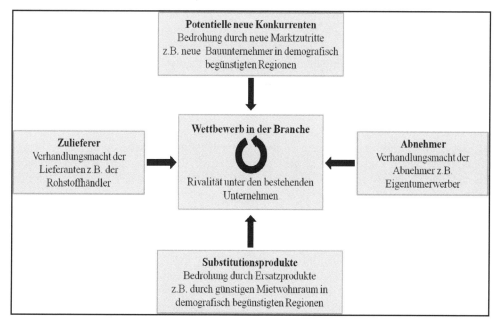

Abbildung 123: Strategiemix für Immobilienunternehmen

Quelle: in Anlehnung an Porter (2008)

Abnehmer: Die Kundenzahl und –struktur sowie mögliche Ausgabenverschiebungen bestimmen maßgeblich den Erfolg eines Unternehmens. Hier setzt der Bevölkerungsrückgang und v.a. der Rückgang der Zahl der Erwerbsfähigen dem quantitativen Wachstum Grenzen. Gleichzeitig verändert sich die Zusammensetzung der Abnehmer über die Altersklassen und die regionale Verteilung. Auch in einer schrumpfenden Bevölkerung kann es wachsende

Bevölkerungsgruppen geben. Von diesem quantitativen Wachstum lässt sich durch Akzentverschiebung profitieren. Ähnlich wie in vielen anderen Branchen, gilt auch für die Immobilienbranche, dass in einer entwickelten Volkswirtschaft quantitatives Wachstum zunehmend durch qualitatives Wachstum abgelöst wird. Ähnlich wie der Umsatz in der Automobilbranche selbst bei stagnierenden Haushaltszahl erhöht werden kann, nämlich dadurch, dass jeder Haushalt über mehr als ein Auto verfügt oder berufliche Mobilität das Vorhalten von Mietfahrzeugen erfordert oder dass die Menschen größere und technisch höher gerüstete Autos nachfragen, kann auch die Immobilienwirtschaft dann wachsen, wenn die Wohnungsgrößen zunehmen, es eine Nachfrage nach Wochenendwohnungen gibt oder technisch höher wertige Wohnungen ältere Wohnungen verdrängen. Während das quantitative Wachstum für Wohnungsmärkte plausibler ist, dürfte das qualitative Wachstum für Gewerbeimmobilienmärkte bedeutsamer sein. Auf die Bedeutung der richtigen regionalen Schwerpunktsetzung wird im Folgenden noch differenziert eingegangen.

Zulieferer: Wer sind die Zulieferer der Immobilienwirtschaft. Zum Teil sind dies das Bau- und Ausbaugewerbe sowie die Hersteller von Baumaterialien. Für die arbeitsintensiven Branchen droht eine starke Verknappung bei den Arbeitskräften. Dies wirkt in der ersten Runde lohnerhöhend und wird in der zweiten Runde zu einer schleichenden Automatisierung führen. Die Bau- und immobiliennahen Dienstleistungen werden durch die demografischen Trends zu stärkerer Industrialisierung gedrängt. Das Verarbeitende Gewerbe hat diese Entwicklung aus anderen Gründen bereits in den letzten Jahrzehnten vorweggenommen. Um mit Automatisierung angemessen auf die demografischen Trends zu reagieren, wird die Immobilienbranche also bei der Industrie in die Lehre geschickt werden müssen.

Substitutionsprodukte und zusätzliche Konkurrenz: Wohnen ist nicht zu substituieren. Hier droht allenfalls bei einigen objektspezifischen Dienstleistungen wie Hausmeisterdiensten eine Verteuerung oder ebenfalls eine Automatisierung. Insgesamt lassen sich Wohndienste jedoch kaum substituieren. Bei Gewerbeimmobilien ließe sich argumentieren, dass ein Anstieg der Löhne für Büroarbeitskräfte zu einer Verschiebung der Arbeitsplätze ins Ausland führen dürfte. Diese Entwicklung ist sehr wahrscheinlich, doch handelt es sich hierbei wohl eher um neue Wettbewerber als um Substitutionskonkurrenz. Für den Einzelhandel ist dies etwas anders. Dem Einzelhandel erwächst bereits ohne demografische Verwerfungen eine mächtige neue Konkurrenz im Internet. Die Alterung und die damit einhergehende Verteuerung des Faktors Arbeit spielt dem Internethandel zusätzlich in die Hände, denn der Internethandel lässt sich mit weniger Arbeitseinsatz organisieren und das Gestalten des Point of Sale kann anders als beim klassischen Einzelhandel überall auf der Welt geschehen. Dadurch wird der Internethandel unabhängig von den lokalen demografischen Entwicklungen. National gibt es dann eine Substitutionsbeziehung, die vordergründig zwischen dem klassischen Einzelhandel und dem Internethandel besteht und nachgelagert zwischen Handels- und Logistikflächen, auf denen die Güter des Internethandels gelagert und konfektioniert werden.

Konkurrenz in der Branche: Immobilienunternehmen müssen sich immer fragen, ob sie das richtige Produkt zum richtigen Preis mit den richtigen Vermarktungsstrategien an die richtigen Kunden vertreiben. Neben den zuvor genannten Aspekten ist bei der Preispolitik der Faktor Arbeit besonders wichtig. Hierbei geht es nicht nur um wettbewerbsfähige Löhne in der Branche, sondern zunehmend um wettbewerbsfähig qualifizierte Mitarbeiter, denn wie oben beschrieben, werden einfache Tätigkeiten analog zur Entwicklung in der Industrie zunehmend automatisiert. Es bleiben (noch) nicht automatisierbare menschbezogene und besonders kreative Tätigkeiten. Nur wenn der Wettbewerb um diese Köpfe gewonnen wird und eine Arbeitsatmosphäre geschaffen wird, die kreative Lösungen ermöglicht, können auch die Wachstumsfelder rechtzeitig erkannt und vor der Konkurrenz besetzt werden.

Aus der Porter-Matrix lässt sich insgesamt auf fünf Aktivitätsschwerpunkte für die Bau- und Immobilienbranche schließen. Diese Schwerpunkte lassen sich zu einer Strategie kombinieren. Die folgende Grafik ist stark stilisiert, letztlich lässt sich eine Vielzahl geeigneter Aktivitätskombinationen finden, die sich zudem nach der Stellung eines Unternehmens innerhalb der großen Bau- und Immobilienwirtschaft unterscheiden lässt.

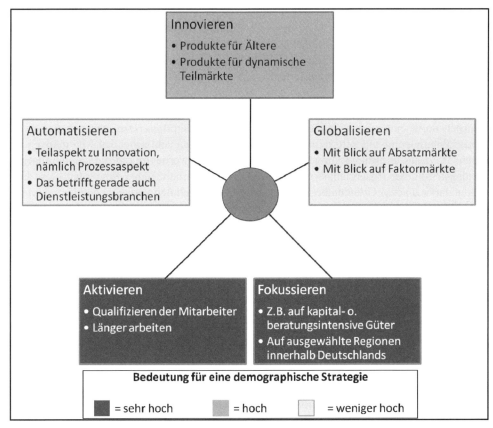

Abbildung 124: Die fünf Felder für eine demografische Strategie

Quelle: eigene Darstellung

Aktivieren: Wenn die demografische Entwicklung dazu führt, dass die Zahl der Erwerbsfähigen zurückgeht, dann müssen die verbleibenden Erwerbsfähigen produktiver werden oder länger beschäftigt sein, um eine bestimmte Wirtschaftsleistung zu erbringen. Das Renteneintrittsalter wurde bereits nach hinten geschoben. Ob dies reicht, bleibt abzuwarten. Die Maßnahme ist bei Arbeitskräften verständlicherweise nicht sehr beliebt, daher lässt sich eine Qualifizierung der Mitarbeiter leichter durchführen. Es ist wichtig, diese andere Strategie zumindest flankierend zu verfolgen: die Qualifizierung der Mitarbeiter. Die Halbwertszeit von Wissen hat sich in den letzten Jahrzehnten reduziert, daher ist es nicht mehr hinreichend, dass Mitarbeiter mit einer Erstausbildung ihr Berufsleben bestreiten, sondern es muss stetige Weiterbildung im Beruf erfolgen. Die jüngsten Studien der OECD (2012) zeigen, dass Deutschland gerade im Bereich der berufsbegleitenden Weiterbildung gegenüber anderen europäischen Ländern Aufholpotenzial hat. Zwar lässt die Studie der OECD keine Rückschlüsse auf einzelne Branchen zu, doch da die akademische Qualifizierung für Mitarbeiter in der Immobilienwirtschaft insgesamt noch vergleichsweise jung ist, wäre damit zu rechnen, dass die Ergebnisse der OECD die Situation für die deutsche Immobilienwirtschaft kein ganz falsches Bild zeichnet – auch wenn es in den letzten 20 Jahren erhebliche Verbesserungen im Angebot beruflicher Weiterbildung für Immobilienprofessionals gab.

Es ist hierbei wichtig, dass Qualifizierung nicht bedeutet, dass alle Mitarbeiter einen Masterabschluss erhalten, sondern dass es hierbei auch um die Weiterentwicklung gewerblicher Mitarbeiter geht. Hinzu kommt, dass jede Qualifizierung davon abhängt, dass das Ausgangsniveau beachtet wird. Je besser die Grundausbildung an den Schulen erfolgt, desto weniger muss in der Weiterbildung auf Grundlagen Wert gelegt werden. Die größten gesellschaftlichen Erfolge liegen immer in der Qualität der Grundausbildung.

Fokussieren: Hier sind zwei Akzentsetzungen sinnvoll. Bei der ersten geht es um eine regionale Fokussierung. Es scheint naheliegend zu sein, dass man nur in solche Regionen investiert, in denen auch nachhaltig Bevölkerungswachstum entsteht. Doch in Erinnerung an die jüngsten Forschungsergebnisse zur Vorwegnahme demografischer Prozesse in aktuellen Preisen darf man seine Wertänderungserwartungen nicht zu hoch ansetzen, denn es konnte ja gezeigt werden, dass viele vorausschauende Investoren bewirken werden, dass die Preise bereits heute die unterschiedlichen demografischen Prozesse abbilden. Bei der regionalen Fokussierung sollte auch beachtet werden, dass die Binnenwanderung zu altersspezifischen Mustern führt: Insgesamt ist Mecklenburg-Vorpommern in den letzten Jahren eine Fortzugsregion. Doch bei den über 50-Jährigen ist gerade die Küste für einen Alterswohnsitz sehr beliebt. Hier gibt es dann eine Wachstumsnische in einem ansonsten belasteten Marktumfeld.

Die zweite Art der Fokussierung ist, dass Unternehmen versuchen könnten, in beratungs- und kapitalintensive Segmente der Wertschöpfungskette hinein zu wachsen. Im ersten Fall hätten sie bessere Chancen, höhere Margen durch höhere Produktivität zu erwirtschaften. Im zweiten Fall ließe sich der erwartete Lohnanstieg durch das Substituieren durch Kapital ersetzen. Dies betrifft gerade auch Dienstleistungen, die nicht an dem konkreten Objekt durchgeführt werden müssen, z.B. Portfoliomanagement oder Controlling oder sogar Rechtsberatung. In diesem Fall grenzt die Fokussierung bereits an den nächsten Strategieaspekt.

Automatisieren: Letztlich ist der Ruf nach einem Mehr an Automatisation auch bei Dienstleistern der Ruf nach Größe, denn jede Form der Automatisation erfordert Skaleneffekte und die lassen sich in größeren Einheiten realisieren. Dies muss nicht immer in einem einzigen Unternehmen geschehen, es kann auch in Unternehmensverbünden und auch entlang der Wertschöpfungskette erfolgen. Da immer mehr Fragestellungen fallweise projektbezogene Kooperationen erfordern, kann dieser Größeneffekt auch durch Spezialisierung der automatisierten Dienstleistung geschehen. Das ist zum Beispiel in den Bereichen Controlling oder Datenanalyse, ja sogar Portfolioanalyse möglich, solange es auf die reine Datenauswertung und nicht auf die strategische Entscheidungsfindung zurückgeführt wird.

Hier gilt es natürlich Augenmaß zu bewahren, denn jede Form der Automatisation reduziert die Möglichkeit, eine Extrarendite durch Individualisierung zu erzielen. Daher findet die Automatisation in der Bedienung der Kundenwünsche dort eine Grenze, wo zahlungsbereite, individualisierte Milieus keine Produkte von der Stange möchten. Jedoch auch die hedonistischen und explorativen Milieus haben nichts dagegen, wenn ihr Immobilien- und Baudienstleister auf der Inputseite Kosten durch Automatisation reduziert.

Globalisieren: In dem Kapitel zu den demografischen Entwicklungen im Ausland wurde deutlich, dass aufgrund des anhaltenden Anstiegs der Weltbevölkerung, dem Einkommenswachstum insbesondere in den Schwellenländern und der damit verbundenen Urbanisierung ein gigantisches Baupotenzial und dann auch Potenzial für Assetmanager entsteht. Dies konzentriert sich in den nächsten Jahren in Asien und dort natürlich auf China und Indien, ist jedoch keineswegs darauf beschränkt. Allerdings dürfte das damit verbundene Wachstumspotenzial nur für wenige Unternehmen der Immobilienwirtschaft strategische Weichenstellungen erzwingen, denn der Markteinstieg in Schwellenländer ist kompliziert. Die Markteintrittsbarrieren dürften für viele Unternehmen für Destinationen außerhalb Europas prohibitiv sein. Überall dort, wo es um das Handeln von Dienstleistungen und weniger um das physische Handeln von Immobilien geht, ist der Eintritt einfacher. Dies gilt zum Beispiel für Architekten, Stadtplaner, Ingenieure oder Projektentwickler, wobei „einfacher" keineswegs „einfach" bedeutet.

Für alle Unternehmen sollte die Globalisierung jedoch bedeuten, dass man aktiv um Fachkräfte außerhalb Deutschlands sucht. Die Bauwirtschaft hat hierzu eine eigene Initiative ins Leben gerufen, um neben den branchenübergreifenden Initiativen die konkreten, branchenspezifischen Bedarfe besser managen zu können. Diese Initiative „Deutschland-baut" ist ein Zusammenschluss von Unternehmen, keine staatliche Initiative.

Innovieren: Es gehört zu den Standardantworten, dass man bei Wachstumsschwächen auf Innovation setzen soll. Doch letztlich hat man damit keine Antwort gegeben, denn echte Innovationen lassen sich nicht einfach im Internet bestellen. Hinzu kommt, dass sich die Bau- und Immobilienwirtschaft als innovationsarme Branche sieht. Das gilt auch, wenn man an radikale Umbrüche denkt. Doch Innovationen können gerade inkremental und langsam ablaufen. Die Forderung nach Innovation ist daher auch eher eine Forderung nach einem institutionalisierten Innovationsmanagement. Dieses Management sollte nicht nur auf die Endprodukte gerichtet sein, sondern muss Prozesse, Strukturen, Kulturen im Unternehmen, soziale Aspekte oder neue Dienstleistungen umfassen.

Des Weiteren sollten sich Unternehmen fragen, ob sie eher eine offene oder geschlossene Innovationsumgebung suchen. Bei geschlossenen Innovationen erfolgt die gesamte Innovationsleistung im Unternehmen, da man keine strategischen Informationen teilen möchte. Implizit unterstellt man häufig damit, dass die kreativsten Köpfe bereits im Unternehmen arbeiten. Bei offenen Innovationen kooperiert man eher über die Unternehmensgrenzen hinweg mit Dritten. Diese Dritten können andere Unternehmen, die öffentliche Hand mit ihren Forschungseinrichtungen oder die Kunden, bzw. die Öffentlichkeit sein. Um mögliche Wohnwünsche der Zukunft oder Arbeitsformen der Zukunft zu erkennen, ist eine enge Kooperation mit den Nutzern unumgänglich.

Dies könnte zum Beispiel helfen, ein sicheres Wachstumsfeld zu verstehen, nämlich wie die Millionen notwendiger Zuwanderer wohnen möchten. Aktuell kommen die meisten Zuwanderer aus Süd- und Osteuropa. Hier dürften die Unterschiede in den Wohnpräferenzen noch überschaubar sein. Doch der aktuelle Zustrom ist zeitgleich begrenzt. Sobald die südeuropäischen Volkswirtschaften zurück auf einen nachhaltigen Wachstumspfad gefunden haben, wird wenigstens die Zuwanderung aus diesen Ländern aufhören, eventuell kommt es sogar zur Rückwanderung. Dann muss die Lücke durch andere Herkunftsländer geschlossen werden, z.B. die Türkei, Indien, China oder andere asiatische Länder. Hier ist es durchaus vorstellbar, dass es andere Vorstellungen hinsichtlich einer idealen Wohnung gibt als in Zentraleuropa.

Ein wichtiges Innovationsfeld ist auch der gesamte Bereich um das intelligente Haus. Smart homes können technisch hochgerüstete Objekte sein, die zunächst energetische Effizienz sichern, dann aber auch Sicherheitsaspekte und schließlich Komfort ermöglichen. Gerade bei der Betreuung von Pflegefällen wird ein stärkerer Einsatz von Technik unumgänglich sein, weil Pflegebetreuung sowohl aufgrund der demografischen Entwicklung als auch wegen der damit verbundenen finanziellen Last knapp und teuer wird. Hier wird der oben angesprochene Ersatz von Arbeit durch Kapital z.B. in Form von Meldesystemen stattfinden.

9.3.2   Regionaler Fokus

Der richtige regionale Fokus wurde als ein zentraler Bestandteil einer demografiefesten Strategie beschrieben. Doch was ist der richtige regionale Fokus, wenn die Bevölkerungsprognosen erstens unsicher sind und die Anlegerinteressen zweitens inhomogen? Der Antwort auf diese Frage wird im Folgenden etwas mehr Raum gegeben (vgl. hierzu auch Just, 2009 sowie Just, 2011).

Für die folgende Argumentation wurden die Bevölkerungsprognosen für die deutschen Kreise aus den Jahren 2003, 2006 und 2009 des BBR, bzw. des gegründeten Instituts BBSR miteinander in Beziehung gesetzt. Das Datensample wurde um jene Kreise bereinigt, die in den drei Prognosen nicht in ihrer Größe stabil waren.

Abbildung 125 verdichtet die drei Prognosen zu zwei Maßzahlen für jeden Kreis. Auf der x-Achse ist die mittlere Bevölkerungsprognose aus den drei Prognosen abgetragen – jeweils für die nächsten 20 Prognosejahre. Alle Kreise rechts von der y-Achse sind also Kreise, die sich in den (etwa) nächsten zwei Jahrzehnten nach der Prognose überdurchschnittlich entwickeln werden. Alle Kreise links der y-Achse sind Kreise, wo eine unterdurchschnittliche Entwicklung erwartet wird. Auf der y-Achse wird die Prognosespanne abgetragen, also die Differenz der für einen Kreis jeweils günstigsten und ungünstigsten Prognose – als Abweichung vom Referenzwert für Deutschland insgesamt. Die Prognosen, die für Kreise unterhalb der x-Achse gemacht wurden, können also als überdurchschnittlich stabil betrachtet werden. Die Prognosen für die Kreise oberhalb der x-Achse sind indes sehr starken Veränderungen unterworfen. Hier haben die Prognostiker teilweise erhebliche Aufwärts- oder Abwärtsrevisionen vornehmen müssen. Man kann daher die Prognosespanne auch als ein Maß für die Prognoseunsicherheit interpretieren.

Aus diesen Berechnungen und der Definition der mittleren Bevölkerungsprognose bzw. der Prognosespanne lassen sich dann vier unterschiedliche Felder unterscheiden.

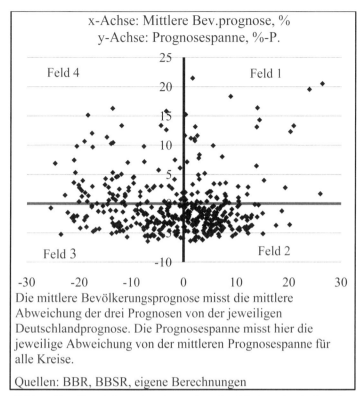

Abbildung 125: Clusterbildung deutscher Kreise anhand dreier regionaler Bevölkerungsvorausberechnungen

Feld 1: Hier sind alle Kreise enthalten, für die eine überwiegend günstigere Entwicklung der Bevölkerungszahl erwartet wird als für Deutschland insgesamt (positiver x-Wert). Gleichzeitig sind sich die Bevölkerungsforscher vergleichsweise unsicher, es gibt starken Dissens (positiver y-Wert). Hierzu zählen Umlandkreise der Hauptstadt. Außerdem gibt es ein paar Ausreißer, wo eine Prognose den Mittelwert erheblich beeinflusst (z.B. Kreis Stollberg oder der Saalekreis).

Feld 2: Wie in Feld 1 sind hier Regionen mit vergleichsweise günstiger Bevölkerungsprognose enthalten. Zusätzlich sind sich die Forscher weitgehend einig – die Prognoseunterschiede sind geringer als im Durchschnitt aller Regionen (negativer y-Wert). Dies betrifft zum Beispiel oberbayerische Kreise, Lüneburg, einige westdeutsche Großstädte.

Feld 3: Hierzu zählen Regionen, deren Bevölkerungsentwicklung ungünstiger ausfallen dürfte als für Deutschland insgesamt. Dazu kommt, dass die vier Prognosen für diese Regionen weitgehend zu ähnlichen Ergebnissen kommen, dass dies so eintreten wird (negativer y-Wert). In diese Gruppe fallen zum Beispiel Kreise in Nordhessen.

Feld 4: Auch in dieser Klasse wird im Durchschnitt mit einer größeren demografischen Last gerechnet (negativer x-Wert). Allerdings sind sich hier die Demografen gar nicht so einig (positiver y-Wert). In diesen Cluster fallen überwiegend ostdeutsche Kreise, v.a. die besonderen Ausreißer liegen alle in den neuen Ländern. Es handelt sich um ländliche Kreise oder um strukturschwache Städte. Hier lohnt aber offensichtlich genaues Hinsehen: Ist die Prognosespanne aufgrund einer Prognoseverbesserung groß oder aufgrund einer Verschlechterung oder weil es einfach Unsicherheiten gibt.

Aus dieser Einteilung sind vier Schlussfolgerungen und eine wichtige Interpretation sinnvoll. Zunächst zu den Schlussfolgerungen:

Erstens, regionale Streuung ist sinnvoll. Das hohe Maß an Unsicherheit, das bei vielen Kreisen offenbar bleibt, macht regionale Diversifizierung so wertvoll.

Zweitens, Investoren mit geringer Risikoneigung werden tendenziell in die Städte des Clusters 2 investieren. Hierzu zählen das südliche Hamburger Umland, München inklusive Umland, aber auch z.B. Oldenburg und Havelland-Fläming. Allerdings gilt gerade für diese „üblichen Verdächtigen", dass aufgrund des günstigen Befunds und der geringen Prognoseunsicherheit sehr viele sicherheitsorientierte Investoren dort investieren werden und folglich die Preise bereits heute die Chancen von morgen enthalten.

Drittens, Standorte im Feld 3 werden unter hohem Leerstandsrisiko leiden, denn hier besteht nur geringe Unsicherheit aber eine große demografische Last. Hier müssen Investoren eine sehr hohe Mietrendite fordern. Bei guter Marktkenntnis bieten sich gegebenenfalls Einzelobjektchancen, da viele institutionelle Investoren um diese Kreise einen großen Bogen machen. In diesen Städten werden vornehmlich kleine professionelle und vor allem lokale Anbieter Chancen haben – oder besonders wagemutige Investoren, die auf Überraschungschancen setzen, und ggf. solche Standorte als Beimischung im Portfolio haben.

Viertens, die besten Chancen für opportunistische Investoren dürfte es an Standorten in Feld 4 geben. Auch hier ist gute Marktkenntnis wichtig, allerdings kann man gerade für diese Standorte eine sinnvolle Unterscheidung treffen, nämlich dahingehend, ob es sich um Standorte handelt, wo die hohe Prognosespanne daher resultiert, dass sich der Ausblick deutlich verbessert hat oder ob er sich deutlich verschlechtert hat. Im ersten Fall könnte es für Investoren durchaus Chancen geben, da der Markt die neuen Chancen möglicherweise noch nicht vollständig in den Preisen und Mietrenditen berücksichtigt hat. Eine mögliche Strategie für solche Standorte wird bei Just (2011) beschrieben. Es lässt sich nämlich zeigen, dass es einige Städte mit sehr hoher Mietrendite gibt, deren Bevölkerungsausblick sich aber in den letzten sechs Jahren deutlich verbessert hat. Ähnlich gibt es Städte, in denen sich der Bevölkerungsausblick verschlechtert hat, wo die Mietrenditen allerdings noch vergleichsweise niedrig sind – so als hätte der Markt noch nicht die Anpassung realisiert.

Diese Ausführungen sollten veranschaulichen, dass die demografischen Entwicklungen nicht einseitig eine regionale Fokussierung auf die Wanderungsgewinnerstädte erzwingen, sondern dass es hier mehrere mögliche Strategien geben kann, die vom jeweiligen Risiko- und Renditeappetit der Investoren abhängen. Natürlich sind auch Mischstrategien sinnvoll, denn die wichtigste Botschaft aus der Unsicherheit ist das Gebot zur regionalen Diversifizierung.

9.4   Implikationen für die Politik

Die Wohnungspolitik in Deutschland ist ein kompliziertes Maßnahmenbündel. Es gibt leistungspolitische und ordnungspolitische Instrumente, mit denen mal eher Effizienzziele und mal eher Verteilungsziele verfolgt werden. Häufig werden mit wohnungspolitischen Instrumenten sehr unterschiedliche Ziele verfolgt, mitunter sogar mehrere Ziele gleichzeitig (z.B.

Umweltziele, Sozialziele, Kapitalbildungsziele). An dieser Stelle kann nicht versucht werden, einen vollständigen Überblick über die möglichen wohnungspolitischen Reaktionen auf die demografischen Entwicklungen zu geben. Dies würde ein eigenes Buch rechtfertigen. Einen guten Einstieg in das weite Feld der Wohnungspolitik bieten Maennig (2008) und v.a. Eekhoff (2002). Mayer (1998) kennzeichnet zudem die politökonomischen Komplikationen des Wohnungsmarktes.

Hinzu kommt, dass natürlich sehr viele allgemeine wirtschaftspolitische Maßnahmen weit reichende Folgen auch für die Wohnungsmärkte hätten. Jede Änderung in den Rentenregelungen kann den finanziellen Spielraum der Rentner erweitern oder einschränken. Die Konsequenzen für die Wohnungsnachfrage dieser Nachfragegruppe wären dann ebenso direkt nachvollziehbar wie die in der Regel umgekehrt dazu stehenden Wirkungen für das Kollektiv der Erwerbstätigen. Die Vielzahl allgemeiner wirtschaftspolitischer Eingriffsmöglichkeiten kann in diesem Buch ebenfalls nicht thematisiert werden. Das eingangs zitierte Gutachten der Enquete-Kommission des Deutschen Bundestags sowie Gräf (2003) bieten eine gute Zusammenstellung der Ansatzpunkte.

Die folgenden sechs Punkte sind also eine (subjektive) Schwerpunktsetzung, keine erschöpfende immobilienpolitische Agenda für die politischen Akteure.

9.4.1 Wohnungsbauförderung

Eine direkte Folge der demografischen Entwicklung ist zunächst, dass es in Zukunft seltener quantitative Nachfrageüberhänge auf den Wohnungsmärkten geben wird als in der Vergangenheit. Das ist natürlich für die wohnungssuchenden privaten Haushalte eine gute Nachricht, weil Wohnungspreise und Mieten zumindest langsamer steigen werden. Es ist sogar möglich, dass die Volatilität der Bewegung nachlässt, dann nämlich, wenn es geringere Ausschläge bei den Wohnungsneubauten in Zukunft gibt, weil Finanzdienstleister bei Neubaumaßnahmen angesichts der demografischen Entwicklungen stetiger agieren werden. Ein Ende von Zyklen auf den Wohnungsmärkten gäbe es damit zwar nicht, wohl aber die Hoffnung auf eine kleinere Amplitude der Zyklen.

Die direkte Wohnungsbauförderung könnte folglich in Zukunft kleiner dimensioniert werden als in der Vergangenheit. Das erfolgte Streichen der Eigenheimzulage und eine mögliche Neudimensionierung der Pendlerpauschale sind aus wohnungspolitischen Erwägungen gerechtfertigt. Dies bedeutet nicht, dass es in Sondersituationen immer fallweise auch fördernde Eingriffe seitens der öffentlichen Hand geben kann. Aktuell sorgt die starke Zuwanderung aus Süd- und Osteuropa für Engpässe in einigen Städten.

Allerdings wird sich der Staat auch in Zukunft nicht gänzlich aus der direkten Förderung von Wohnraum zurückziehen können, und zwar eher aus verteilungs- als aus allokativen Erwägungen. Denn selbst wenn Nachfrageüberhänge in Zukunft weniger wahrscheinlich sein dürften, heißt dies nicht, dass es für alle Bevölkerungsgruppen einfach sein wird, sich auf den Wohnungsmärkten mit angemessenem Wohnraum zu versorgen. Zum einen fällt die Entspannung der Wohnungsmärkte regional sehr unterschiedlich aus. Zum anderen wird es auch in Zukunft Haushalte geben, deren Einkommen nicht ausreicht, um sich auf dem freien Wohnungsmarkt mit einer angemessenen Wohnung zu versorgen. Selbst staatliche Transfers reichen mitunter nicht aus, um alle Marktstörungen zu beheben.

Mit Blick auf die regionalen Unterschiede war ja eine zentrale Botschaft dieses Buches, dass die regionalen Unterschiede in Zukunft eher verstärkt werden als vermindert. Es könnten dann auch in den nächsten Jahrzehnten noch Knappheiten in den Ballungsräumen entstehen. Diesen können gerade junge Menschen nicht ausweichen, solange ihr Wohnort maßgeblich durch die räumliche Nähe zu ihrem Arbeitsort bestimmt wird. Zwar ermöglichen die modernen Informations- und Kommunikationstechnologien heute immer mehr Menschen das Arbeiten von zu Hause oder von unterwegs, doch erfordern gerade die komplexer gewordenen Arbeitsstrukturen auch weiterhin eine enge Kooperation der Mitarbeiter. Dies geschieht noch immer bevorzugt im direkten Miteinander und nicht allein via Datenleitungen. Daher werden auch in Zukunft Wohnungsüberhänge in einer Stadt kaum helfen, die Nachfrageüberhänge in einer hinreichend weit entfernten anderen Stadt aufzufangen. Sprich, eine leer stehende Wohnung in Rostock hilft dem Wohnungssuchenden in München auch zukünftig kaum weiter. Für diese regionalen Unterschiede wäre eine gesamtdeutsche Förderpolitik jedoch nicht zielführend. Sie würde die Überhänge in den Fortzugsregionen verstärken und in den Zuzugsregionen würde sie zu gering ausfallen. Eine einheitliche gesamtdeutsche Lösung würde also erhebliche Ineffizienzen bedeuten.

Was ist nun das beste Förderinstrument für die Wohnungsmärkte? Hierzu gibt es keine einfache Antwort. Immerhin können zahlreiche Studien zeigen, dass die Objektförderung in der Vergangenheit regelmäßig zu größeren Ineffizienzen geführt hat als die Subjektförderung; die Subjektförderung erreicht häufiger diejenigen, für die sie auch zugeschnitten war (vgl. die Literaturangaben bei Maennig, 2008). Die direkte finanzielle Förderung von einkommensschwachen Haushalten ist daher als wohnungspolitische Maßnahme unumgänglich. Natürlich hat Wohngeld seine Grenzen, nämlich immer dann, wenn der direkte Geldtransfer kein hinreichendes Instrument für die Beseitigung von Marktverzerrungen ist. In diesen Fällen müsste auch in Zukunft über Belegungsrechte, durch Bürgschaften oder im Extremfall sogar über das direkte Vorhalten von Wohnraum durch die öffentliche Hand die Versorgung von Haushalten mit Schwierigkeiten auf den Wohnungsmärkten erfolgen.

Zwei besondere Förderfelder dürften in den kommenden Jahren an Bedeutung gewinnen. Beide haben eher mit Umbau- als mit Neubaumaßnahmen zu tun. Erstens sind zahlreiche Wohnungen auf die besonderen Bedürfnisse bewegungsbeschränkter Senioren umzurüsten. Das BBSR (2011) schätzt, dass der mittelfristige Bedarf für barrierefreies Wohnen bei mindestens 3 Mio. Wohnungen liegt. Der Umbau bisher nicht barrierefreier Wohnungen wird natürlich insbesondere dort schwierig, wo die finanzielle Lage der Senioren keine Finanzierung des Umbaus mit eigenen Mitteln ermöglicht; auf das Problem der steigenden Altersarmut wurde bereits mehrfach hingewiesen. Es geht hierbei nicht nur um die finanzielle Frage, wer den Umbau finanziert. Letztlich dreht es sich um die weit darüber hinaus gehende Frage, ob solch ein Umbau sogar rechtlich durchgesetzt werden könnte, denn natürlich würde eine nicht umgebaute Wohnung ansonsten den Umzug des Menschen aus seinem gewohnten Umfeld erzwingen. Die öffentliche Hand unterstützt den Umbau zu barrierefreiem Wohnen bisher kaum. Hier gibt es eine große Asymmetrie zwischen den Förderprogrammen für energetische Maßnahmen und demografiesichere Baumaßnahmen. Hier wäre schon viel geholfen, wenn es eine stärkere Arbeitsteilung zwischen den Förderinstanzen gäbe: Da der Klimawandel kein regionales, sondern ein globales Problem ist, sollten Maßnahmen auf nationaler oder sogar supranationaler Ebene erfolgen. Dies ist für Sanierungen für seniorengerechte Objekte nicht sinnvoll, denn es gibt gravierende regionale Unterschiede in den Bedarfen. Während ersteres für kommunale Wohnungsgesellschaften kein sinnvolles Ziel jenseits nationaler Vorgaben ist, besteht für das Demografieproblem durchaus die Möglichkeit, regionale Alleingänge zu wagen (Just, 2013).

Doch auch eine Verpflichtung des Eigentümers würde eine weit reichende Maßnahme bedeuten. Die Vorschrift, einen Umbau zu finanzieren, wäre nicht nur ein energischer Eingriff in die Vertragsfreiheit, es käme einer Zwangsabgabe gleich. Das würde Investoren abschrecken und es tendenziell noch schwieriger für ärmere ältere Menschen machen, sich auf dem Wohnungsmarkt zu versorgen. Allein an der gesamten Umbaunotwendigkeit gibt es keinen Zweifel. Zweitens wird in den nächsten Jahren die energetische Sanierung von Millionen Bestandswohnungen unumgänglich. Dies ist zwar sicherlich kein Gebot, das aus den demografischen Trends folgt. Doch zeigen die bisher hierzu verabschiedeten Förderpakete, dass es noch sehr viel Handlungswillen der öffentlichen Hand für Eingriffe in die Wohnungsmärkte gibt.

9.4.2 Stadtumbau ist notwendig

Eng mit der Frage nach der richtigen Gestaltung der Förderlandschaft in Zuzugsregionen ist auch die Frage nach der richtigen Finanzierung des Stadtumbaus verbunden. Die Notwendigkeit eines Stadtumbaus wird sich in Zukunft nicht mehr nur auf Ostdeutschland beschränken. Immer mehr westdeutsche Kommunen müssten von den Erfahrungen in den neuen Ländern lernen. Es wurde bereits in Abschnitt 3.6 beim Thema der Angebotsanpassung des Wohnungsbestands darauf hingewiesen, dass es in Fortzugsgebieten nicht nur zu Leerständen kommen kann, sondern dass das Überangebot aufgrund des Sperrklinkenproblems viel zu lange marktwirksam bliebe. Die Preise könnten dann dauerhaft unter Druck geraten, und dies könnte Bestandshalter davon abhalten, notwendige Investitionen durchzuführen. Es käme zu schleichendem Verfall. Dies könnte dann nicht allein ein privatwirtschaftliches Problem sein, wenn mit solchen Verfallserscheinungen negative Externalitäten verbunden wären. Diese könnten sich zum Beispiel in erhöhter Kriminalität oder zumindest einem gestiegenen Unwohlsein aufgrund empfundener Unsicherheit ausdrücken. Dann gäbe es in der Tat einen Eingriffstatbestand für die öffentliche Hand, um dauerhaften und nachhaltig gefährdenden Leerstand zu vermeiden. Dies wäre die ordnungspolitische Rechtfertigung für eine Förderung von Wohnungsabriss durch die öffentliche Hand.

Allerdings wurde ebenfalls darauf aufmerksam gemacht, dass dieses Instrument keineswegs problemlos ist. Eine Abrissförderung birgt das Risiko, dass Investoren in Zukunft, das Leerstandsrisiko geringer bewerten, weil es teilweise durch die staatliche Subvention sozialisiert werden kann. Hinzu käme, dass die korrekte Bewertung des externen Effektes sehr schwierig ist; das Ausmaß der Förderung zu bestimmen, ist keineswegs einfach. Es spricht vieles dafür, dieses Instrument stark zu begrenzen und die Suche nach einer besten Strategie offen zu halten, denn wahrscheinlich gibt es je nach konkreter Wohnungsmarktlage unterschiedliche Wege. Hinzu kommt, dass die Probleme in den einzelnen Wohnungsquartieren selten deckungsgleich sind. Schnur (2010) entwickelt ein Raster, mit dem sich allerdings acht Typen von möglichen Problemquartieren unterscheiden lassen, um darauf ein idealtypisches Set an Maßnahmen für die jeweiligen Quartierstypen zu präsentieren. Hierbei kann es um harte Faktoren wie Standortentwicklung oder Diversifizierungsstrategien gehen, es kann aber auch einfach um Marketing- oder Kommunikationsmaßnahmen gehen. Für alle Typen, die Schnur unterscheidet wird deutlich, dass es nur Lösungspakete gibt und dass diese Pakete sich deutlich zwischen den Typen unterscheiden. Üblicherweise wird das Thema Stadtumbau in erster

Linie mit Blick auf den Wohnungsmarkt diskutiert. Dies greift jedoch zu kurz. Es wurde in den Kapiteln zu den Gewerbeimmobilienmärkten gezeigt, dass einige Märkte sogar heftiger unter den demografischen Entwicklungen leiden werden als die Wohnungsmärkte. Auch hier wirken Sperrklinkenprobleme. Wenn jedoch ein negativer externer Effekt durch erhöhten Leerstand in Wohngebäuden resultieren kann, so ist dies auch für leer stehende Büros und Einzelhandelsimmobilien plausibel. Konsistenz in der Argumentation erfordert dann auch hier Abrissprämien. Auch aus diesem Grund sollte man umsichtig mit diesem Instrument umgehen. Es drohen sonst sehr hohe Subventionszahlungen. Noch wichtiger ist jedoch die angemessene Berücksichtigung der Infrastruktur beim Stadtumbau: Eine schrumpfende Stadt sollte von ihren Rändern schrumpfen. Wenn bei wachsenden Städten das Ziel einer kompakteren Stadt verfolgt werden soll, muss dies erst recht für schrumpfende Städte gelten, denn ansonsten würden gerade die Netzinfrastrukturen und folglich die Finanzierungslasten für die verbleibenden Bürger zu groß werden. Außerdem lässt sich hieraus ableiten, dass dezentralere Lösungen v.a. in der Energieversorgung aus städteplanerischer und immobilienwirtschaftlicher Sicht viele Vorzüge aufweisen. Der wichtigste ist der Gewinn an Flexibilität und die damit verbundene Reduktion der Fixkostenanteile.

9.4.3   Vorausschauende Stadtplanung

Der Stadtumbau und die Planung der benötigten Infrastruktur kommen ohne eine Prognose nicht aus. Mittlerweile gibt es mit den Publikationen des Bundesamts für Bauwesen und Raumordnung, des empirica-Instituts, des insiwo-Instituts mehrere regionalisierte Bevölkerungsvorausberechnungen, die mindestens auf Ebene der Raumordnungsregionen Prognosen anbieten. Das BBR publiziert sogar Prognosen auf Kreisebene, und die Bertelsmann-Stiftung (2013) stellt mit ihrem Wegweiser Kommune (www.wegweiser-kommune.de) sogar für alle Gemeinden mit mehr als 5.000 Einwohnern Bevölkerungsprognosen zur Verfügung. Allerdings wurde insbesondere mit den Ausführungen im Abschnitt 2.7.3 deutlich, dass es mitunter sehr starke Unterschiede zwischen den Ergebnissen der Prognoseanbieter gibt. Eine einzige Prognose gibt also allenfalls eine Indikation, sie ist kein Schicksal, zumal erfolgreiche Politikmaßnahmen in der Zukunft bei keiner Prognose berücksichtigt werden. Gleichwohl sollte man diese Indikationen sehr ernst nehmen, da sie zumindest ein BAU-Szenario darstellen, also ein Business-As-Usual-Szenario (auch wenn die Prognostiker offenbar darüber streiten, wie man BAU geeignet definiert).

Vorausschauende Stadtplanung muss auch die Bürger involvieren. Es hilft nichts, wenn es in der Politik tiefe Kenntnisse von den plausiblen demografischen Szenarien für eine Region gibt, diese den Bürgern jedoch nicht geläufig sind. Denn dann sind die Wähler nicht in der Lage, Politikempfehlungen vor Wahlen angemessen zu bewerten. Sprich, unbotmäßigen Versprechen auf der Grundlage einer inkonsistenten und unplausiblen Bevölkerungsprognose muss durch umfangreiche Information der Bürger vorgebeugt werden. Solange es Erkenntnisdefizite auf Seiten der Wähler gibt, hilft es nichts, wenn „nur" noch Umsetzungsschwierigkeiten auf Seiten der Politik bestehen. Diese bleiben in einer Demokratie häufig genauso lange erhalten wie der Mehrheit der Bürger die Erkenntnis, bzw. die Information, fehlt. Das kann sich als teures Versäumnis erweisen. Es wird nämlich in Zukunft in mehr Kommunen und häufiger notwendig sein, eine vorübergehend vermeintlich zu kleine Investition zu tätigen, deren Vorteil sich aber in der längeren Frist erschließt. Vorausschauende Planung muss also in der Demokratie frühzeitig alle Bürger involvieren.

9.4.4   Informationen fehlen

Es geht aber nicht nur um das Informieren der Bürger, in vielen Kommunen fehlen Informationen zum Immobilienbestand. Dies gilt insbesondere für Immobilien der öffentlichen Hand. Es ist schlechterdings möglich, eine vorausschauende Stadtplanung zu betreiben, wenn es Unklarheiten bezüglich der Ist-Situation gibt. Hierbei geht es um Informationen, die ein modernes Immobilien-Controlling bereitstellt, also Informationen hinsichtlich der Flächennutzung und der Gebäudeeffizienz, also auch der energetischen Effizienz. Diese Informationen sollten dann mit anderen Kommunen und privaten Immobilienbetreibern verglichen werden, um daraus beste Praktiken abzuleiten. Vergleichbarkeit von Daten erfordert nun aber den Zugang zu Daten. Es bedarf also neben der Anstrengung, Daten zu sammeln und zu bewerten zusätzliche Bemühungen, diese Daten den Entscheidungsträgern (nicht nur den politischen, auch den wirtschaftlichen und schließlich auch der Wissenschaft) zur Verfügung zu stellen. Ein Zusatznutzen solcher Datensammlungen ist, dass bei der gründlichen Analyse sehr häufig überraschend große Flächenreserven in den Innenstädten festgestellt werden (Siedentop, 2009). Wenn also eine wichtige Implikation der demografischen Entwicklung die Stärkung der Kernstädte ist, gleichzeitig jedoch den Präferenzen der Bürger nach neuen oder größeren Wohnflächen Genüge getan werden soll, ist eine gründliche Datensammlung und -analyse unerlässlich.

Ein Teil ließe sich sicherlich über private Dienstleister erbringen. Diese haben stärkere Anreize, diese Aufgaben zügig zu erledigen und die Ergebnisse in andere Kommunen zu multiplizieren. Allerdings stellt sich die Frage, inwiefern auch solche Stadt- und Immobiliendaten den Charakter öffentlicher Güter haben. Dies ließe sich in einer idealen Welt für viele Datensätze leicht bejahen, letztlich ist dies auch der Grund für das Online-Angebot von Regionaldaten durch das Statistische Bundesamt oder Eurostat. Realistischerweise ist jedoch zu erwarten, dass die budgetären Grenzen der öffentlichen Hand allenfalls Teillösungen ermöglichen werden. Die bleibenden Lücken sollten dann durch private Immobilienberater gefüllt werden. Hier hat sich ein gigantisches Beratungsfenster geöffnet, das sehr lange offen bleiben dürfte.

9.4.5   Kooperation der Kommunen

Es wurde bisher beim Thema Stadtumbau ungesagt unterstellt, dass der Stadtumbau an jeder einzelnen Stadtgrenze seine Planungsgrenze hat. Dies wird jedoch den heutigen Agglomerationsräumen, den Zwischenstädten und Städtenetzwerken nicht gerecht. Die organisatorischen Grenzen vieler Städte spiegeln heute kaum noch die funktionale Realität. Dies zeigt sich nicht nur in der Zersiedelung, sondern auch in der erkannten Notwendigkeit der Zusammenarbeit von Kommunen. Gerade bei der Entwicklung der Einwohnerzahl geht es in Zukunft nicht nur um die Verteilung einer schrumpfenden Bevölkerung zwischen Fortzugs- und Zuzugsregionen, sondern auch um die konkrete Ansiedelung im erweiterten Zuzugsgebiet. Selbst wenn wir erwarten, dass es beispielsweise in der Region Rhein-Main in den nächsten 30 Jahren mehr Arbeitsplätze als heute geben wird, ist damit noch nichts darüber gesagt, ob die dadurch angelockten jungen Menschen eher in Frankfurt, in Bad Vilbel, in Offenbach oder in Kronberg wohnen werden. Wenn es also um die Verteilung einer schrumpfenden Bevölkerung geht, sind Verteilungskämpfe auch innerhalb der Zuzugsregionen programmiert. Eine Zusammenarbeit bei der Planung von Bauland (für alle Immobilientypen, v.a. aber für Wohnimmobilien) ist dann sinnvoll, um einen Angebotswettlauf zu vermeiden. Denn anders als bei anderen Gütern sind einmal geschaffene Überhänge auf den Immobilienmärkten sehr persistent und können zu Verwerfungen in vielen Folgeperioden führen. Solche Kooperationen zwischen den Kommunen sind natürlich aus denselben Gründen auch für Infrastrukturmaßnahmen sinnvoll (vgl. hierzu auch Pätzold, Hollbach-Grömig und Henckel, 2009).

Weil letztlich funktionale Räume einem schnelleren Wandel unterworfen sind als die Grenzziehung der Gebietskörperschaften, sollte sich aus dem demografischen Wandel (aber nicht nur aus diesem Wandel) auch eine regelmäßige Prüfung ableiten, ob die gezogenen Grenzen noch immer ein angemessenes Bild der Leistungsbeziehungen zwischen Stadt um Umland bzw. zwischen mehreren Städten darstellen. Gerade weil eine Fusion von Gebietskörperschaften keine einfache Aufgabe ist, sollte die weichere Form der Kooperation als Mindestreaktion einer Region auf den demografischen Wandel gelten. Der oben angesprochene Daten- und Erfahrungsaustausch ist die geringste Form solch einer Kooperation.

Ökonomisch plausibel und intellektuell interessant, tatsächlich in vielen Fällen aber schwer zu operationalisieren, ist der Vorschlag von Frey und Eichenberger (1999), der Komplexität des vielschichtigen öffentlichen Diensteangebots mit seinen sehr unterschiedlich weit reichenden Effekten durch ebenfalls sehr flexibel allein auf diese Dienste zugeschnittene Behörden und Institutionen zu begegnen. Frey und Eichenberger schlagen so genannte „Functional Overlapping Competing Jurisdictions (FOCJ) vor. Hierbei geht es darum, die Bereitstellung öffentlicher Güter weniger an festen Grenzen, sondern sehr flexibel an den jeweiligen Bedarfsregionen der einzelnen Güter zu orientieren. Solche Zuschnitte könnten für eine Planungsbehörde ganz anders ausfallen als für Kulturdezernate. Eine umfassende Lösung im FOCJ-Stil ist wohl unrealistisch, weil dies eine völlige Neugestaltung der kommunalen Finanzierung und Organisationsstruktur erfordern würde. Für ausgewählte Aufgaben wäre es jedoch durchführbar. Bestehende Kooperationen zwischen Gemeinden oder Kreisen beschränken sich meistens auf ein paar Aufgaben. Dies kann man als eine Annäherung an das Konzept der FOCJ interpretieren. Wichtig ist, dass man bei allen Kooperationen die Ziele im Vorfeld klar definiert, sie schriftlich fixiert und auch Sanktionen im Falle von Zuwiderhandlungen zulässt. Manchmal können solche Kooperationen der erste Schritt in Richtung einer Fusion von Gemeinden, Städten oder Kreisen sein. Ökonomisch dürfte das in vielen Fällen sinnvoll sein, damit der Kreis der Nutznießer einer Leistung möglichst dem Kreis der Kostenträger entspricht.

9.4.6   Preise für Zersiedelung

Letztlich stellt Suburbanisierung in mehrfacher Hinsicht eine Externalität dar: Die Suburbaniten erhalten durch niedrige Bodenpreise einen Anreiz in der Peripherie große Immobilien zu bewohnen. Die für das Pendeln und die Versorgung nötige Infrastruktur wird teilweise durch die Gemeinschaft bezahlt, sodass es zunächst eine pekuniäre Externalität gibt. Dies hätte Verteilungsimplikationen, ist aber marktwirtschaftlich unproblematisch. Wichtiger ist, dass es technologische Externalitäten in Form von Umweltverzehr gibt. Diese Externalitäten werden ungenügend internalisiert. Glaeser und Kahn (2008) können zeigen, dass es erhebliche ökologische Belastungen durch Suburbanisierung gibt. Die demografische Entwicklung erhöht nun zwar nicht die ökologische Last, wohl aber die pekuniären externen Effekte. Daher sollte man künftig mehr auf kompakte Städte achten. Dies könnte durch eine stärkere Bepreisung der Verkehrsnutzung oder durch höhere Bodenpreise in der Peripherie oder höhere Energiepreise erfolgen. Ein Nebeneffekt der kompakten Stadt ist wenigstens ein geringeres Flächenwachstum pro Kopf auf den Wohnungsmärkten – vielleicht sogar ein Rückgang dieser Größe.

9.5 Grenzen der Analyse und kritische Würdigung

Demografische Prozesse sind für die Nachfrage nach Immobilien entscheidende Stellgrößen, denn natürlich beeinflusst die Zahl und Struktur der Menschen in einer Region auch die Immobiliennachfrage. Doch ein Markt hat nicht nur eine Nachfrageseite. Es gibt immer auch die Angebotsseite zu berücksichtigen. Grundsätzlich können Anpassungen auf der Angebotsseite trotz der Verschiebungen auf der Nachfrageseite wieder zu einem neuen Gleichgewicht bei quasi unveränderten Mieten und Preisen führen. Dies ist zwar modelltheoretisch sehr einfach nachzuvollziehen, doch letztlich bedeutet es, dass bei einem Rückgang der Nachfrage auch das Angebot sehr schnell und in gleichem Umfang zurückgenommen werden kann, und dass im Falle eines Nachfrageanstiegs auch das Angebot am besten zeitgleich mitziehen kann. Hierfür dürfte es keinerlei Wirkungsverzögerungen auf den Immobilienmärkten geben. Dies ist jedoch realitätsfern. Tatsächlich kann das Angebot nur mit Verspätung auf Nachfrageänderungen reagieren. Die Eigentumsstrukturen auf den Immobilienmärkten und die (auch in vielen Fällen gerechtfertigten) komplizierten Genehmigungsprozesse verzögern die Reaktion. In diesen Anpassungsphasen reagieren die Preise also direkt auf demografisch bedingte Nachfrageänderungen. In Fortzugsregionen sinken die Preise und in Zuzugsregionen steigen sie. Hierbei gilt, je besser sich Entwicklungen vorausahnen lassen, je weniger überraschend sie also sind, umso eher kann eine Angebotsanpassung auch bereits antizipativ erfolgen. Überraschende Veränderungen führen dann auch im Umkehrschluss zu den heftigsten Preisreaktionen – sowohl nach oben als auch nach unten.

Dies führt direkt zu einem wichtigen Aspekt, der sich auf Frank Knights (1921) Unterscheidung zwischen Risiko und Ungewissheit zurückführen lässt, welche kürzlich durch das Buch „Der Schwarze Schwan" von Nassim Taleb (2008) wieder stärker in die Erinnerung von Entscheidungsträgern gebracht wurde. Gemäß der Unterscheidung von Knight kennzeichnet Risiko alle jene Situationen, in denen man eine eindeutige Eintrittswahrscheinlichkeit zuordnen kann und Ungewissheit alle jene Situationen mit unsicherem Ausgang, in denen die Zuordnung von solchen Eintrittswahrscheinlichkeit eben nicht objektiv möglich ist. Ökonomen lösen dies häufig dadurch auf, dass subjektive Einschätzungen zu solchen Wahrscheinlichkeiten natürlich möglich sind. Die Menschen verhalten sich dann eben so, als gäbe es klare Vorgaben. Nun zählen demografische Vorausberechnungen zwar zu den vergleichsweise verlässlichen Prognosen, da viele Parameter für die zukünftige Entwicklung bereits heute feststehen. Dennoch darf die hohe Exaktheit einer Bevölkerungsprognose und erst recht nicht die hohe Granularität, mit der regionale Bevölkerungsprognosen heute möglich sind, darüber hinweg täuschen, dass es sich hierbei um ungewisse Entwicklungen handelt. Das Angebot von Szenarien darf nicht suggerieren, dass man aus diesen Szenarien einfach einen mathematisch zwar richtigen, inhaltlich jedoch nicht gerechtfertigten Erwartungswert bilden könnte. Alle Szenarien sind immer nur ein Ausschnitt der tatsächlich möglichen Entwicklungen. Sie sind plausibel und konsistent, nicht jedoch erschöpfend. Es gibt Raum für Überraschungen: Kleine Überraschungen treten bestimmt auf, z.B. könnten mehr Kinder geboren werden als erwartet, es könnten mehr Menschen nach Deutschland einwandern und so weiter.

Zusätzlich gibt es immer die Möglichkeit der bereits erwähnten „Schwarzen Schwäne". Damit bezeichnet Taleb (2008) sehr unwahrscheinliche Ereignisse, deren Eintreten jedoch massiven Einfluss auf die weitere Entwicklung nehmen. Die deutsche Wiedervereinigung war solch ein Schwarzer Schwan. Je kleinteiliger eine Prognoseregion, desto kleiner könnte der unerwartete Schock ausfallen, um das Prognoseergebnis vollständig zu ändern. Auf globaler Ebene könnten z.B. gentechnische Durchbrüche erzielt werden, die die Lebenserwartung spürbar erhöhen. Auf Ebene der westlichen Länder könnten sich die Belastungen der zivilisatorischen Krankheiten als größer erweisen als bisher vermutet. Auf der Ebene eines Kreises reicht jedoch ein einziger kreativer und heimatverbundener Unternehmer, um aus einer Fortzugsregion eine Zuzugsregion zu machen.

Zwei wichtige Schlussfolgerungen für das Analysethema resultieren aus diesen Überlegungen: Erstens muss man alle Bevölkerungsprognosen, eigentlich alle Prognosen, mit hinreichender Vorsicht interpretieren. Sie sollten nicht als Zwangsläufigkeit, sondern eben ausschließlich als konsistentes Szenario betrachtet werden. Sie sind also ein Angebot, das eigene Nachdenken zu strukturieren. Allerdings bedeutet die Warnung vor den Schwarzen Schwänen nicht, dass man im Umkehrschluss auf die Prognosen für Immobilien- und Infrastrukturprojekte verzichten kann. Jede Entscheidung enthält implizit eine Prognose. Dann ist es sinnvoll, diese Prognose zumindest konsistent zu gestalten. Es werden so systematische Fehler vermieden. Zudem gibt es keine Gewähr, dass der Schwarze Schwan auch tatsächlich kommt. Wenn man überzeugt ist, dass etwas Gravierendes passieren wird und sich darauf einstellt, wäre der Schwarze Schwan sozusagen das Nicht-Eintreten dieses erwarteten Ereignisses. Die Botschaft kann daher nur sein, in Szenarien zu denken und die Anpassungsflexibilität hoch zu halten. Zweitens und als logische Implikation zu Punkt eins bleibt das Gebot der regionalen Streuung auch in Zukunft für Immobilieninvestoren sehr wichtig. Sicherlich bedeuten die demografischen Trends in vielfacher Hinsicht mehr Belastungsfaktoren in der Zukunft als in früheren Jahrzehnten für Immobilienanlagen. Damit diese Belastungsfaktoren jedoch nicht zusätzlich durch „falsche" regionale Schwerpunktsetzung akzentuiert werden, lohnt auch weiterhin die Diversifikation.

Literatur

ADAC e.V. (2012). Zahlen, Fakten, Wissen. Aktuelles aus dem Verkehr. In: Ausgabe 2012 ADAC e.V. · Ressort Verkehr, München.

Andrews, D. Sanchez, A.C., Johansson, A. (2011). Housing Markets and structural policies in OECD Countries Economics Department Working Papers, No. 836, OECD Publishing, Paris.

Atisreal (2008). Investment Market Report Germany, Atisreal.

Auer, J. (2004). Energieperspektiven für das Ende des Ölzeitalters. In: Aktuelle Themen 309, Deutsche Bank Research, Frankfurt am Main.

Auer, J. (2006). Perspektiven des Einzelhandels sind limitiert. In: Aktuelle Themen 371, Deutsche Bank Research, Frankfurt am Main.

Baba, L. (2008). Bürobeschäftigte nach Wirtschaftszweigen. In: Zeitschrift für Immobilienökonomie, Sonderausgabe 2008, S. 31–38.

Babel, B., Bomsdorf, E. (2007). Muss die Bevölkerung in Deutschland schrumpfen? In: Wirtschaftsdienst, 87. Jahrgang, Heft 6, 2007, Seite 391 bis 396.

BBSR (2011). Wohnen im Alter. Forschungen Heft 147. Bonn.

Becker, G.S. (1960). An economic analysis of fertility. In: NBER Conference Series 11, Princeton.

Becker, G.S. (1981). A treatise on the family. Cambridge, London, Harvard University Press.

Bergheim, S. (2003). Migration in Deutschland. Umverteilung einer schrumpfenden Bevölkerung. In: Aktuelle Themen 263, Deutsche Bank Research, Frankfurt am Main.

Bertelsmann-Stiftung (2013). Wegweiser Kommune, http://www.wegweiser-kommune.de/, Zugriff z.B. am 24.02.2013.

Birg, H. (2003). Die demographische Zeitenwende – Der Bevölkerungsrückgang in Deutschland und Europa. C.H. Beck, München.

Birg, H. (2008). http://www.herwig-birg.de/downloads/simrechnung/ Zugriff am 30.07.2008.

BIS Datenbank (2013). http://www.bis.org/statistics/pp.htm Zugriff am 19.02.2013

Blinkert, B., Gräf, B. (2009). Deutsche Pflegeversicherung vor massiven Herausforderungen. In: Aktuelle Themen 442, Deutsche Bank Research, Frankfurt am Main.

BMI – Bundesministerium des Innern (2011). Demografiebericht. Bericht der Bundesregierung zur demografischen Lage und künftigen Entwicklung des Landes. Berlin.

BNP Paribas Real Estate Gruppe (2012). Deutschland | Investment Property Report 2012, Marktberichte Deutschland, Frankfurt am Main.

Börsch-Supan, A. (1993). Langfristige Perspektiven im Wohnungsmarkt – Folgen für eine Reform der Wohnungsförderung. In: Bachmann, U. [Hrsg.]. Innovation und Tradition in der Wohnungs- und Immobilienwirtschaft, Essen, S. 341–364.

Börsch-Supan, A., Ludwig, A., Sommer, M. (2003). Demographie und Kapitalmärkte. Die Auswirkungen der Bevölkerungsalterung auf Aktien-, Renten- und Immobilienvermögen. Deutsches Institut für Altersvorsorge, Köln.

Brake, K., Herfert, G., (2011). Reurbanisierung: Materialität und Diskurs in Deutschland. Springer, Heidelberg.

Bräuninger, D., Just, T., Schäfer, S. (2007). Wohnungsfinanzierung in Deutschland: vier Trends. In: Aktuelle Themen 398, Deutsche Bank Research, Frankfurt am Main.

Bräuninger, D. (2008). Problem Altersarmut. Vorbeugen und vorsorgen statt mehr umverteilen. In: Aktuelle Themen 422, Deutsche Bank Research, Frankfurt am Main.

Bräuninger, M., Otto, A. (2006). Die zukünftige Entwicklung auf den Wohnungsmärkten in Deutschland, in Wirtschaftsdienst 86 (8), S. 532–537.

Brenke, K., Zimmermann, Klaus, F. (2008). Reformagenda 2010: Strukturreformen für Wachstum und Beschäftigung. In DIW-Wochenbericht 11/2008, S. 117–124.

Bretz, M. (2001). Zur Treffsicherheit von Bevölkerungsvorausberechnungen. In: Wirtschaft und Statistik 11/2001, S. 906–921.

Bronger, D. (2004). Metropolen, Megastädte, Global Cities: die Metropolisierung der Erde, Wissenschaftliche Buchgesellschaft, Darmstadt.

Brounen, D. Eichholtz, P. (2004). Demographics and the global office market – consequences for property portfolios. In: Journal of Real Estate Portfolio Management 10, S. 231–242.

Brynjolfsson, E.; McAfee, A. (2011) Race Against The Machine: How the Digital Revolution is Accelerating Innovation, Driving Productivity, and Irreversibly Transforming Employment and the Economy. In: Digital Frontier Press.

Bucher, H. (1986). Synopse über die in der Bundesrepublik Deutschland angewandten methodischen Ansätze zur Prognose der Zahl und Struktur der privaten Haushalte. In: Birg, H. [Hrsg.]. Demographische Methoden zur Prognose der Haushalts- und Familienstruktur, Campus, Frankfurt, S. 13–44.

Bucher, H, Schlömer, C. (2008). Que sera, sera – the future's not ours to see. Die BBR-Bevölkerungsprognose in Konfrontation mit der Realität – An der Zukunft kommt keiner vorbei. In: Information zur Raumentwicklung 11/12 2008, S. 682–692.

Bulwien, H. (2004). Der Immobilienmarkt in Deutschland: Struktur und Funktionsweise. Verband deutscher Hypothekenbanken, August 2004, Berlin.

Bulwien, H., Fröba, R. (2008). Bürobeschäftigte nach Berufsgruppen. In: Zeitschrift für Immobilienökonomie, Sonderausgabe 2008, S. 25–30.

Bulwien, H., Denk. U., Scheffler, R. (2008). Ergebnisse und Schlussfolgerungen aus aktuellen Büroflächenbestandserhebungen in Deutschland. In: Zeitschrift für Immobilienökonomie, Sonderausgabe 2008, S. 77–88.

Bundesministerium für Arbeit und Soziales (2010). Bericht der Bundesregierung gemäß § 154 Abs. 4 Sechstes Buch Sozialgesetzbuch zur Anhebung der Regelaltersgrenze auf 67 Jahre, Aufbruch in die altersgerechte Arbeitswelt, Berlin.

Bundesamt für Bauwesen und Raumordnung (2006). Raumordnungsprognose 2020/2050, Berichte – Band 23, Bonn.

Bundesinstitut für Bau-, Stadt- und Raumforschung, BBSR (2009). Raumordnungsprognose 2025/2050, Band 29, Bonn.

Bundesinstitut für Bau-, Stadt- und Raumforschung, BBSR (2011). Wohnungsmarktprognose 2025, Band 4, Bonn.

Bundesministerium für Verkehr, Bau und Wohnungswesen (BMVBW) (2008). Verkehr in Zahlen 2008/2009, Berlin.

Bundesministerium für Verkehr, Bau und Wohnungswesen (BMVBW) (2009). Mobilitätspanel, http://mobilitaetspanel.ifv.uni-karlsruhe.de/index.thm, Zugriff: 07.04.2009.

Bundesministerium für Verkehr, Bau und Wohnungswesen (BMVBW) (2012). Mobilitätspanel (MOP) 2012, Bericht 2011/2012: Alltagsmobilität und Tankbuch, Bonn / Karlsruhe.

Burdett, R. (2007). The endless city. The Urban Age Project by the London School of Economics and the Alfred Herrhausen Society, Phaidon, London.

Buslei, H., Schulz, E., Steiner, V. (2007). Auswirkungen des demographischen Wandels auf die private Nachfrage nach Gütern und Dienstleistungen in Deutschland bis 2050. DIW Berlin: Politikberatung kompakt 26.

Büttner, T., Schwager, R., Stegarescu, D. (2004). Agglomeration, population size, and the cost of providing public services: Am empirical analysis for Germany. In: Public Finance and Management 4, S. 496–520.

Byerlee, D. (1974). Rural-urban migration in Africa: Theory, policy and research implications. In: International Migration Review 8, S. 543–566.

Central Intelligence Agency (2009). World Fact Book. Sex ratios, https://www.cia.gov/ library/publications/the-world-factbook/fields/2018.html, Zugriff: 10.02.2009.

Coase, R. (1960). The problem of social costs. In: Journal of Law and Economics 3, S. 1–44.

DB Immobilien (2005). Trend-Research-Studie. Heidelberg.

Demary, M., Voigtländer, M. (2009). Immobilien 2025. Auswirkungen des demografischen Wandels auf die Wohn- und Büroimmobilienmärkte. In: IW-Analysen 50, Köln.

Destatis (Statistisches Bundesamt) (div. Jahrgänge). Einnahmen und Ausgaben privater Haushalte. Einkommens- und Verbrauchsstichprobe, Wiesbaden.

Destatis (Statistisches Bundesamt) (2006). Bevölkerung Deutschlands 2050. 11. koordinierte Bevölkerungsvorausberechnung, Wiesbaden.

Destatis (Statistisches Bundesamt) (2007a). Geburten in Deutschland. Wiesbaden.

Destatis (Statistisches Bundesamt) (2007b). Entwicklung der Privathaushalte bis 2025. Ergebnisse der Haushaltsvorausberechnung 2007, Wiesbaden.

Destatis (Statistisches Bundesamt) (2007c). Wanderungen 2006. Fachserie 1, Reihe 1.2, Wiesbaden.

Destatis (Statistisches Bundesamt) (2007d). Pflegestatistik 2007. Die Pflege im Rahmen der Pflegeeinrichtungen. Deutschlandergebnisse. Dezember 2007, Wiesbaden.

Destatis (Statistisches Bundesamt) (2008). Datenangebot unter www.destatis.de. Zugriff u.a. 15.10.2008.

Destatis (Statistisches Bundesamt) (2009). Bevölkerung Deutschlands bis 2060 – 12. koordinierte Bevölkerungsvorausberechnung, Wiesbaden.

Destatis (Statistisches Bundesamt) (2010). Datenangebot unter www.destatis.de. Zugriff u.a. 14.11.2010.

Destatis (Statistisches Bundesamt) (2011). Laufende Wirtschaftsrechnungen Ausstattung privater Haushalte mit ausgewählten Gebrauchsgütern, Wiesbaden.

Destatis (Statistisches Bundesamt) (2011a). Mikrozensus 2011 – Bevölkerung und Erwerbstätigkeit, Wiesbaden.

Destatis (Statistisches Bundesamt) (2012). Geburten in Deutschland. Ausgabe 2012, Wiesbaden.

Destatis (Statistisches Bundesamt) (2012a). Bevölkerung und Erwerbstätigkeit. Sterbetafel 2008/2010, Wiesbaden.

Destatis (Statistisches Bundesamt) (2013). Pflegestatistik 2011. Die Pflege im Rahmen der Pflegeein-richtungen. Deutschlandergebnisse. Januar 2013, Wiesbaden.

Destatis (Statistisches Bundesamt) (2013a). Hochschulen insgesamt – Hochschularten
https://www.destatis.de/DE/ZahlenFakten/GesellschaftStaat/BildungForschungKultur/Hochschulen/Ta
bellen/HochschulenHochschularten.html, Zugriff am 18.03.2013.

Demary, M., Voigtländer, M. (2009). Immobilien 2025. Auswirkungen des demographischen Wandels
auf die Wohn-und Büroimmobilienmärkte. In: Forschungsberichte aus dem Institut der deutschen
Wirtschaft Köln, IW-Analysen 50.

DTZ (2013). DTZ Occupier Perspective. In: Global Occupancy Costs Offices 2013.

Deutscher Bundestag (2002). Schlussbericht der Enquete-Kommission „Demographischer Wandel.
Herausforderungen unserer älter werdenden Gesellschaft an den Einzelnen und die Politik". Drucksa-che 14/8800 vom 28.03.2002, Berlin.

Deutscher Bundestag (2008). Bundestagsdrucksache 16/9720 vom 24.06.2008. Berlin. Deutsches Insti-tut für Altersvorsorge, DIA (2002). Erben in Deutschland – Volumen, Psychologie und gesamtwirt-schaftliche Auswirkungen, Köln.

Deutsches Institut für Urbanistik, Difu (2008). Der kommunale Investitionsbedarf 2006–2020. Endbe-richt (draft). Gutachten erstellt für den Hauptverband der deutschen Bauindustrie und den Bundesver-band der Deutschen Zementindustrie. Berlin.

Deutsches Institut für Wirtschaftsforschung (2008a). Mobilität 2025. Der Einfluss von Einkommen,
Mobilitätskosten und Demografie. Gutachten im Auftrag von ifmo – Institut für Mobilitätsforschung.
Berlin.

Deutsches Institut für Wirtschaftsforschung (2008b). Verkehr in Zahlen, Berlin.

DiPasquale, D., Wheaton, W.C. (1996). Urban economics and real estate markets. Prentice Hall, Upper
Saddle River.

Dobberstein, M. (1997). Bürobeschäftigte. Entwicklung einer Methode zur Schätzung der Bürobeschäf-tigten im Rahmen von Büroflächenanalysen, Dortmund.

Döring, T., Schnellenbach, J. (2004). What do we know about geographical knowledge
spillovers and regional growth? – A Survey of the literature. Research Note 14, Deutsche Bank Re-search, Frankfurt a.M.

Doshi, V., Schulman, G., Gabaldon, D. (2007). Lights! Water! Motion! In Resilience Report, Strate-gy+Business, Booz, Allen, Hamilton, McLean, Virginia.

Duranton, G. (2007). Urban evolutions: The fast, the slow, and the still. In: The American Economic
Review 97 (1), S. 197–221.

Eekhoff, J. (2002). Wohnungspolitik, 2. Auflage, Tübingen.

Ecostra (2011). Factory Outlet Center in Europa – Untersuchung im Rahmen der ecostra-Grundlagenforschung, Wiesbaden.

EHI Retail Institute (2008). Handel aktuell, Ausgabe 2008/2009, Köln.

Ehmer, P. (2009). Dienstleistungen im Strukturwandel. Wissensintensive Dienste liegen im Trend. In:
Aktuelle Themen 446, Deutsche Bank Research, Frankfurt a.M.

Ehmer, P., Heymann, E. (2008). Klimawandel und Tourismus: Wohin geht die Reise? In: Aktuelle
Themen 416, Deutsche Bank Research, Frankfurt a.M.

Empirica-Institut (2005). Wirtschaft und Wohnen in Deutschland. Regionale Prognosen bis 2015,
Wohnungsmarktentwicklung bis 2030. Gutachten im Auftrag der DKB, Berlin.

Empirica-Institut (2006). Die Generation über 50. Wohnsituation, Prognosen, Perspektiven. Gutachten im Auftrag der LBS, Berlin.

Enste, D., Pimpertz, J. (2008). Wertschöpfungs- und Beschäftigungspotenziale auf dem Pflegemarkt in Deutschland bis 2050. In: IW-Trends 4/2008, S. 103–116.

Ernst & Young Real Estate GmbH (2012). Trendbarometer Immobilien-Investmentmarkt Deutschland 2012, Frankfurt am Main.

EU-SILC (2006). Gemeinschaftsstatistik über Einkommen und Lebensbedingungen. http://epp.eurostat.ec.europa.eu/portal/page/portal/microdata/eu_silc. Zugriff am 02.03.2009.

Eurostat (2009). http://epp.eurostat.ec.europa.eu, Zugriff am 25.01.2009.

Eurostat (2013). Rate des Wanderungssaldo. http://epp.eurostat.ec.europa.eu/tgm/table.do?tab=table&init=1&language=de&pcode=tsdde230&plugin=1, Zugriff am 4.2.2013.

Evans, A.W., Hartwich, O.M. (2005). Unaffordable housing. Fables and myths. Policy exchange, Localis. London.

Federcasa, Ministry of Infrastructure of the Italian Republic (2006). Housing Statistics in the European Union 2006. Rom.

Finkenzeller, K., Dechant,T., Schäfers, W. (2010) Infrastructure: a new dimension of real estate? An asset allocation analysis. In: Journal of Property Investment & Finance, Vol. 28 Iss: 4, pp.263 – 274

Finkenzeller, K. (2012) Essays in Infrastructure Investment, IRE/BS Institute of Real Estate, University of Regensburg, Regensburg.

Flüter-Hoffmann, C. (2012). Erfolgsgeschichte Telearbeit: Arbeitsmodell der Zukunft, In: Badura, B. et al. (Hrsg.). Gesundheit in der flexiblen Arbeitswelt, München, S. 71–77.

Foot, D. (1996). Boom, Bust and Echo. How to profit from the demographic shift. Macfarlane, Walter and Ross. Toronto.

Frey, B.S., Eichenberger, R. (1999). The New Democratic Federalism for Europe – Functional, Overlapping and Competing Jurisdictions, Edward Elgar Publishing Limited, Cheltenham.

Fourastié, J. (1954). Die große Hoffnung des zwanzigsten Jahrhunderts, Bund-Verlag, Köln.

Friedman, T.L. (2005). The world is flat. A brief history of the twenty-first century, Farrar, Straus and Giroux, New York.

Friedrich, M. (1998), Analyse des Schwerverkehrs und Quantifizierung seiner Auswirkung auf die Straßenbeanspruchung mit Hilfe der Potenzregel, Mitteilung des Prüfamtes für Bau von Landverkehrswegen der TU München, Heft 73.

Friedrich, K. (2008). Binnenwanderungen älterer Menschen – Chancen für Regionen im demographischen Wandel? In: Bundesamt für Bauwesen und Raumordnung [Hrsg.]. Informationen zur Raumentwicklung 3/4 2008, S. 185–192.

Freudenberg, D., Koziol, M. (2003). Anpassung der technischen Infrastruktur beim Stadtumbau, Fachbeiträge zu Stadtentwicklung und Wohnen, isw-Schriftenreihe 2/2003, Frankfurt an der Oder.

Gabaix, X. und Johannides, Y. (2004). The evolution of city size distribution, In: J. Henderson und J.-F. Thisse [Hrsg.] Handbook of Regional and Urban Economics, Nr. 4, North Holland, S. 2341–2378

Gabler Wirtschaftslexikon (1993). Wirtschaftslexikon, 13. Auflage, Wiesbaden.

Glaeser, E.L. (1998). Are cities dying? In: Journal of Economic Perspectives 12 (2), S. 139–160.

Glaeser, E. (2011). Triumph of the City: How Our Greatest Invention Makes Us Richer, Smarter, Greener, Healthier, and Happier. In: Penguin Press HC, New York.

Glaeser, E.; Kahn, M. (2008). The Greenness of Cities, In: Harvard University, Policy Briefs, March 2008.

Goldstein, J.R., Kreyenfeld, M. (2011). Has East Germany overtaken West Germany? Recent trends in order-specific fertility. In: Population and Development Review 37 (3), S. 453–472.

Gräf, B. (2003). Deutsches Wachstumspotenzial: Vor demografischer Herausforderung. In: Aktuelle Themen 277, Deutsche Bank Research, Frankfurt a.M.

Gräf. B., Schattenberg, M. (2006). Die demografische Herausforderung. Simulationen mit einem überlappenden Generationenmodell. In: Aktuelle Themen 343, Deutsche Bank Research, Frankfurt a.M.

Green, R., Hendershott, P.H. (1996). Age, housing demand, and real house prices. In: Regional Science and Urban Economics 26, S. 465–480.

Günther, M., Hübl, L. (2009). Wohnungsmangel in Deutschland. Regionalisierter Wohnungsbedarf bis zum Jahr 2050. Eduard-Pestel-Institut. Gutachten erstellt im Auftrag des Bundesverbands Freier Immobilien und Wohnungsunternehmen e.V., der Deutschen Gesellschaft für Mauerwerksbau e.V. und des Bundesverbands Deutscher Baustoff-Fachhandel. Hannover.

GVK – Gemeinsamer Verbundkatalog (2012). Demographie. http://gso.gbv.de/DB=2.1/, Zugriff am 03.12.2012.

Hackmann, T., Moog, S. (2008). Älter gleich kränker? Auswirkungen des Zugewinns an Lebenserwartung auf die Pflegewahrscheinlichkeit. Diskussionspapier 26, Freiburg.

Hart, A., Pommerehne, W.W. (1994). Zur Standortwahl von Nimby-Gütern. In: Hamburger Jahrbuch für Wirtschafts- und Gesellschaftspolitik 39, S. 178–211.

Haupt, H. (2002). Die Charakteristika des hedonischen Gutes Wohnung, Frankfurt et al.

Hendershott, P.H. (1991). Are real house prices likely to decline by 47 percent? In: Regional Science and Urban Economics 21, S. 553–563.

Henger, R., Just, T., Voigtländer, M. (2011). Tobins q und die Bautätigkeit im deutschen Immobiliensektor. In: IW-Trends 3/2011, Köln.

Hettenbach, P. (2007). Systematische Marktforschung. Ich will so wohnen wie ich bin. Vortrag gehalten am 5.11.2007 in Schwetzingen/Plankstadt. Institut Innovatives Bauen.

Hofmann, J., Rollwagen, I., Schneider S. (2007). Deutschland im Jahr 2020. Neue Herausforderungen für ein Land auf Expedition. In: Aktuelle Themen 382, Deutsche Bank Research, Frankfurt am Main.

Inglehart, R. (1971). The Silent Revolution in Europe: Intergenerational Change in Post Industrial Societies. In: American Political Science Review 65, S. 991–1017.

Institut für Vermögensaufbau (2007). Chancen und Risiken langfristiger Investitionen in deutsche Wohnimmobilien. Regionale Prognosen zur Entwicklung des deutschen Wohnimmobilienmarktes auf Basis einer Metaanalyse empirischer Daten. München.

International Labor Organization, ILO (2009). LABORSTA Internet, http://laborsta.ilo.org. Zugriff am 10.05.2009.

Just, T. (2003). Demografie lässt Immobilien wackeln. In: Aktuelle Themen 283, Deutsche Bank Research, Frankfurt am Main.

Just, T. (2004). Demografische Entwicklung verschont öffentliche Infrastruktur nicht. In: Aktuelle Themen 294, Deutsche Bank Research, Frankfurt am Main.

Just, T. (2005). Mehr Pflegeimmobilien für eine alternde Gesellschaft. In: Aktuelle Themen 334, Deutsche Bank Research, Frankfurt am Main.

Just, T., Väth, M., Chin, H. (2006). Baustelle Indien. Perspektiven für die indischen Immobilienmärkte. In: Aktuelle Themen 351, Deutsche Bank Research, Frankfurt am Main.

Just, T. (2007). Wie viel Infrastruktur benötigt die alternde und schrumpfende Bevölkerung in Deutschland? In: List Forum für Wirtschafts- und Finanzpolitik 33 (1), S. 37–55.

Just, T. (2008). Wohnimmobilien. In: Schulte, K.-W. [Hrsg.] Immobilienökonomie Band IV, Volkswirtschaftliche Grundlagen, Oldenbourg, München, S. 472–495.

Just, T., Maennig, W. (2008), Die Stadtrendite: ein guter Anstoß für Diskussionen – mehr nicht!, in: Deutsche Bank Research 23.4.2008

Just, T., Thater, C. (2008) Megacitys: Wachstum ohne Grenzen? In: Deutsche Bank Research. Aktuelle Themen (412), Frankfurt a.M.

Just, T. (2008b). Einzelhandelsimmobilienmärkte. In: Schulte, K.-W. [Hrsg.] Immobilienökonomie Band IV, Volkswirtschaftliche Grundlagen, Oldenbourg, München, S. 254–272.

Just, T. (2008c). Langfristige Trends für deutsche Büromärkte: Wie schwer wiegen die demografischen Entwicklungen? In: Zeitschrift für Immobilienökonomie, Sonderausgabe 2008, S. 39–43.

Just, T. (2009). Die demografische Entwicklung als Risikofaktor für Immobilienanlagen. In: Junius, K., Piazolo, D. [Hrsg.]. Praxishandbuch Immobilienmarktrisiken. Immobilien-Manager-Verl., Köln, S. 95–120.

Just, T. und Stephan, P. (2009). Die seltsam stabile Größenstruktur der deutschen Struktur, In: Schäfer, E., Schneider, A. und Thomas, T. [Hrsg.]. Märkte und Politik-Einsichten aus der Perspektive der Politischen Ökonomie, metropolis, Marburg, S. 221–247.

Just, Tobias (2011a). Die demografische Entwicklung in Europa und ihre Implikationen für Immobilienmärkte, in Francke, H.-H./Rehkugler, H. [Hrsg.], Immobilienmärkte und Immobilienbewertung, 2. Auflage, München, S. 127–158.

Just, T. (2011). Regionale Bevölkerungsprognosen: Unsicher, instabil, dennoch wertvoll. In: Deutsche Bank Research, Aktuelle Themen 509, Frankfurt am Main.

Just, T. (2012a). Antrittsvorlesung. In: Demografie und Immobilien, Universität Regensburg, 19. Juni 2012, Regensburg.

Just, T., Braun, N. (2012). Auswirkungen der demografischen Trends in Deutschland für den Einzelhandel. In: Kühling, J. und Sebastian, S. [Hrsg.]. Immobilienwirtschaft zwischen Ökonomie und Recht, Festschrift zum 80. Geburtstag von Dr. Dr. h.c. Dr. h.c. Johann Vielberth, Köln, S. 79.

Just, T. (2013). Es braucht die Demografiewende. In: Immobilien Zeitung, Vermischtes | 07.02.2013, Aus IZ05/2013, S. 2, Wiesbaden.

Kaelin, A. (1952). Zur Bestimmung des Haushaltszuwachses aus der Bevölkerungsbewegung. In: Schweizerische Zeitschrift für Volkswirtschaft und Statistik 88, S. 228–240.

Kling, J.L, McCue, T.E. (1987). Office building investment and the macroeconomy: empirical evidence 1973–1985. In: Journal of the American Real Estate and Urban Economics Association 15, S. 234–255.

Knight, F.H. (1921). Risk, uncertainty and profit. 1933 reprint, London LSE.

Krugman, P. (1997). Pop Internationalism. MIT Press, Cambridge, London.

Kudatgobilik, Z., Ruppert, E., Topintzi, E., Just, T. (2008). Real estate investment in Turkey: Look beyond Turkey. In: Current Issues, Deutsche Bank Research, Frankfurt am Main.

Kultusministerkonferenz (2005). Prognose der Studienanfänger, Studierenden und Hochschulabsolventen bis 2020, Dokumentation Nr. 176 – Oktober 2005, Bonn.

Lagorio, C. (2007). The most polluted places on earth. CBS evening news. http://www.cbsnews.com/stories/2007/06/06/eveningnews/main2895653.shtml, Juni 2007, Zugriff 20.05.2009.

Lehmann, H. (2004). Auswirkungen demografischer Veränderungen auf Niveau und Struktur des Privaten Verbrauchs – eine Prognose für Deutschland bis 2050. IWH Diskussionspapier 195, Sept. 2004.

Maennig, W. (2008). Wohnungspolitik. In: Schulte, K.-W. [Hrsg.] Immobilienökonomie IV. Volkswirtschaftliche Grundlagen, Oldenbourg, München, S. 531–565.

Maennig, W., Dust, L. (2008). Shrinking and growing metropolitan areas asymmetric real estate price reactions? The case of German single-family houses. In: Regional Science and Urban Economics 38, S. 63–69.

Mankiw, G., Weil, D. (1988). The baby boom, the baby bust, and the housing market. In: NBER Working Paper Series No. 2794, Cambridge.

Mayer, A. (1998). Theorie und Politik des Wohnungsmarktes. Eine Analyse der Wohnungspolitik in Deutschland unter besonderer Berücksichtigung der ökonomischen Theorie der Politik, Berlin.

Mayrzedt, H. et al. (2007) [Hrsg.]. Internationales Immobilien Management. Handbuch für Praxis, Aus- und Weiterbildung, Vahlen, München.

Moreno, E.L., Warah, R. (2009). Urban and slum trends in the 21st century. The state of the world's cities report. UN chronicle online edition, http://www.un.org/Pubs/chronicle/2006/ issue2/ 0206p24.htm, Zugriff am 1.Juni 2009.

Mobile-Wohnberatung (2013).Allgemeine Information. www.mobile-wohnberatung.de;, Zugriff am 04. Januar 2013.

Möller, K.-P. (1982). Entwicklung von Bevölkerung und Haushalten in der Bundesrepublik Deutschland bis zum Jahr 2000. Anwendung von Modell und Szenario auf die Einkommens- und Verbrauchsstichprobe zur Abschätzung von Konsumstrukturen, Beiträge zur angewandten Wirtschaftsforschung 9, Berlin.

OECD (2007). Labour Force Statistics, Paris.

OECD (2011). Housing and the Economy: Policies for Renovation. Chapter 4 in Economic Policy Reforms 2011. Going for growth, OECD publication, Paris.

OECD (2012). Education at a glance, Paris.

Pätzold, R., Hollbach-Grömig, B, Henckel, D. (2009). Regionale Disparitäten und demographischer Wandel als Herausforderung für Kommunen. In: F. Gesemann und R. Roth [Hrsg.], Lokale Integrationspolitik in der Einwanderungsgesellschaft, Berlin, S. 33–51.

Perlitz, U. (2009). Diabetes – der Preis zunehmenden Wohlstands. In: Aktuelle Themen 444, Deutsche Bank Research, Frankfurt am Main.

Pomogajko, K., Voigtländer, M. (2012). Der Einfluss der erwarteten Flächennachfrage auf die heutigen Wohnimmobilienpreise. In: IW-Trends Nr. 2 vom 10. Mai 2012, Köln.

Porter, M.E. (2008). The Five Competitive Forces That Shape Strategy. In: Harvard business Review, 2008.

Poterba, J.M. (1991). House price dynamics: the role of tax policy and demography. In: Brookings Papers on Economic Activity 2, S. 143–203.

ProgTrans (2008). Ost-West-Güterverkehre 2030. Gutachten im Auftrag des ifmo – Institut für Mobilitätsforschung, Berlin.

Putz, F. (1986). Das Haushaltsmitgliederquotenverfahren in der Anwendung. In: Birg, H. [Hrsg.]. Demographische Methoden zur Prognose der Haushalts- und Familienstruktur, Campus, Frankfurt, S. 123–154.

Reinberg, A., Hummel, M. (2007). Qualifikationsspezifische Arbeitslosigkeit im Jahr 2005 und die Einführung der Hartz-IV Reform. In: IAB Forschungsbericht 9/2007, Nürnberg.

Rieger, F. (2012). Bald wird alles anders sein. In FAZ Nr. 115, 18. Mai 2012, S. 29

Robinson, J. (1962). Essays in the Theory of Economic Growth, London, Macmillan.

Rothenberger, D. (2003). Dynamik der Veränderungskräfte in der Abwasserentsorgung. In: EAWAG news 57, September 2003, S. 11–13, http://e-collection.ethbib.ethz.ch/ecol-pool/journal/eawag_news_d/57_2003.pdf. Zugriff 24.03.2009.

Rottke, N., Voigtländer, M. (2012). Immobilienwirtschaftslehre Band 2 – Ökonomie. In: Immobilien Manager, Auflage 1, Köln.

Schaffnit-Chatterjee, C. (2007). Wie werden ältere Deutsche ihr Geld ausgeben? Wie demografische Entwicklungen, Wachstum und sich ändernde Verbraucherpräferenzen zusammenspielen. In: Aktuelle Themen 385. Deutsche Bank Research, Frankfurt am Main.

Schnur, O. (2010). Demographischer Impact in städtischen Wohnquartieren: Entwicklungsszenarien und Handlungsoptionen, VS Verlag, Wiesbaden.

Schulz, E., Hannemann, A. (2007). Bevölkerungsentwicklung in Deutschland bis 2050: Nur leichter Rückgang der Einwohnerzahl? In: DIW Wochenbericht 47/2007, S. 705–714.

Schulz, E. (2008). Deutsche allein zu Haus: Der Wandel der Lebensformen prägt die Haushaltsentwicklung. In: DIW Wochenbericht 42/2008, S. 651–659.

Schulz, E. (2008). Zahl der Pflegefälle wird deutlich steigen. In: DIW-Wochenbericht 47/2008, S. 736–744.

Seidel, U. (2007). Auswirkungen des demografischen Wandels auf den deutschen Einzelhandelsimmobilienmarkt. Vortrag im Rahmen der Berliner Immobilienrunde, 17.09.2007, Berlin.

Seitz, H. (2002). Kommunalfinanzen bei schnell schrumpfender Bevölkerung in Ostdeutschland. Eine politikorientierte, deskriptive Analyse, http://www.tu-dresden.de/wwvwlemp/inhaber/publications/Seitz(2002)_KommunalfinanzenBeiSchnellSchrumpfender BevölkerungInOstdeutschland.pdf, Zugriff: 08.03.2007.

Siedentop, S. (2009). Auswirkungen des demographischen Wandels auf Raumstruktur und die Siedlungsentwicklung. Vortrag gehalten im Rahmen der bayerischen Innenstadt-Initiative, Würzburg, 25.06.2009.

Sinus Sociovision GmbH (2012). Die Sinus-Milieus®. www.sinus-sociovision.de. Zugriff am 28.11.2012.

Sonderausgabe der Zeitschrift für Immobilienökonomie (2009). Wirtschaftsfaktor Immobilien: Die Immobilienmärkte aus gesamtwirtschaftlicher Perspektive, 2009, Jg. 36.

Statista (2012). Umsatz im Einzelhandel. http://de.statista.com/statistik/daten/studie/77088/umfrage/umsatzentwicklung-im-einzelhandel-in-deutschland/ Zugriff am: 02.02.2013.

Straubhaar, T. (1988). On the economics of international labor migration. Haupt, Bern, Stuttgart.

Swan, C. (1995). Demography and the demand for housing. A reinterpretation of the Mankiw-Weil demand variable. In: Regional Science and Urban Economics 25, S. 41–58.

Taleb, N. (2008). Der Schwarze Schwan. Die Macht höchst unwahrscheinlicher Ereignisse, Hanser, München.

Tibaijuka, A. (2006). Schwierige neue Welt. In: Internationale Politik, IP November 2006, Frankfurt a.M., S. 9–17.

Todaro, M.P. (1989). Economic development in the Third World. Fourth edition, Longman. New York, London.

UN Habitat (2001). Cities in a globalizing world. Global Report on human settlements, Kenia.

United Nations (2008a). World Urbanization Prospects. The 2007 Revision. New York.

United Nations (2008b). World Population Prospects. The 2008 Revision. New York. http://esa.un.org/unpp/index.asp, Zugriff: 21.04.2009.

United Nations (2011). World Population Prospects. The 2010 Revision. New York. http://esa.un.org/wpp/Documentation/pdf/WPP2010_Highlights.pdf, Zugriff: 20.02.2013.

United Nations (2011b). World Population Prospects: The 2010 Revision, CD-ROM Edition, New York.

United Nations (2012). World Urbanization Prospects. The 2011 Revision. New York.

United Nations (2012a). World Urbanization Prospects. The 2011 Revision, CD-ROM Edition, New York.

U.S. Census Bureau (2004). U.S. Population Projections. http://www.census.gov/ population/www/ projections/projectionsagesex.html. Zugriff am 10.04.2009.

Varian, H. R. (2011). Grundzüge der Mikroökonomik: Taschenbuch, 8. Aufl., Oldenbourg Wissenschaftsverlag, München.

Verivox (2009). www.verivox.de, Zugriff am 24.03.2009.

Wagner, A., Fleer, B. (2007). Pflegebericht des Medizinischen Dienstes 2006, Essen.

Walter, N., Deutsch, K. (2004). Mehr Wachstum für Deutschland: die Reformagenda, Campus-Verlag, Frankfurt am Main.

Wheaton, W.C. (1987). The cyclic behaviour of the national office market. In: Journal of the American Real Estate and Urban Economics Association 15, S. 281–299.

Würzberger, P., Wedel, E. (1988). Erste Ergebnisse der Volkszählung 1987. In: Wirtschaft und Statistik 12, S. 829–836.

Ziegler, U., Doblhammer, G. (2007). Steigende Lebenserwartung geht mit besserer Gesundheit einher. Risiko der Pflegebedürftigkeit in Deutschland sinkt. In: Max-Planck-Institut für demografische Forschung Rostock [Hrsg.]. Demografische Forschung aus erster Hand 2, Nr. 1.

Stichwortverzeichnis

Oldenbourg Verlag

Ein Wissenschaftsverlag der
Oldenbourg Gruppe

Erneuerbare Energien

Onshore-Projekte: So können Ökonomie und Ökologie verknüpft werden

Jörg Böttcher (Hrsg.)

Handbuch Windenergie

Onshore-Projekte: Realisierung, Finanzierung, Recht und Technik

2012 | XVIII, 334 Seiten
broschiert
ISBN 978-3-486-70701-4 | € 49,80

Offshore-Windparks: Praxiswissen zu aktuellem Thema

Jörg Böttcher (Hrsg.)

Handbuch Offshore-Windenergie

Rechtliche, technische und wirtschaftliche Aspekte

2013 | XXVI, 701 Seiten
broschiert
ISBN 978-3-486-71529-3
€ 69,80

Solarvorhaben: Technische, rechtliche und wirtschaftliche Hintergründe

Jörg Böttcher (Hrsg.)

Solarvorhaben

Wirtschaftliche, technische und rechtliche Aspekte

2012 | XX, 339 Seiten
broschiert
ISBN 978-3-486-70432-7
€ 49,80

Die Bücher richten sich an Studierende und Lehrende im Bereich Umweltökonomie sowie an Praktiker, die mit technischen, rechtlichen und wirtschaftlichen Fragestellungen im Bereich der Erneuerbaren Energien konfrontiert werden.

Dr. Jörg Böttcher ist bei der HSH Nordbank tätig.

Bestellen Sie in Ihrer Fachbuchhandlung
oder direkt bei uns: Tel: +49 89/45051-248
Fax: +49 89/45051-333 | verkauf@oldenbourg.de   **www.oldenbourg-verlag.de**

Oldenbourg
Verlag

Ein Wissenschaftsverlag der
Oldenbourg Gruppe

Hans-Erich Müller

Unternehmensführung
Strategien – Konzepte – Praxisbeispiele

2., vollständig überarbeitete und erweiterte
Auflage 2013
XIV, 345 Seiten
broschiert
ISBN 978-3-486-71630-6
€ 29,80

Ein neuer Ansatz für Managementlehre und Unternehmenspraxis

Entscheidungsträger stehen heute vor der Herausforderung, vielfältige und
häufig gegensätzliche Anforderungen bewältigen zu müssen. Das Integrierte
Managementkonzept, das diesem Buch zugrunde liegt, ist deshalb hochaktuell.
Der Leser betrachtet ein Thema aus gegensätzlichen Perspektiven und entwickelt damit ein realitätsnäheres Bild. Er gewinnt vertiefte analytische Kenntnisse
und denkt in Alternativen und Handlungsspielräumen. Ein klarer, einfacher
Aufbau und zahlreiche Praxisbeispiele runden den Titel ab. Für die Neuauflage
wurden Fallstudien und Video-Links aktualisiert und ergänzt sowie ein neues
Kapitel über Outsourcing, Offshoring und Crowdsourcing hinzugefügt.

**Dieses Buch richtet sich an Studierende und Lehrende der Wirtschaftswissen-
schaften und an Praktiker.**

Prof. Dr. Hans-Erich Müller ist Professor für Unternehmensführung und Organisation an der Hochschule für Wirtschaft und Recht Berlin. Er hat langjährige
berufliche Erfahrungen als Unternehmensberater für international tätige Unternehmen und in Aufsichtsräten sowie in der Managementforschung und -lehre.

Bestellen Sie in Ihrer Fachbuchhandlung
oder direkt bei uns: Tel: +49 89/45051-248
Fax: +49 89/45051-333 | verkauf@oldenbourg.de

www.oldenbourg-verlag.de